U0789796

测绘行业职业教育工学结合一体化规划教材

基础测量技术

陈 贺 主编
翟 翊 主审

黄河水利出版社
·郑州·

内容提要

本书采用基于工作过程的项目引领、任务驱动的模式编写，以基础测量工作流程为主线，完整地体现了从零开始，直至完成地形图测绘并最终进行验收与提交资料的全部过程。过程中的各分步环节，均有相应的任务对应，生产流程与具体技能并重，以培养学生解决问题的能力。

本书技能项目7个，包括基础测量知识准备、水准测量、小区域控制测量、地形图测绘外业、数字地形图绘制、大比例尺数字图输出和用户化、数字测图成果的质量检查。基础实训项目1个，即全站仪基本操作技能训练等。为进行数字地形图生产，各项目中均设有实践环节。

本书可作为大、中专职业院校测绘类专业核心课程教材使用，也可供相关专业的社会学习者参考。

图书在版编目(CIP)数据

基础测量技术/陈贺主编. —郑州：黄河水利出版社，2015.8
ISBN 978-7-5509-1115-4

Ⅰ.①基…　Ⅱ.①陈…　Ⅲ.①测量学　Ⅳ.①P2

中国版本图书馆CIP数据核字(2015)第084035号

出 版 社：黄河水利出版社
地址：河南省郑州市顺河路黄委会综合楼14层　　邮政编码：450003
发行单位：黄河水利出版社
发行部电话：0371-66026940、66020550、66028024、66022620(传真)
E-mail：hhslcbs@126.com
承印单位：河南承创印务有限公司
开本：787 mm×1 092 mm　1/16
印张：18.75
字数：460千字　　印数：1—3 000
版次：2015年8月第1版　　印次：2015年8月第1次印刷

定价：39.00元

前 言

本书采用基于工作过程的项目引领、任务驱动的模式，由专业骨干教师与黄河勘测规划设计有限公司的行业专家组成的教材开发团队编写，可作为大、中专职业院校测绘类专业核心课程教材，也可供相关专业的社会学习者参考。

本书编写打破传统的学科体系教材编写方式，以任务驱动的模式编写，以基础测量工作流程为主线，采取模拟学习情景导入的方式，将枯燥的理论知识与项目活动结合，力求将理论知识融入实际操作中，实现“做中学，学中做”的职业教育特色，力求学做合一、理实一体，可以使学生掌握基础测量的基本理论知识及基本技能；培养其分析问题和解决问题的能力，形成良好的学习方法，具备优良的职业素养，为今后解决实际生产问题及职业生涯的发展奠定基础。

本书在王军德、侯方国主编的校本教材《基础测量技术》基础上，依据测绘行业国家职业标准岗位技能要求进行了改编，着重突出以基础测量工作流程为主线，在结构上有较大改变，将生产流程中典型任务分解为若干模拟测量情境的活动，便于学生理解与掌握。本书技能项目7个，包括基础测量知识准备、水准测量、小区域控制测量、地形图测绘外业、数字地形图绘制、大比例尺数字图输出和用户化、数字测图成果的质量检查。基础实训项目1个，即全站仪基本操作技能训练。

本书由陈贺主编，侯方国负责全书统稿，其中项目1、项目2由王大伟编写，项目3由陈贺、王建设编写，全站仪基本操作技能训练由王建设、马冰冰编写，项目4、项目7由陈刚、黄河勘测规划设计有限公司周亚平编写，项目5由刘欣、刘洪飞、李晓、周荣编写，项目6由黄静静编写，本书所有操作实践部分均由周亚平编写。全书由解放军信息工程大学翟翊教授审稿。

本书是校企合作开发教材，黄河勘测规划设计有限公司提供了大量案例并参与教材开发论证。本书借鉴了部分文献资料，对文献资料原作者、原教材编者表示诚挚的谢意！本书在编写过程中，也得到郑州测绘学校教务处及地形地籍测量教学部老师们的大力支持，在此一并致以诚挚的谢意！

由于作者水平有限，书中不足之处恳请读者指正。

编 者

2015年2月于郑州

目　录

项目1　基础测量知识准备

【项目说明】

本项目主要介绍基础测量技术中的基础知识及测量常用的基准,为后续内容的学习打下基础。

【项目任务】

1. 测量初识。
2. 测量常用的度量单位。
3. 地面点点位的表达。
4. 高斯投影与高斯坐标系统。
5. 测量误差基本知识。
6. 认识地形图。
7. 仪器、设备的借用及养护事项。

【项目成果】

1. “我心中的测量”短文写作。
2. 平面坐标系统分类及比较表。
3. 高程系统分类及比较表。
4. 测量常用单位换算表。

任务1　测量初识

任务目标:

1. 认识测量学。
2. 初步体会测量在国民经济建设中的重要作用。

学习过程:

1. 观看测量工作简介短片。
2. 分析总结短片内容。
3. 讲述背景知识。
4. 讨论测量工作的实质及内容。

学习成果:

1. 测绘领域分析记录表。
2. 测绘学科分类及研究内容分析记录表。
3. “我心中的测量”短文。
4. 图形比较分析表。

【知识导航】

测绘是指对自然地理要素或者地表人工设施的形状、大小、空间位置及其属性等进行测定、采集、表述以及对获取的数据、信息、成果进行处理和应用的活动。

测绘学是研究测定和推算地面点的几何位置,地球的形状、大小及地球重力场,据此测量地球表面自然形态和人工设施的几何分布,并结合某些社会信息和自然信息的地球分布,编制全球和局部地区各种比例尺的地图和专题地图的理论与技术的学科,是地球科学的重要组成部分。

测绘学按照研究的范围、研究对象及采用技术手段的不同,分为以下几个分支学科:大地测量学、摄影测量学、地图制图学、工程测量学、海洋测绘学。

1. 大地测量学

大地测量学是研究地球表面及外层空间点位的精密测定,确定地球的形状、大小、重力场,整体与局部运动和地表面点的几何位置以及它们的变化理论和技术的学科。大地测量学是测绘学各分支学科的理论基础,基本任务是建立地面控制网、重力网,精确测定控制点的空间位置,为地形测图提供控制基础,为各类工程测量提供依据,为研究地球形状、大小、重力场及其变化,地壳形状及地震预报提供信息。现代大地测量学包括三个基本分支:几何大地测量学、物理大地测量学和空间大地测量学。

2. 摄影测量学

摄影测量学是研究摄影影像与被摄物体之间的内在集合和物理关系,进行分析、处理和解译,以确定被摄物体的形状、大小和空间位置,并判定其性质的一门学科。

从不同角度对摄影测量学可进行如下分类:按距离远近分为航空摄影测量、航天摄影测量、地面摄影测量、近景摄影测量和显微摄影测量;按用途分为地形摄影测量和非地形摄影测量;按技术处理方法分为模拟法摄影测量、解析法摄影测量和数字法摄影测量。

3. 地图制图学

地图制图学是研究模拟和数字地图的基础理论、设计、编绘、复制的技术方法以及应用的学科。

地图学由理论部分、制图方法和地图应用三部分组成。地图是测绘工作的重要产品形式。学科发展促使地图产品从模拟地图向数字地图转变,从二维静态向三维立体、四维动态转变,利用遥感技术获得的信息进行遥感图像制图,利用虚拟现实技术实现对现实环境的模拟,借助特殊装备,可使用户有身临其境的感觉。计算机制图技术和地图数据库的发展,促使地理信息系统(GIS)产生,数字地图的发展及宽广的应用领域为地图学的发展和地图的应用展现出光辉的前景,使数字地图成为21世纪测绘工作的基础和支柱。

4. 工程测量学

工程测量学是研究工程建设和自然资源开发中,在规划、勘探设计、施工和运营管理各个阶段进行的控制测量、大比例尺地形图测绘、地籍测绘、施工放样、设备安装、变形监测及分析与预报等的理论和技术的学科。

工程测量学是一门应用学科,按其研究的对象不同可分为:建筑工程测量、水利工程测量、矿山测量、铁路工程测量、公路工程测量、输电线路与输油管道测量、桥梁工程测量、隧道工程测量、港口工程测量、军事工程测量、城市建设测量以及三维工业测量、精密工程测量及工程摄影测量等。

5. 海洋测绘学

海洋测绘学是以海洋水体和海底为对象,研究海洋定位、测定海洋大地水准面和平均海水面、海底和海面地形、海洋重力、海洋磁力、海洋环境等自然和社会信息的地理分布及编制各种海图的理论和技术的学科。海洋测绘学内容包括海洋大地测量、海道测量、海底地形测量和海图编制。

活动1　测绘工作的基本知识

资源与器材：涉及测绘的各行业多媒体素材、媒体播放器材、纸笔。

本活动主要了解测绘在各行业的应用，树立“爱测绘、干测绘”的意识。

1.1　多媒体欣赏

为了社会经济持续健康地发展，为了对各种资源和环境合理地进行开发、利用和保护，必须有计划地进行各种综合性的或专题调查和勘测，为统筹规划和宏观决策提供基础资料。测绘科学技术的应用范围非常广阔，测绘科学技术在国民经济建设、国防建设以及科学研究等领域，都占有重要的地位，测绘工作者常被称为国民经济建设的“尖兵”，不论是国民经济建设还是国防建设，其勘测、设计、施工、竣工及运营等阶段都需要测绘工作，而且都要求测绘工作“先行”。在多媒体短片中，我们可以看到测绘科学技术在各领域中的应用。看完后上网查询资料，并结合自己的经历，思考测绘可能涉及的领域。

1.2　讨论、分析短片内容

老师引领学生讨论、分析短片内容，使学生初步认识到测绘的基本工作和功能，以及测绘所涉及的领域有哪些，认识测绘工作的重要性。

1.3　讨论总结

全体学生分组讨论。各组根据组员的理解和讨论结果、所填表格的内容进行陈述。要求各组所述领域不得重复。最终分析、思考并填写测绘学科分析记录表(见表1-1)。

表1-1　测绘学科分析记录表

测绘学分支学科	研究内容及对象	应用领域

活动成果：通过本次活动，结合自己的理解，进行写作练习，以“我心中的测量”为题。可以查阅有关文字、网络资料。

活动2　基础测量的工作过程

资源与器材：地形图。

本活动主要是了解基础测量工作的内容、测量原则与程序。

【知识导航】

基础测量的工作过程就是将地面实体表示到图上。为了将实地上某地物要素准确地绘制到地形图上，就需要对其关键点位进行定位，确定方式有两种：一是测定相对其他地物的关系（角度、距离），这就需要进行角度、距离的测量；二是测定绝对位置关系（地物点坐标），这就需要知道已知坐标的控制点。除此之外，还需用形象、合理的符号表示到图上。所以，地形测量工作的基本内容主要包括角度测量、距离测量、高程测量、控制测量、地形图测绘等。将这些内容合理组织起来，用以将地面实体转化为测量元素，继而测定点的坐标，最终得到图形与数据成果。

在测量过程中，由于受各种条件的影响，不论采用何种方法、使用何种仪器，测量的成果都会含有误差，所以在实际测量作业中必须遵循的原则是，在布局上“由整体到局部”，在精度上“由高级到低级，分级布网，逐级控制”，在程序上“先控制后测图”。

测量顺序主要采取先控制后测图的方式进行。工作程序如下：

接受任务—收集资料—实地踏勘—技术设计—实施计划—检校仪器—选点埋石—控制测量—图形测绘—内业整饰—自检互检—技术总结—提交成果—检查验收。

地形测量主要是对地表的物体及形态进行测定，并用相应的符号表示到图上，并保持其相互之间的相似性，如图 1-1 所示。

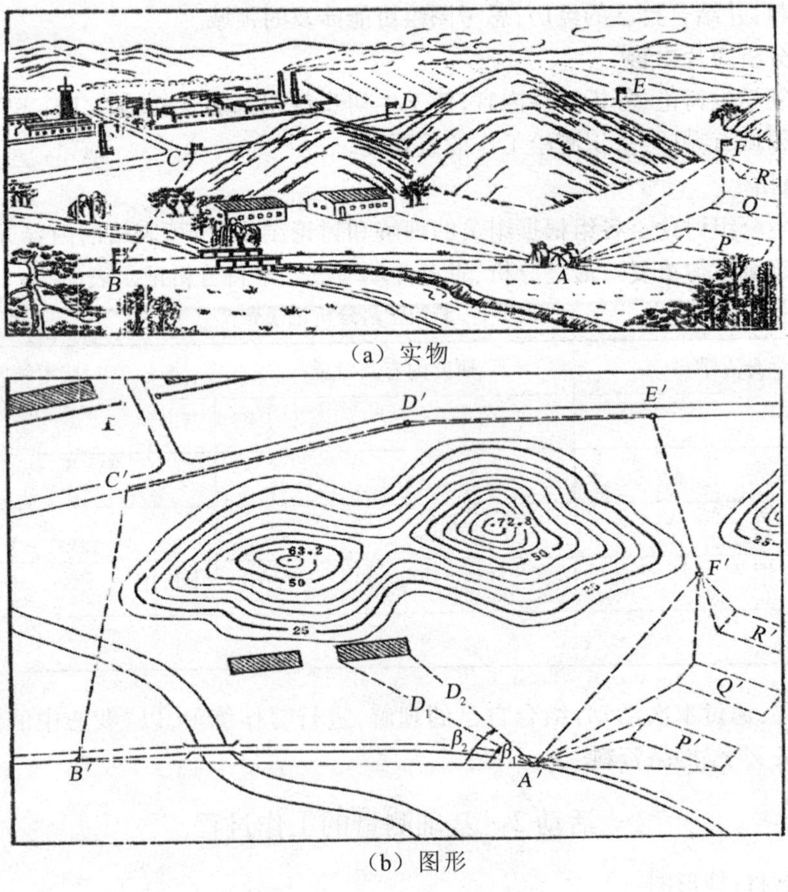

（a）实物

（b）图形

图 1-1　实物、图形对照图

根据图形，找出实地的地物与图上表示符号的关系，如房屋、烟囱、桥梁、山体等，绘图填入表 1-2 中。

表 1-2　地形图实地形状与图上表示对照表

地物	实地形状(绘图)	图上符号(绘图)
房屋		
烟囱		
桥梁		
山体		

活动3　基础测量技术发展现状与趋势

资源与器材：数字正射影像图、数字线划图、数字栅格图、数字高程模型、投影仪。

本活动主要了解地形测量的发展现状与趋势。

【知识导航】

20 世纪 80 年代前，数据采集多采用常规光学仪器，随着计算机软硬件、电子测绘仪器的迅速发展，大比例尺地形图测绘技术由传统的白纸测图向自动化、数字化方向发展。现在，地面数字测图技术已广泛应用于大比例尺地形图和地籍图、房产图的测绘中，完全取代了传统的白纸测图方法，使测量学的内容得到了发展和更新。20 世纪末，以全球定位系统(Global Positioning System，简称 GPS)、遥感(Remote Sensing，简称 RS)和地理信息系统(Geographical Information System，简称 GIS)的 3S 技术为代表的现代测绘技术得到很快的发展并已普遍应用于测绘生产中。

3S 技术大大促进了数据获取方式的转变，地面数据获取从传统的光学仪器(经纬仪、水准仪、平板仪等)采集过渡到以全站仪和 GPS RTK(Real Time Kinematic)采集、连续运行参考站系统(Continuous Operational Reference System，简写为 CORS)采集为主的采集。

同学们可通过网络查询光学经纬仪、水准仪、全站仪、GPS 接收机等测绘仪器的图片，以小组为单位上交查询成果，采用多媒体技术播放，来共同欣赏。

数字测绘产品主要包括数字线划图 DLG(Digital Ling Graphic)、数字高程模型 DEM(Digital Elevation Model)、数字栅格图 DRG(Digital Raster Graphic)、数字正射影像图 DOM(Digital Orthophoto Map)。这四项数字产品常简称为 4D 产品。图样见图 1-2 ~ 图 1-5。本教材中主要针对数字线划图的生产进行讲解。

同学们可根据老师提供的相关图件分析上述 4D 产品的异同，填入表 1-3 中。

图 1-2　数字线划图

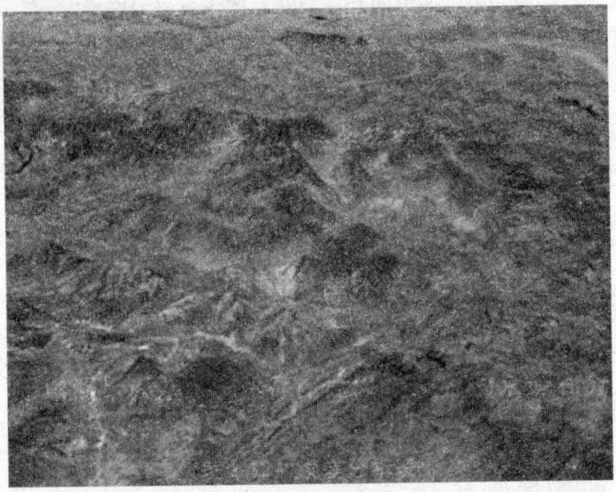

图 1-3　数字高程模型

图 1-4　数字栅格图

图 1-5　数字正射影像图

表1-3　4D产品比较表

项目	相同点	不同点
数字线划图		
数字高程模型		
数字栅格图		
数字正射影像图		

任务2　表达地面点位

测量工作的实质是确定地面点的空间位置。地面上任意一点的空间位置由其三维坐标(X,Y,H)来表示。地面点的坐标系统取决于测绘基准的建立，而测绘基准建立的基础是要确定地球的形状和大小。

任务目标：

1. 了解地球形状和大小。
2. 理解大地水准面与参考椭球面的作用与意义。
3. 掌握常见高程系统。
4. 熟练进行高程、高差的相关计算。
5. 掌握我国常用的坐标系统及高程系统。

学习过程：

1. 观看地球知识介绍短片。
2. 学生思考、讨论在地球表面上进行定位的方法及基准的建立。
3. 教师点评，提出大地水准面及参考椭球的概念。
4. 介绍平面直角坐标系的建立及其特点。
5. 学生思考并填写平面坐标系统分类及比较表。
6. 比较高程系统并绘制高程系统图。
7. 介绍我国常用的高程系统。

学习成果：

1. 平面坐标系统分类及比较表。
2. 水准面与大地水准面的特点分析表。
3. 我国常用坐标系分析比较表。
4. 大地水准面特点分析比较表。
5. 大地高、正高和正常高比较表。

6. 高程系统特点比较表。

7. 绘制高程系统示意图。

活动1　认识地球的形状和大小

资源与器材: 视频课件、参考椭球模型、挂图。

本活动通过对地球形状的研究,掌握大地水准面的特点以及定义参考椭球的原因。

播放多媒体短片,介绍地球的形状,以及人类对地球形状认识的演变过程。注意记录并填入表1-4中。

表1-4　地球形状的认识过程

阶段	阶段一	阶段二	阶段三	阶段四	…
人类对地球形状的认识过程					

【知识导航】

1. 水准面

地球表面上的海洋面积约占71%,陆地面积约占29%。我们可以把地球总的形状看成是一个被海水包围的形体,也就是设想一个静止的海水面(即没有波浪、无潮汐的海水面)向大陆内部延伸、最后包围起来的闭合形体。液体在静止时的表面称为水准面。水准面有无穷多个。如图1-6所示。

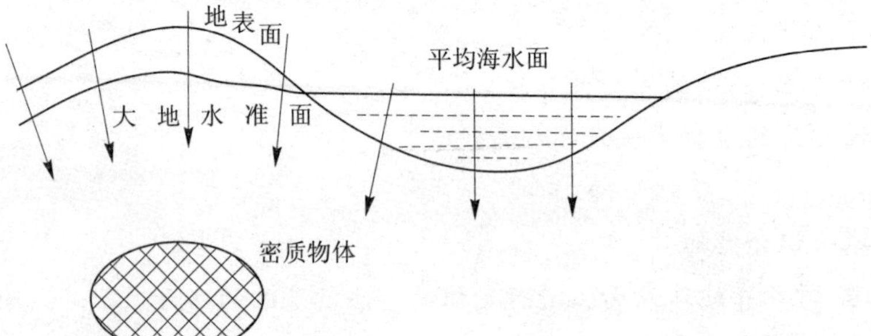

图1-6　水准面示意图

2. 大地水准面

水准面中,取一个与平均海水面重合的水准面,向大陆内部延伸,从而形成包围整个地球的特定重力等位面,叫作大地水准面。

重力是地球引力和离心力的合力,地球表面离心力与引力之比约为1∶300,所以重力方向主要取决于引力方向。由于地球内部物质分布不均匀,就使得地面各点铅垂线方向发生不规则的变化,因此大地水准面实际上是一个略有起伏而不规则的光滑封闭曲面。由大地水准面所包围的形体叫作大地体。

地形测量学中,大地水准面是地面点高程的起算基准面。

比较水准面与大地水准面的特点,填表1-5。

表1-5　水准面与大地水准面的特点分析表

特点	水准面	大地水准面
1		
2		
3		
⋮		

3. 参考椭球

由于大地水准面是一个不规则的曲面，在这样的曲面上进行各种测量数据的计算和成果处理是相当困难的，甚至是不可能的。然而，人们经过长期的精密测量，发现大地体十分接近于两极稍扁的旋转椭球体，故选择形状和大小与大地体十分接近的旋转椭球体来代替大地体，称为地球椭球体，如图1-7所示。地球椭球体表面是旋转椭球面。也就是说，基于椭球建立严密的大地测量坐标系，用椭球面来作为测量计算的基准面。

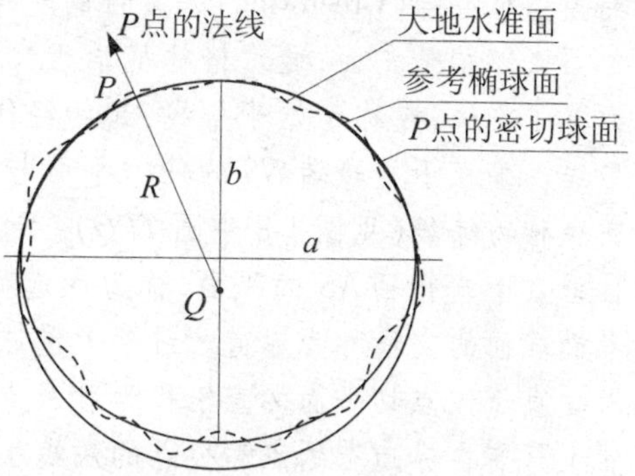

图1-7　大地水准面、参考椭球面示意图

决定地球椭球大小的因素主要有长半径、短半径和扁率。a表示地球椭球体的长半径，b表示其短半径，则地球椭球体的扁率f为

$$f = \frac{a - b}{a} \tag{1-1}$$

17世纪以来，许多专家根据不同地区、不同年代的测量资料，按不同的处理方法推算出不同的椭球元素。国际常用的地球椭球及相关参数参见表1-6。

地球椭球的确定必须以全球范围的大地测量和重力测量资料为根据才有可能。国际大地测量与地球物理联合会每4年推出一个国际椭球的推荐值。历史上，由于多种原因，许多国家只能根据部分的陆地上的测量成果，确定一个与本国或本地区大地水准面密切配合的椭球面，并将其作为本国测量计算的基准面。这种椭球体称为参考椭球，其表面称为参考椭球面。参考椭球的中心往往与地球质心不重合，故其对应的坐标系叫作参心坐标系。

表1-6　地球椭球几何参数

椭球名称	年份	长半轴a(m)	扁率f	附注
克拉索夫斯基	1940	6 378 245	1:298.3	苏联；1954年北京坐标系采用
1975大地测量参考系统	1975	6 378 140	1:298.257	IUGG第16届大会推荐值；1980西安坐标系采用
WGS－84系统	1984	6 378 137	1:298.257 223 563	美国国防部制图局(DMA)
CGCS2000国家大地坐标系	2000	6 378 137	1:298.257 222 101	中国；CGCS2000国家大地坐标系采用

注：IUGG——国际大地测量与地球物理联合会(International Union of Geodesy and Geophysics)。

近年来,随着科学技术的发展,尤其是卫星大地测量的发展,人们已经趋向于使用国际椭球。

★思考:国际椭球与参考椭球有何异同?

参考椭球上的主要点、线、面介绍如下:

如图 1-8 所示,参考椭球旋转时所绕的短轴 *NS* 称为旋转轴,又称为短轴。它通过椭球中心 *O*。旋转轴与参考椭球面的交点称为极点。在北端的极点 *N* 称为北极;在南端的极点 *S* 称为南极。包含旋转轴 *NS* 的任一平面称为子午面。子午面有无数多个。子午面与参考椭球面的交线(椭圆)称为子午线,或经线。通过英国格林尼治(Greenwich)天文台的子午面,称为首子午面或起始子午面;通过格林尼治天文台的子午线称为首子午线,或称起始子午线、起始经线,也称本初子午线。垂直于旋转轴 *NS* 的任一平面与参考椭球面的交线称为纬线(见图 1-8 中圆 *TPQ*)。过参考椭球中心且垂直于旋转轴 *NS* 的平面,称为赤道面;赤道面与参考椭球面的交线称为赤道。过参考椭球面上任一点 *P* 而垂直于该点切平面的直线称为过 *P* 点的法线。椭球面上只有在赤道上的点和极点的法线才通过椭球中心;其他点的法线都与短轴相交但却不通过椭球中心。

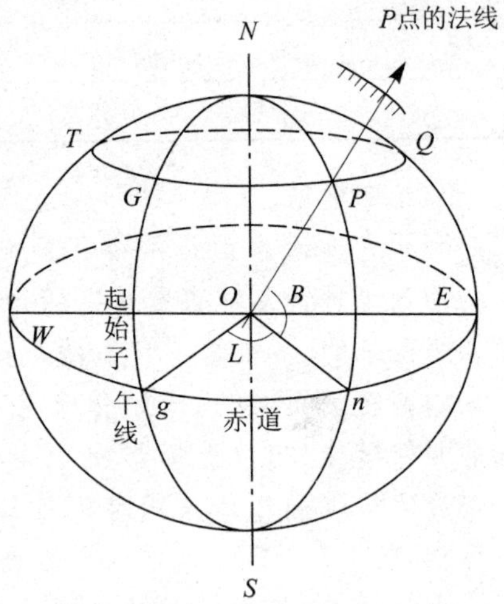

图 1-8 参考椭球上的点、线、面

测量中,常使用参考椭球面作为坐标定位的基准面。由于参考椭球的扁率很小,当测区面积不大时,在普通测量中可把地球近似地看作圆球体,其半径为

$$R = \frac{a + a + b}{3} \approx 6\ 371(\text{km}) \tag{1-2}$$

结合上述知识,每组抽查 1 ~2 人,描述参考椭球体的主要点、线、面。

★思考:

(1)定义大地水准面的原因。

(2)定义参考椭球的原因。

活动 2 我国的坐标系统

资源与器材:参考椭球模型、大地经纬度挂图。

本活动主要是学习 1954 年北京坐标系、1980 西安坐标系、CGCS2000 国家大地坐标系的特点,掌握如何在参考椭球面上确定大地经度、大地纬度。

利用图 1-8 及教学挂图,讲解大地经度、大地纬度、大地高、大地坐标系等的基本概念。

【知识导航】

1. 大地经度

过参考椭球面上任一点 *P* 的子午面与首子午面的夹角 *L*,称为该点的大地经度,简称经度。经度由首子午面向东为正,从 0°至 180°称为东经;向西为负,从 0°至 180°称为西经。在同一子午线上的各点,其经度相同,地面上任意两点的经度之差称为经差,用 ΔL 表示。

2. 大地纬度

过参考椭球面上任一点 P 的法线与赤道面的夹角 B，称为该点的大地纬度，简称纬度。纬度由赤道面向北为正，从0°至90°称为北纬；向南为负，从0°至90°称为南纬。在同一平行圈上的各点的纬度相同，地面上任意两点的纬度之差称为纬差，用 ΔB 表示。

3. 大地高

过参考椭球面上任一点 P 沿椭球面法线到椭球面的距离 H，称为大地高，从椭球面起算，向外为正，向内为负。以参考椭球面为高程基准面的高程系统称为大地高系统。

4. 大地坐标系(geodetic coordinate system)

用大地经度 L 和大地纬度 B 表示地面点投影在地球椭球面上的位置。用大地高 H 表示地面上一点的大地高，从而确定地面某点的空间位置(L,B,H)，由此建立的坐标系称为大地坐标系。所以，大地坐标系是以地球椭球赤道面和大地起始子午面为起算面并依地球椭球面为参考面而建立的地球椭球面坐标系。

5. 地心空间直角坐标系

原点 O 设在大地体的质量中心，用相互垂直的 X,Y,Z 三个轴来表示，X 轴与首子午面与赤道面的交线重合，向东为正。Z 轴与地球旋转轴重合，向北为正。Y 轴与 XZ 平面垂直构成右手系。

根据下述背景知识，比较分析我国常用的三种坐标系的特点，填入表1-7。

表1-7 我国常用坐标系分析比较表

比较项目	坐标系		
	1954年北京坐标系	1980西安坐标系	CGCS2000国家大地坐标系

【知识导航】

1. 1954年北京坐标系

20世纪50年代，由于国家建设的急需，我国地面点的大地坐标是通过与苏联1942年普尔科沃(Pulkovo)坐标系中的控制点进行联测，经过我国东北传算过来的，这些大地点经平差之后，其坐标系统定名为1954年北京坐标系。实际上，这个坐标系统是苏联1942年普尔科沃大地坐标系的延伸，它采用的是克拉索夫斯基椭球元素值，大地原点位于苏联普尔科沃天文台，由于大地原点距我国甚远，在我国范围内该参考椭球面与大地水准面存在着明显的差距。到20世纪80年代初，我国已基本完成了天文大地测量，计算表明，1954年北京坐标系统普遍低于我国的大地水准面，平均误差为29 m左右，在东部地区，两面的差距最大达69 m之多。1954年北京坐标系为参心大地坐标系。

2. 1980西安坐标系

自1980年起，我国采用1975大地测量参考系统作为参考椭球，并将大地原点定在西安附近(陕西省泾阳县永乐镇,距西安约 60 km),由此建立了我国新的国家大地坐标系——1980 西安坐标系。具体椭球参数见表 1-6。

3. CGCS2000 坐标系

CGCS2000(China Geodetic Coordinate System 2000)是以地球质量(包括海洋和大气在内)中心为原点的地心大地坐标系,Z 轴为国际地球自转局(IERS)参考极(IRP)方向, X 轴为 IERS 的参考子午面(IRM)与垂直于 Z 轴的赤道面的交线,Y 轴与 X 轴和 Z 轴构成右手正交坐标系。具体椭球参数见表 1-6。

活动 3　高程系统

资源与器材:高程系统挂图。

本活动主要认识常见的高程系统的概念,掌握我国采用的高程系统。

高程系统如图 1-9 所示。

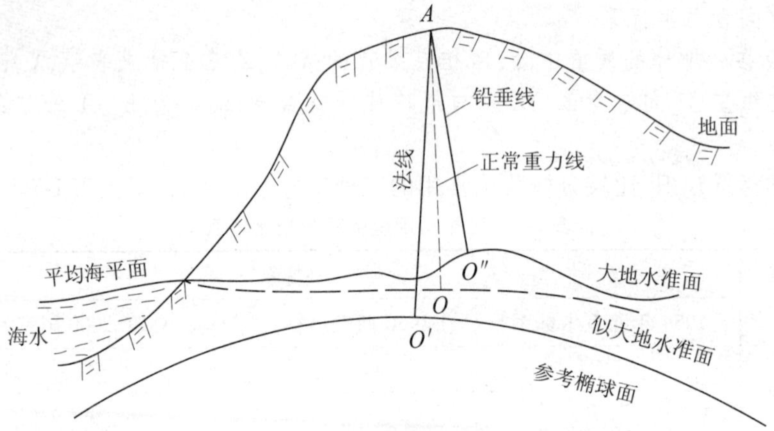

图 1-9　高程系统

3.1　大地高与大地高系统

地面上某一点沿法线到参考椭球面的距离称为该点的大地高,又称椭球高。以参考椭球面为高程基准面的高程系统,称为大地高系统。用 $H^{大地}$ 来表示。大地高一般采用卫星定位系统测得。

3.2　正高与正高系统

地面上某一点沿铅垂线到大地水准面的距离称为该点的绝对高程或海拔,又称为正高。用 $H^{正}$ 来表示,如 A 点的高程表示为 $H_A^{正}$。以大地水准面为高程基准面的高程系统,称为正高系统。

要求得地面点 A 的正高,必须知道高程观测沿线的重力值 g,以及地面点 A 沿铅垂线上各点重力值的平均值 g_m^A。由于 g_m^A 既不能实测,也不能精确推算出来,因此严格地说,地面上一点的正高是不可能严格求得的。换句话说,在陆地上无法精确测定出大地水准面的形状。

3.3　正常高与正常高系统

由于 g_m^A 无法精确求得,在计算高程时,往往用正常重力 γ_m^A 来代替 g_m^A。正常重力 γ_m^A 是一个假定的重力值,它由具有确定参数的国际椭球产生。与正常重力对应的重力线称为正常重力线。把地面各点向下量取该点的正常高而获得的点组成的连续曲面称作似大地水准面。

地面上某一点沿正常重力线到似大地水准面的距离称为该点的正常高(见图1-9)。常用$H^{常}$来表示。

正常高值是可以精确求得的,且与高程观测路线的变换无关。因此,我国现行水准测量规范规定,我国采用正常高系统。本教材若没有特殊说明,则高程一般指正常高。

3.4　大地高与正高、正常高的关系

如图1-10所示,大地高的起算面为参考椭球面,正高的起算面为大地水准面。大地高与正高的关系式为

$$H^{大地} = H^{正} + N \tag{1-3}$$

式中　$H^{大地}$——大地高程;

$H^{正}$——正高高程;

N——大地水准面差距。

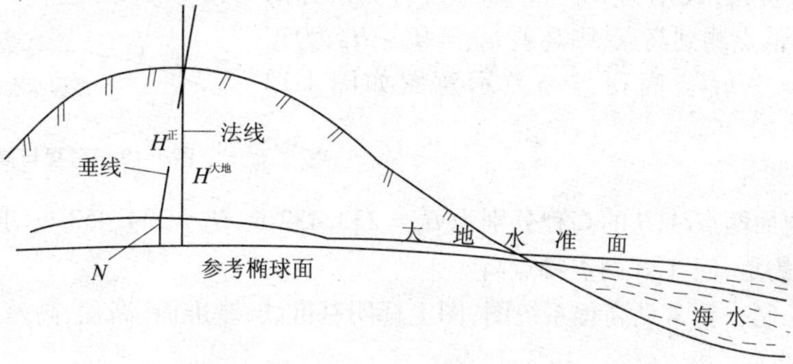

图1-10　法线、垂线与大地高、正高

如图1-11所示,大地高的起算面为参考椭球面,正常高的起算面为似大地水准面。大地高与正常高的关系式为

$$H^{大地} = H^{常} + \zeta \tag{1-4}$$

式中　$H^{大地}$——大地高程;

$H^{常}$——正常高程;

ζ(读作zeta)——高程异常。

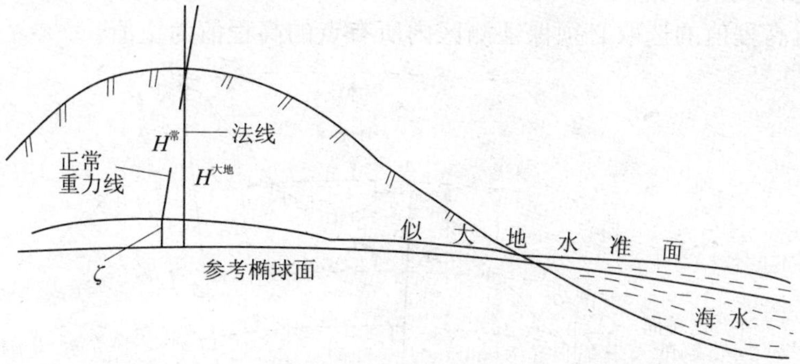

图1-11　法线、正常重力线与大地高、正常高

高程异常ζ值可在国家测绘部门存有的高程异常图中查取。

请根据上述知识背景,讨论比较大地高、正高和正常高之间的区别与联系,填入表1-8中。

表 1-8　大地高、正高和正常高比较表

比较内容	正高	大地高	正常高
适用范围			
基准线			
基准面			
基准面差距			

3.5　高差

两地面点的高程之差称为高差（或比高）。高差是相对的，其值有正、负，如果测量方向由 A 到 B，A 点高，B 点低，则高差为负值，表示为 $h_{AB}=H_B-H_A$；若测量方向由 B 到 A，即由低点测到高点，则高差 $h_{BA}=H_A-H_B$，为正值。显然 $h_{AB}=-h_{BA}$。高程与高差示意图如图 1-12 所示。

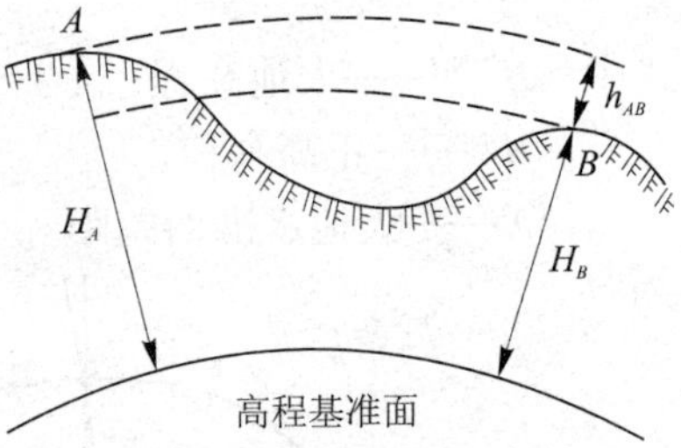

图 1-12　高程与高差示意图

实训：

（1）如果地面两点 A、B 的高程分别为 $H_A=233.432$ m，$H_B=234.453$ m，求 h_{AB}。

（2）若 h_{BA} 为负，问 A、B 两点哪点高？

（3）每人绘制一幅常见高程系统图，图上标明基准线、基准面、高程、高差及基准面差距等基本要素。

3.6　自定义高程系统

如果地面上两点位置确定，当高程起算基准面发生变化时，高程与高差会发生什么变化？请参考图 1-13 思考自定义高程系统有何意义？如果测区没有已知高程控制点，该如何定义高程系统？

在实际工作中，经常碰到测区内没有高程控制点的情况，这就需要假设测区内某一固定点的高程值，即认为是假设了该地区高程基准面，建立了自定义的高程系统。

把地面点沿铅垂线到假定水准面的距离称为假定高程。应特别注意的是，自定义高程系统时，假定点高程值的选取必须保证测区内所有点的高程值为正值。

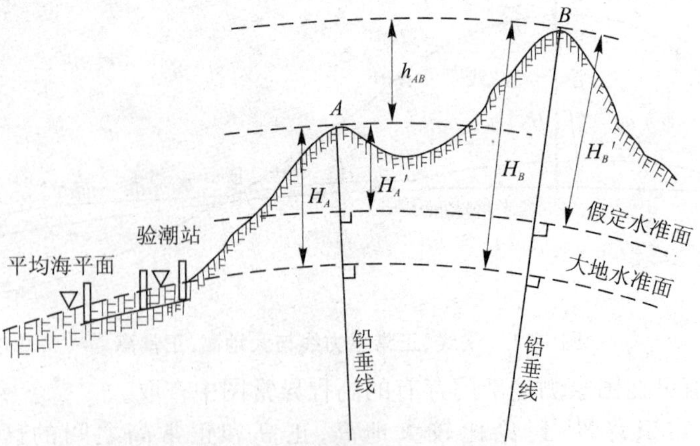

图 1-13　自定义高程系统示意图

活动4　我国的高程系统

资源与器材: 青岛验潮站影像资料、国家水准原点图片。

本次活动中,根据活动3介绍的高程系统建立方法,结合我国国情与实际,讲解我国的主要高程系统,要求掌握不同高程系统的特点,填写不同系统比较表。

播放青岛验潮站影像资料及水准原点图片,介绍水准原点的由来。教师结合资料,讲解1956年黄海高程系与1985国家高程基准。

根据以上资料,结合背景知识,学生自己分析研究,填写表1-9。

表1-9　高程系统特点比较表

比较项目	高程系统		
	1956年黄海高程系	1985国家高程基准	自定义高程系统
大地水准面			
水准原点位置			
水准原点的高程			
测量方法			
地面某点高程			

【知识导航】

我国先后主要采用1956年黄海高程系与1985国家高程基准两个高程系统。

1.1956年黄海高程系

1956年黄海高程系是以青岛验潮站1950~1956年连续验潮的结果求得的平均海水面作为全国统一的高程基准面而建立的高程系统。为了明显而稳固地表示高程基准面的位置,在山东省青岛市观象山上,建立了一个与该平均海水面相联系的水准点,以坚固的标石加以相应的标志表示,我们把这个水准点叫作国家水准原点。用精密水准测量方法测出该原点高出黄海平均海水面72.289 m。它就是推算国家高程控制点的高程起算点。

2.1985国家高程基准

1985年,国家测绘局根据青岛验潮站1952~1979年连续观测的潮汐资料,推算出青岛水准原点的高程为72.260 m。此数据于1987年5月正式通告启用,并以此定名为1985国家高程基准,同时1956年黄海高程系相应废止。各部门各类水准点的1956年黄海高程系统成果逐步归算至1985国家高程基准。

1985国家高程基准与1956年黄海高程系比较,验潮站和水准原点的位置未变,只是更精确,两者相差0.029 m(1985国家高程基准低0.029 m)。由1956年黄海高程系的高程换算成1985国家高程基准时需要减去29 mm。

任务3　高斯投影与高斯平面坐标系统

任务目标:

1.掌握常用概念:高斯投影、高斯平面直角坐标系。

2. 理解高斯投影原理、来源。

学习过程:

1. 通过游戏,理解地图投影及高斯投影的特点。

2. 介绍平面直角坐标系的建立及其特点。

3. 教师对比介绍高斯平面直角坐标系与笛卡儿坐标系的区别。

学习成果:

1. 坐标系分析比较表。

2. 投影变形情况分析表。

活动1　高斯投影

资源与器材:橘子皮若干、彩笔、玻璃板、参考椭球模型、篮(足)球一个。

本活动通过做游戏,理解高斯投影的特点,掌握投影分带方法与编号。

1.1　游戏

第一步:选取剥离较完整的橘子皮半个,在其表面用彩笔绘制一些几何图形,也可以仿照参考椭球上的经纬线绘制。

第二步:将橘子皮平放在桌面上,在上面放置一块玻璃板。

第三步:用力将橘子皮缓慢压平,请同学们注意观察橘子皮表面图形的变化。

第四步:根据图形变形情况,试分析图形的角度、距离、面积的变化情况。

1.2　高斯投影

播放高斯投影多媒体课件,了解投影的原理及过程。

【知识导航】

高斯投影是一个等角横切椭圆柱投影,它是正形投影(保角映射)的一种。这种投影保持图上任意两个方向的夹角与实地相应的角度相等,在小范围内保持图上形状与实地相似。

高斯投影是德国数学家高斯(Gauss,1777~1855年)在1825~1830年首先建立其理论并推导出计算公式的,到1912年又经德国大地测量学家克吕格(Kruger,1857~1923年)加以研究改进并补充完善,所以称高斯—克吕格投影,通常简称高斯投影。

1. 高斯投影的几何概念

设想用一个椭圆柱面横套在参考椭球面的外面(见图1-14),并使椭圆柱面与参考椭球某一子午线相切,相切的子午线 $NKOS$ 称为轴子午线或中央子午线;椭圆柱的中心轴 ZZ' 与赤道面相重合,并通过椭球中心 C。将椭球面上一定经差范围内的点、线投影到椭圆柱面上。然后,沿过极点的母线 AA'、BB' 将椭圆柱面剪开,并将其展成一平面(称为高斯平面),就可得到椭球面投影到平面上的图形了。

2. 高斯投影的特点

(1)中央子午线投影后为一条直线,定义为 x 轴,并且是投影的对称轴。中央子午线的长度不变。

(2)除中央子午线外,其余子午线投影后均为凹向中央子午线的曲线,并以中央子午线为对称轴。这些子午线投影后有长度变形,且离中央子午线越远,投影后长度变形越大。

(3)赤道投影后为一条直线,定义为 y 轴,其长度有变形。

(4)除赤道外的其余纬线,投影后均为凸向赤道的曲线,并以赤道为对称轴。

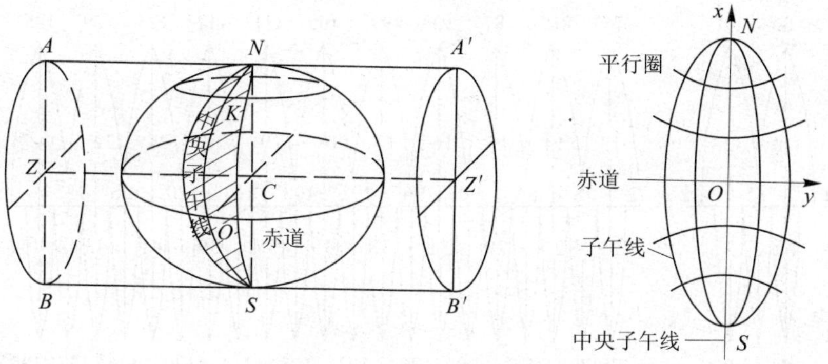

图1-14 高斯投影原理

(5)经线与纬线投影后仍保持正交。

1.3 讨论分析，填写分析比较表

根据游戏环节现象及高斯投影特点，填表1-10。

表1-10 投影变形情况分析

变形情况	游戏观察结果	高斯投影
角度变形		
长度变形		
面积变形		

1.4 分带投影

使用多媒体课件进行分带投影的动画演示。

【知识导航】

1. 分带投影

根据高斯投影的特点，投影后保持角度不变，但长度除中央子午线外基本都发生了变形，并且距离中央子午线越远，变形越大。既然不能消除变形，就需要控制变形的幅度，使其控制在一定误差允许范围内。一般采用分带投影的办法，将椭球面按照一定的经差划分为若干投影带，通过限制投影宽度，从而限制了长度的变形。

国际上通常将投影宽度按照经差6度或3度来划分，划分出的投影带分别称为6°带和3°带。特殊情况下也可以按照1.5°划分。

2. 6°带的划分方法与编号

如图1-15所示，6°带的带号，是由起始子午线算起，每隔经差6°自西向东划分，即0°~6°为第一带（中央子午线的经度 $L_0=3°$）；6°~12°为第二带（$L_0=9°$）；依次分下去，可将地球分成60个带，每带的带号可按1~60依次编号。第N带中央子午线的经度L_0与带号N的关系为

$$L_0 = 6°N - 3° \quad (N = 1, 2, \cdots, 60) \tag{1-5}$$

或写成

$$N = \frac{L_0 + 3°}{6°} \tag{1-6}$$

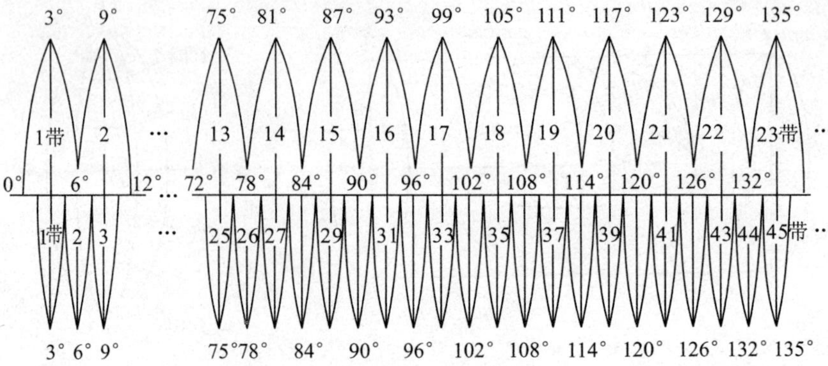

图 1-15　高斯投影分带示意图

对于 6°带，因为各带东侧分带子午线的经度等于 $6° \times N$，所以凡是超过此经度，即为下一带。如某点的经度为 L，则该点所在 6°带的带号为：

$$N = [L/6°] + \begin{cases} 1, \text{前项有余数时} \\ 0, \text{前项无余数时} \end{cases} \tag{1-7}$$

这里的[　　]表示“取整数运算”，不能整除时舍弃余数。式(1-7)表示取 $L \div 6$ 的“进整数”，当不能整除时，无论余数多小，一律进位。

【例 1-1】　已知某点的经度为 115°30′，该点位于 6°带第几带？该带中央子午线的经度是多少度？

解：

$$N = [115.5°/6°] + 1 = 19 + 1 = 20$$

$$L_0 = 20 \times 6° - 3° = 117°$$

可见，该点位于 6°带第 20 带，其中央子午线的经度为 117°。

3. 3°带的划分方法与编号

3°带是在 6°带的基础上划分的。6°带的中央子午线和分带子午线都是 3°带的中央子午线。3°带的带号，是由东经 1.5°起算，每隔经差 3°自西向东划分，其带号按 1 ~ 120 依次编号。3°带第 n 带的中央子午线的经度 L_0 与带号 n 的关系为：

$$L_0 = 3n \quad (n = 1, 2, \cdots, 120) \tag{1-8}$$

或写成

$$n = \frac{L_0}{3} \tag{1-9}$$

如已知某点的经度为 L，则该点所在的 3°带的带号为：

$$n = [(L - 1.5°)/3°] + \begin{cases} 1, \text{前项有余数时} \\ 0, \text{前项无余数时} \end{cases} \tag{1-10}$$

因为 3°带是以 1.5°带起，自西向东划分的，所以式(1-10)中要将 L 减去 1.5°。

【例 1-2】　已知某点的经度为 115°30′，该点位于 3°带第几带？该带中央子午线的经度是多少度？

解：

$$n = (115.5° - 1.5°)/3 = 38°$$

$$L_0 = 3n = 3 \times 38° = 114°$$

所以该点位于3°带的第38带，中央子午线为114°。

4. 我国的分带情况及应用

我国中央子午线的经度从75°到135°，6°带横跨11带（13带～23带）；我国3°带中央子午线的经度，从72°到135°，3°带横跨22带（24带～45带）。由此，就我国而言，其6°带和3°带的带号是没有重复的，就带号本身，就能看出是3°带还是6°带。

6°带投影后，其边缘部分的变形能满足1∶25 000或更小比例尺测图的精度，当进行1∶10 000或更大比例尺测图或精密工程测量时，要求投影变形更小，则应采用3°分带投影法或1.5°分带投影法。

实训：

已知某点的经度为117°23′45″：

（1）试求该点在3°带中的带号，并计算该点所在投影带的中央子午线经度。

（2）试求该点在6°带中的带号，并计算该点所在投影带的中央子午线经度。

（3）该点位于3°带中央子午线的左侧还是右侧。

（4）该点位于6°带中央子午线的左侧还是右侧。

活动2　高斯平面直角坐标系

资源与器材：高斯平面直角坐标系挂图、笛卡儿数学直角坐标系挂图、绘图纸、绘图笔。

本活动主要学习利用高斯投影的特点建立高斯平面直角坐标系。掌握高斯平面直角坐标系与笛卡儿数学坐标系的区别。

2.1　高斯平面直角坐标系

介绍高斯平面直角坐标系的建立方法及其特点。了解自然坐标、通用坐标。

2.1.1　自然坐标

高斯平面直角坐标系是以每一带的中央子午线的投影为 x 轴，赤道的投影为 y 轴，各个投影带自成一个平面直角坐标系统。x 轴向北为正，向南为负；y 轴向东为正，向西为负。由此而确定的点位坐标为自然坐标。我国位于北半球，x 的自然坐标均为正，而 y 的自然坐标则有正有负。

自然坐标系示意图如图1-16所示。

2.1.2　通用坐标

为了避免 y 坐标出现负值，规定在自然坐标 y' 上加500 km。因每带都有一些自然坐标相同的点，为了说明某点的确切位置，则应在加500 km后的 y 坐标前加上相应的带号。因此规定，将自然坐标 y' 加500 km，并在前面冠以带号的坐标称为通用坐标。

例如，在图1-16中，P_1，P_2 两点均位于第21带，其自然坐标分别为：

$$y'_{P_1} = +180\ 736.3\ \text{m}$$

$$y'_{P_2} = -105\ 374.8\ \text{m}$$

则其通用坐标为：

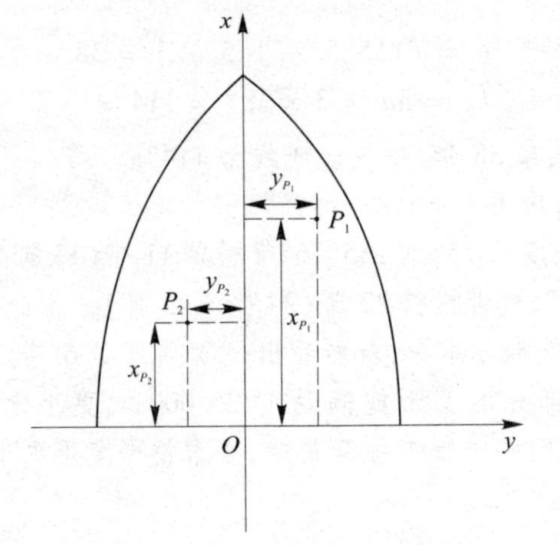

图 1-16　自然坐标系示意图

$$y_{P_1} = 21\ 680\ 736.3\ \text{m}$$

$$y_{P_2} = 21\ 394\ 625.2\ \text{m}$$

我国位于北半球,所以所有的 X 坐标均为正,因而其自然坐标值和通用坐标值相同。通用坐标系示意图如图 1-17 所示。

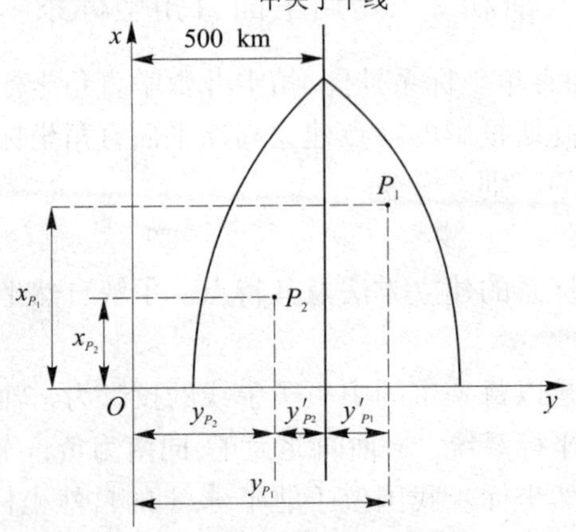

图 1-17　通用坐标系示意图

实训:

(1)某点通用坐标为(3 834 567.890,383 456.789),试判断该点两个坐标值哪个是 X 坐标,哪个是 Y 坐标,为什么?其自然坐标是什么?

(2)某点通用坐标为(3 834 567.890,38 345 678.901),试判断该点两个坐标值哪个是 X 坐标,哪个是 Y 坐标,为什么?

如果该点位于我国境内,该点属于几度带坐标?该点位于其所在投影带中央子午线的西侧还是东侧?

2.2　高斯平面直角坐标系与笛卡儿数学坐标系比较

教师提问笛卡儿数学直角坐标系的特点,由学生回答,并各自绘出图形,标明坐标轴、坐标轴方向、零点、象限等要素。

展示笛卡儿数学坐标系挂图与高斯平面直角坐标系挂图,如图 1-18 和图 1-19 所示。分组讨论,找出两组坐标系的异同之处,并填写表 1-11。

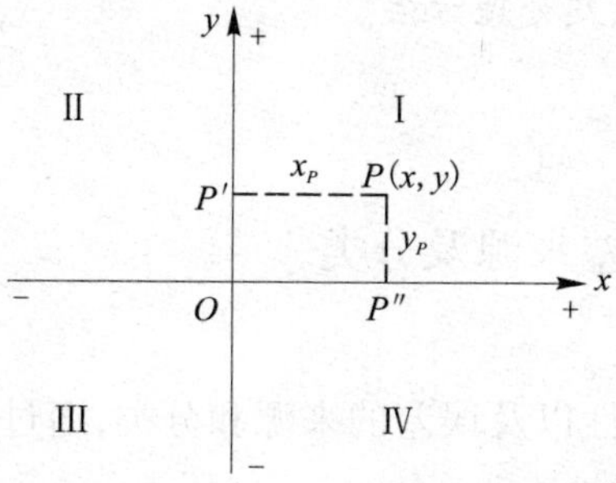

图 1-18　笛卡儿数学坐标系示意图

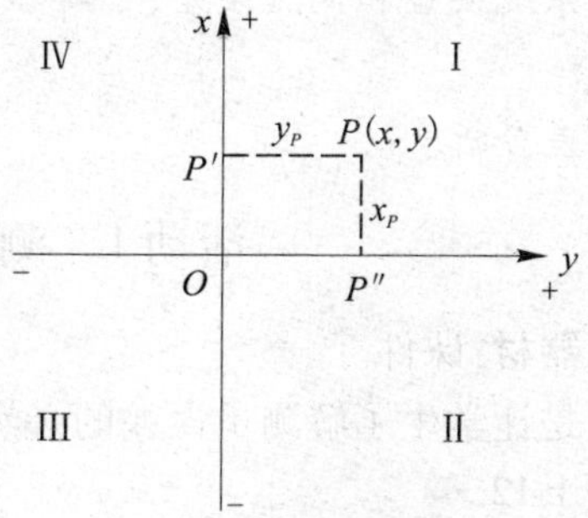

图 1-19　高斯平面直角坐标系示意图

表 1-11　坐标系分析比较表

坐标系	笛卡儿数学坐标系	高斯平面直角坐标系
X 轴向		
Y 轴向		
第一象限位置		
象限顺序(顺时针、逆时针)		

【知识拓展】　独立坐标系

(1)在某些较小局部区域地形图测量中,经常会遇到测区内没有控制点的情况,为了方便测量及表示,可以在测区建立自定义的独立平面直角坐标系。

(2)独立平面直角坐标系一般采用和高斯平面直角坐标系相同的轴系、象限关系。

(3)独立平面直角坐标系的原点假设在测图区域的西南方向,且必须保证所有测区内坐标值均为正值,假设的坐标系方位与实地尽量一致。

(4)建立独立平面直角坐标系的一般做法是:在测区合适位置假设一点作为已知控制点,同时假设另一控制点作为已知方向(又称假设坐标方位角),该方向最好与实地方位尽量一致。

实际控制测量作业中,虽然有国家标准的控制点数据,但当测区距离标准投影带中央子午线较远时,为了控制投影变形,经常需要改变投影的中央子午线,或者改变投影高度。我们经常把这种情况建立的坐标系也称为独立的高斯平面直角坐标系。

任务 4　测量误差基本知识

任务目标:

1. 了解测量误差来源及产生的原因。
2. 掌握系统误差和偶然误差的特点及其处理方法。

3. 理解精度评定的指标(中误差、相对误差、容许误差)的概念。

学习过程:

1. 学习测量误差的来源及分类。

2. 对比系统误差和偶然误差,了解各自特点及处理方法。

学习成果:

填写误差分析表。

活动1　测量误差来源及分类

资源及器材:课件。

本活动是让学生了解测量误差的必然存在性以及误差的来源和分类,通过下面知识的学习完成表1-12。

表1-12　误差分析表

误差来源	

【知识导航】

1. 测量误差的来源

产生测量误差的因素是多方面的,概括起来有以下三个因素:

(1)仪器精度的有限性,测量中使用的仪器和工具不可能十分完善,致使测量结果产生误差。例如:用普通水准尺进行水准测量时,最小分划为1 cm,就难以保证毫米数的完全正确性。经纬仪、水准仪检校不完善产生的残余误差影响等。

(2)观测者感觉器官鉴别能力的局限性,对测量结果产生一定的影响,例如仪器对中、整平误差,观测估读小数误差,瞄准目标误差等。同时,观测者技术熟练程度也会对观测结果产生一定影响。

(3)观测过程中外界条件的不定性,如温度、湿度、阳光、风等时刻都在变化,必将对观测结果产生影响。例如,温度变化使钢尺产生伸缩,阳光照射会使仪器发生微小变化等。

通常把以上三种因素综合起来称为观测条件。观测条件好,观测产生的误差就会小;反之,观测条件差,观测产生的误差就会大。但是不管观测条件如何,受上述因素的影响,测量中存在误差是不可避免的。应该指出,误差与粗差是不同的,粗差是指观测结果中出现的错误,如测错、读错、记错等,粗差必须改正,不允许存在。为杜绝粗差,除了加强作业人员的责任心,提高操作技术外,还应采取必要的检校措施。

2. 测量误差的分类

测量误差按其性质不同可分为系统误差和偶然误差。

1)系统误差

在相同的观测条件下,对某量进行一系列观测,若出现的误差在数值、符号上保持不变或按一定的规律变化,这种误差称为系统误差。例如用名义长度为30 m,而实际长度为30.004 m的钢尺量距,每量一尺就有0.004 m的系统误差,它就是一个常数。又如水准测量中，视准轴与水准管轴不能严格平行，存在一个微小夹角 i，i 角对标尺读数的影响随视线长度成比例变化，但大小和符号总是保持一致性。系统误差具有累积性，对测量结果影响显著，但它的大小和符号有一定的规律，可通过计算或观测方法加以消除，或者最大限度地减小其影响。如尺长误差可通过尺长改正加以消除，水准测量中的 i 角误差可以通过前后视距相等的方法消除其对高差的影响。

2）偶然误差

在相同的观测条件下，对某量进行一系列观测，如出现的误差在数值大小和符号上均不一致，且从表面看没有任何规律性，这种误差称为偶然误差。如水准标尺上毫米数的估读，有时偏大有时偏小。由于大气的能见度和人眼的分辨能力等因素使照准目标有时偏左，有时偏右。

3. 偶然误差的规律

偶然误差也称随机误差，其符号和大小在表面上无规律可循，找不到予以完全消除的方法，因此须对其进行研究。

偶然误差就其单个而言，从表面看其大小和符号没有明显的规律性，即具有偶然性。但人们通过长期的测量实践发现，在相同的观测条件下，对某量进行多次观测，所出现的大量偶然误差也具有一定的规律性，且观测次数越多，规律性就越明显。

如表1-13所示，是96个三角形闭合差的统计结果。

表1-13 三角形闭合差统计表

误差所在区间	正误差个数	负误差个数	总数
0.0″~0.5″	19	20	39
0.5″~1.0″	13	12	25
1.0″~1.5″	8	9	17
1.5″~2.0″	5	4	9
2.0″~2.5″	2	2	4
2.5″~3.0″	1	1	2
3.0″以上	0	0	0
总计	48	48	96

由表1-13可以看出，偶然误差的规律如下：

（1）在一定的观测条件下，偶然误差的绝对值不会超过一定的限制，即有界性。

（2）绝对值小的误差比绝对值大的误差出现的机会要多，即单峰性。

（3）绝对值相等的正、负误差出现的机会相等，可相互抵消，即对称性。

（4）同一量的等精度观测，其偶然误差的算术平均值随着观测次数的增加而趋近于零，即抵偿性：

$$\lim_{n \to \infty} \frac{[\Delta]}{n} = 0 \tag{1-11}$$

★**提示：**在测量工作中，为了提高成果质量，通常要进行多余观测。

活动2　评定精度的指标

资源与器材:课件。

本活动是理解掌握各精度指标的概念和公式。

为了对测量成果的精确程度做出评定,有必要建立一种评定精度的标准,我们通常用中误差、相对误差和容许误差来表示。

2.1　中误差

在相同条件下,对某量(真值为 X)进行 n 次独立观测,观测值为 $L_1, L_2, \cdots, L_n$,偶然误差(真误差)为 $\Delta_1, \Delta_2, \cdots, \Delta_n$,则中误差 m 的定义为

$$m = \pm\sqrt{\frac{[\Delta\Delta]}{n}} \tag{1-12}$$

其中,$[\Delta\Delta] = \Delta_1^2 + \Delta_2^2 + \Delta_3^2 + \cdots + \Delta_n^2$,$\Delta_i = L_i - X$。表示各个真误差的平方总和。

由中误差的定义可知,中误差是指在同样观测条件下一次观测值的中误差,它并不等于每个观测值的真误差,而是一组真误差的代表。一组观测值的真误差越大,中误差也就越大,其精度就越低。

【例1-3】　试根据表1-14数据,计算各组观测值的中误差。

解:第一组观测值的中误差:

$$m_1 = \pm\sqrt{\frac{0^2 + (-2)^2 + (-1)^2 + 3^2 + (-4)^2 + (-3)^2 + 2^2 + 1^2 + (-2)^2 + 4^2}{10}} = \pm 2.5''$$

第二组观测值的中误差:

$$m_2 = \pm\sqrt{\frac{1^2 + (-2)^2 + 6^2 + 0^2 + 1^2 + (-7)^2 + (-1)^2 + 0^2 + 3^2 + 1^2}{10}} = \pm 3.2''$$

说明第一组的精度高于第二组的精度。中误差越小,精度越高。

表1-14　分组观测数据表

第一组					第二组				
次数	观测值 (°)	(′)	(″)	真误差Δ (″)	次数	观测值 (°)	(′)	(″)	真误差Δ (″)
1	180	00	00	0	1	180	00	01	+1
2	179	59	58	−2	2	179	59	58	−2
3	179	59	59	−1	3	180	00	06	+6
4	180	00	03	+3	4	180	00	00	0
5	179	59	56	−4	5	180	00	01	+1
6	179	59	57	−3	6	179	59	53	−7
7	180	00	02	+2	7	179	59	59	−1
8	180	00	01	+1	8	180	00	00	0
9	179	59	58	−2	9	180	00	03	+3
10	180	00	04	+4	10	180	00	01	+1

2.2　相对误差

测量工作中对于精度的评定，在很多情况下中误差这个标准是不能完全描述对某量观测的精确度。例如用钢卷尺丈量了 100 m 和 1 000 m 的两段距离，其观测值中误差均为 ±0.01 m。若以中误差来评定精度，显然就要得出错误的结论，因量距误差与长度有关。相对中误差 K 是中误差的绝对值 m 与相应观测值 D 之比，通常以分子为 1 的分式来表示，称其为相对(中)误差。即

$$K = \frac{|m|}{D} = \frac{1}{\frac{D}{|m|}} \tag{1-13}$$

一般情况下，角度、高差的误差用中误差 m 表示，量距误差用相对中误差 K 表示。

2.3　容许误差(极限误差)

由偶然误差的特性可知，在一定的观测条件下，偶然误差的绝对值不会超过一定的限值。这个限值就是容许(极限)误差。误差理论及大量的实验统计表明：大于 2 倍中误差的偶然误差出现的几率为 5%；大于 3 倍中误差的偶然误差出现的几率仅为 0.3%。因此，实际工作中常采用 3 倍中误差作为容许误差，即 $\Delta_{容} = 3m$；当要求较严格时，也有采用 2 倍中误差作为容许误差的，即 $\Delta_{容} = 2m$。

任务5　地形图的基本知识

任务目标：

1. 认识地形图。
2. 理解地形图内容。
3. 掌握比例尺换算及表达形式。
4. 掌握大比例尺地形图表示内容。

学习过程：

1. 演示各种不同比例尺地形图，理解地形图的基本知识。
2. 学会识图、用图。

学习成果：

1. 普通地图与地形图讨论分析表。
2. 地形图认识学习成果表。
3. 比例尺换算成果表。
4. 地物类型对照表。
5. 地貌类型对照表。

活动1　认识地形图

资源与器材：纸质地图挂图、课件。

本活动通过生动逼真的示例，理解地形图的概念。

1.1　展示普通地图与地形图

根据展示的不同类型的普通地图与地形图(见图 1-20、图 1-21)，以组为单位分析讨论

两种图中所表示的内容有哪些异同,将讨论结果填入表 1-15 中。

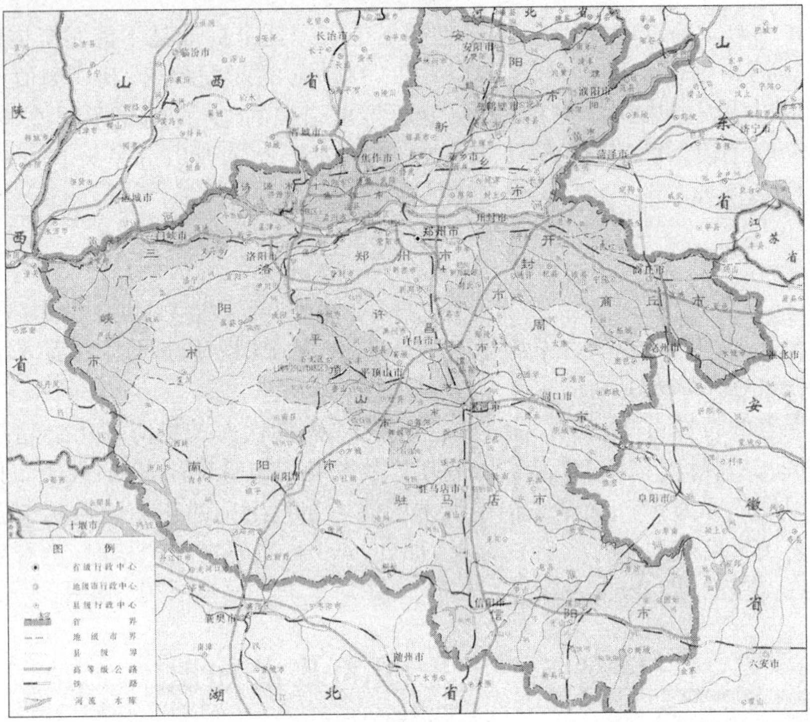

比例尺 1：199万

0　19.9　39.8　59.7 km

图上1 cm相当于实地19.9 km

图 1-20　河南省地图

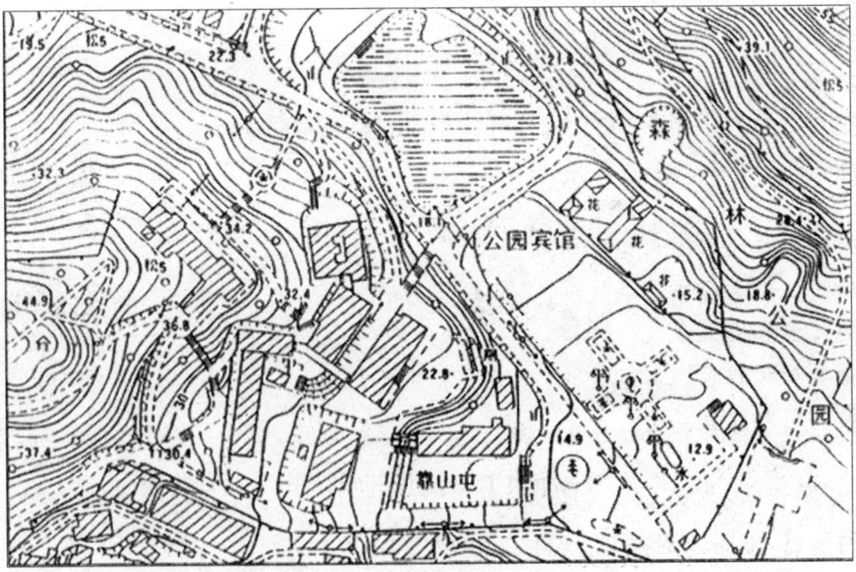

基本等高距为1 m　　1：2 000

图 1-21　地形图

表 1-15 普通地图与地形图讨论分析表

类型	内容	区别
地图		
地形图		

【知识导航】

1. 地图

地图是根据一定的数学法则,使用一定的符号,通过制图综合,表示地面上地理事物的空间分布、联系及在时间中发展变化状态的图形。地图按其表示的内容分为普通地图和专题地图两大类。普通地图按其表达方式和详细程度又可分为地形图和普通地理图。

2. 地形图

地形图是按照一定的比例尺和图式符号,表示地物、地貌的平面位置和高程的正射投影图。

地球表面固定性的人为或天然的物体称为地物,如建筑物、道路、河流、管线设施等;地球表面高低起伏的形态称为地貌,如高山、丘陵、盆地、陡崖、冲沟等。地物和地貌的总称为地形。

在地形图上,地物一般按图式符号加注记表示;地貌一般用等高线、图式符号和必要的高程注记表示,能反映地面的实际高程和起伏特征。地形图通常是经过实地测绘或根据实测数据和配合有关调查资料编制而成的。

1.2 地形图的应用领域

根据背景知识的描述,讨论地形图的应用领域,将讨论结果填入表 1-16 中。

表 1-16 地形图的应用

组别	地形图应用领域

【知识导航】

1. 地形图在经济建设中的用途

(1)作为规划和管理用。如城镇规划、新农村规划、交通规划、农业布局规划等及管理的需要,利用地形图设计各种规划图,可精确且直观地显示未来的发展前景。

(2)作为工程建设的勘察、设计、施工用。如铁路、公路、水利工程、工厂、建筑等工程项目的勘察、设计、施工,通常都要用到较大比例尺的反映地面真实状况的地形图。

(3)用于土地管理(地籍管理)和房产管理。为土地管理(地籍管理)和房产管理提供必要的基础数据,如土地整理、拆迁、房产交易等。

(4)进行各种资源的勘察、开发。如矿产资源、森林资源、水力资源等的勘察、开发等。

2. 地形图在国防建设中的作用

地形图是战争的重要工具之一。据不完全统计,第二次世界大战中,仅苏联一个国家就消耗地图达5亿多张。现代条件下的战争,诸兵种协同作战,用图量将更大。

(1)各种国防工程的规划、设计、施工;

(2)各种军事战术作业、战场指挥;

(3)军事后勤保障及军事手段的执行,如导弹的飞行、卫星侦察等。

3. 地形图在科学研究、文化方面的用途

(1)各种环境监测、分析及预警,如地震预报、自然灾害影响分析、耕地面积变化监测等;

(2)地学研究的基础资料,如地质普查、地壳运动及监测;

(3)考古;

(4)社会人文研究,如民风民俗变迁、姓氏文化演变及地理分布等。

4. 其他方面的用途

(1)政府决策参考,如救灾抢险指挥、城市道路交通指挥等;

(2)旅游指南;

(3)公共场所信息查询(电子地图);

(4)宣传教育的工具。

活动2　地形图的内容

资源与器材:地形图、图式、课件。

本活动通过展示各种地形图,学生讨论总结地形图的组成要素。

展示各种地形图,以小组为单位分组讨论地形图的组成要素,并将讨论结果填在表1-17中。

表1-17　学习成果表

地形图要素类型	地形图要素包含内容

【知识导航】

地形图的内容比较丰富,大致可分为以下三类:

(1)数学要素:如坐标系统、投影方式、比例尺等。

(2)地形要素:各种地物、地貌。

(3)注记与整饰要素:各种注记说明和辅助图表。注记说明包括文字注记,如单位名称、道路、植被等，还包括数字注记，如点的高程、点号等。整饰要素包括图名、图号、图幅结合表、图框、测绘机关、比例尺、采用的坐标系统、高程系统、图式、测量员、绘图员及检查员等。

活动3　地形图的比例尺

资源与器材：纸质挂图、直尺。

【知识导航】

地面上的各种地物、地貌都不可能按其真实大小描绘在图纸上，是按一定比例缩小后表示在图上的，这种图上距离与实地水平距离之比，称为图的比例尺。为了直观、明确表示比例尺，图的比例尺一般用分子为1的分数表示。

$$\text{图的比例尺} = \frac{d}{D} = \frac{1}{M} \tag{1-14}$$

式中　d——图上距离；

D——实地水平距离；

M——比例尺分母。

图1-22为地形图（局部），理解地形图比例尺的概念，并量取图上地物长度，使用相应比例尺进行换算，结果填入表1-18中。

图1-22　地形图（局部）

表1-18　比例尺换算成果表

地形图地物名称	图上量算长度（mm）	实地长度（m）	比例尺

依据比例尺概念，计算常用比例尺中每毫米代表的实地距离，填入表1-19中。

表 1-19　常用比例尺换算表

比例尺	图上距离(mm)	实地距离(m)
1:500	1	
1:1 000	1	
1:2 000	1	

★思考:为什么换算的比例尺与图上标注比例尺不相同?

3.1　地形图比例尺的类型

地形图的比例尺按比值的大小分为三类:

(1)大比例尺:1:500～1:5 000,主要采用常规或野外数据采集成图;

(2)中比例尺:1:10 000～1:50 000,主要采用航测法成图;

(3)小比例尺:1:100 000～1:1 000 000,主要根据大、中比例尺地形图及各种资料编绘而成。

地形图比例尺按其表达方式,又可分为数字比例尺、直线比例尺两种。

3.1.1　数字比例尺

用数字形式表示的比例尺称为数字比例尺。如1:500,1:1 000,1:2 000等,地形图上一般都标注有数字比例尺,它的特点是直观、准确。

3.1.2　直线比例尺

用一定长度的线段表示图上的实际长度,并按图上比例尺计算出相应地面上的水平距离注记在线段上,这种比例尺称为直线比例尺。图1-23为直线比例尺。

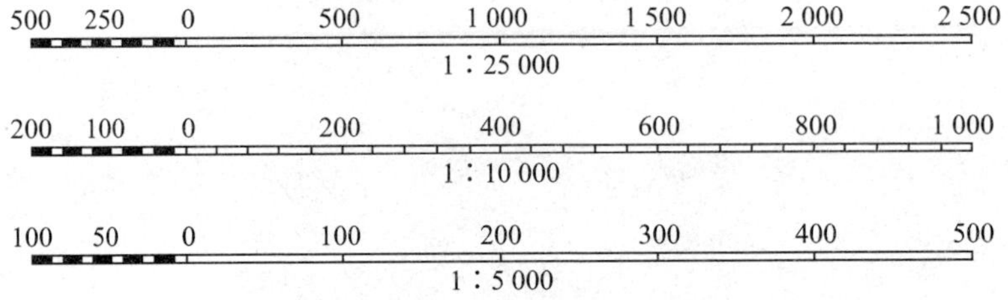

图 1-23　直线比例尺

直线比例尺多绘制在图幅下方,具有随图纸伸缩的特点,故用它量取同一图幅上的距离时,在很大程度上减小了图纸伸缩变形带来的影响。

3.2　比例尺的精度

测图用的比例尺越大,就越能反映出测区地形的详细情况,但测图所需的工作量也越大。因此,测图比例尺关系到实际需要、成图时间及测量成本。一般应以工作需要决定图上应表示出的最小地物有多大,点的平面位置或点间距离要精确到什么程度为准。正常人的眼睛能分辨出的最短距离为0.1 mm,距离再小,就难以分辨了。因此,实地水平距离按比例缩绘到图上,相当于0.1 mm的实地水平距离称为比例尺的精度。

$$\delta = 0.1\ \text{mm} \times M \tag{1-15}$$

式中　δ——比例尺精度;

M——比例尺分母。

可参考比例尺精度,决定以下内容:

(1)按工作需要,多大的地物须在图上表示出来或测量地物要求精确到什么程度,由此可参考决定测图的比例尺。

(2)当测图比例尺确定后,可以推算出测量地物时应精确到什么程度。

依据背景知识计算出表1-20中其余比例尺精度。

表1-20　比例尺精度

比例尺	1:500	1:1 000	1:2 000	1:5 000	1:10 000
比例尺精度(m)	0.05				

★**思考:**若进行1:500地形图测量,则应表示的最小地物是多大?

任务6　仪器设备的借用、养护及要求

任务目标:

1. 了解和掌握测量仪器的使用和养护方法。
2. 学会领取仪器及领取时的注意事项。

学习过程:

1. 学习仪器领取规定和养护事项。
2. 在老师的带领下去实验室领取实习仪器。

学习成果:

测量记录字体临摹表。

活动1　仪器借领

资源与器材:仪器领取示范视频。

本活动是使学生学会正确、规范地领取测绘仪器,完成测绘实习。为保障有效、有序、顺利进行实训,应遵循以下要求:

(1)实习班级学生领取仪器设备必须以学生证为准,其余证件一律无效。

(2)实习班级应统一前往实验室借领仪器设备,领取仪器以小组为单位,各组组长具体负责。学习委员应配合教师组织仪器发放,仪器发放完毕后方可离开。

(3)借领仪器时,应按仪器编号领取,当场清点数量和检查仪器缺损情况,如有缺损,应立即补领或更换。检查确认设备完好、数量足够后,完整填写《仪器使用情况记录表》后方可离开。

(4)每组借领仪器后需按照以下项目检核所借仪器:

①箱盖是否关妥、锁好;

②背带、提手是否结实牢固;

③脚架与仪器是否配套,脚架各部件是否完好,其他器材和附件是否齐全;

④仪器外观是否完好、有无破损或损坏,仪器提手是否松动或损坏,仪器照准部与基座

的连接螺旋是否锁紧；

⑤仪器脚螺旋、制动螺旋、微动螺旋、望远镜目镜和物镜及内部十字丝等结构是否完好；

⑥标尺外观有无裂痕、弯曲或破损，扶手、圆气泡是否完好等。仪器在搬运过程中，一定要注意安全，凡是能背的仪器，一定要检查好背带，然后按要求背在肩上，不允许用自行车带仪器或背着仪器骑车。

活动2　仪器使用

资源与器材：测绘仪器（水准仪、全站仪）、仪器使用示范视频。

本活动旨在教会学生如何规范、安全的使用测绘仪器，从学习的开始就养成正确的仪器使用习惯，确保仪器安全，为学习和实习提供保障。

测量仪器属贵重精密仪器，使用时必须严格操作程序，精心爱护。在任何时候，仪器必须有人看管，做到"人不离仪器"，以防止其他无关人员拨弄仪器或行人、车辆撞倒仪器。仪器自库房借领后，其使用及归还由小组长负责，确保仪器安全及实习顺利进行。在使用中应注意以下几点：

（1）仪器箱应平放在地面上或平台上才能开箱，不要托在手上或抱在怀里开箱。

（2）开箱后未取出仪器前，要注意仪器在箱内的安放位置与方向，以免用完装箱时，因安放位置不正确而损坏仪器。

（3）在取出仪器前，应先放松制动螺旋，然后再取出仪器。否则，在取出仪器时，会因强行扭转而损坏制动、微动装置，甚至损坏轴承。

（4）自箱内取出仪器时，应用两只手同时握住基座和照准部分，轻拿轻放。不能只用一只手抓仪器，更不准拿着望远镜将仪器拎出来。

（5）自箱内取出仪器后，要立即将仪器箱盖盖好，以免沙土、杂物进入箱内。搬动仪器时，注意不要丢失附件。箱锁和钥匙一定要注意保管好。

（6）在安置仪器时，首先应将三脚架整置牢靠，从仪器箱中取出仪器时，要先松开固定螺旋，用双手分别抓住仪器的支架，然后轻轻将仪器取出并安放在脚架上，此时一只手扶住仪器，另一只手迅速拧紧脚架中心螺旋，以使仪器固定在脚架上（在未固定以前，手不能离开仪器），然后将照准部和望远镜各按水平和垂直方向正、反旋转几圈，以使轴套润滑均匀。

（7）安置脚架时，高度要适中，架头要放平，三脚架腿分开的跨度要适中，太靠拢容易被碰倒，太分开又容易滑开，易造成事故。若在斜坡地面上架设仪器，使两条腿在坡下方（可稍长些），另一条腿在坡上方。在光滑地面（如水泥地、柏油路上）架设仪器，采取安全措施，用细绳把三脚架缆住，防止脚架滑动摔坏仪器。

（8）操作仪器时，用力要均匀，动作要准确、轻捷，用力过大或动作太猛都会造成仪器损伤；脚螺旋、微动螺旋宜旋至中间部位，不准强行扭动。

（9）阳光下或小雨天作业时，必须支撑测伞，以防止仪器直接暴晒或雨淋。在观测间隙中，不要将物镜镜面对着阳光或风沙吹来的方向，以免镜头脱胶或积累灰尘。

（10）观测结束后，可用毛刷或绒布擦去仪器上的灰尘，但只能用擦镜头纸或鹿皮擦拭玻璃镜头,绝不允许用手指或其他物品去擦拭。如仪器不慎被雨水淋湿,应及时用洁净的干布擦去水分,待晾干后方可置于仪器箱中,仪器置于箱中后适当拧紧各部固定螺旋,同时须检查所有附件是否齐全,然后方可盖上锁好。

(11)仪器使用过程中若发生故障,应及时向指导教师报告,不得擅自处理。仪器任何部分发生故障(如转动紧涩、制动或微动螺旋失灵等)时,不要勉强继续使用,应立即送回仪器室检修,不准仪器带病作业和私自拆卸仪器。

(12)在观测过程中,不准踩、坐、压或用力碰撞仪器箱、标尺及脚架。

(13)仪器在长途搬运过程中,应装入专门的运输箱内,并用防潮、防震的措施和标识。在短途搬运或作业的迁站过程中,虽不必装入运输箱内,但必须由专人看管或携带;在提背仪器时,应先检查仪器的扣锁是否牢固,背带是否坚实;在颠簸的车辆上,应由专人抱置膝上,以保安全。

(14)在平坦地区短距离迁站时,先检查仪器和脚架中心的连接螺旋,一定要拧紧。微松照准部制动螺旋,使万一被碰时可稍微转动。对于一般测绘仪器,迁站时,可收拢三脚架放在腋下,一手抱住脚架,另一只手托住基座和照准部;对于精密仪器,在迁站时,应将三脚架撑开,用肩托住三脚架内部顶板,使仪器保持垂直。各种仪器严禁将三脚架收拢后把仪器扛在肩上迁移。

(15)无论迁站还是收测,都要清点仪器、器材和附件,如有缺少,应立即寻找。完好后可将仪器箱关妥,扣紧锁好。若丢失附件,应如实记录并报告管理人员。

(16)各种标尺、标杆不准随便靠在树上或墙上而无人扶,以免滑倒摔坏。绝不允许踏坐标尺或用标尺、标杆抬东西。在标尺上读数时,不准用指甲或铅笔作记号或乱画,以免损坏尺面。

(17)对电子仪器设备安装及拆卸电池时,务必关闭电源。观测完毕,应按程序退出。

活动3　观测手簿的记录要求

资源与器材:笔、PPT演示文稿。

本活动是让学生掌握正确的记录字体,养成良好的记录习惯。

3.1　记录字体

记录时,文字均用正楷体,阿拉伯数字用记录字体。记录数字字体如下。

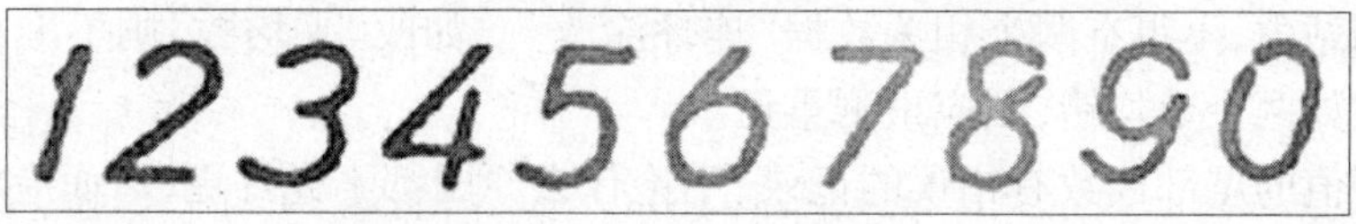

书写时,应注意以下几个问题:

(1)略微向右倾斜,符合书写习惯,写起来自然流畅且不易相互更改;

(2)“1”起笔应带钩,使之不易改成“4”、“7”、“9”等,但钩不宜太长,以防误认为“7”;

(3)“7”的拐角应带棱,一笔到底,竖笔应有一定弧度;

(4)“8”应一笔写成,起笔、停笔在右上角并留有缺口,可防止由“3”改为“8”;

(5)“9”的缺口也留在右上角,可防止由“0”改为“9”。

根据以上规定完成测量记录字体临摹表(见表1-21)。

表 1-21　记录字体临摹表

1234567890

3.2　观测手簿

观测手簿是测量成果的原始资料。为保证测量成果的严肃性、可靠性，要求各项记录必须在测量时直接、及时记入手簿，严禁凭记忆补记或记录在其他地方而后进行转抄。

外业观测数据必须记录在编号、装订成册的手簿上，手簿不得空页。作废的记录应保留在手簿上，在手簿上备注。手簿不得撕页，不准乱写、乱画。

所有记录与记录过程的计算，均需用 2H、3H 绘图铅笔。字体应端庄清晰，字体高度应只占格子的一半，以便留出空隙作更正。

手簿中规定应填写的项目，不得留有空白。

记录员听到观测员报数后，应回报一遍，观测员没有否定后，方可记入手簿，以防记录员听错、记错。

在观测手簿中，对于有正、负意义的量，在记录计算时，都应带上“+”号或“-”号。即使是“+”号也不能省略。

外业观测手簿中记录数字如有错误，严禁用橡皮擦、涂改、就字改字、小刀刮或挖补。更正时，应用横线将错误数字划去，而将正确数字写在原数上方，并在备注栏内注明原因。除计算数据外，所有观测数据的更正和淘汰，必须在备注栏内注明原因和重测结果记于哪一页。重测记录前，均应填写“重测”二字。

在同一测站内，不得有两个相关数据“连环涂改”。如改“平均数”则不准再改任何一个原始数据。假如两个数均错，则应重测重记。

对于观测值的尾部读数有错误的记录，不论什么原因都不允许更改，而应将该站观测结果废去重测。观测值出现记录错误后的重测规定见表 1-22。

表 1-22　观测值出现记录错误后的重测规定

测量种类	不准更改部位	应重测范围
角度测量	秒读数	本测回
水准测量	厘米及毫米读数	本测站
钢尺测量	厘米及毫米读数	本尺段

所有记录数字,应按规定位数写齐全,不得省略零位,见表1-23。

表1-23　读数记录的位数规定

测量种类	数字单位	记录位数	示例
角度测量	度、分、秒	各二位	103°00′06″
水准测量	毫米	四位	0810

测量成果的整理和计算,应在规定的印刷表格或事先画好的计算表格中进行。测量成果是测量的基础资料,也是为用户使用而提供服务的重要依据。因此,成果要求一定干净整洁,书写规范,字体工整,按要求位数填写和计算。观测略图要清晰,点与点的相对位置应与实地一致。

用表格进行平差计算时,已知数据用钢笔填写,计算过程用铅笔填写,最后结果用钢笔填写。如填写和计算有错误之处,可以用橡皮擦。但不准将整个计算重新抄写一遍(此视为"转抄"),以免在抄写过程中出现失误,将数字抄错。

3.3　测绘资料的保密

测绘工作中所有观测记录、计算成果及图件均属于国家保密资料,应妥善保管,任何单位和个人均不得乱扔乱放,更不得丢失和作为废品卖掉。所有报废的资料需经有关保密机构同意,并在其监督下统一销毁。

测绘内业生产或科研中所用未公开的测绘数据、资料也都属于国家秘密,要按有关规定进行存放、使用和有关密级要求进行保密。在保密机构的指导与监督下,建立保密制度。由于业务需要接触秘密资料的人员,按规定领、借资料,用过的资料或作业成果要按规定上交。任何单位和个人不得私自复制有关测绘资料。

传统的纸介质图纸、数据资料的保管和保密相对容易些。而数字化资料一般都以计算机磁盘(光盘)文件存储,要特别注意保密问题。未公开的资料不得以任何形式向外扩散。任何单位和个人不得私自拷贝有关测绘资料;生产作业或科研所用的计算机一般不要"上网",必须接联网络的机器要进行加密处理。因此,作为测绘专业学生尤其要有保密意识!另外,在内业作业时特别需要注意的是,磁盘文件的可覆盖性和不可恢复性。一个不当的拷贝命令或删除命令可能会使多少人的工作前功尽弃,甚至造成不可挽回的损失。使用计算机要养成良好的习惯,在对一个文件进行处理之前首先要"备份";作业过程中注意随时存盘,作业结束后要及时备份和上交资料。每过一段时间(如一项任务完成并经过验收后),要清理所有陈旧的备份文件。定期整理磁盘文件有两个目的,一是腾出计算机磁盘空间,避免以后使用时发生冲突或误用陈旧的数据;二是为了保密的需要,因为即使是"陈旧"的数据文件,也与正式成果一样属于秘密资料,无关人员不得接触。测绘资料丢失会受到处罚,严重的可能会受到法律制裁。

任务7　测量常用的度量单位

任务目标:

1. 学习测量常用的度量单位。
2. 掌握单位之间的换算关系与其在测量中的应用。

学习过程:

1. 小组对已学过的度量单位知识进行交流汇报。

2. 讲述弧度及其应用。

学习成果:

使用教师提供的数据完成换算练习。

【知识导航】

测量工作中常用的度量单位有长度单位、面积单位及角度单位三种。我国的法定计量单位以国际单位制(IS)为基础,测量中必须使用法定计量单位。

长度国际单位是米,符号为 m。测量中常用的长度单位还有毫米(mm)、厘米(cm)、分米(dm)和千米(km)。它们之间的换算关系为

$$1\ \text{m}=10\ \text{dm}=100\ \text{cm}=1\ 000\ \text{mm}$$

$$1\ \text{km}=1\ 000\ \text{m}$$

面积的国际单位是平方米,符号为 m^2。图上面积通常用平方毫米(mm^2)、平方厘米(cm^2)和平方分米(dm^2)等表示。大面积可用平方千米(km^2)。它们的换算关系为

$$1\ \text{m}^2=100\ \text{dm}^2=10\ 000\ \text{cm}^2=1\ 000\ 000\ \text{mm}^2$$

$$1\ \text{km}^2=1\ 000\ 000\ \text{m}^2$$

我国常用公顷、亩来表示土地面积。$1\ \text{m}^2=0.001\ 5$ 亩,$1\ \text{km}^2=1\ 500$ 亩 $=100$ 公顷。

将一圆周等分为 360 份,每一等份所对的圆心角值称为一度,即 1°。1°的 1/60 为 1′,1′的 1/60 为 1″,即 1° =60′ =3 600″。度及其衍生的分、秒不是国际单位,但是我国的法定计量单位之一,也是测量中表示角度的最常用单位。

圆周上等于半径的弧长所对的圆心角值称为一弧度,即 1 rad。用 $\hat{\theta}$ 表示圆心角的弧度值,用 L 表示弧长,用 R 表示圆的半径,则有

$$\hat{\theta}=\frac{L}{R} \tag{1-16}$$

测量计算中,有时要将度、分、秒化成弧度,或反过来将弧度化成度、分、秒。习惯上分别以 ρ°、ρ'、ρ''表示 1 弧度对应的度、分、秒值:

圆的一周为 360°,对应的弧度值为 $2\pi=2\pi R/R$(周长除以半径),所以

$$1\ \text{rad}=\rho^\circ=(180/\pi)^\circ=57.295\ 78^\circ\approx57.3^\circ$$

$$1\ \text{rad}=\rho'=(180\times60/\pi)'\approx3\ 438'$$

$$1\ \text{rad}=\rho''=(180\times3\ 600/\pi)''\approx206\ 265''$$

思考题

1. 什么是测绘?
2. 什么是地形图?
3. 什么是大地水准面?
4. 我国采用哪些平面坐标系统?
5. 我国采用哪些高程系统?

6. 简述高斯投影的特点。

7. 简述地形测量工作主要包括的内容。

8. 地形图包括哪些内容？

9. 简述3S技术、4D产品的含义。

10. 测量误差包括哪些影响因素？

11. 测量精度指标有哪些？

项目 2　水准测量

【项目说明】

本项目主要学习水准仪的使用方法、水准测量的原理、水准测量施测方法。通过演示、案例教学，教授学生熟悉水准仪的使用；理解水准测量的原理，掌握水准测量的作业方法、技术要求、作业过程及成果的整理计算；引导学生分析作业过程中误差对测量的影响，了解水准仪检验、校正、维护和保养方法，使学生能够达到独立完成水准测量全部过程的目的。

【项目任务】

1. 资料收集与准备。
2. 实地踏勘与线路布设。
3. 仪器检校。
4. 水准路线施测。
5. 水准路线计算。
6. 水准测量精度分析。
7. 提交成果资料。

【项目成果】

1. 各项案例分析记录表。
2. 水准测量记录手簿。
3. 高程误差配赋表。
4. 水准测量技术总结报告。
5. 水准仪检验与校正记录。

【知识导航】

1. 水准测量原理

水准测量的基本原理是利用水准仪提供的水平视线，观测两端地面点上垂直竖立的水准标尺，以测定两点间的高差，进而求得待定点高程。

如图 2-1 所示，若要测定 A、B 两点间的高差，则须在 A、B 两点上分别垂直竖立水准标尺，在 A、B 两点中间安置水准仪，用仪器的水平视线分别在 A、B 两点的标尺上读取标尺分划数 a 和 b，则 A,B 两点间的高差为

$$h_{AB} = a - b \tag{2-1}$$

若水准测量是沿 A 到 B 的方向前进，则 A 点称为后视点，其竖立的标尺称为后视标尺，读数值 a 称为后视读数；B 点称为前视点，竖立的标尺称为前视标尺，读数值 b 称为前视读数。因此，两点间的高差等于后视读数减去前视读数。

★注意：

(1) 高差有正(+)负(-)之分。

当 B 点比 A 点高时，前视读数 b 比后视读数 a 要小，高差为正；当 B 点比 A 点低时，前视读数 b 比后视读数 a 要大，高差为负。因此，水准测量的高差 h 必须冠以“+”号或

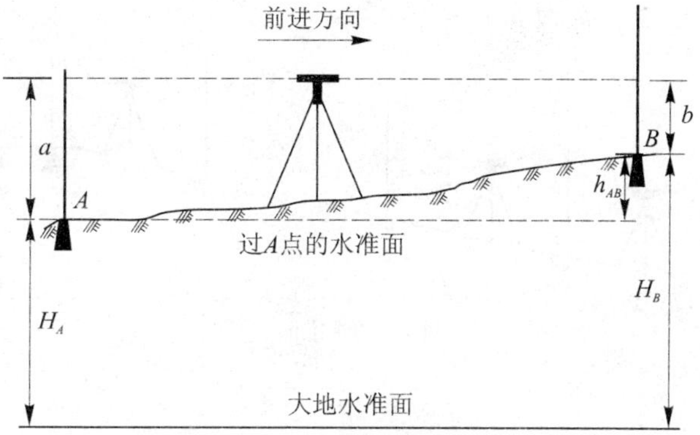

图2-1　水准测量原理

“－”号。

（2）高差具有方向性。

h_{AB}表示B点相对于A点的高差，而A点相对于B点的高差则为h_{BA}，它与h_{AB}的绝对值大小相等，符号相反，即

$$h_{BA} = -h_{AB} \tag{2-2}$$

显然，如果A点的高程为已知，则B点的高程为

$$H_B = H_A + h_{AB} = H_A - h_{BA} \tag{2-3}$$

从上文介绍可以看出，水准测量的实质是测量两点之间的高差，如果知道其中一点的高程，可以根据高差求得另外一点的高程。这也是测量高差的目的。

实训：

（1）为了加深对水准测量原理的认识，要求每人绘制一张水准测量原理图，并且标出各种标识符号，然后写出计算公式。

（2）讨论如何对图2-2实地地形图实施测量。

图2-2　实地地形图

2. 连续水准测量

对于长距离或大高差段的两点间的高差测定，由于受到仪器高度和视距长度的影响，我们经常无法安置一次仪器就测得高差，在这种情况下，就需要在两点间加设若干个临时的立尺点，测量很多站，再把各个测站的高差累积在一起，从而得到两点间高差。我们把这种测

量方式称为连续水准测量。如图 2-3 所示。

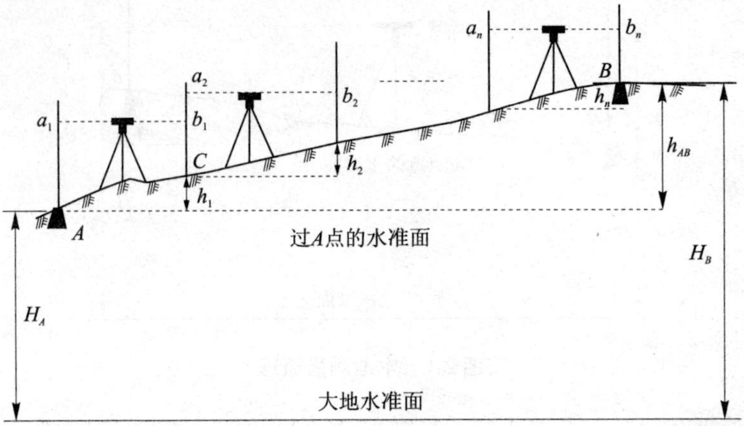

图 2-3　连续水准测量

起点至终点的高差等于各测站高差的总和，也等于各测站所有后视读数的总和减去所有前视读数的总和。根据水准测量原理，可得出各测站的高差计算公式

$$\begin{cases} h_1 = a_1 - b_1 \\ h_2 = a_2 - b_2 \\ \quad\vdots \\ h_n = a_n - b_n \end{cases}$$

将以上各段高差相加，则得 A，B 两点间的高差 h_{AB} 为

$$h_{AB} = h_1 + h_2 + \cdots + h_n = \sum_{i=1}^{n} h_i \tag{2-4}$$

或

$$\begin{aligned} h_{AB} &= (a_1 - b_1) + (a_2 - b_2) + \cdots + (a_n - b_n) \\ &= (a_1 + a_2 + \cdots + a_n) - (b_1 + b_2 + \cdots + b_n) \\ &= \sum_{i=1}^{n} a_i - \sum_{i=1}^{n} b_i \end{aligned} \tag{2-5}$$

式(2-5)在水准测量过程中通常用来检核计算成果。

若已知 A 点的高程 H_A，则 B 点的高程 H_B 为

$$H_B = H_A + h_{AB} = H_A + \sum_{i=1}^{n} h_i \tag{2-6}$$

水准测量过程中，安置仪器的地方称为测站。在观测时，每安置一次仪器并完成相应的观测称为一个测站。水准测量过程中，临时设置的立尺点称为转点。由于转点只起到传递高程的作用，不需要测出其高程，因此不需要有固定的点位，只需在地面上合适的位置放上尺垫，踩实并垂直竖立标尺即可。观测完毕拿走尺垫，继续往前观测。完成一个测站后，将仪器搬至下一测站的过程，称为迁站。

★提示：

(1)水准测量过程中，只有转点放置尺垫，水准点上不能放置尺垫。

(2)在一个测站上，前、后视读数都测合格后，后视尺的标尺和尺垫才能随仪器一同迁站。决不允许测完后视标尺，立尺员就移动尺垫。

任务1　资料收集与仪器、工具准备

【任务目标】

1. 了解需收集的资料的类型。
2. 认识水准仪相关设备。
3. 能够对仪器进行基本操作。

【学习过程】

1. 查找水准测量相关资料。
2. 进行仪器操作实践。

【学习成果】

1. 完成资料收集类型表填写。
2. 完成水准测量仪器与设备清单填写。
3. 完成水准仪结构及功能表填写。
4. 完成读数和视距实训成果表。
5. 完成观测记录表。
6. 能够独立完成一站观测。

活动1　收集资料

资源与器材：地形图、已知控制点成果表。

首先阅读背景知识，然后分组讨论，以测校四等水准测量案例为例，列举出所需收集的资料，填入表2-1。

表2-1　资料收集类型表

资料类型	资料列举

【知识导航】

收集资料包括收集、整理、分析各种图件资料。

为了便于分析资料的可靠性、精确性，需要对资料进行检核。

以郑州测绘学校四等水准测量为例，在测量实施前我们所需准备收集的资料有测区已有大比例尺地形图、已知水准点成果表、水准测量规范等。

1. 测区已有大比例尺地形图（郑州测绘学校1:500地形图）

通过测区已有大比例尺地形图，我们可以清楚地了解到测区内的地形情况。测区内居民地、道路、河流、耕地、林地等地物的分布情况决定了水准实施过程中路线的走向与水准点的分布。测区所处位置地貌是平原、丘陵、山地还是高山地，决定了采用的水准技术等级标准。

2. 已知水准点成果表(学校内等级水准点、已知水准点)

如要进行水准测量或高程控制测量,在测区内必须有至少 1 个已知水准点。已知水准点的多少及分布决定了水准测量路线的布设形式及路线数量。

3. 水准测量规范《国家三、四等水准测量规范》(GB/T 12898—2009)

实施的水准等级不同,所采用的技术、精度要求也不同。

活动 2　仪器、工具准备

资源与器材:水准仪、标尺、尺垫、记录表格、记录板、铅笔。

本活动先清点仪器及其配套工具。水准仪和配套工具认识活动结束后,每组分别进行水准仪器的认识实训,并要求指出各个部件的名称及主要功能。

2.1　仪器与工具的清点

每组分发一套水准测量设备,并进行设备的清点,在清点过程中认识设备并填写表 2-2。

表 2-2　水准测量仪器与工具清单

仪器名称(型号)	数量	作用

2.2　水准测量仪器与工具的认识

各组学生结合图 2-4,认识水准仪各部件结构名称。

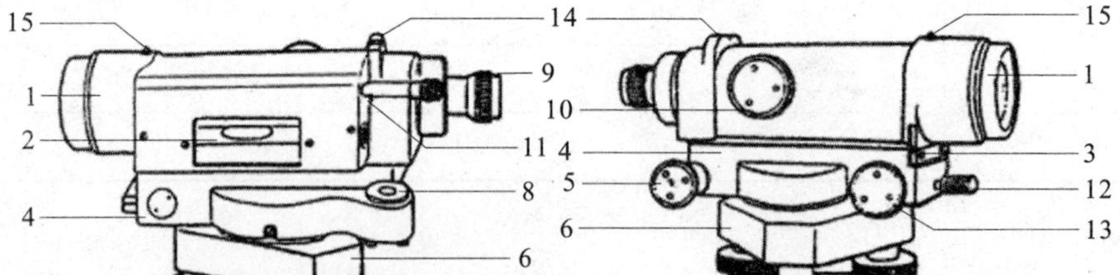

1—望远镜;2—符合水准器;3—簧片;4—支架;5—微倾螺旋;6—基座;7—脚螺旋;8—圆水准器;9—望远镜目镜;10—物镜调焦螺旋;11—气泡观察镜;12—制动螺旋;13—微动螺旋;14—缺口;15—准星

图 2-4　水准仪部件结构名称

对水准仪各结构部件进行试操作,并体验其功能,总结后填写到表 2-3 中。

表 2-3　水准仪的结构及功能

部件名称	功能

【知识导航】

水准测量所使用的仪器和器材主要有水准仪(包括脚架)、水准标尺和尺垫三种。

1. 水准仪

水准仪是水准测量的主要仪器,它可提供一条水平视线用来测定地面两点之间的高差。水准仪由照准部、基座和三脚架三部分组成。

水准仪的型号主要有 DS05、DS1、DS3、DS10,水准仪型号都以 DS 开头,分别为“大地”和“水准仪”的汉语拼音第一个字母,通常书写省略字母 D。其后“05”“1”“3”“10”等数字表示该仪器的精度。S3 级和 S10 级水准仪又称为普通水准仪,用于国家三、四等水准及普通水准测量,S05 级和 S1 级水准仪称为精密水准仪,用于国家一、二等精密水准测量。

水准仪的种类按精度分为精密水准仪和普通水准仪。水准仪按结构分为微倾水准仪(见图 2-5)、自动安平水准仪(见图 2-6)、激光水准仪(见图 2-7)和数字水准仪(又称电子水准仪)(见图 2-8)。如图 2-5 所示为微倾式 DS3 水准仪(D,即汉语拼音“大地(Dadi)”的首字母。“S”是水准仪的代号,即“水(Shui)”的首字母,合在一起就是“大地水准仪”,3 代表本仪器每千米往返测高差中数偶然中误差为 ±3 mm。实际工作中简称为 S3 水准仪)。

图 2-5　微倾水准仪

图 2-6　自动安平水准仪

图 2-7　激光水准仪

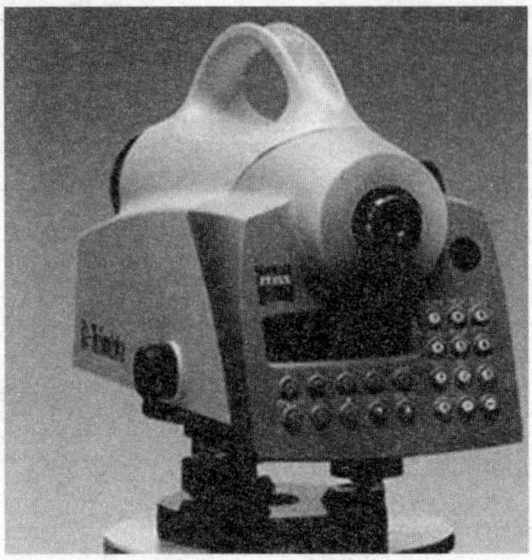

图 2-8　数字水准仪

1)望远镜

望远镜主要由物镜、目镜、十字丝分划板、调焦(对光)装置及固定和连接这些光学零件的望远镜筒所组成(见图 2-9)。十字丝分划板安置在物镜和目镜之间,观测目标时,要求物体在望远镜中的成像恰好与十字丝平面共面。

十字丝是刻在玻璃薄片上相互垂直的细线。竖直的一根称为纵丝(又称竖丝),中间横的一根称为横丝(又称中丝、水平丝)。横丝上、下两根对称的用来测定距离的短线,称为视距丝,视距丝分上丝和下丝。望远镜的物镜光心与十字丝网中心的连线就是望远镜的视准轴,又称照准轴,它可用于照准目标。望远镜的作用并不是将物体放大,而是将人眼观察物体的视角放大了,故用望远镜能看清远处的目标。

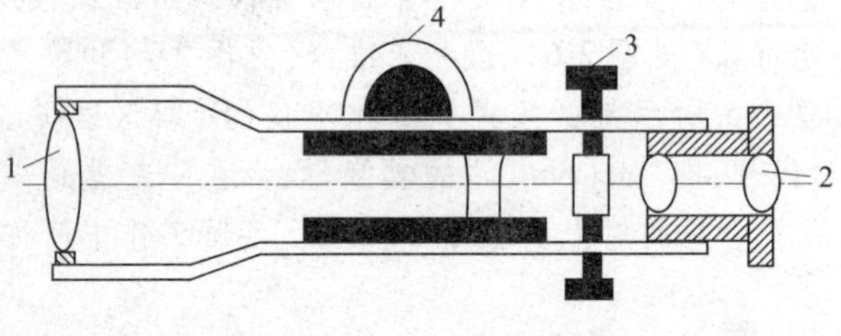

1—物镜;2—目镜;3—十字丝面板;4—对光螺旋

图 2-9　内对光望远镜剖面图

2)调焦螺旋

调焦螺旋分为目镜调焦环和物镜调焦(对光)螺旋。目镜调焦环用来调节十字丝的清晰程度,对光螺旋用来调节物像的清晰程度,两者应配合使用。具体光路图如图 2-10所示。

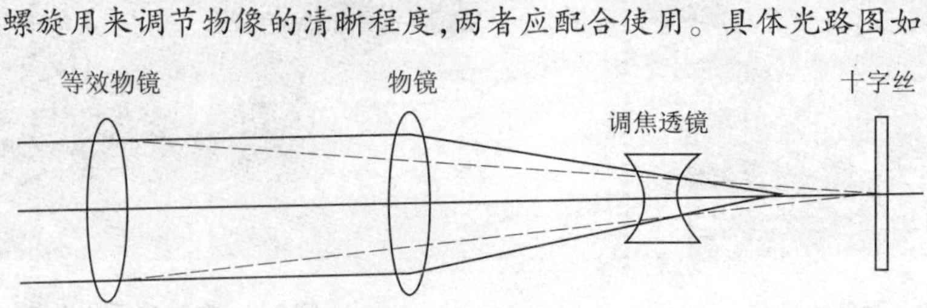

图 2-10　水准仪光路图

3)水平制动螺旋和水平微动螺旋

照准部可以在水平方向旋转,以便照准任意方向的目标。当我们找到观测目标时,可旋紧水平制动螺旋,通过旋转水平微动螺旋精确照准目标,注意在使用中只有先制动照准部,水平微动螺旋才起作用。

4)圆水准器和脚螺旋

水准器的原理是利用液体受重力作用后气泡居于最高位置的特性来标示仪器的轴线是否在水平位置。

圆水准器的作用是概略标定仪器是否水平,可通过脚螺旋进行调节。当圆水准器中的气泡处于圆圈中心时,认为水准仪概略整平,如图 2-11 所示。

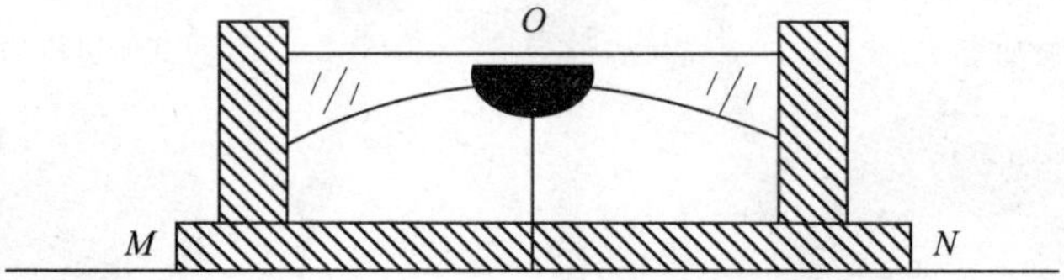

图 2-11　圆水准器气泡

5)符合水准器和微倾螺旋

水准仪在生产时满足的主要条件就是视准轴应与符合水准轴平行。当我们通过微倾螺旋调节符合水准器并使气泡居中时,就可以认为水准仪视线水平。如图 2-12 所示。

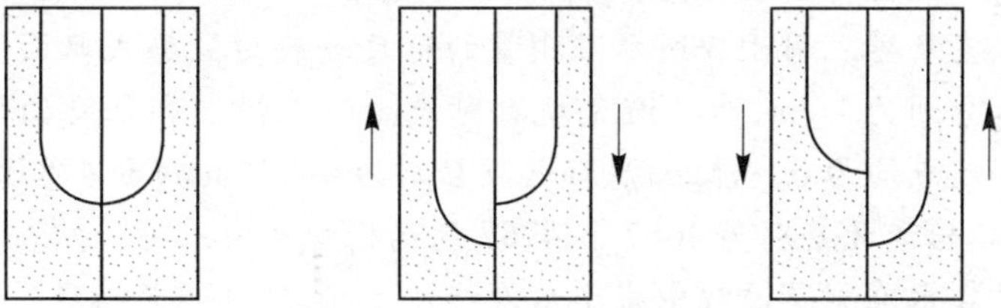

图 2-12　符合水准器气泡

6)基座

水准仪基座的作用是支撑仪器的上部并通过中心螺旋与三脚架相连(见图 2-13)。

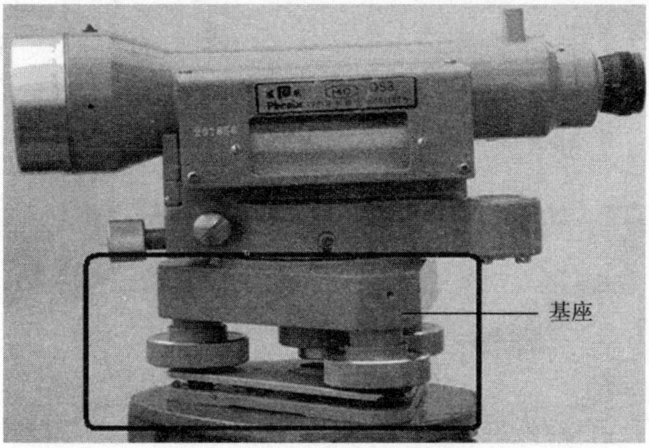

图 2-13　水准仪基座部分

7) 三脚架

三角架用于支撑和安置水准仪，有木质脚架和铝合金脚架（见图 2-14）。

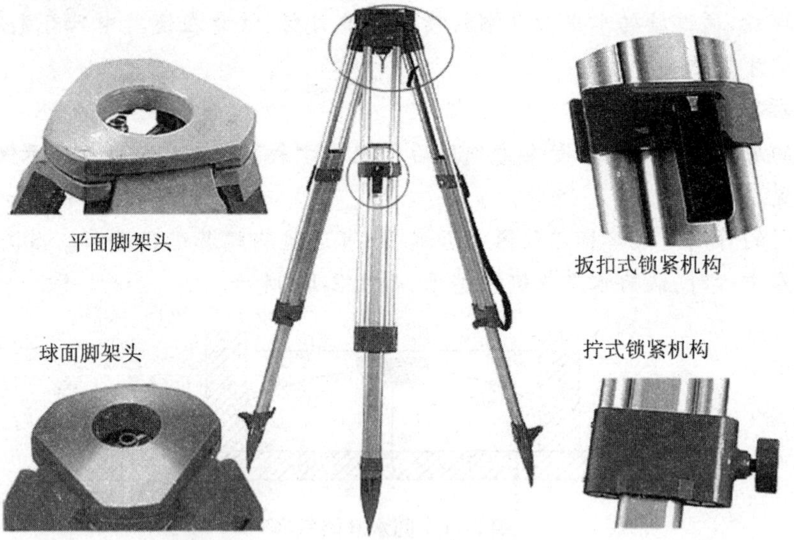

图 2-14　铝合金脚架

2. 水准标尺和尺垫

水准标尺是水准测量的重要工具，水准测量作业时与水准仪配合使用。按其构造不同可分为折尺、塔尺、直尺等。用于普通水准测量的标尺一般为区格式双面直尺，称为双面水准标尺。尺面基本分划为 1 cm，为了避免观测时产生印象错误和每站的计算检核，每对双面标尺的黑面底部起点均为 0，而红面底部起点分别为 4687（mm）和 4787（mm）。标尺必须成对使用，即红面起始读数分别为 4687 和 4787 的两根标尺为一对，切莫用错。

尺垫的作用是在水准测量过程中减小水准标尺下沉，保证测量精度。

尺垫和标尺如图 2-15 所示。

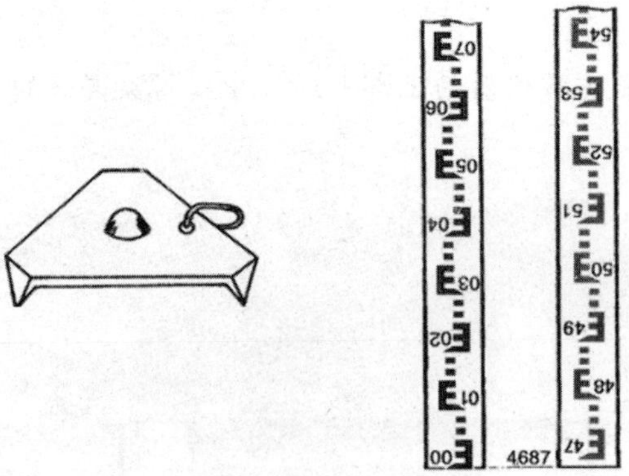

（a）尺垫　　（b）标尺

图 2-15　尺垫与标尺

活动 3　水准仪的操作使用

资源与器材：水准仪、标尺、尺垫、记录表格、记录板。

本活动主要是通过练习，掌握水准仪的安置、瞄准、读数等。

3.1　水准仪架设

为了进行水准测量工作，需要将水准仪架设起来。各组学员跟随教师的演示，逐步完成。

3.1.1　操作演示

(1)安置三角架。在脚架并拢的情况下，一手扶住架头，弯腰松开架腿固紧螺旋，抽取脚架至胸前，适度拧紧螺旋，撑开脚架，使三个架腿呈正三角形，并调整脚架面使之基本水平。

(2)开箱。注意打开仪器箱后不要急于取出仪器，先看清楚仪器在箱中的放置位置(见图2-16)，调焦螺旋、微动螺旋、微倾螺旋向上，防止在收仪器时放不回去。

图2-16　水准仪装箱示意图

(3)拿出水准仪。双手取出仪器，一手抓紧照准部，一手托住仪器的基座。

(4)安置仪器。将仪器置于三角架上表面，一手扶住仪器照准部，一手拧紧中心螺旋，注意不要拧太紧，防止拆卸时困难。

(5)盖好仪器箱。如果仪器盖不上，则表示没有放好，应及时调整。

3.1.2　操作实训

所有学生按上述演示顺序，独立操作至少一次。

3.2　水准仪的粗平

粗平就是调节水准仪脚螺旋，使圆水准气泡居中，从而达到概略水平的目的。

3.2.1　原则

气泡移动的方向与左手大拇指的旋转方向一致。粗平时，气泡在哪边说明哪边高，左手大拇指的旋转方向为气泡运动的方向。一般来说，使用双手调节更快，右手与左手对向旋转脚螺旋，右手食指移动的方向即气泡前进的方向。

3.2.2　演示

旋转照准部将圆水准气泡置于两脚螺旋平行方向，根据气泡位置确定旋转方向，用双手按相对方向等速旋转两脚螺旋，使气泡移至圆水准器零点垂直于脚螺旋1和2连线的方向上，旋转第三个脚螺旋使气泡移到圆圈中，即使气泡居中，如图2-17所示。若气泡没有居中，可重复以上操作，直至居中为止。

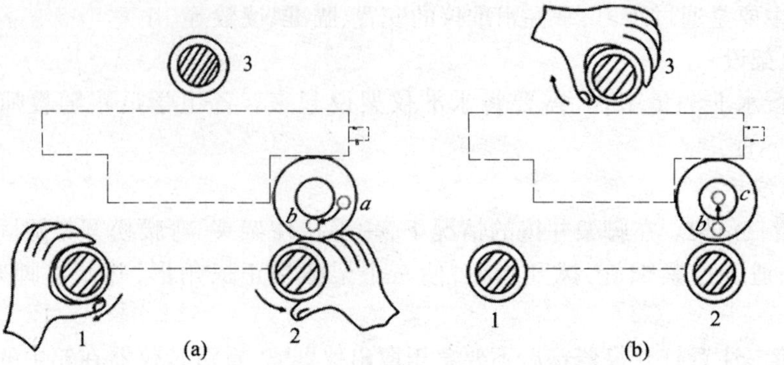

图 2-17 水准仪粗平示意图

3.2.3 操作实训

各组按照演示的内容开始实训，并记录从开始架设到粗平完成的时间，填入表 2-4。

表 2-4 水准仪操作时间比对表

姓名	实训项目		
	粗平	照准	精平

3.3 目标照准

旋转照准部，使望远镜十字丝中心切准水准标尺的操作过程称为照准。

各组按照下列步骤进行练习。

3.3.1 概略照准

由于望远镜视场较小，为了能够直接通过望远镜看见水准标尺，首先应进行概略照准。方法是：移动照准部，利用望远镜上方的缺口和准星照准水准标尺，三点一线。固定水平制动螺旋，完成概略照准。

3.3.2 精确照准

目镜调焦：转动目镜调节环，调节目镜，使十字丝最黑、最清晰。

物镜调焦：旋转物镜调焦螺旋，使其成像清晰，且无视差存在。

精确照准：旋转水平微动螺旋，从望远镜目镜中观测，使十字丝纵丝精确照准水准标尺。

★注意：

望远镜是用来精确照准目标的。为此，目标在望远镜中的成像必须清晰，且成像于十字丝面上。但由于人的眼睛辨别微小差距的能力不够强，往往像平面与十字丝面还没有严密重合就误认为调节好了，当观测者眼睛在目镜后上下左右晃动时，目标的像与十字丝发生相对变化，由此给观测照准带来的误差称为视差。

为了检查是否存在视差，可使眼睛在目镜后上下或左右稍微晃动，如十字丝的交点始终对着目标的同一位置，则表示没有视差，如发现十字丝与目标有相对移动，则说明有视差存在。

3.3.3 操作练习

按照演示的内容开始练习。记录照准时间，填入表2-4。

3.4 精平

精平的目的是使符合水准气泡居中，从而提供一条水平视线。

3.4.1 教师演示

首先从侧面观察符合水准气泡位置，调节微倾螺旋，当符合水准气泡大致居中时，通过水准管符合气泡观察窗口进行微调，让窗口中看到的两个U形气泡对齐，就完成了精平。

3.4.2 学员操作练习

按照演示的内容开始练习，重点感知微倾螺旋与气泡移动方向的关系。记录精平时间，填入表2-4。

3.5 读数

(1)读数前，先认清水准标尺的注记特征，按由小到大方向读取。

(2)标尺的最小刻划为1 cm。

(3)按照米、分米、厘米、毫米的格式来读数。米和分米从标尺上直接读取，厘米位需要按照刻划读取，毫米位应进行估读。如图2-18所示两个读数分别为1610和6296。

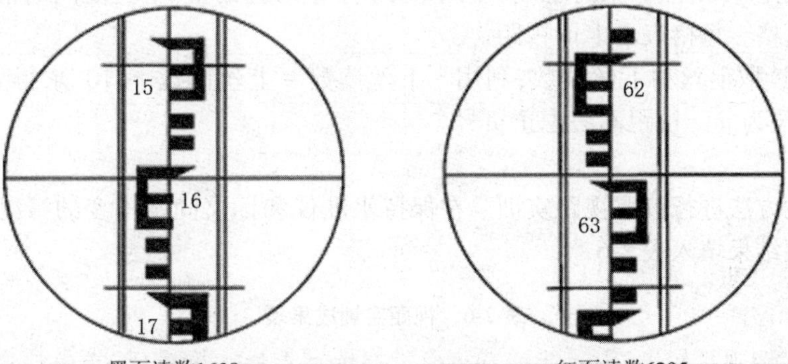

黑面读数1608
(a)

红面读数6295
(b)

图2-18 水准仪读数示意图

在读数时，注意水准仪的正像与倒像之分。无论正、倒像，都从小向大的方向读数。水准读数采用四位数表示，如1610，单位为mm。不足四位时，从首位起补零表示，如0234。

由于红面标尺起点高度分别为4687与4787，所以读数完成后可以通过下式来检核读数是否正确：

$$黑面读数+4687(或4787)=红面读数$$

实训：

教师首先为每个组读取一个读数，让同学们体会如何读数。然后每组分别进行读数实训，黑面读数、红面读数为一组，填入表2-5。

表 2-5　读数实训成果表

序号	实训项目			
	中丝黑面读数	中丝红面读数	中丝黑红面读数之差　黑 + K − 红	用时
1				
2				
3				
4				
5				
6				

3.6　读取视距

利用十字丝分划板上的上、下两根视距丝，在标尺上读取上下丝之间的距离 S，单位取 cm。可以直接得到立尺点到安置仪器的测站点之间的距离 $D = S \times 100$ m。例如 $S = 23.4$ cm，则实地距离 $D = 23.4$ m。在读取视距时，可以通过微倾螺旋将上丝调整至一整数位，这样不管是数格数还是读数计算都方便。

读取视距共有两种方法：

(1) 直接读取视距。即在水准标尺上读取十字丝对应的上、下丝之间的格数，不足一格的估读至 0.1 格。每格表示 1 m 视距。

(2) 分别读取上丝和下丝读数，利用｜下丝读数 − 上丝读数｜/10，求得立尺点到测站点的距离，单位为 m。视距不考虑正负号。

实训：

按照上述方法进行读取视距实训。在保持水准仪和标尺固定不变的情况下，每人分别读数。把视距结果填入表 2-6。

表 2-6　视距实训成果表

序号	实训项目			
	上丝读数	下丝读数	视距	用时
1				
2				
3				
4				
5				

综合实训：

分别采用“直接读取视距”和“读取上、下丝计算视距”两种方法，按照上述操作步骤，进行完整的水准仪操作实训。在实训场地垂直竖立标尺，每组完成读数。观测记录表如表 2-7所示。

表2-7　观测记录表

后视距	前视距	后视读数	前视读数	高差 （后视读数-前视读数）

任务2　实地踏勘与线路布设

任务目标：

1. 掌握水准测量路线的布设形式及其特点。
2. 掌握水准路线的设计、踏勘与埋石。

学习过程：

1. 分组讨论水准路线特点，掌握水准测量路线布设形式。
2. 讲述水准点的选点与埋石要求。

学习成果：

1. 水准路线特点分析比较表。
2. 水准点点之记。

活动1　水准测量路线的布设

资源与器材：水准路线布设形式挂图、绘图纸笔。

本次活动主要理解水准路线的布设形式，分析其优缺点，达到灵活运用的目的。

根据水准测量原理，如果需要测量得到地面点 P 的高程，一般来讲，需要利用已知高程点 A，根据连续水准测量的原理，测量得到已知点 A 与未知点 P 之间的高差 h_{AP}，利用已知点的高程计算出未知点的高程，即 $H_P = H_A + h_{AP}$。但是，如果 P 点距离 A 点较远的话，两点之间就必须测设若干站，这样误差就会积累到很大，为了解决这个问题，需要布设一定形式的测量路线，控制误差积累，提高待定点测量精度。

根据分析及背景知识，在充分理解水准路线布设形式的基础上，分组讨论、分析各种水准路线的特点，填写表2-8。

表2-8　水准路线特点分析比较表

特点分析	单一水准路线			水准网
	附合水准路线	闭合水准路线	支水准路线	
需要已知点个数				
路线长度分析				
精度分析				
可靠性分析				
其他				

【知识导航】

水准测量设站观测经过的路线称为水准路线。沿水准路线每隔一定距离布设的高程控制点称为水准点(Bench Mark,简称BM)。在水准路线中,相邻两个水准点之间的观测称为一个测段。布设水准路线的目的是将高级水准点与低级水准点连在一起,通过平差测算未知水准点的高程。

水准路线的布设形式分为单一水准路线和水准网。

1. 单一水准路线

单一水准路线的布设形式可分为附合水准路线、闭合水准路线、支水准路线三种。

1) 附合水准路线

从一个已知高程的高级水准点出发,沿各个待定高程的水准点进行水准测量,最后附合到另一已知高程的高级水准点所构成的单一水准路线。如图2-19(a)所示。

2) 闭合水准路线

从一个已知高程的高级水准点出发,沿各待定高程的水准点进行水准测量,最后仍闭合到原水准点所组成的环形水准路线。如图2-19(b)所示。

3) 支水准路线

从一个已知高程的高级水准点出发,沿各个待定高程的水准点进行水准测量,最后没有连接到已知高程点上的水准路线。如图2-19(c)所示。

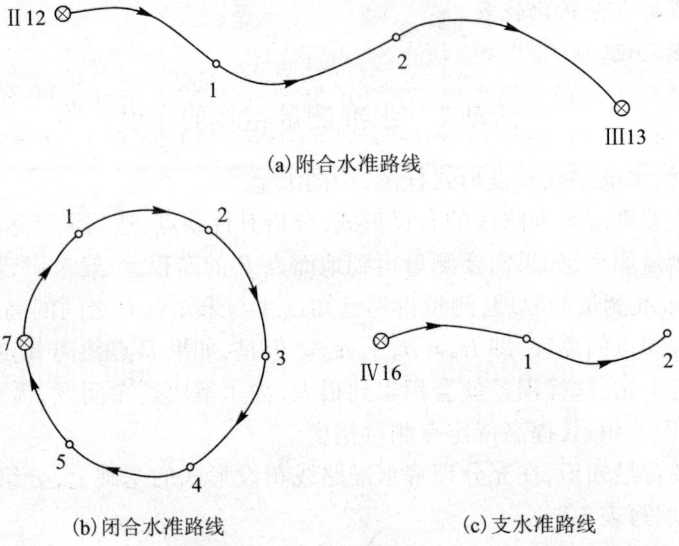

图2-19　单一水准路线

2. 水准网

若干条单一水准路线相互连接,形成网状的水准路线。由多个已知高程点和若干个未知高程点所构成的水准网称为附合水准网,见图2-20(a)。只有一个已知高程点和若干个未知高程点所构成的水准网称为独立水准网,见图2-20(b)。单一水准路线相互连接的点称为结点。只有一个结点的水准网称为单结点水准网,见图2-20(c)。

★**提示:**水准路线的长度,应根据作业规范的规定来选择。

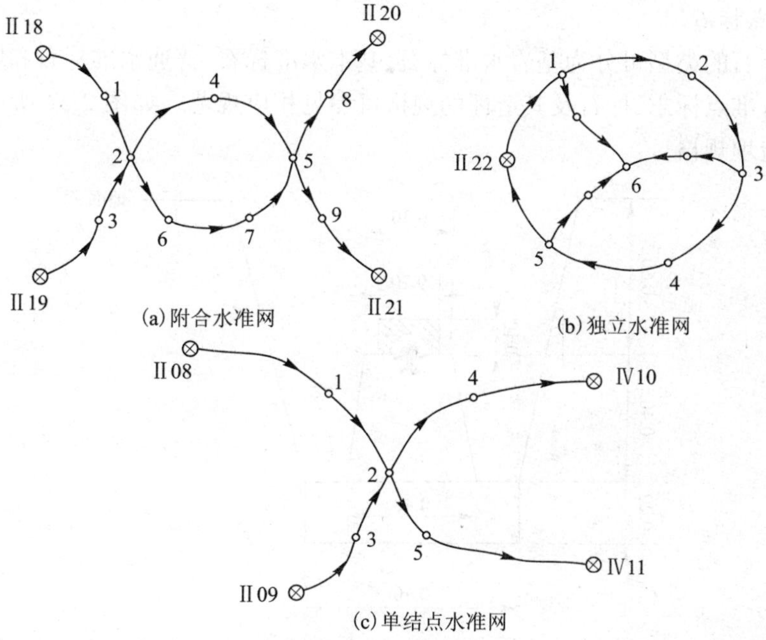

图 2-20　**水准网**

活动 2　水准路线的设计、踏勘与选理

资源与器材：水准标石图片资料、水准点标志图片。

掌握水准路线布设形式只是理论方面的要求，在实际水准测量中，还需要掌握水准点标石的制作、选点、埋设，设计合理的测量路线，达到既满足规范要求，又省时省力的目的。

2.1　水准点标志及标石类型

2.1.1　水准点标志

水准点标志见图 2-21。

图 2-21　**常用水准测量标志**

2.1.2　水准点标石

水准点标石的类型可分为基岩水准标石、基本水准标石、普通水准标石和墙角水准标志四种。各类水准点标志、标石及其造埋的规格可参见相应规范。如图 2-22 所示为混凝土普通水准标石造埋规格。

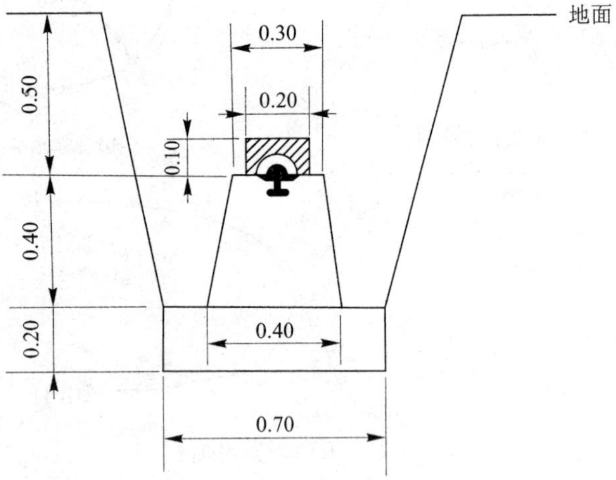

图 2-22　混凝土普通水准标石造埋规格　（单位:m）

★**提示:**水准点可以利用已有高等级平面控制点,也可以单独埋设。

2.2　水准点的踏勘与选埋

水准点选埋一般考虑如下情况。

2.2.1　已知高等级水准控制点的位置及数量

根据活动 1 可知,水准网需要的已知水准点较多;附合水准路线至少需要两个高级水准点;闭合(支)水准路线只需一个高级水准点。所以,在选取路线时,应该实地调查落实测区附近的已知高级水准点数量。水准点应选在土质坚实、安全僻静、观测方便、利于长期保存的地点,同时尽量考虑交通和埋设的便利。水准点不能埋在易受水淹或地下水位较高处,不能埋在易发生土崩、滑坡、沉陷的地方,不能埋在准备规划拆迁的地方。

2.2.2　水准路线的交通情况

水准测量的特点决定了水准路线应沿地形起伏不大的地区布设,以方便实测。水准路线应沿有利于施测的公路、大路及坡度较小的乡村路布设。

2.2.3　水准测量的路线长度

水准测量的等级不同,可选取的水准路线长度不同,单位区域面积中的水准点埋设密度也就不同。具体路线长度可查阅相关规范。

埋设水准点时,水准标石应低于地面,将标石附近的土夯实。在标石上方覆盖方形水泥板。同时,在水准点附近埋设标志牌。

2.2.4　水准点点之记绘制

记载控制点点名、等级、点位略图、交通情况及与周围固定地物的关系等情况的资料,称为点之记。埋设水准点完成后,应做好点之记。

点之记的绘制必须在实地进行,量取水准点到三个固定地物点的距离。点位略图可以不限定比例尺,但应该简单清晰,相对位置准确。必须交待清楚交通路线,能够保证利用该点之记顺利找到水准点埋设处。

对于和平面控制点共用同一标石的水准点，可直接利用平面控制点点之记。水准点点之记样例见表 2-9。

表 2-9　四等水准点点之记

高唐　线　　　　　　　　点名：Ⅳ 高丰 2－1

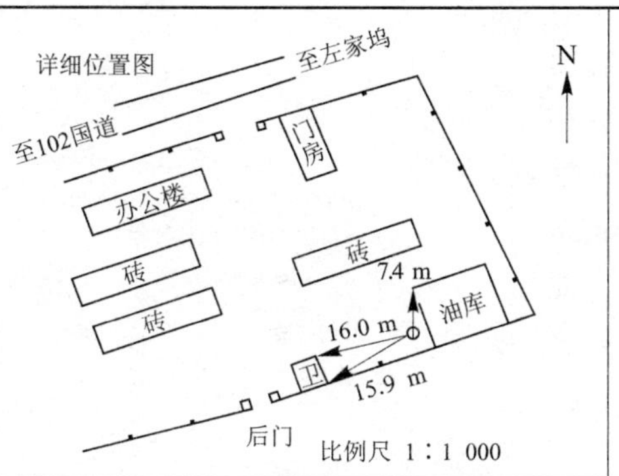

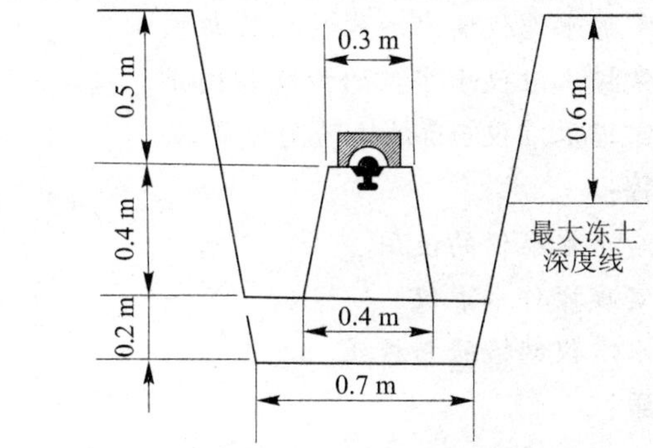

<table>
<tr><td>图幅编号</td><td>J—50—9</td><td>标石类型</td><td colspan="4">混凝土钢管普通标石</td></tr>
<tr><td>经纬度</td><td>L：118°07′01″
B：39°49′44″</td><td>标石质料</td><td colspan="4">混凝土铜标志</td></tr>
<tr><td>所在地</td><td colspan="6">河北省唐山市丰润区娘娘庙村利民建筑工程有限责任公司修配厂</td></tr>
<tr><td>地别</td><td>院地沙土
含沙 20%</td><td>土地使用单位</td><td>利民建筑工程
有限责任公司</td><td>地下水深</td><td colspan="2">5.0 m</td></tr>
<tr><td>交通路线</td><td colspan="6">自唐山市丰润区汽车站往玉田方向过桥向东，往左家坞方向共行约 700 m 可达本点</td></tr>
<tr><td>点位详细说明</td><td colspan="6">1. 北至油库大门北边沿 7.4 m
2. 西南至门卫房东南角 15.9 m
3. 西南至门卫房东北角 16.0 m
4. 点正上方埋有指示盘</td></tr>
<tr><td>接管单位</td><td colspan="2">丰润区利民建筑工程有限责任公司</td><td>保管人</td><td colspan="3">×××</td></tr>
<tr><td>选点单位</td><td>国家测绘局
第一地形测量队</td><td>埋石单位</td><td>国家测绘局
第一地形测量队</td><td>维修单位</td><td colspan="2"></td></tr>
<tr><td>选点者</td><td>×××</td><td>埋石者</td><td>×××</td><td>维修者</td><td colspan="2"></td></tr>
<tr><td>选点日期</td><td>2004 年 5 月 31 日</td><td>埋石日期</td><td>2004 年 5 月 31 日</td><td>维修日期</td><td colspan="2"></td></tr>
<tr><td>备注</td><td colspan="6">Ⅳ 高丰 2－1—Ⅳ 高丰 1－1 基　3.2 km（平地）
Ⅳ 高丰 2－1—Ⅳ 蓟滦 15 乙　2.4 km（平地）</td></tr>
</table>

实训：

（1）以校园为例，以小组为单位，现场踏勘、实地标定出预埋设的水准点点位，并绘制一份水准路线布设图，图上按一定比例绘出水准路线、水准点位置，注明水准路线的等级、水准点编号等。

（2）在实训 1 选择的水准点中任选 3 点，绘制相应的水准点点之记。

任务3　仪器检校

任务目标：

1. 掌握并熟练使用水准仪。
2. 掌握水准仪圆水准器的检验与校正。
3. 掌握水准仪十字丝的检验与校正。
4. 掌握水准仪 i 角的检验与校正。

学习过程：

1. 演示水准仪的使用。
2. 实践操作水准仪。
3. 水准仪的检验与校正。

学习成果：

1. 观测记录表。
2. 水准仪轴线关系示意图。
3. 水准仪的检验与校正记录。

【知识导航】

1. 水准仪的主要轴线

水准仪有4条主要轴线：望远镜的照准轴（视准轴）、管水准轴、圆水准轴和垂直轴，如图2-23所示。

照准轴：望远镜的物镜光心与十字丝网中心的连线，称为照准轴（视准轴）。

管水准轴：过管水准器的零点（水准管圆弧的中心点）与圆弧相切的切线称为管水准轴。

圆水准轴：连接圆水准器零点（玻璃盖中央小圆圈的中心）与球面球心的直线称为圆水准轴。

垂直轴：照准部旋转的中心轴称为垂直轴（或纵轴）。

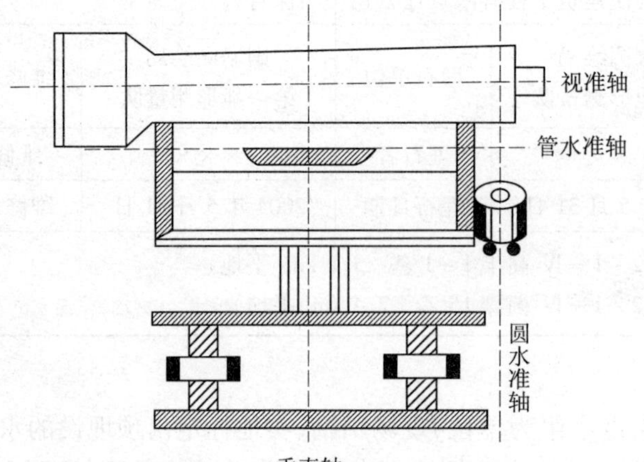

图2-23　水准仪的主要轴线

2. 水准仪应满足的主要条件

根据水准测量原理,水准仪的主要功能是提供水平视线,为了保证这个功能,水准仪的主要轴线必须满足如下几何条件:

1)圆水准轴应平行于仪器的垂直轴

水准仪的粗平主要是看圆水准器的气泡是否居中。当圆水准轴与仪器的垂直轴不平行时,虽然在某个位置气泡居中,但旋转一定角度后气泡会偏,无法知道仪器是否粗平。

2)十字丝横丝应垂直于垂直轴

当仪器粗平后,垂直轴处于铅垂位置时,横丝则处于水平状态,这样保证用横丝的任意部位在标尺上读数都是准确的。

3)管水准轴应平行于照准轴

对于带管水准器的水准仪来说,当管水准轴与照准轴平行时,只要调平管水准轴就可以认为照准轴处于水平状态。由于机械制造以及使用、搬运等原因,水准仪的照准轴与管水准轴一般不会严格平行,这两条轴线之间在垂直方向的投影存在一个夹角 i,该角对水准测量读数有较大影响,必须校正到一定限度之内。

资源与器材:S3 水准仪、改针、小螺丝刀、水准仪 i 角检校记录表。

本活动采取教师边演示、学生边动手的方式进行,逐步完成各项检验与校正。

1.1　圆水准轴应平行于垂直轴的检校

1.1.1　检校的目的

当圆水准气泡居中时,垂直轴位于铅垂位置。

1.1.2　检验方法

(1)安好水准仪,将脚架固定踩稳。转动照准部使望远镜平行于任意两个脚螺旋的连线,调整脚螺旋使圆水准气泡居中。

(2)将照准部旋转 180°后,如果气泡仍然居中,表示此项条件满足。如果气泡偏离中心,则需要校正。

圆水准轴校正示意图如图 2-24 所示。

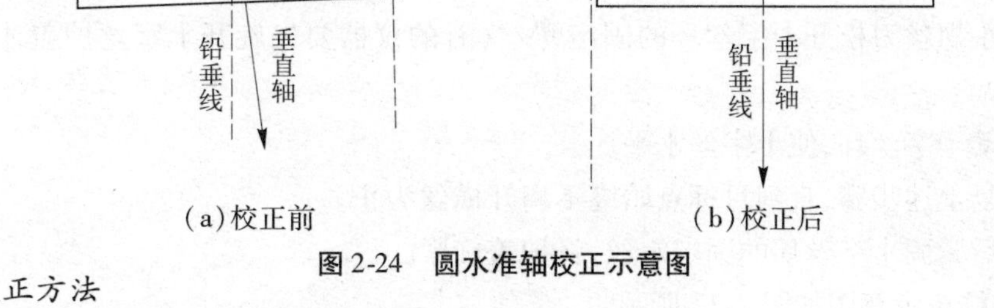

图 2-24　圆水准轴校正示意图

1.1.3　校正方法

(1)先用脚螺旋校正圆水准气泡偏离量的一半。

(2)用改针调整圆水准器底部的三个校正螺丝改正,如图 2-25 所示,使圆水准器气泡居中。

(3)照准部旋转 180°,反复(1)、(2)步骤,直到圆水准气泡始终都在分划圈内为止。

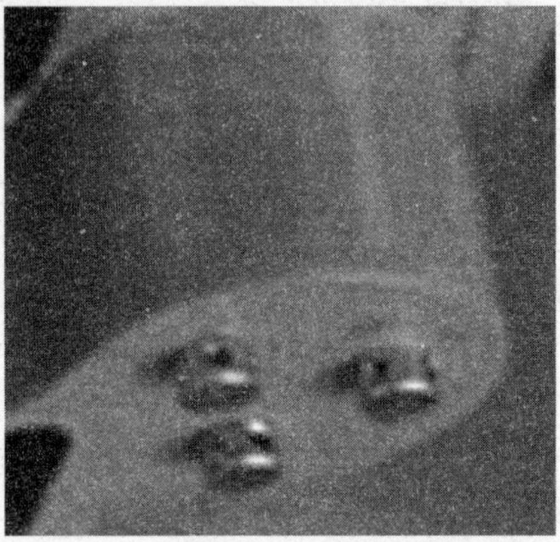

图 2-25　圆水准器调节螺丝

具体校正过程如图 2-26 所示。

(a)调平　(b)旋转180°　(c)脚螺旋改一半　(d)调节螺丝改另一半

图 2-26　圆水准器校正过程示意图

1.2　十字丝横丝应垂直于垂直轴的检校

1.2.1　检校的目的

当垂直轴垂直时,十字丝横丝位于水平位置。

1.2.2　检验方法

(1)整平水准仪,用望远镜横丝左端照准墙上一点状目标,然后制动照准部。

(2)转动水平微动螺旋,使目标点由左端移到右端。若目标点不离开横丝,表示横丝水平;若目标点离开横丝,表示横丝不水平,需要校正。

1.2.3　校正方法

(1)用小螺丝刀松开十字丝环的固定螺丝(有的仪器要先旋开十字丝护盖才能看见固定螺丝)。

(2)转动十字丝环,使十字丝水平。

(3)重复上述步骤,直到目标点始终不离开横丝为止。

(4)最后紧固十字丝环的固定螺丝,将护盖旋紧。

十字丝校正示意图如图 2-27 所示。

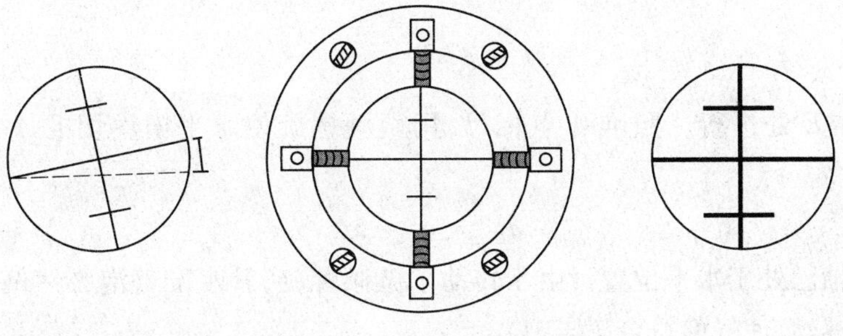

图 2-27　十字丝校正示意图

1.3　管水准轴应平行于照准轴的检校

1.3.1　检校的目的

当符合水准气泡居中时，照准轴位于水平位置。

1.3.2　检验方法

（1）如图 2-28 所示，在较平坦场地上量取 $AE=41.2$ m 的线段，将其分为三段，即 $CA=CB=10.3$ m，$BE=20.6$ m。在 A，B 两点处各放一尺垫并立标尺，在 C，E 点做好标记，方便安置仪器。

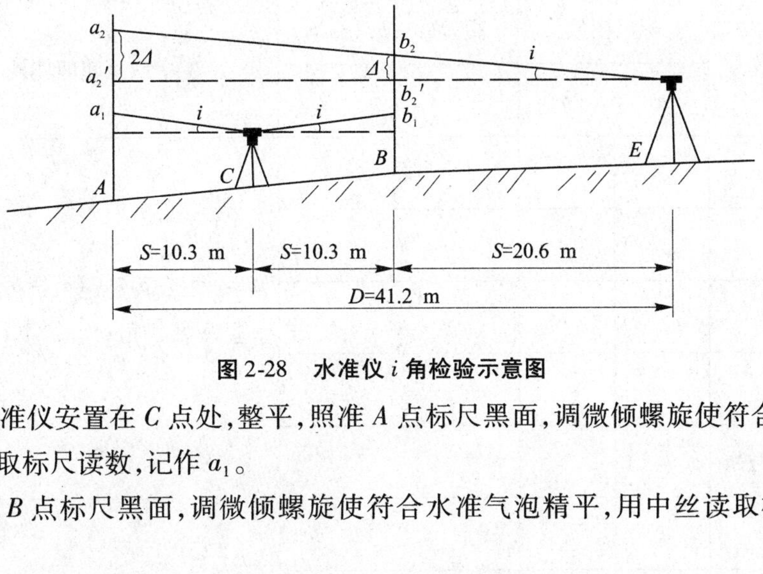

图 2-28　水准仪 i 角检验示意图

（2）将水准仪安置在 C 点处，整平，照准 A 点标尺黑面，调微倾螺旋使符合水准气泡精平，用中丝读取标尺读数，记作 a_1。

（3）照准 B 点标尺黑面，调微倾螺旋使符合水准气泡精平，用中丝读取标尺读数，记作 b_1。

重复（2）、（3），再读取中丝读数三次，共计四个读数，其互差应小于 4 mm，然后取中数（平均值）。

（4）将仪器搬到 E 处，分别照准 A 点标尺与 B 点标尺，精平读数。得到 A 点标尺四个读数的中数 a_2 和 B 点标尺四个读数的中数 b_2，然后用下式计算 i 角：

$$\Delta = (a_2 - b_2) - (a_1 - b_1)$$

$$i = \frac{\Delta}{S}\rho'' \approx 10\Delta'' \tag{2-7}$$

式（2-7）中，Δ 及 S 均以毫米为单位。

若计算出的 i 角在 ±20″（四等水准测量）以内，可不必校正。否则，应按下述步骤进行校正。

1.3.3 校正方法

(1)校正在 E 处进行。照准 A 点标尺,用微倾螺旋使水平横丝切准 A 点标尺的正确读数。

$$a_2' = a_2 - 2\Delta \tag{2-8}$$

这时照准轴已处于水平位置。由于转动了微倾螺旋,管水准气泡必然偏离中心。调整管水准器校正螺丝,使气泡符合(居中)。

(2)照准 B 点标尺,检查其读数是否为正确读数

$$b_2' = b_2 - \Delta \tag{2-9}$$

(3)校正完后再按上述检验步骤进行一次检验,i 角在 $\pm 20''$以内即可。否则,应反复检验校正,直到符合要求为止。

i 角检验记录、计算表格如表 2-10 所示。

表 2-10　i 角检验表

仪器编号:　　　　　　　　　　　　　　　　观测者:

年　月　日　　　　　　　　　　　　　　　　记录者:

测站	观测次序	标尺读数		高差$(a-b)$(mm)	i 角的计算
		a	b		
	1				
	2				
C	3				$\Delta = (a_2 - b_2) - (a_1 - b_1) =$ $i = \dfrac{\Delta}{S}\rho'' \approx 10\Delta'' =$
	4				
	中数				
	1				
	2				校正时正确读数应为: $a_2' = a_2 - 2\Delta =$
E	3				$b_2' = b_2 - \Delta =$ 校后检测
	4				$b_2' =$
	中数				

1.3.4 注意事项

(1)校正时,应注意校正螺丝的旋转方向,看管水准器一端是要提高还是要降低,怎样

转才能达到校正目的,应转多大角度,要做到心中有数,不得盲目乱动。特别是转不动时不要硬转,以免拧断螺丝或损坏丝扣及校正孔。一般应先松一个螺丝,后紧另一个螺丝,微松微紧。每项校正完后,一定要固紧校正螺丝。

(2)i 角有正负之分,i 为负值表示照准轴低于水平视线。Δ 也有正负,注意不要算错,以免影响校正。

(3)在 i 角没有校正好之前,千万不要动尺垫,否则应重新检验。

(4)为了计算方便,检验距离使用了 $\rho'' \approx 206\ 000''$ 的可约数 20.6 m、10.3 m。在条件允许的情况下,检验使用的距离可以放大一倍,以方便检校。另外,在实践测量检验中,AB、BE 的距离值也可使用任意数,i 角值通过计算一样能够获得。

(5)检验时,调平符合水准器的气泡,管水准轴水平,照准轴倾斜,如图 2-29(a)所示。准备校正前,转动微倾螺旋使照准轴对准正确读数,这时照准轴水平,管水准轴发生倾斜,如图 2-29(b)所示。校正时,调节管水准器上的上、下调节螺丝,使管水准轴重新水平。而照准轴不动,这样二轴同时水平,达到了校正的目的,如图 2-29(c)所示。

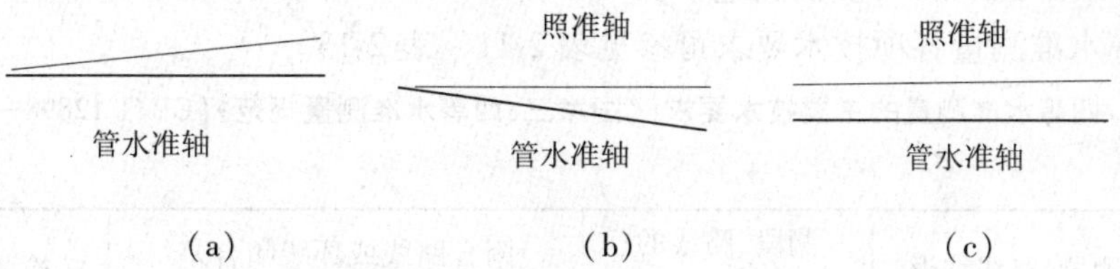

图 2-29　管水准轴的检验与校正

任务 4　水准路线施测

任务目标:

1. 掌握四等水准测量各项限差要求。
2. 掌握水准测量手簿的记录格式及要求。
3. 掌握四等水准测量的作业流程。

学习过程:

1. 讲述水准测量的等级。
2. 讲述四等水准测量各项限差要求。
3. 讲述四等水准测量的手簿记录、计算要求。
4. 四等水准测量实训练习。

学习成果:

1. 水准测量外业观测手簿。
2. 水准测量观测手簿存在问题分析表。

活动 1　四等水准测量方法

资源与器材:S3 水准仪、木质水准标尺、尺垫、脚架、水准测量记录手簿。

本活动主要是通过实训，掌握四等水准测量的方法、要求。

1.1　水准测量的等级

水准测量按精度要求可分为一等、二等、三等、四等、等外水准等。

国家水准网布设成一等、二等、三等、四等 4 个等级。在国家水准网的基础上，还可布设等外水准测量。其布设原则采用从高级到低级、从整体到局部，分级布置、逐级加密的原则。

1.2　四等水准测量的一般规定及限差要求

(1)四等水准测量适用于平坦地区，起闭点应是国家三等以上控制点。使用仪器不低于 DS3 型水准仪。标尺为具有厘米区格式分划的双面或单面标尺。

(2)观测前，应按规范要求对仪器进行全面的检验、校正。四等水准测量 i 角应不超过 ±20″。

(3)四等水准测量每测段观测站数应为偶数站。每测站的观测顺序为：后—后—前—前(黑—红—黑—红)。

(4)直接读取视距，按中丝读数法测定高差，附合、闭合水准路线单程观测，支水准路线应往返观测(或单程双测)，估读至毫米。

(5)四等水准测量各项技术要求可参见表 2-11 ~ 表 2-13。

表 2-11　四等水准测量的主要技术要求(《国家三、四等水准测量规范》(GB/T 12898—2009))

(单位：mm)

等级	测段、路线往返测高差不符值	测段、路线的左、右路线高差不符值	附合路线或环线闭合差		检测已测测段高差之差
			平原丘陵	山区	
四等	$\pm 20\sqrt{K}$	$\pm 14\sqrt{K}$	$\pm 20\sqrt{L}$	$\pm 25\sqrt{L}$	$\pm 30\sqrt{R}$

注：L 为附合路线(环线)长度，单位为千米(km)；K 为路线或测段长度，单位为千米(km)；R 为检测测段长度，单位为千米(km)。

表 2-12　四等水准观测的视线长度前后视距差视线高度的要求　(单位：m)

等级	仪器类别	视线长度	前后视距差	任一测站上前后视距累积差	视线高度	数字水准仪重复测量次数
四等	DS3	≤100	≤3.0	≤10.0	三丝能读数	≥2 次
	DS1/DS05	≤150				

表 2-13　四等水准测量的测站观测限差　(单位：mm)

等级	项目			
	基辅分划或黑红面读数的差	基辅分划、黑红面或两次高差的差	单程双转点法观测左右路线转点差	检测间歇点高差的差
四等	3.0	5.0	4.0	5.0

1.3 四等水准测量的观测、记录及手簿计算

以微倾式 S3 水准仪和双面木质标尺进行四等水准测量，观测结果填入表 2-14。

表 2-14 四等水准观测手簿记录示例

测自：A_1 至 A_2 20××年××月××日

时刻：始 9 时 15 分 天气：晴 观测者：×××

末 9 时 40 分 成像：清晰 记录者：×××

测站编号	后尺 上丝 / 下丝 后视距 视距差 d	前尺 上丝 / 下丝 前视距 $\sum d$	方向及尺号	标尺读数 黑面	标尺读数 红面	K+黑-红	高差中数	备考
(1)			后(3)	(5)	(6)	(7)		
			前(4)	(11)	(12)	(13)		
	(2)	(8)	后-前	(14)	(15)	(16)	(17)	
	(9)	(10)						
1			后 46	1345	6032	0		
			前 47	1390	6179	-2		
	76.7	73.2	后-前	-45	-147	+2	-46.0	
	+3.5	+3.5						
2			后 47	1438	6223			
			前 46	1444	6130			
	69.4	72.5	后-前					
3			后 46	1390	6078			
			前 47	1378	6163			
	49.3	48.6	后-前					
4			后 47	1682	6468			
			前 46	1160	5848			
	69.8	72.0	后-前					

注：表中 K 为水准标尺的红黑面零点差数 4687 或 4787，简写为 46 或 47。

每测站的观测顺序为：

(1)观测者安置水准仪；记录者同时将测站编号填入(1)栏；后视尺、前视尺的尺号分别填入(3)、(4)栏。

(2)照准后视标尺黑面，读取后视距离，填入(2)栏，转动微倾螺旋，使符合水准气泡居中后，读取黑面中丝读数，填入(5)栏。

(3)翻转后视标尺，使符合水准气泡居中后，读取标尺红面的中丝读数，填入(6)栏。

★计算：K + 黑 − 红 = K + (5) − (6) = (7) ≤ ±3 mm

★思考：如何快速计算(7)栏？

(4)旋转照准部，照准前视标尺，读取前视距离，填入(8)栏，转动微倾螺旋，使符合水准气泡居中后，读取黑面中丝读数，填入(11)栏。

★计算：视距差 = (2) − (8) = (9) ≤ ±5 m

视距累积差 = 本站(9) + 前站(10) ≤ ±10 m

(5)翻转前视标尺，照准前视标尺红面，转动微倾螺旋，使符合水准气泡居中后，读取红面中丝读数，填入(12)栏。

★计算：K + 黑 − 红 = K + (11) − (12) = (13) ≤ ±3 mm

以上的观测顺序可以归结为：后—后—前—前(黑—红—黑—红)。

【知识导航】

(1)在观测过程中，每次用中丝读数以前，必须使符合水准器的气泡符合，转动照准部要轻、稳，读数要仔细。

(2)记录者应该把观测者所报的读数复诵一遍以免差错。

(3)由后视尺转到前视尺观测时，即使圆水准气泡不居中，也不能转动脚螺旋调圆水准气泡居中，以免视线高度变动。

(4)每测站的各项限差都不超限，才可以迁站，否则该站应重测。

(5)在一测站还没观测完时，后尺垫严禁碰动；否则，该测段应全部重测。

(6)观测中，水准标尺要立直、立稳，观测、记录、立尺三者要互相配合好。

(7)如视距差或视距累积差超过规定限差，只能移动前视标尺位置(前标尺不能动时，移动仪器位置)，后视标尺决不能动；否则，要重测本测段。另外，记簿者应经常将视距差或视距累积差告诉观测者和前视立尺员，以便随时调整前视标尺位置，使视距累积差始终符合限差要求。视距累积差应按水准路线累积计算。

(8)若(7)栏或(13)栏的绝对值大于3 mm，应及时重新观测本测站，超限的记录应废去。

1.4　高差的计算与检核

1.4.1　高差计算

标尺黑面读数算得的高差即黑面高差记于(14)栏处，即

$$(5) - (11) = (14)$$

标尺红面读数算得的高差即红面高差记于(15)栏处，即

$$(6) - (12) = (15)$$

$$(14)-(15)\pm 100=(16)\leqslant \pm 5\ \text{mm}$$

检核计算

$$(7)-(13)=(16)$$

若黑、红面读数差和黑红面高差之差均未超过限差，即可计算高差中数，记于(17)栏处。(17)栏是以黑面高差为准，将红面高差加或减100后，取中数求得(取至毫米，进位原则为“4舍6入;5看奇偶，奇进偶舍”)。即

$$(17)=\frac{1}{2}[(14)+(15)\pm 100]$$

★提示:如后视尺是4 687，则应加100；是4 787，则应减100。按横向和纵向算出的(16)应完全一致；否则，说明计算有误，应查出原因改正之。当(16)项的绝对值大于规定的5 mm时，应重测本站。

1.4.2 测段总结

每个测段均应进行测段总结，计算后写在测段记录尾部。主要计算项目有后视累积视距$\sum(2)$、前视累积视距$\sum(8)$、测段长$\sum(2)+\sum(8)$，测段黑面高差$\sum(14)$、测段红面高差$\sum(15)$以及测段高差$\sum(17)$。

1.4.3 检核

当一天外业观测结束或一测段观测结束后，应全面检核各项计算是否正确和合乎规范要求。对每一测段应做如下检核计算

$$\sum(9)=\sum(2)-\sum(8)=\text{末站}(10)$$

水准观测每一测段一般应为偶数站，故

$$\sum(17)=\frac{1}{2}[\sum(14)+\sum(15)]$$

若测站数为奇数时，则用下式检核

$$\sum(17)=\frac{1}{2}[\sum(14)+\sum(15)\pm 100]$$

式中，“±100”的符号依最后一站后视尺的K值而定，K为4 687时应为“+”，K为4 787时应为“-”。

【知识导航】

(1)四等水准测量视距读数至0.1 m，高差中数取至毫米。由于每站高差中数计算有取舍误差，$\sum(17)$的值与其累加检核值可能会有几毫米的差值，测段高差应以高差中数直接相加的为准。

(2)每条水准路线观测结束后，在野外要计算该路线的闭合差，并与允许闭合差比较，如果超过限差，经检核无误，则应找出原因或返工重测。

实训:

根据上述知识与技能，完成以下任务:

(1)表2-14剩余测站及测段的计算与检核；

(2)每人完成一个测站的观测、记录与计算，填入表2-15。

表 2-15　四等水准观测、记录与计算实训表

测站编号	后尺 上丝		前尺 上丝		方向及尺号	标尺读数		K＋黑－红	高差中数	备考
	后尺 下丝		前尺 下丝			黑面	红面			
	后视距		前视距							
	视距差 d		$\sum d$							
					后					
					前					
					后－前					

活动 2　水准测量观测、记录及资料整理要求

资源与器材：水准测量观测手簿。

本活动利用学生水准测量观测手簿，分析、讨论、记录计算过程中存在的问题和不足，掌握观测手簿的记录要求。

表 2-16 为某学生记录的水准测量观测手簿。请结合背景知识，分组讨论记录计算过程中存在的问题和不足，把讨论结果填入表 2-17。

表 2-16　学生实训观测手簿

测自　　　　至　　　　天气　　　　成像

20　年　月　日　始　时　分　末　时　分

测站编号	后尺 下丝 / 上丝 / 后距 / 视距差 d	前尺 下丝 / 上丝 / 前距 / Σd	方向及尺号	标尺读数 黑面	标尺读数 红面	K＋黑减红	高差中数	备考
1			后 46	1345	6032	0		
			前 47	1390	6179	-2		
	76.7	73.2	后－前	-45	-107	+2	-46	
	+3.5	+3.5						
2			后 47	1438	6224	+3		
			前 46	1444	6130	+1		
	69.4	72.5	后－前	-6	+94	+2	-6	
	-3.1	+0.40						
3			后 46	1390	6078	-1		
			前 47	1378	6163	+2		
	49.3	48.6	后－前	+12	-85	-3	+13	
	+0.7	+1.1						
4			后 46	1682	6485 (68)	+1		
			前 47	1160	5848	-1		
	69.8	72.5	后－前	+522	+620	+2	+521.	
	-2.7	-1.6						
5			后	54	4842	-1		
			前	87	4775	-1		
	69	74.0	后－前	-33	+67	0	-33	
	-0.5	-2.1						
6			后 47	1934	6621	0		
			前 46	2008	6796	-1		
	374.0	375.0	后－前	-74	-175	+1	-75	
	-0.1	-2.2						
			后					

表2-17　水准测量观测手簿存在问题分析表

序号	存在的问题和不足	解决方案
1		
2		
3		
4		

【知识导航】

1. 外业手簿记录及资料整理的要求

(1) 外业观测记录必须在编号、装订成册的手簿上进行。已编号的各页不得任意撕去、记录中间不得留下空页或空格。

(2) 水准观测过程中，中丝读数的厘米和毫米位，不论什么原因都不允许更改，而应将该测站观测结果废去重测。

(3) 一切外业原始观测值和记事项目，必须在现场用铅笔直接记录在手簿中，记录的文字和数字应端正、整洁、清晰，杜绝潦草模糊。

(4) 外业手簿中，修改的记录和废弃的计算结果，禁止擦拭、涂抹与刮补，而应以横线或斜线正规划去，并在本格内的上方写出正确数字和文字。除计算数据外，所有观测数据的修改和废弃，必须在备考栏内注明原因及重测结果记于何处，重测记录前需加“重测”二字。

(5) 在同一测站内不得有两个相关数字“连环更改”。例如：更改了标尺的黑面前两位读数后，就不能再改同一标尺的红面前两位读数；否则，就叫连环更改。有连环更改记录应立即废去重测。

(6) 有正、负意义的量，在记录计算时，都应带上“+”“-”号，正号不能省略。对于中丝读数，要求读记四位数，前后的“0”都要读记。

(7) 作业人员应在手簿的相应栏内签名，并填注作业日期、开始及结束时刻、天气及观测情况和使用仪器型号等。

(8) 作业手簿必须经过作业小组认真检查(即记录员和观测员各检查一遍)，确认合格后，方可运用该成果进行内业计算。

2. 水准测量成果重测的几种情况

观测结果超出规定限差而需要重新进行的观测，称为重测。在测量过程中，出现以下几种情况时应该重测：

(1) 凡超过表2-11～表2-13中规定限差的结果，均应进行重测。

(2) 因测站观测限差超限，在本站观测时发现，应立即重测；迁站后发现，则应从水准点或间歇点开始重测。

(3) 测段往返测或单程双测高差较差超限，应整测段重测。

(4) 附合路线或环线等单程测量闭合差超限时，应先找可靠性较小的测段重测。当用重测高差参与闭合差计算不超限时，则取重测结果；如超限，则应找其他可靠性较小的整测段重测，直到满足限差要求。

活动 3　四等水准测量实训

资源与器材：S3 水准仪、木质水准标尺、尺垫、脚架、记录手簿、2H 铅笔。

本活动进行四等水准测量实训。

活动分组进行，每组人数 4 人，1 人记录、1 人观测、2 人立尺。每组设计一条附合水准路线，布设 3 个未知点。已知点编号采用“等级 + 点号”，未知点编号 N_1、N_2、N_3……。实训过程中，要求每人观测一条水准路线；测量、记录、立尺轮流交替实训；测量技术要求按照四等水准测量要求进行；记录手簿要严格按照规定执行，不符合要求的重测。

实训结束后，每人上交一份完整观测手簿。

任务 5　水准路线计算

任务目标：

1. 掌握水准测量外业成果资料的整理与汇总。
2. 掌握水准路线计算平差方法。

学习过程：

1. 小组自查，检查、整理水准外业成果。
2. 平差计算实训。

学习成果：

高程误差配赋表。

活动 1　水准测量计算与成果整理

资源与器材：外业观测手簿、水准测量高程计算表、纸笔。

在完成水准测量外业后，进入内业资料的处理与高程平差计算阶段，结合上次活动各组自己测量实训的外业成果，完成外业测量数据整理、汇总、计算。掌握水准测量简易平差。

1.1　检查、整理外业成果

(1) 检查外业观测手簿的记录、计算是否齐全，计算是否正确，有无违反规范规定的现象。

(2) 计算路线闭合差是否小于限差要求，如小于限差要求，则可进行内业计算；如超限，则重测某些测段，直到满足限差要求为止。

★注意：

水准测量观测过程中，由于测量误差的影响，必然产生高程闭合差。闭合差的定义为

闭合差 = 观测值 - 理论值

在水准测量中，观测计算得到的路线高差总和为 $\sum h$，起、闭点间高差理论值为 $H_{终} - H_{始}$，所以高程闭合差 f_h 计算公式为

$$f_h = \sum h - (H_{终} - H_{始}) \tag{2-10}$$

1.2　绘制水准测量计算略图

如图 2-30 所示，略图中的水准点要与实地的方位一致，路线用曲线连接（已知点用

"⊗"表示,待定点用"○"表示),并在图上注明点名,各点间的观测高差、距离等,还要用箭头标出水准测量的观测方向。

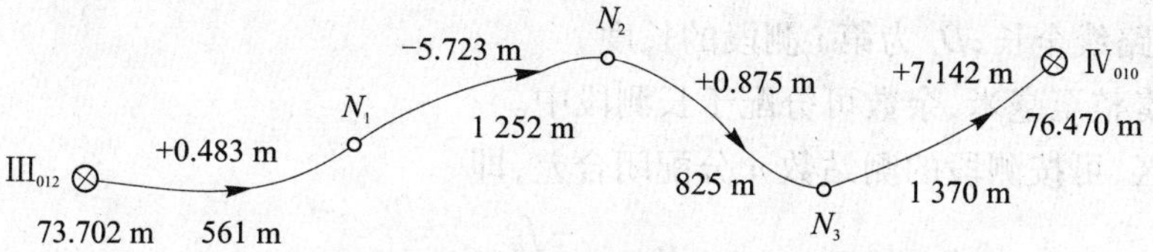

图2-30　水准测量计算略图

1.3　水准路线的高程计算

【例2-1】　某一附合水准路线的观测略图与观测成果如图2-30所示,已知 $H_{Ⅲ012}=73.702$ m,$H_{Ⅳ010}=76.470$ m,计算 N_1,N_2,N_3 点的高程。

解:(1)将水准路线中的起始点、各待定点和终点的点名依次填入表2-18的第(1)列内,将各测段距离和高差填入第(2)、第(3)列相应位置。

(2)计算路线全长 $\sum d$ 和高差总和 $\sum h$,如表2-18中的4 008 m和+2.777 m。

表2-18　高程误差配赋表

计算者:×××　　　　检查者:×××

点号	距离(m)	高差中数(m)	改正数(mm)	改正后的高差(m)	高程(m)	备考
(1)	(2)	(3)	(4)	(5)	(6)	(7)
$Ⅲ_{012}$					73.702	附合水准路线
	561	+0.483	-1	+0.482		
N_1					74.184	$f_h=\sum h-(H_终-H_始)$
	1 252	-5.723	-3	-5.726		$=+9$(mm)
N_2					68.458	$f_{h允}=\pm 20\sqrt{L}$
	825	+0.875	-2	+0.873		$=\pm 20\times\sqrt{4.008}$
N_3					69.331	$=\pm 40$(mm)
	1 370	+7.142	-3	+7.139		
$Ⅳ_{010}$					76.470	
Σ	4 008	+2.777	-9	+2.768		$f_h<f_{h允}$,可以分配

(3)按式(2-10)计算水准路线高程闭合差,即

$$f_h=\sum h-(H_终-H_始)=+2.777-(76.470-73.702)=+9(\text{mm})$$

(4)计算高程闭合差允许值,计算公式为

$$f_{h允}=\pm 20\sqrt{L}$$

式中,L 为路线全长 $\sum d$,以km为单位,不足1 km时按1 km计算。

$$f_{h允}=\pm 20\sqrt{L}=\pm 20\times\sqrt{4.008}=\pm 40(\text{mm})$$

(5)高程闭合差配赋。

当计算的高程闭合差 $f_h<f_{h允}$ 时,可以进行高程闭合差配赋。当高程闭合差在允许值的范围内时,对于平坦地区,测段的高差改正数 V_i 为

$$V_i = \frac{-f_h}{\sum D}D_i \tag{2-11}$$

式中，$\sum D$ 为路线全长；D_i 为第 i 测段的长度。

改正数凑整至毫米，余数可分配于长测段中。

对于山区，可按测段的测站数 n 分配闭合差，即

$$V_i = \frac{-f_h}{\sum n}n_i \tag{2-12}$$

式中，$\sum n$ 为路线测站数之和；n_i 为第 i 测段的测站数。

各测段高差改正数之和与闭合差数值上应相等，但符号相反。即 $\sum V = -f_h$，作为检核用。

表 2-18 第(4)列为各测段相应改正数，改正数总和为 −9 mm，与其闭合差 +9 mm 绝对值相等，符号相反。

各测段高差观测值加上相应改正数即得改正后高差 $\hat{h}_i$，即

$$\hat{h}_i = h_i + V_i$$

表 2-18 中第(5)列为各测段相应改正后的高差。改正后高差之和与($H_{终} - H_{始}$)应相等，即等于 +2.768 m。

(6)计算各待定点高程。

由起始点的已知高程 H_0 开始，逐个加上与相邻点间的改正后高差 $\hat{h}_i$，即得下一点的高程 H_i：

$$H_i = H_{i-1} + \hat{h}_i$$

最后推求的终点高程应与已知值一致。

表 2-18 第(6)列中，$H_{N_1} = 73.702 + 0.482 = 74.184$(m)，依此类推。最后 $H_{\text{Ⅳ}010} = 69.331 + 7.139 = 76.470$(m)。

活动 2　水准测量平差计算实训

资源与器材：高程误差配赋表。

本次活动通过研习活动 1 的案例，完成附合水准路线和闭合水准路线平差计算，达到熟练掌握水准测量平差方法的目的。

2.1　附合水准路线平差计算

某附合水准路线如图 2-31 所示。试计算 N_1、N_2的高程，并把计算结果填入表 2-19。

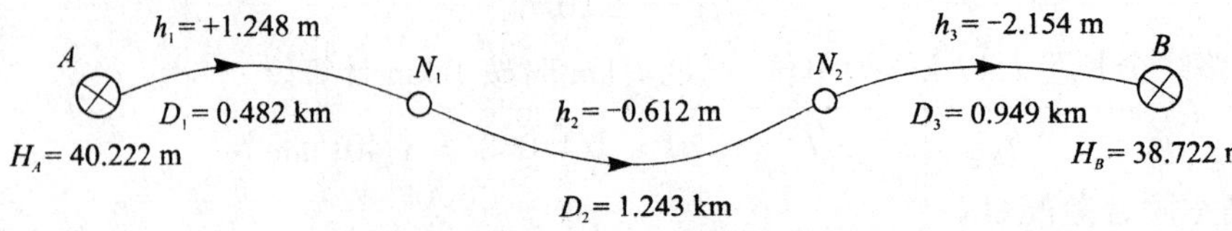

图 2-31　附合水准测量算例

表 2-19　高程误差配赋表

计算者:　　　　　　　　　　　　　　　　　　检查者:

点号	距离(m)	高差中数(m)	改正数(mm)	改正后的高差(m)	高程(m)	备考

2.2　闭合水准路线平差计算

某闭合水准路线如图 2-32 所示。计算 N_1、N_2、N_3的高程,并把计算结果填入表 2-20。

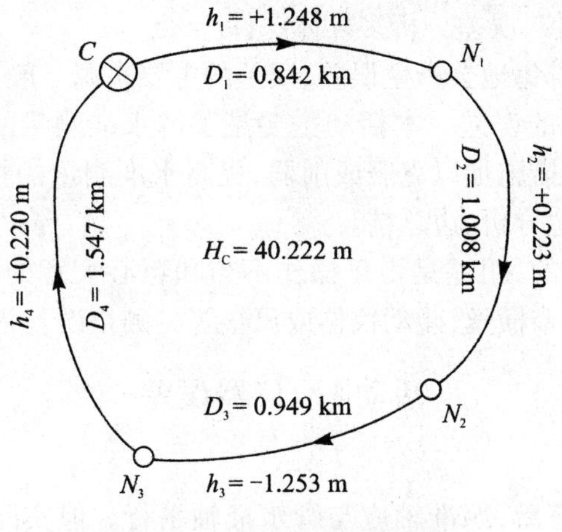

图 2-32　闭合水准测量算例

表 2-20　高程误差配赋表

计算者:　　　　　　　　　　　　　　　　　　检查者:

点号	距离(m)	高差中数(m)	改正数(mm)	改正后的高差(m)	高程(m)	备考

任务 6　水准测量误差来源及消除或削弱的措施

任务目标：

1. 掌握水准测量的主要误差来源。
2. 各误差的消除或削弱方法。

学习过程：

1. 仪器误差。
2. 观测误差。
3. 环境影响误差。
4. 水准测量仪器设备维护与保养知识。

学习成果：

水准测量误差分析与解决方案表。

资源与器材：S3 水准仪、误差分析多媒体课件。

在水准测量中，不可避免地会产生误差，误差的主要来源一般分为三个方面：仪器误差、观测误差及外界因素引起的误差。本活动主要是了解水准测量的误差来源及其影响的规律，分析其特点，采取相应措施加以克服或削弱，提高水准测量的精度。采取多媒体课件或图片演示的手段边演示、边分析、边总结。

误差与粗差是不相同的，粗差是由于操作不当和粗心大意的工作态度而造成的错误。如读错整米，数读颠倒，读错横丝，碰动仪器或尺垫等。测量误差是不包含粗差的。

活动 1　仪器误差

1.1　i 角误差

水准仪经过检查、校正后，照准轴应与管水准轴平行。但实际上不可能校正得十分准确，加上其他原因的影响，总会剩下一个微小的 i 角存在，当水准气泡居中时，照准轴并不水平，这样在标尺上读取的读数就产生了误差。

如图 2-33 所示，由于 i 角的存在，会使照准轴在标尺上的读数产生误差，且仪器距离标尺越远，产生的误差越大。这也是水准测量中限制视距长度的原因之一。

实训：

(1) 根据图 2-33，假设 $i=15''$，$D=100$ m。求在标尺上产生的误差 Δ 的值（单位：mm）。

(2) 如图 2-34 所示，根据水准测量原理（高差 = 后视读数 − 前视读数），由表 2-21 中的数据计算 i 角产生的影响。

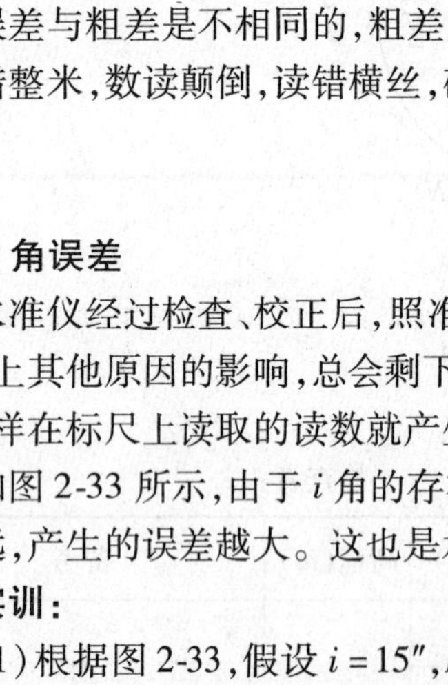

图 2-33　i 角误差

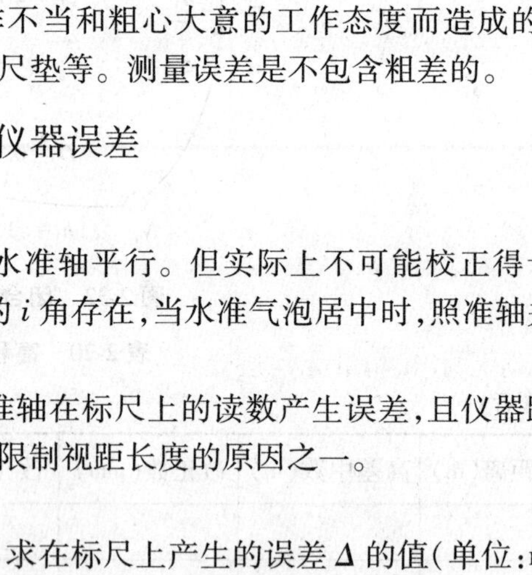

图 2-34　测站 i 角误差

表 2-21　i 角误差计算表

数据	i 角与距离	后视误差(mm)	i 角与距离	前视误差(mm)	差值(mm)
1	$i_1=20''$		$i_2=20''$		
	$D_1=50$ m		$D_2=70$ m		
2	$i_1=20''$		$i_2=20''$		
	$D_1=70$ m		$D_2=70$ m		

由计算可知,在 i 角不变的情况下,若使 $D_1=D_2$,则在每站的观测高差中,前后视读数相减,可以消除 i 角误差的影响。但在实际作业中,做到前后视距完全相等是不现实的,所以规范规定,水准测量的前后视距差不能太大。

对每一个测段来说,若使其前后视距累积差很小,同样减弱了 i 角对测段高差的影响。因此,水准测量中对视距累积差也作出了限制规定。

1.2　水准标尺零点差

标尺底面与其分划零点的差值称为水准标尺的零点差。一般标尺因磨损会使得读数增大,假设一对标尺(A、B)中的其中一把 A 存在零点差,其磨损量为 δ,则每一测站的高差应为

A 尺作为后尺时:

$$h_1 = 后视读数 - \delta - 前视读数$$

A 尺作为前尺时:

$$h_2 = 后视读数 - (前视读数 - \delta) = 后视读数 - 前视读数 + \delta$$

两段高差相加,δ 被抵消。

由此可见,各站测得的高差中,δ 的符号"+""-"交替出现。因此,每测段只要是偶数站,就能消除标尺零点差的影响,所以在水准测量中一般规定每测段的测站数必须是偶数。

注:等外水准测量无此规定。

活动2　观测误差

2.1　管水准器气泡居中的误差

水准测量的主要条件是视线必须水平。假设当水准仪不存在 i 角误差时,我们用微倾螺旋使管水准器气泡居中,此时一般认为管水准轴就水平了,因而望远镜照准轴也就水平了。其实不然,在观察到气泡居中的一瞬间,还不能认为水准轴是水平的。因为我们在衡量气泡是否居中时,是用眼睛观察的,由于生理条件的限制,一般不可能准确辨别气泡居中位置;另外,在停止转动微倾螺旋后仍然运动着的气泡在居中的一瞬间,它还受到惯性力的推动及管内液体与管内壁摩擦阻力的作用,这样就会产生管水准气泡居中的误差。因此,在中丝读数前,要经常注意管水准气泡的居中情况,随时给以调整,以减小这种误差的影响。通常认为管水准器气泡居中的误差为其分划值的 $\frac{1}{10}$。采用符合水准器时,其误差可减小一半,即

$$m_{居中} = \frac{0.1\tau''}{2 \times \rho''} \times D$$

对于 S3 水准仪，其水准管的分划值 $\tau = 30''$，令视距 $D = 100$ m，则 $m_{居中} = 0.73$ mm。

因此，作业前必须认真地进行仪器的检验校正，特别是 i 角误差的检校。另外，每次读取中丝读数时，必须转动微倾螺旋，使符合水准气泡严格居中，等气泡居中并稳定后，再读取读数。只要细心，由此引起的误差是可以不予考虑的。

2.2 在水准尺上的估读误差

观测读数时，是用十字丝横丝在厘米间隔内估读毫米数，而厘米分划又是经过望远镜将视角放大后的像，所以毫米读数准确程度与厘米间隔的像的宽度及十字丝粗细有关。目前，十字丝的宽度经目镜放大后在人眼明视距离上约为 0.1 mm。只要厘米间隔的像大于 1 mm，则估读其间隔的十分之一，即估读的数值可以得到保证，否则估读精度将受到影响。如用放大率为 20 倍的望远镜在距离 50 m 以内时，厘米间隔的像可≥1 mm。

由此可见，此项误差与望远镜的放大率和距离有关，所以对各级水准测量规定仪器望远镜的放大率和限制视线的最大长度是必要的。

2.3 标尺倾斜的误差

由图 2-35 可以看出，水准标尺竖立不直，无论标尺前倾还是后仰，都将使尺上的读数增大，从而影响水准测量的读数精度。设后视标尺的倾斜角为 ε，倾斜标尺上的读数为 a，正确读数为 a'，该数误差为 Δa，则

$$\Delta a = a - a' = a - a\cos\varepsilon = a(1 - \cos\varepsilon)$$

可见，Δa 的大小与标尺倾斜角 ε 和在倾斜标尺上的读数 a 的大小有关。

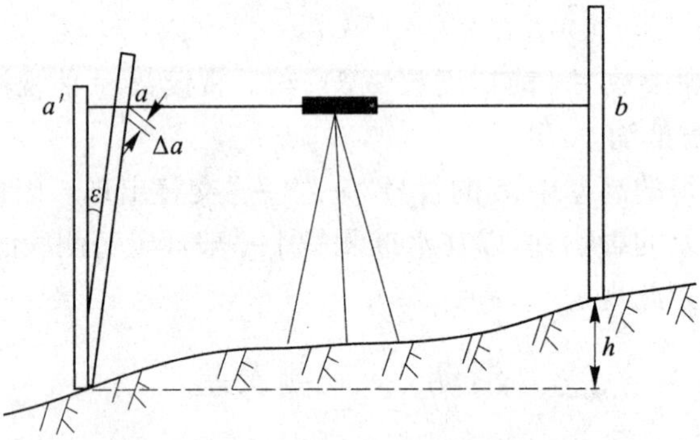

图 2-35 标尺倾斜误差

实训：设 $a = 2$ m，$\varepsilon = 2°$，计算读数误差 Δa。

作业时，应尽量使水准标尺保持垂直竖立。由于前后尺的读数高度一般不等，两标尺的倾斜程度也不相同，所以此误差不易在观测程序中消除。但是它的影响是系统性的（无论前视或是后视都使读数增大），所以此误差在高差中会抵消一部分。只要扶尺认真，这项影响在最后成果中将不占主要地位。

活动 3 外界因素的影响

水准测量一般要求在大气比较稳定的情况下进行，尽量避免在大风天（可使标尺和仪器抖动）和中午（温度变化大、成像抖动）观测。即使如此，还会受下面几种误差的影响。

3.1　仪器和标尺升沉的误差

对一条水准路线来说，在观测过程中由于仪器、标尺的自身重量会出现下沉，而由于土壤的弹性又会使仪器、标尺上升。二者的影响是综合性的。

假设仪器下沉（或上升）的变动量是和时间成比例的。如图2-36所示，若第一次后视黑面读数为a_1，当仪器转向前视时仪器下沉了一个Δ，其前视黑面读数为b_1，则高差$h=a_1-b_1$中必然包含误差Δ。为了减少这种影响，读取红面读数时先读前视红面为b_2，当仪器转向后视读数时，仪器又下沉一个Δ，其后视红面读数为a_2。

由此可知，黑面读数的高差为：

$$h_{黑}=a_1-(b_1+\Delta)=a_1-b_1-\Delta$$

红面读数的高差为：

$$h_{红}=(a_2+\Delta)-b_2=a_2-b_2+\Delta$$

取黑红面高差的平均值得：

$$h=\frac{(a_1-b_1)+(a_2-b_2)}{2}$$

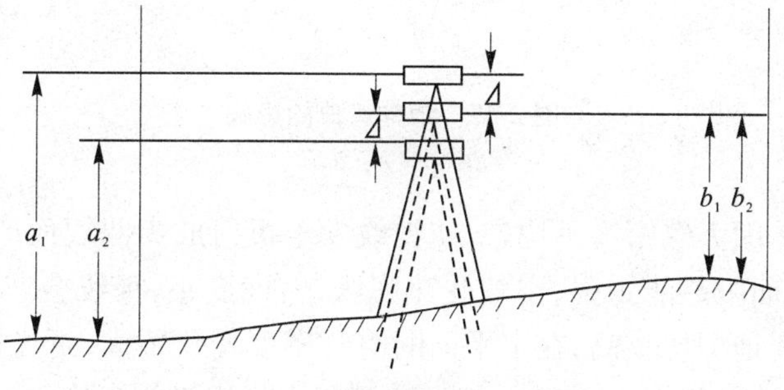

图2-36　仪器和标尺的升沉误差

由此看来，正好将Δ消除。由于实际上仪器的变动量和时间并不完全成比例，因此这种措施只能减弱影响而不能完全消除。同时，熟练操作以减少观测时间也可使此误差影响减小。由此可知，等级水准测量中，规定采用“后—前—前—后”的观测程序是有道理的。等外水准测量中采用的“后—后—前—前”的观测程序，虽然观测方便，但不能减弱此项误差的影响，只有缩短前后视之间的观测时间，才能削弱此误差的影响。

关于标尺下沉（或上升）的影响，在一个测站的观测中，前、后视中丝读数差可基本抵消。但当仪器迁至下一站时，原来的前视标尺变为后视标尺的时间里，标尺下沉了Δ，于是本站的后视读数和前一站的前视读数的标尺的零点不在同一个位置。对于同类土壤的水准路线，它们造成的影响是系统性的，如果属于标尺下沉，则使高差增大，反之则使高差减小。由此可知，如果作业时对同一条水准路线采用往、返测，那么在往返测的平均值中这种误差的影响会大大减弱。

3.2　地球弯曲误差

在水准测量的基本原理中，我们是把过各点的水准面当作水平面，但由于地球曲率的影响，实际上水准面并不是平面，于是就产生了地球弯曲误差。

水准测量视线是水平的，但大地水准面是弯曲的，这样就会使在水准尺上的读数产生误差。距离越远，误差越大。可见，水准测量必须采取一定的措施，来消除地球曲率的影响。

如图 2-37 所示，因地球曲率的影响，设在 A、B 两水准标尺的读数误差分别为 Δa、Δb，当 $D_1 = D_2$ 时，$\Delta a = \Delta b$。所以，在水准测量作业中只要使前后视距相等，就可消除地球曲率的影响。

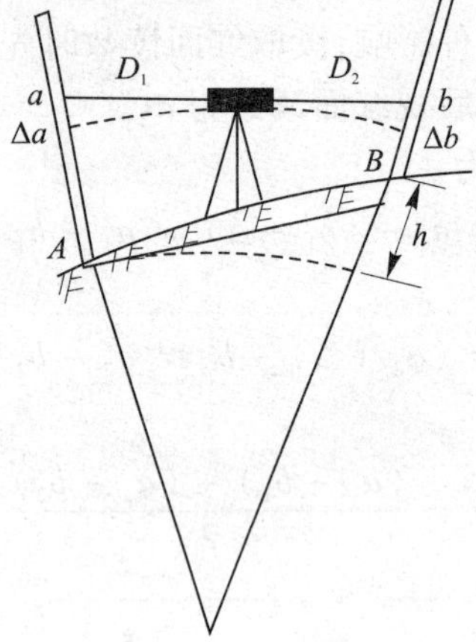

图 2-37　地球弯曲的影响

3.3　大气折光误差

大气折光误差是因大气密度不均匀，使视线发生折射成为曲线而产生的读数误差。近地面的空气，由于地面吸热能力强，空气受热膨胀，密度变小，视线会产生如图 2-38 所示的向上弯曲。若视线离地面比较高，在水平面的空气密度变化不大，折光影响很小，故等级水准测量中，规定中丝读数应大于 0.3 m，以此来消除大气折光的影响。

以上所述各项误差来源，都是采用单独影响来进行分析的，而实际情况则是综合性的影响。从误差的综合影响来说，这些误差将会互相抵消一部分。所以，作业中只要注意按规定施测，特别是操作熟练、观测速度提高的情况下，各项外界影响的误差都将大为减小，完全能够达到施测精度要求。

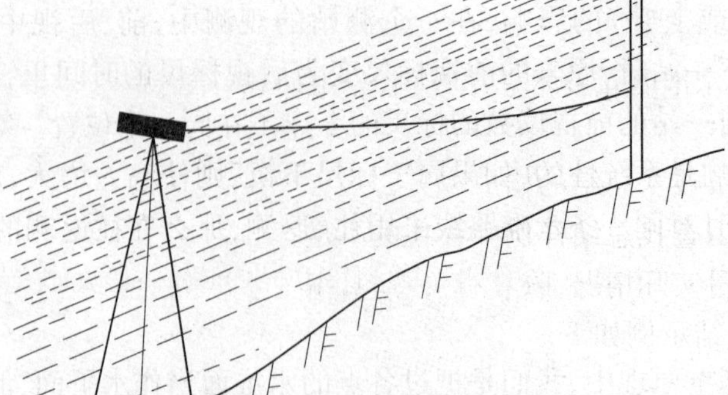

图 2-38　大气折光误差

活动4　误差特点分析与消除措施

根据前面活动知识，总结水准测量中可能带来测量误差的因素及解决办法，填表2-22。

表2-22　误差分析与解决方案表

措施	抵消或削弱的误差(可重复)
前后视距相等	
后—前—前—后的观测顺序	
测段偶数站	
缩短观测时间	
限制视距	
限制视距差	
限制视距累积差	
限制视线高度	

任务7　水准测量提交成果资料

任务目标：

了解水准测量提交成果。

学习过程：

通过课件展示，分组讨论。

学习成果：

编写一份水准测量技术总结。

活动1　编写技术总结

资源与器材：《测绘技术总结编写规定》(CH/T 1001—2005)、技术总结样例。

本活动主要通过对水准测量技术总结实例的学习、分析和讨论，掌握水准测量技术总结的编写要求、格式和内容，初步熟悉测绘技术总结编写的基本规定。

认真阅读下面的水准测量技术总结样例，分组研讨，结合网络资源的查询结果，完成下列任务：

(1)总结水准测量技术总结的构成内容；

(2)结合背景知识查找总结样例中存在的不足；

(3)结合水准测量实际情况，收集有关资料，编写水准测量技术总结。

水准测量技术总结示例如下。

1　测区概述

1.1　任务来源、目的和生产概况

为满足城市规划建设基础测绘的需要，建立全市高精度高程控制网。受××单位(甲方)

委托,××测绘单位(乙方)承揽××市城区境内水准测量高程控制项目。根据××市规划局的要求,结合本测区特点,共投入32人,8台WILD NA2水准仪、一台打印机、8台计算机、2辆汽车,于××年××月××日至××年××月××日完成全部控制点选埋工作。于××年××月××日起分8组进行水准网施测。为了保证质量,我队设有1名有丰富工作经验和检查经验的人员进行质量检查与监督。于××年××月完成了××市水准网测量工作。

1.2 测区概况

测区地处××市××地区,地势东南高、西北低。北邻×河,城区地形为平地。年平均气温22 ℃,降雨量800 mm,××铁路横贯测区,联网公路纵横交错,水陆交通便利。

1.3 路线概况

测区面积×× km^2。水准路线长度总计1 336 km。共由14个闭合环构成,184个测段,138个水准点。采用四等水准测量施测。标石类型主要采用普通水准标石。部分标石与平面控制点共用同一标石。

1.4 作业与检查的技术依据

(1)《城市测量规范》(CJJ/T 8—2011);

(2)《国家三、四等水准测量规范》(GB/T 12898—2009);

(3)××市规划局××年××月制定的《××市城市控制网建设项目技术设计书》;

(4)审批后的技术设计书及作业期中的补充技术规定。

1.5 生产组织与完成工作量

为了保质保量完成××市高程控制测量任务,我队精心组织,严格管理,让有多年控制测量经验的××中队承担测量工作。共完成四等水准点138个,水准路线长度1 336 km。

水准测量技术设计与实际完成情况的比较以及作业率统计,由于篇幅限制,此处略。

2 已有资料利用情况

2.1 高程基准

高程系统采用1985国家高程基准。

2.2 控制资料利用情况

由甲方提供的位于测区内及附近的一、二、三等水准点6个作为高程控制的起算点。已有成果为1985国家高程基准。具体起算数据略。

2.3 地形图资料利用情况

由甲方提供的××省建设厅××年航测成图的1∶10 000地形图(1980西安坐标系,1985国家高程基准)和甲方测制的××市1∶1 000地形图作为选点的参考用图。

2.4 资料中存在的问题及处理方法

测区高级水准点有两个点被破坏,没有用于观测和平差。

3 作业方法,质量和有关的技术依据

3.1 使用的仪器和设备

(1)××型水准仪8台,配套设备(略)。

(2)计算机8台。

以上设备全部经过检验合格,达到要求,能够作业,其具体技术指标见测绘仪器鉴定证

书(略)。

3.2　水准测量精度统计

本次作业对138个水准点进行了四等水准联测,联测水准起算点6个,其中一等水准点1个、二等水准点2个,三等水准点3个。

每个闭合环或附合路线组成闭合环的各点点名、环线长、闭合差、闭合环限差,由于篇幅限制,省略。

四等水准网平差使用××省测绘局研制的等级水准网平差系统软件,在1985国家高程基准下进行严密平差,四等水准网平差单位权中误差 ±3.3 mm,全中误差为 ±6.1 mm,符合《国家三、四等水准测量规范》的四等水准网全中误差限差 ±10.0 mm 的要求。

闭合环闭合差、附合路线闭合差均满足《国家三、四等水准测量规范》的四等水准精度要求。

四等水准计算结果满足《国家三、四等水准测量规范》的四等水准精度要求。

4　成果的质量检查与问题的处理及说明

采用小组自查、中队过程检查、大队最终检查的三级检查制度。

(1)对外业观测、内业计算手簿进行了100%的检查,并予以认真的复查,成果表均经二次校核,发现问题及时处理,手簿记载齐全,格式符合规定,计算方法正确。

(2)对于埋石点点位状况,中队进行野外100%的检查,大队分批对埋石点进行抽查,埋石点密度满足设计书要求,且标志清楚,易找,埋石点符合规格、稳定,且标石表面字迹清晰、点位合理、通视良好,便于以后利用。

(3)需要说明的几个问题:由于工期紧,测量中个别路线出现粗差,经返工重测后合格。

5　技术结论

专业技术设计方案具体,内容齐全。施测方法正确,精度良好,埋石点分布、数量与标石规格皆合乎规定,各项资料整理规范,整齐美观,上交资料齐全,整体成果质量较好,完全可以提供客户使用。

6　经验与体会

(1)我们这次能顺利地完成任务,与××市规划局的大力支持和积极配合是分不开的,特别是他们的主管领导经常下一线了解情况,解决问题,为我们的工作赢得了宝贵的时间。

(2)关于资料,一定要做系统全面的定性、定量分析,对发现的问题及时处理,不留尾巴,只有准备充分,才能减少或避免工作中的失误,提高效率。

(3)在质量管理上,甲方除了一开始对相关技术问题做出明确规定,还应设一名专管技术的总工,负责作业过程中的技术监督和遇到的技术问题的汇总及解答。

(4)现在是市场经济社会,成本与质量是个矛盾,高质量需要较大的成本和投入,建议规划局提高测绘价格,或对优质成果的奖励比例提高。

活动2　汇总上交资料

2.1　附图、附表

(1)水准观测网图。

(2) Ⅳ等水准精度统计表1张。

(3)仪器鉴定书:①水准仪检定书8份;②水准标尺检定书8份。

2.2 **上交资料清单**

(1)技术总结报告。

(2)项目工作总结。

(3)最终检查报告。

(4)水准点点之记。

(5)四等水准观测手簿。

(6)水准网略图。

(7)计算资料。

思考题

1. 简述水准测量的原理。
2. 水准仪的基本操作步骤有哪些?
3. 何为视差? 如何消除视差?
4. 水准仪应满足的条件有哪些?
5. 水准测量的主要误差来源有哪些?
6. 单一水准路线的布设形式有哪几种?
7. 请解释说明DS3水准仪这一仪器型号中D、S、3各代表什么含义?

★全站仪基本操作技能训练

全站仪是测量工作中最常用的测绘仪器,所以想要使测量工作全面、高效进行,必须掌握全站仪的基本使用方法。

该基本技能训练环节主要分为三部分内容,即全站仪认识与基本操作、全站仪测角及全站仪测距。

技能1　全站仪的基本结构及功能

活动1　认识全站仪

资源与器材:全站仪、脚架。

全站型电子速测仪简称全站仪。这种仪器能同时测角、测距,而且还能自动显示、记录、存储数据,并能进行数据处理,可在野外直接测得点的坐标和高程。全站仪基本组成包括电子经纬仪、光电测距仪、微处理器和数据自动记录装置。

全站仪的品牌和型号较多,本教材以拓普康 GTS - 330N 为例进行介绍。

1.1　演示全站仪的架设

为了进行相关的测量工作或认识使用全站仪,需要将全站仪先架设起来。全站仪的架设步骤如下:

(1)抽取三角架,注意在脚架并拢的情况下,一手扶住架头,弯腰松开螺旋,抽取脚架至胸部安装,拧紧螺旋,撑开脚架,使脚架面尽量平整;双手放在脚架面向下按一下,以检查脚架螺旋是否拧紧。

(2)开箱取仪器,打开仪器箱后不要急于取出仪器,仔细观察仪器在箱中的放置位置(见图1),防止使用完毕后无法顺利装箱。

图1　全站仪装箱示例

(3)双手取出仪器,取出仪器后一手抓紧提手,一手托住仪器的基座。仪器取出后,注意锁紧仪器箱。

(4)将仪器置于三角架上表面,一手握紧提手,一手旋紧中心螺旋,以松紧适度为宜。在此过程中严禁换手操作。

1.2　全站仪的基本构造

全站仪由照准部、基座组成,其结构如图 2 所示。图 3 为 GTS-330N 全站仪操作面板。

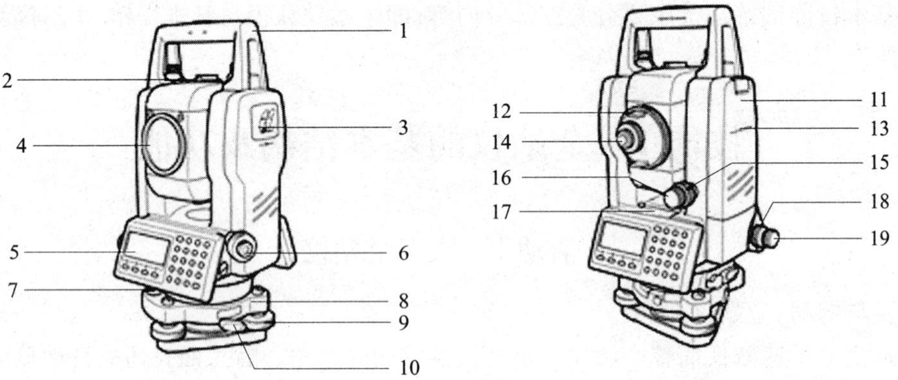

1—提手;2—粗瞄准器;3—竖盘;4—物镜;5—操作面板;6—光学对中器;7—圆水准器;8—基座;9—脚螺旋;10—基座固定钮;11—电池;12—物镜调焦环;13—仪器中心标志;14—目镜;15—垂直制动螺旋;16—垂直微动螺旋;17—管水准器;18—水平制动螺旋;19—水平微动螺旋

图 2　GTS-330N 全站仪

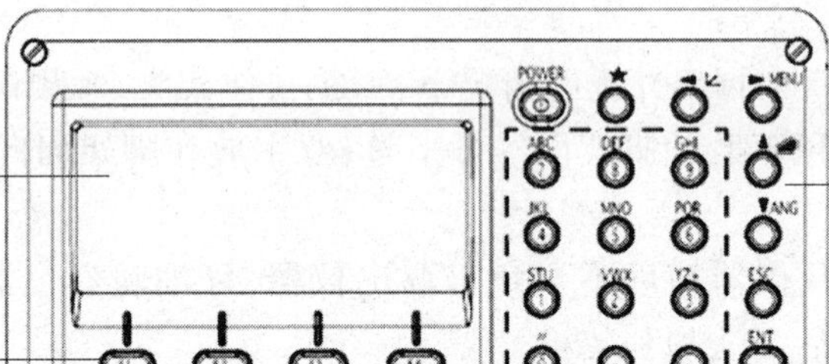

1—显示屏;2—输入键;3—功能键

图 3　GTS-330N 全站仪操作面板

1.3　全站仪主要部件功能认识

根据介绍的全站仪结构部件名称及作用,在讲述过程中观察自己的仪器,将其名称及作用总结后填写到表 1 中。

表 1　全站仪的结构及作用

部件名称	作用

【知识导航】

1. 望远镜

望远镜的物理结构在项目二中已经做过介绍，全站仪的望远镜与水准仪的成像原理相同。全站仪望远镜主要包括物镜、目镜、物镜调焦环、粗瞄准器等，如图2所示。

物镜调焦环（图2中12）用来调节望远镜成像的清晰程度，目镜（图2中14）的调焦螺旋用来调节十字丝的清晰程度，要和物镜调焦环配合使用。

粗瞄准器用来概略照准目标。

2. 制动、微动系统

照准部可以在水平方向旋转，望远镜可以在垂直方向旋转，配合使用可照准任意方向的目标。通过粗瞄准器找到观测目标时，可旋紧水平制动螺旋（图2中18）和垂直制动螺旋（图2中15），通过旋转水平微动螺旋（图2中19）和垂直微动螺旋（图2中16）精确照准目标。注意在使用中只有先制动，微动螺旋才起作用。

3. 水准器

全站仪的水准器包括圆水准器（图2中7）和管水准器（图2中17）。圆水准器用来指示仪器的概略整平，在需要对中的前提下，使用升降脚架的方法完成；管水准器用来指示仪器精确水平，使用脚螺旋进行。

4. 基座固定钮

用来连接全站仪照准部和基座。松开基座固定钮，可使照准部和基座分开。因此，在每次使用全站仪前，应当检查基座固定钮是否旋紧，防止因基座固定钮松开而损坏仪器。

5. 仪器的中心标志

仪器的中心标志是全站仪水平轴（望远镜旋转时所绕的轴线）的位置，通常量取仪器高度时量到该位置。

6. 操作面板

操作面板上各按键的作用见表2。各按键功能的使用在后续的内容中将逐步介绍。

表2 操作面板按键功能对照表

键	名称	功能
★	星键	星键模式用于如下项目的设置或显示： (1)显示屏对比度； (2)十字丝照明； (3)背景光； (4)倾斜改正； (5)定线点指示器（仅适用于有定线点指示器类型）； (6)设置音响模式
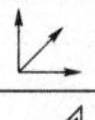	坐标测量键	坐标测量模式
	距离测量键	距离测量模式
ANG	角度测量键	角度测量模式
POWER	电源键	电源开关

续表 2

键	名称	功能
MENU	菜单键	在菜单模式和正常测量模式之间切换,在菜单模式下可设置应用测量与照明调节、仪器系统误差改正
ESC	退出键	• 返回测量模式或上一层模式 • 从正常测量模式直接进入数据采集模式或放样模式 • 也可作为正常测量模式下的记录键
ENT	确认输入键	在输入值末尾按此键
F1 ~ F4	软键(功能键)	对应于显示的软键功能信息

★ **思考:**基座固定钮松开会有什么潜在的危害?

活动 2　全站仪的基本使用方法

资源与器材:全站仪、脚架。

全站仪的基本使用包括对中、整平、照准目标、调焦等。本活动通过采取分步实训的方法,使学生掌握全站仪的整置步骤。

在整置仪器前,首先应把脚螺旋旋至螺旋中段位置。在整置仪器过程中,时刻注意仪器安全。在确保仪器紧固在三脚架架头之后,方可按下列步骤整置和操作仪器。

2.1　全站仪对中

对中的目的是使全站仪仪器中心与标石中心在同一铅垂线上。对中可通过光学对中器来完成。其步骤如下:

(1)架设仪器。

(2)调整光学对中器目镜焦距,使对中器的圆圈标志清晰;调整光学对中器物镜焦距,使地面影像清晰。

(3)固定三脚架的一条腿于适当位置,两手分别握住另外两条架腿,移动这两条架腿的同时,从光学对中器中观察,使对中器中心对准标石中心(见图 4(b))。光学对中器中可以看见标石中心时,可调节仪器脚螺旋,使标石中心与对中器中心重合。

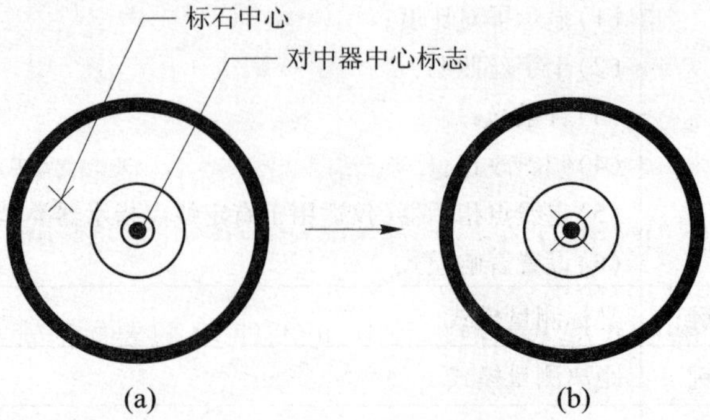

图 4　全站仪对中示意图

★ **提示：**

(1)在坚实地面上设站时，应将脚架腿用绳子绑住或用砖、石顶住，以防架腿滑动。

(2)在山坡上设站时，应使脚架的两个腿在下坡，一个腿在上坡，以保障仪器稳定、安全。

(3)对中后应及时固紧连接螺旋和架腿固定螺旋。

(4)检查对中偏差，应在大约90°的两个方向上检查。

2.2 全站仪的整平

整平的目的是让全站仪的水平度盘处于水平位置。整平工作包括粗平和精平两步。

2.2.1 粗平

粗平是通过调节脚架腿使圆水准器居中。粗平时，首先观察圆水准器气泡的位置，气泡在哪边说明哪边高。然后，再通过调节相对应的脚架腿的长度来调整仪器的高度。为了防止脚架滑动，可用脚踩稳脚架。

2.2.2 精平

精平通过调节脚螺旋实现。

(1)让管水准器和两个脚螺旋 A、B 平行，管水准器气泡的运动方向和左手大拇指的运动方向一致为原则，判断气泡位置并通过左右手旋转脚螺旋来调整。气泡居中后，将照准部旋转 90°，根据气泡的位置调节第三个脚螺旋 C。重复上述操作，直至管水准器气泡在任何方向都是居中。如图 5 所示。

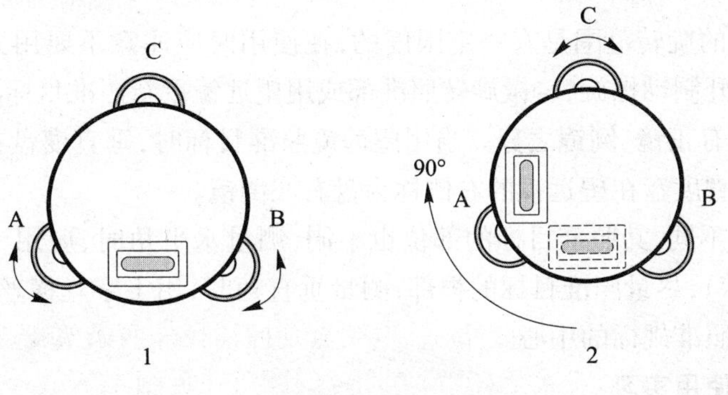

图5 全站仪精平

需要注意的是，精平是一个循环往复的过程，在旋转脚螺旋时注意动作要轻，不要过快过猛。当脚螺旋旋转至螺旋末端时，应将脚螺旋调节至中间位置，再调节脚架，重复粗平、精平过程。

(2)精平结束后，应重新检查对中情况，如果偏离较小，适度松开中心螺旋，注意不要拧掉。通过平推仪器来调节对中，平推仪器后要重新检查精平。此过程是一个循环往复的过程，要保证仪器对中完好，管水准气泡居中。

★ **提示：**精平后，若圆水准器气泡不居中，可不理会，只要保证管水准器居中即可。

2.3 照准目标

照准即用望远镜十字丝中心部位照准目标，故十字丝是照准目标的主要参照物。旋转照准部及望远镜，通过粗瞄准器先概略照准目标，调节微动螺旋精确照准目标(见图6)。

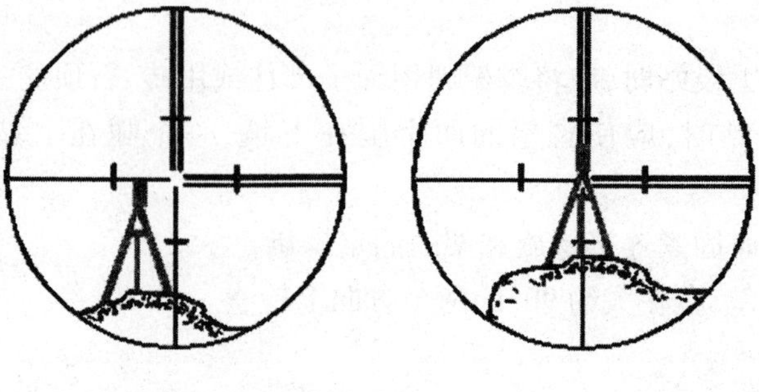

(a)　　(b)

图 6　照准目标

2.3.1　演示

(1)旋转照准部,利用望远镜上方粗瞄准器概略照准目标,固定水平制动螺旋。

(2)目镜调焦:转动目镜调节环,调节目镜,使十字丝清晰。

(3)物镜调焦:旋转物镜调焦环,使目标成像清晰,且无视差存在。

(4)精确照准:旋转水平微动螺旋和垂直微动螺旋,使十字丝精确照准目标(如图 6 所示)。

2.3.2　操作

按照演示的操作步骤进行练习。

★**提示:**

(1)微动螺旋的旋转范围是有一定限度的,在使用时应注意不要用力过大过猛。若拧不动了,则需要松开制动螺旋,轻微旋转照准部或用望远镜重新照准目标。

(2)照准目标有正镜、倒镜之分。当用望远镜照准目标时,垂直度盘在望远镜的左侧称为盘左或正镜;垂直度盘在望远镜的右侧称为盘右或倒镜。

(3)观测内容不同,其照准目标的部位也不同,测量水平角时,应用十字丝纵丝照准目标(如图 6(a)所示),尽量照准目标的根部;测量垂直角时,用十字丝横丝照准目标的顶部;当使用觇标时,应照准觇标的中心。

2.4　全站仪基本使用实习

结合以上学习内容,将全站仪基本使用方法贯穿起来,综合练习。练习过程中填写全站仪操作实训情况记录表(见表 3)。

表 3　全站仪操作实训情况记录表

次数	时间	练习中存在的问题	解决方法
1			
2			
3			
4			
⋮			

活动3　全站仪使用的注意事项

资源与器材:外业测量仪器与器材使用规程及管理规定。

本活动针对全站仪使用中的不规范操作,进行讨论、总结,并指导学生按规范的操作要领进行实训。

在实训场地,随机抽取一组学生,进行全站仪使用操作演示,其余各组同学仔细观察操作过程,并记录演示过程中的不规范操作,填入表4,以组为单位进行总结发言。

表4　不规范操作情况记录表

序号	不规范操作记录	规范操作
1		
2		
3		
4		
⋮		

【知识导航】

1.使用时应注意事项

(1)测量仪器属精密仪器,使用时必须严格按照操作程序精心操作。在任何时候,仪器必须有人看管,做到“人不离仪器”,以防止其他无关人员拨弄仪器或行人、车辆撞倒仪器。看管仪器的人员,必须将仪器随时置于视线范围之内,必须站立在伸手就能握住仪器的位置,严禁远离仪器。严禁在仪器周围嬉戏打闹。要随时注意周边环境中可能对仪器造成损坏的各种安全隐患。特别是校内实习时,随时应注意篮球、足球、排球等飞来物可能对仪器的伤害。

(2)实习前,应检查仪器箱背带及提手是否牢固。开箱后提取仪器前,要看清楚仪器在箱内放置的方式和位置;装卸仪器时,必须握住提手,将仪器从仪器箱取出或装入仪器箱时,握住仪器提手并托住基座。切不可拿仪器的镜筒,否则会影响内部固定部件,从而降低仪器的精度;仪器用毕,先盖上物镜罩,并擦去表面的灰尘;装箱时各部位要放置妥贴,合上箱盖时应无障碍。

(3)在太阳光照射下观测仪器,应给仪器打伞,并带上遮阳罩,以免影响观测精度;在杂乱环境下测量,仪器要有专人守护;当仪器架设在光滑的表面时,要用细绳(或细铅丝)将三脚架三个脚联起来,以防滑倒。

(4)使用微动螺旋时,应先旋紧制动螺旋。转动仪器时,应先松开制动螺旋,然后平稳转动。制动螺旋未松开前切勿强行旋转照准部和望远镜,以防轴系和制动螺旋损坏。微动螺旋和脚螺旋宜使用中段螺纹,不要旋到顶端,以免损伤螺纹。外业完毕后,应将所有微动螺旋旋至中央位置。严禁用手握望远镜旋转。

(5)当测站之间距离较远,搬站时应将仪器卸下,装箱后背着走;行走前,要检查仪器箱是否锁好,检查安全带是否系好;当测站之间距离较近,搬站时可将脚架合起,双臂微屈,双手握紧脚架进行搬站，但仪器要尽量保持直立放置。

(6)搬站之前，应检查仪器与脚架的连接是否牢固；搬动时，应把制动螺旋略微旋紧，使仪器在搬站过程中不致晃动。

(7)仪器任何部分发生故障，不勉强使用，应立即检修，否则会加剧仪器的损坏程度。

(8)在观测过程中，除正常操作仪器螺旋外，尽量不要用手扶仪器及脚架，以免碰动仪器，影响观测精度。作业时，必须由一人单独操作，因故换人时，必须先检查中心螺旋是否旋上或拧紧，以防操作或搬站时将仪器摔下。

2. 仪器转运时注意事项

(1)首先把仪器装在仪器箱内，再把仪器箱装在专供转运用的木箱内，并在空隙处填以泡沫、海绵、刨花或其他防震物品；装好后将木箱或塑料箱盖子盖好，需要时应用绳子捆扎结实。

(2)无专供转运的木箱或塑料箱的仪器不应托运，应由测量员亲自携带；在整个转运过程中，要做到人不离开仪器，如乘车，应将仪器放在松软物品上面，并用手扶着，在颠簸厉害的道路上行驶时，应将仪器抱在怀里。

(3)注意轻拿轻放、放正、不挤不压。无论天气晴雨，均要事先做好防晒、防雨、防震等措施。

技能2　水平角测量

活动1　水平角测量原理

资源与器材：全站仪、水平角测量原理挂图或图片。

本活动通过思考互动的方式，理解水平角测量的原理。

(1)如图7所示，借助什么样的工具可测出$\angle AOB$？

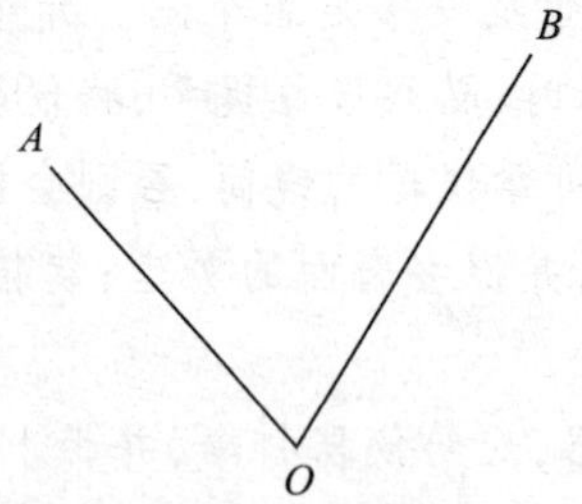

图7　角度示意图

(2)在实训场地中选择地面一点，另选择高度不同的两个目标点。在地面点安置全站仪，演示水平角测量，配合挂图讲解水平角测量原理。

【知识导航】

要确定地面点的平面位置，一般需要观测水平角。所谓水平角，就是测站与两目标的连线在水平面上的投影之间的夹角，角值为0°~360°。如图8所示，测站为A，目标为C、B，AC和AB在水平面上投影之间的夹角β即为测站与目标C、B之间的水平角，测量中所需要观测的水平角是$\angle CAB$在水平面上的投影，即$\angle cab$，而不是斜面上的$\angle CAB$。

由图8中可以看出，$\angle cab$就是通过AC和AB的两个铅垂面形成的二面角。这个二面角在铅垂面交线Aa上任意位置都可以测量。

要想测量水平角，可设想在铅垂线Aa上放置一个顺时针注记的全圆量角器（度盘），使其中心正好在Aa线上，并在水平位置。在$ACca$铅垂面与度盘的交线得一读数n，再从$ABba$铅垂面与度盘的交线得一读数m，则水平角β为两个方向值之差，即

$$\beta = m - n \tag{1}$$

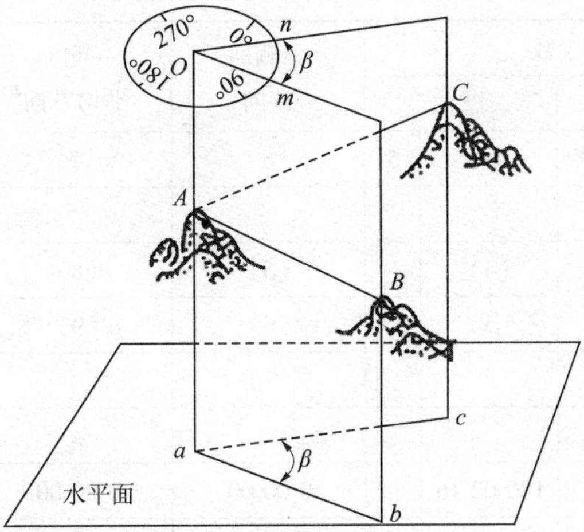

图8 水平角测量原理

活动成果：绘制一张水平角测量原理图，并且标出各种标识符号，然后写出计算公式。

活动2 测回法水平角测量

资源与器材：全站仪、导线测量观测手簿。

测回法是水平角观测的常用方法，适用于观测两个方向形成的单角。其观测和计算步骤如下。

2.1 观测方法

如图7所示，测站点为O，两个目标分别为A、B。水平角的观测步骤如下：

(1)盘左位置（正镜），照准目标A，配置度盘。读取水平度盘读数，记入表5第(1)栏内。

(2)顺时针旋转照准部，照准目标B，同样读取水平度盘读数，记入第(2)栏内。

(1)、(2)操作称为上半测回。

(3)纵转望远镜变换为盘右位置（倒镜），顺时针旋转照准部，照准目标B，读取水平度盘读数，记入第(3)栏内。

(4)逆时针旋转照准部，照准目标A，读取水平度盘读数，记入第(4)栏内。

(3)、(4)操作称为下半测回。

上、下两个半测回合称为一测回。

2.2 计算方法

水平角观测的计算表格如表5所示,按下面介绍的步骤进行计算。

表5 水平角观测记录实例

作业日期:2010.4.20　　测站:P_5　　观测方向略图

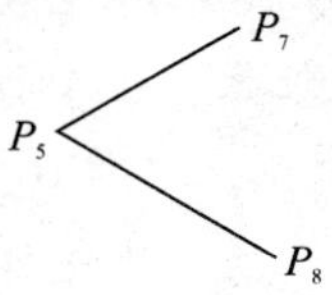

仪器:J_6-98520
观测者:×××
记录者:×××

觇点	读数				半测回方向	一测回平均方向	各测回平均方向	附注
	盘左		盘右					
1	2	3	4	5	6	7	8	9
第　测回								
	(1)		(4)		(5)	(8)	(10)	
	(2)		(3)		(6)	(9)	(11)	
					(7)			
第Ⅰ测回								
1. P_7	0 02 18		180 02 16		0 00 00	0 00 00		
2. P_8	53 33 54		233 33 36		53 31 36	53 31 28		
					20			
第Ⅱ测回								
1. P_7	90 03 06		270 03 12					
2. P_8	143 34 42		323 34 42					

上半测回的两个方向值均各自减去第(1)栏的方向值:

$$(5)=(1)-(1)=0°00'00''$$

$$(6)=(2)-(1)$$

$$(7)=(3)-(4)$$

(8)、(10)栏同第(5)栏。

$$(9)=\frac{1}{2}[(6)+(7)]$$

第(6)和(7)栏之差即上、下半测回较差。上、下半测回较差在图根导线测量中要求小于等于±36″;满足限差要求时,则可计算第(9)栏。

如观测多个测回,则可计算各测回平均方向。各测回的第(9)栏互差在图根导线测量中要求小于等于±24″,不超限时,则取平均值记入(11)栏。

2.3 计算实训

(1)按上述方法计算表3中第Ⅱ测回相关数值。

(2)若某一项目中水平角需观测 3 个测回，试计算各测回配置度盘值。

★**提示**：在实际生产中，各项限差请参阅相关作业规范。

【小知识】

在测回法水平角测量过程中，各测回配置度盘值按下式计算

$$\delta = \frac{180^\circ}{n}(i-1) \tag{2}$$

式中 δ——某测回度盘配置的度数；

n——总的测回数；

i——当前测回数。

活动 3　全站仪水平角测量基本操作（以 TOPCON GTS－330N 为例）

资源与器材：全站仪、导线测量观测手簿。

本活动中，分组熟悉全站仪水平角测量的基本功能。

3.1　角度测量界面

安置全站仪。按“POWER”（开机键），显示如图 9 所示角度测量界面。若开机后界面不同，可按“角度测量键”切换到角度测量模式。

V　：　90°10′20″
HR：　0°00′00″

置零　锁定　置盘　P1↓

图 9　角度测量界面

实训：在角度测量模式下，水平转动照准部，看屏幕中有什么变化；垂直转动望远镜，看屏幕中有什么变化？思考 V、HR 代表的含义；照准同一个观测目标情况时，盘右 HR 水平方向值和盘左 HR 水平方向值有何关系？

★**提示**：

1. V 表示天顶距或高度角；HR 表示水平方向值（顺时针旋转增加）。

2. 在照准同一个观测目标情况时，若不考虑相关误差，则有：

盘右 HR 水平方向值 = 盘左 HR 水平方向值 + 180°

3.2　角度测量模式下的功能

在角度测量模式下（见表 6），按“F4”键，观察有哪些功能？并与表 6 对照，了解不同页面下各功能软键的作用。

表 6　角度测量模式

页数	软键	显示符号	功能
1	F1	置零	水平角置为 0°00′00″
	F2	锁定	水平角读数锁定
	F3	置盘	通过键盘输入数字，设置水平角
	F4	P1↓	显示第 2 页软键功能

续表 6

页数	软键	显示符号	功能
2	F1	倾斜	设置倾斜改正开或关,若选择开,则显示倾斜改正值
	F2	复测	角度重复测量模式
	F3	V%	垂直角百分比坡度(%)显示
	F4	P2↓	显示第 3 页软键功能
3	F1	H－蜂鸣	仪器每转动水平角 90°是否要发出蜂鸣声的设置
	F2	R/L	水平角右/左计数方向的转换
	F3	竖盘	垂直角显示格式(高度角/天顶距)的切换
	F4	P3↓	显示下一页(第 1 页)软键功能

3.3 水平角观测

3.3.1 设置后视方向

后视方向设置通常有两种方法:置零和置盘。

3.3.1.1 置零

置零是使全站仪当前水平方向设置为 0°00′00″。

在角度测量模式第一页按 F1(置零)软键,则屏幕显示询问页面(见图 10)。当精确瞄准照准目标后选择“是”确认即可。

```
水平角置零
>OK?
---  ---  [是]  [否]
```

图 10 水平角置零

3.3.1.2 置盘

置盘的作用是将当前照准方向手工设置为任意水平方向值。例如,若当前照准方向需要设置为 90°32′12″,按 F3(置盘)后,在 HR 对应位置输入“90.3212”,按“是”确认即可。

3.3.2 待测水平方向值观测

设置好后视方向后,松开水平制动螺旋,精确照准前视待测方向,此时屏幕上显示的 HR 值即为待测前视水平方向值。

3.3.3 水平角计算

待测前视水平方向值和后视水平方向值之差即为待测的水平角。

3.4 水平角观测操作步骤实例

以表 7 所列数据为例,进行说明。

具体操作步骤为:

(1)第一测回观测。

在准备好记录表和仪器后,选择零方向(即先照准的目标),照准目标。按表 8 所列过程操作。

表 7　水平角观测记录表

觇点	读数		半测回 方向	一测回 平均方向	各测回 平均方向	附注
	盘左	盘右				
1	2	3	4	5	6	7
第Ⅰ测回						
1. *A*	0 00 00 ①	180 00 02 ④	0 00 00	0 00 00	0 00 00	
2. *B*	53 33 54 ②	233 33 58 ③	53 33 54	53 33 55	53 33 52	
			56			
第Ⅱ测回						
1. *A*	90 00 00 ⑤	270 00 04 ⑧	0 00 00	0 00 00		
2. *B*	143 33 48 ⑥	323 33 54 ⑦	53 33 48	53 33 49		
			50			

表 8　水平角第一测回观测过程表

操作过程	操作按键	屏幕显示
盘左位置照准目标 *A*		V:　90°12′32″ HR:　0°02′12″ 置零　锁定　置盘　P1↓
配置度盘为 0°,并填写表 7 中"①"栏	F1	水平角置零 ＞OK? ---　---　[是]　[否]
	F3	V:　90°12′32″ HR:　0°00′00″ 置零　锁定　置盘　P1↓
顺时针旋转照准目标 *B*,读数,并填写表 7 中"②"栏		V:　90°12′32″ HR:　53°33′54″ 置零　锁定　置盘　P1↓

续表 8

操作过程	操作按键	屏幕显示
换为盘右，照准目标 *B*，读数，并填写表 7 中“③”栏		V：90°12′32″ HR：233°33′58″ 置零　锁定　置盘　P1↓
逆时针照准目标 *A*，读数，并填写表 7 中“④”栏		V：90°12′32″ HR：180°00′02″ 置零　锁定　置盘　P1↓

观测完成后，按照活动 2 讲述的方法进行计算，合格后进行第二测回的观测。

(2)第二测回观测。

第二测回应配置度盘数为 90°左右。

第二测回按表 9 所列过程操作。

表 9　水平角第二测回观测过程表

操作过程	操作按键	屏幕显示
盘左位置照准目标 *A*		V：90°12′32″ HR：0°02′12″ 置零　锁定　置盘　P1↓
配置度盘为 90°，并填写表 7 中“⑤”栏	先按 F3 键 按 F1 键，输入 90	水平角设置 HR： 输入　---　---　回车
	按 F4 键确认	V：90°12′32″ HR：90°00′00″ 置零　锁定　置盘　P1↓
顺时针旋转照准目标 *B*，读数，并填写表 7 中“⑥”栏		V：90°12′32″ HR：143°33′48″ 置零　锁定　置盘　P1↓
换为盘右，照准目标 *B*，读数，并填写表 7 中“⑦”栏		V：90°12′32″ HR：323°33′54″ 置零　锁定　置盘　P1↓

续表 9

操作过程	操作按键	屏幕显示
逆时针照准目标 A，读数，并填写表 7 中“⑧”栏		V: 90°12′32″ HR: 270°00′04″ 置零 锁定 置盘 P1↓

3.5 水平角观测实训

在实训场地上，每组选择两个目标，每人各观测两个测回。观测结果记录在导线测量观测手簿上，作为最终成果上交。

活动 4 水平角观测与记录规定

资源与器材：学生水平角观测手簿。

本活动利用学生水平角观测手簿，分析讨论、记录计算过程中存在的问题和不足，掌握观测手簿的记录计算要求。

表 10 为某学生记录的水平角观测手簿。

表 10 某学生记录的水平角观测手簿

觇点	读数		半测回方向	一测回平均方向	各测回平均方向	附注
	盘左	盘右				
1	2	3	4	5	6	7
第Ⅰ测回						
A	0 0 0	180 00 02	0 00 00	0 00 00	0 00 00	
B	53 33 54	233 33 58	53 33 54	53 33 55	53 33 52	
			56			
第Ⅱ测回						
A	90 00 00	270 00 04	0 00 00	0 00 00		
B	143 33 48	323 33 50	53 33 48	53 33 49		
			50			

请结合背景知识，分组讨论记录过程中存在的问题和不足，把讨论结果填入表 11。

表 11 水平角观测手簿存在问题分析表

序号	存在的问题和不足	解决方案
1		
2		
3		
4		
5		

【知识导航】

1. 外业手簿记录及资料整理的要求

(1)外业观测记录必须在编号、装订成册的手簿上进行,已编号的各页不得任意撕掉,记录中间不得留下空页。

(2)读记错误的度、分值,必须在现场更改,读记错误的秒值不许改动,应重新观测。

(3)一切原始观测值和记事项目,必须在现场用铅笔直接记录在正式外业手簿中,字迹要清楚、整齐、美观,不得涂改、擦改、重笔、转抄。手簿中各记事项目,每一测站或每一观测时间段的首末页都必须记载清楚、填写齐全。

(4)需重测的方向或需重测的测回可用从左上角至右下角的斜线划去。凡划改的数字或划去的不合格成果,均应在附注栏内注明原因。需重测的方向或测回,应注明其重测结果所在页数。废站也应整齐划去并注明原因。补测或重测结果不得记录在测错的手簿页数的前面。

凡更改错误,均应将错误数字、文字用横线整齐划去,在其上方写出正确数字或文字。原错误数字或文字应仍能看清,以便检查。

(5)不允许连环更改,否则均应重测。如同一方向盘左、盘右、半测回方向值三者同时更改两个相关数字,即为连环涂改。

2. 重测与补测规定

因对错度盘、测错方向、读记错误、碰动仪器、气泡偏离过大以及其他原因未测定的测回,均可立即重新观测,而不算作重测测回数,称之为补测。补测数没有限制。而重测通常在本点的基本测回完成后进行,其规定如下:

(1)凡超出限差规定的成果,均应进行重测。

(2)两个半测回同一方向值互差超限,应重测本测回。

(3)各测回同一方向值互差超限,应重测。

(4)基本测回成果和重测成果,应记入手簿。重测与基本测回结果不取中数,每一测回只取一个符合限差的结果。

3. 水平角观测注意事项

(1)仪器高度要和观测者的身高相适应;三脚架要踩实,仪器与脚架连接要牢固,操作仪器时不要手扶三脚架,走动时要防止碰动脚架。操作仪器要轻、稳、准,要有节奏、果断。使用各种螺旋时用力要适当,不可过猛、过大。

(2)对中要认真、仔细,特别是对于短边观测水平角时,对中要求应更严格。观测员读数后,记录员要复诵一遍,观测员没有提出疑问后方可记入手簿中。

(3)当观测目标间高低相差较大时,更需注意仪器整平。

(4)观测目标要竖直,尽可能用十字丝中心部位瞄准目标(花杆或旗杆)底部,并注意消除视差。

(5)有阳光照射时,要打伞遮光观测;一测回观测过程中,不得再调整照准部管水准器气泡;若在一测回观测中,气泡偏离中心超过1格时,应重新整平仪器、重新观测本测回;在成像不清晰的情况下,要停止观测。

(6)在一个测站上只有当所有观测结果全部计算、检查合格后,方可迁站。

技能3　垂直角测量

活动1　垂直角测量原理

资源与器材：TOPCON 全站仪、垂直角测量原理挂图。

本活动主要掌握垂直角、天顶距的概念及测量、计算方法。

1.1　垂直角

一点至观测目标的方向线与其在水平面上投影间的夹角称为高度角，简称竖角或垂直角，通常用 α 表示。

如图 11 所示，测站点 A 到目标点 B、C 的方向线 AB、AC 与水平面之间的夹角 α_{AB}、α_{AC} 就是 A 点到 B、C 两点的垂直角。

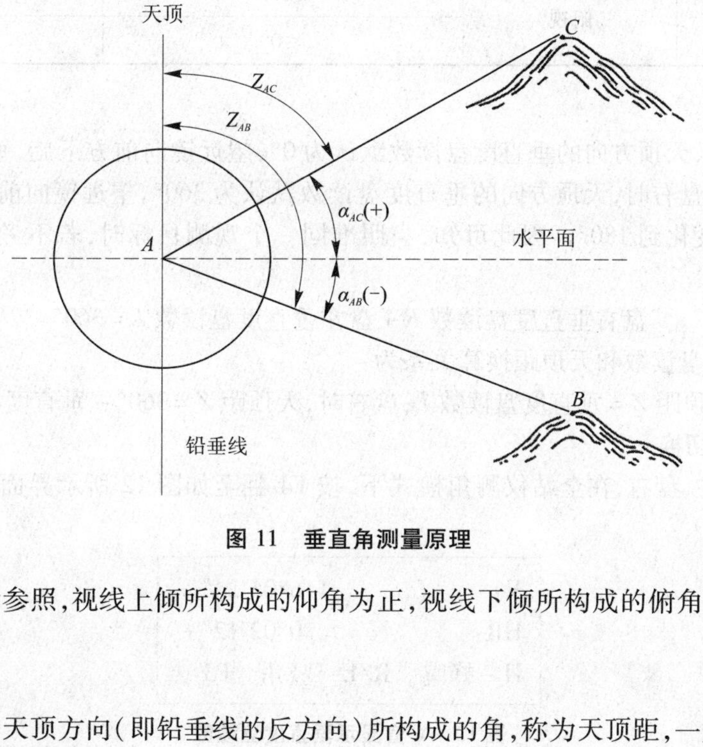

图 11　垂直角测量原理

以水平面为参照，视线上倾所构成的仰角为正，视线下倾所构成的俯角为负，角值范围在 0° ~ ±90°。

1.2　天顶距

目标方向与天顶方向（即铅垂线的反方向）所构成的角，称为天顶距，一般用 Z 表示，天顶距的范围为 0° ~180°。

垂直角与天顶距关系为

$$\alpha = 90° - Z \tag{3}$$

实训：如表 12 所示，把实测的天顶距（或垂直角）换算成相应的垂直角（或天顶距）。

表 12　天顶距和垂直角换算实训表

天顶距(°　′　″)	垂直角(°　′　″)
166 35 21	
	36　42　09

活动 2　垂直角测量

资源与器材:TOPCON 全站仪。

本活动通过 TOPCON 全站仪实训,学会垂直角测量的方法与计算。

2.1　V 值显示模式判断

在实训场地架设好 TOPCON 全站仪后,开机进入角度测量模式后,首先应判断 V 值对应的显示状态,可参见表 13。

表 13　V 值模式状况判断表

竖直度盘位置	望远镜状态	角度测量界面上显示的 V 值	V 值显示模式
盘左	俯视	≥90°	垂直度盘读数
		≤0°	垂直角
盘右	俯视	≤270°	垂直度盘读数
		≤0°	垂直角

★提示:

(1)盘左时,天顶方向的垂直度盘读数默认为 0°,望远镜向前方下旋,垂直方向从 0°逐渐变化到 180°;盘右时,天顶方向的垂直度盘读数默认为 360°,望远镜向前方下旋,垂直方向从 360°逐渐变化到 180°。因此可知,当照准同一个观测目标时,若不考虑照准误差,则应有:

$$盘右垂直度盘读数\ R + 盘左垂直度盘读数\ L = 360°$$

(2)垂直度盘读数和天顶距换算关系为:

盘左时,天顶距 Z = 垂直度盘读数 L;盘右时,天顶距 Z = 360° − 垂直度盘读数 R。

2.2　V 值模式切换

无论是盘左、盘右,在全站仪测角模式下,按 F4 翻至如图 12 所示界面(垂直度盘读数模式)。

V:　　　　116°05′24″
HR:　　　　　0°02′12″
H－蜂鸣　R/L　竖角　P3↓

图 12　V 值显示垂直度盘读数

再按 F3(竖角),即可切换为垂直角测量模式,如图 13 所示。

V:　　　　－26°05′24″
HR:　　　　　0°02′12″
H－蜂鸣　R/L　竖角　P3↓

图 13　V 值显示垂直角

反复按 F3 键实现垂直角和垂直度盘读数的循环切换功能。

2.3　垂直度盘读数(或垂直角)测量与记录

粗略瞄准照准目标后,旋紧垂直制动螺旋,再旋转垂直微动螺旋,使望远镜十字丝的横丝精确瞄准照准目标。此时,角度测量模式下的 V 值即为所测目标的垂直度盘读数(也可切换为垂直角)。

垂直角观测记录样例表见表 14。

表 14 垂直角观测记录样例表

作业日期:2010.4.20　　天气:晴　　观测者:×××

开始时间:10 时 50 分　　成像:清晰

结束时间:12 时 10 分　　仪器:　　记录者:×××

测站	觇点	垂直度盘读数	
		盘左 L(° ′ ″)	盘右 R(° ′ ″)
P_5	P_6	88 05 24 ①	271 55 54 ②

下面以表 15 所记录的数据为例,说明其操作步骤(见表 15)。

表 15 垂直角观测操作步骤

操作过程	屏幕显示
盘左位置照准目标 P_6,读数,并填写表 14 中"①"栏	V: 88°05′24″ HR: 0°02′12″ 置零 锁定 置盘 P1↓
换为盘右,照准目标 P_6,读数,并填写表 14 中"②"栏	V: 271°55′54″ HR: 233°33′58″ 置零 锁定 置盘 P1↓

★提示:垂直度盘读数盘左、盘右各观测一次为一测回。

活动 3 垂直角及指标差计算

资源与器材:垂直角观测记录表。

本活动利用观测得到的垂直角观测记录表,计算垂直角及相应指标差。

3.1 垂直角与指标差的计算

全站仪上显示的垂直度盘读数均是通过读数指标得到的。大部分全站仪的读数指标正常情况下处于铅垂向下方向。但在实际情况下,读数指标位置不可能完全正确,当指标水准器居中时,读数指标与水平视线总有一夹角 i,我们称之为指标差。当读数指标偏移方向与竖盘注记方向一致时,指标差为正,反之为负。

设盘左垂直度盘读数为 L,盘右垂直度盘读数为 R。没有指标差时的相应正确读数为 L_0、R_0。它们之间的关系为

$$\left.\begin{aligned} L_0 &= L - i \\ R_0 &= R - i \end{aligned}\right\} \tag{4}$$

垂直角为

$$\left.\begin{aligned} \alpha_{左} &= 90° - L + i \\ \alpha_{右} &= R - 270° - i \end{aligned}\right\} \tag{5}$$

式中 $\alpha_{左}$——盘左相应的垂直角；

$\alpha_{右}$——盘右相应的垂直角。

把上两式相加取均值，得到的垂直角为

$$\alpha = \frac{1}{2}[(R - L) - 180°] \tag{6}$$

可见，由上式得到的垂直角可以消除指标差的影响。

将两式相减，可得：

$$(90° - L + i) - (R - 270° - i) = 0$$

即

$$i = \frac{1}{2}[(L + R) - 360°] \tag{7}$$

3.2 垂直角与指标差计算实训

利用表16中的垂直观测读数，计算各测回的指标差 i 及垂直角 α，填入表16。观察计算得到的指标差是否一致，并思考原因。

活动4 垂直角观测实训

资源与器材：TOPCON 全站仪、垂直角观测记录表。

本活动结合以上方法进行综合实训，把观测计算结果填入表16。

表16 垂直角观测、记录与计算实训表

作业日期： 天气： 观测者：

开始时间： 成像： 记录者：

结束时间： 仪器： 仪器高：

测站	觇点	垂直度盘读数		指标差 i	垂直角 α	觇点觇标高(m)	照准觇标部位
		盘左 L	盘右 R				

观测完成后，按照记录的注意事项，小组成员间互相检查是否有违规记录，并评定成绩。

技能4 全站仪距离测量

活动1 全站仪测距的基本原理、仪器分类和标称精度的确定

资源与器材:网络资源、测量规范。

本活动在讲解全站仪测距的基本原理的基础上,让学生自主查询测距仪器的分类和不同品牌全站仪标称精度。

1.1 电磁波测距原理

距离是指地面上两点之间的直线长度。距离测量是地形测量的主要任务之一。水平面两点之间的距离称为水平距离,简称平距。不同高度上两点之间的距离称为倾斜距离,简称斜距。斜距加上倾斜改正之后,可以化为平距。

电磁波测距的基本原理是通过测定电磁波在待测距离两端点间往返一次的传播时间 t,利用电磁波在大气中的传播速度 c,来计算两点间的距离。

若测定 A、B 两点间的距离 D,把测距仪安置在 A 点,反射镜安置在 B 点,则其距离 D 可按下式计算:

$$D = \frac{1}{2}ct \tag{8}$$

了解测距的原理后,要求每位学生利用计算机网络资源,查找并绘制电磁波测距原理图。

1.2 电磁波测距仪器分类

用网络资源查找电磁波测距仪的分类,并参考测量规范,补充完整表17。

表17 电磁波测距仪的分类

分类方法	类别	简要说明
按测距原理分类		
	相位式测距仪	
按其所采用的载波分类		
	红外测距仪	
按测程分类	短程测距仪	
按测距仪标称精度分类	Ⅰ级	
	Ⅱ级	
	Ⅲ级	

【小知识】

测距精度表达式为

$$m_D = \pm(a + b \times D) \tag{9}$$

式中　a——测距仪标称精度的固定误差，mm；

b——测距仪标称精度比例误差系数，mm/km；

D——测量距离，km，计算仪器标称精度时以 1 km 计算；

m_D——测距精度，mm。

在测绘作业过程中，知道了技术设计中对距离测量的精度要求后，就可以根据仪器出厂的标称精度来选择测量应使用的仪器。

实训：某测绘项目中，测得 A、B 两点间的距离 $D_{AB} = 1\ 786.345$ m，采用的全站仪测距标称精度为 $m_D = \pm(3 + 2 \times D)$，试计算 D_{AB} 的测距精度。

活动 2　电磁波测距成果的改正计算

资源与器材：全站仪、全站仪模拟器、温度计、气压计。

本活动通过对测距成果改正计算的分析，让学生掌握测距成果改正计算的内容和方法。

2.1　测距成果改正内容的分析

电磁波测距是在地球自然表面上进行的，所得长度是距离的初步值。出于建立控制网等目的，长度值应换算为测点间的水平距离。因此，要进行一系列改正计算。这些改正计算大致可分为三类：一是仪器系统误差改正；二是大气折射率变化所引起的改正；三是归算改正。

仪器系统误差改正包括加常数改正、乘常数改正和周期误差改正。电磁波在大气中传输时受气象条件的影响很大，因此要进行大气改正。这些内容可在全站仪中设置相关参数进行改正。

由于周期误差改正主要用于长距离测量改正，本教材不予讲述。

2.1.1　加常数改正

由于测距仪的距离起算中心与仪器的安置中心不一致，以及棱镜等效反射面与棱镜安置中心不一致，致使仪器测得距离与所要测定的实际距离不相等，其差值与所测距离长短无关，称为测距仪的加常数。加常数包括仪器常数和棱镜常数，可预置在仪器中，测距时自动加以改正。

TOPCON 全站仪配套棱镜常数一般有 0 mm 和 -30 mm 两种。如果仪器使用不同厂家的棱镜，加常数可能不同。而仪器常数需要进行相应测定。

2.1.2　乘常数改正

测距仪在使用过程中，实际的调制光频率与设计的标准频率之间有偏差时，将会影响测距成果的精度，其影响与距离的长度成正比。乘常数可通过一定的检测方法求得，必要时可对观测成果进行改正。在地形测量中，由于测量距离较短，一般可忽略不计。

2.1.3　气象改正

光的传播速度受大气状态（温度、气压、湿度）的影响。仪器制造时，只能选取某个大气状态（假定大气状态）来定出调制光的波长，而实际测距时的大气状态一般不会与假定大气状态相同，因而使测量长度发生变化，使得测距成果中含有系统误差，所以必须加气象改正。

不同型号的全站仪，气象改正公式的系数也不同，其仪器的气象改正公式可参考说明书，或在仪器中直接设置气象改正，对测距成果加以改正。

现在的全站仪大多数具有自动进行气象改正的功能，使用时只需在仪器中输入温度、气压即可，有些仪器甚至无需输入。

2.2　相关改正在全站仪中的设置方法

2.2.1　仪器常数的设置

通过相关方法测定出全站仪的仪器常数后，进行设置。步骤如表18所示。

表18　仪器常数设置步骤

操作过程	操作按键	屏幕显示
按住F1键，开机	F1 + POWER	校正模式　1/2 F1：竖角零基准 F2：仪器常数 F3：指标差/轴系差　P↓
选择F2“仪器常数”	F2	仪器常数设置： 仪器常数 -0.5 mm 输入　---　---　回车
选择F1输入测定的仪器常数，完成后按F4结束	F1	仪器常数设置： 仪器常数 -3 mm 输入　---　---　回车

2.2.2　棱镜常数的设置

根据所选用的棱镜进行棱镜常数的设置，步骤如表19所示。

表19　棱镜常数设置步骤

操作过程	操作按键	屏幕显示
按测距键		V：　271°55′54″ HD[r]：　m VD：　m 测量　模式　S/A　P1↓
选择F3	F3	设置音响模式 PSM:0.0　PPM:0.0 信号:【　】 棱镜　PPM　T-P　回车
选择F1进入棱镜常数设置。选择F1键进行输入，完成后按F4结束	F1	棱镜常数设置： 仪器常数 0.0 mm 输入　---　---　回车

2.2.3　气象改正的设置

预先测得测站周围的温度和气压,进行设置。步骤如表 20 所示。

表 20　气象改正设置步骤

操作过程	操作按键	屏幕显示
按测距键		V:　　271°55′54″ HD[r]:　　m VD:　　m 测量　模式　S/A　P1↓
选择 F3	F3	设置音响模式 PSM:0.0　PPM:0.0 信号:【　　】 棱镜　PPM　T－P　回车
选择 F3 进入气象改正设置。 选择 F1 键进行输入, 完成后按 F4 结束	F3	温度和气压设置: 温度→0.0 ℃ 气压:1 013.2 hPa 输入　---　---　回车

2.2.4　倾斜改正

由全站仪测得的距离观测值经加常数、乘常数和气象改正后,得到改正后的倾斜距离,必须加倾斜改正后才能得到水平距离。

全站仪中既可以测定倾斜距离,也可以测定水平距离。其换算公式为

$$D = S\cos\alpha \tag{10}$$

式中　S——斜距;

D——平距;

α——垂直角。

2.3　相关改正在全站仪中的设置实训

在实训场地上,架设全站仪。根据给定的相关改正值进行电磁波测距成果的改正设置。

活动 3　测距的主要技术要求和测距时的温度、气压量测

资源与器材:全站仪、全站仪模拟器、温度计、气压计。

本活动通过查阅规范,让学生自主学习测距的主要技术要求和测距时温度气压的量测仪器。

3.1　距离测量技术要求

通过图书查阅或互联网资源,查找《城市测量规范》(CJJ 8—2011)中关于距离测量时的相关技术要求,并提交个人的查询报告,查询报告中应涵盖以下问题。

(1)距离测量时测距边选择的要求。

(2)距离测量时观测时间选择的要求。

(3)距离测量作业过程中的要求。

【小知识】

1. 距离测量的主要技术要求

《城市测量规范》(CJJ 8—2011)中距离测量的主要技术要求见表21。

表21 距离测量技术要求

<table>
<tr><th rowspan="2">控制网等级</th><th rowspan="2">测距仪</th><th colspan="2">观测次数</th><th rowspan="2">总测回数</th><th rowspan="2">备注</th></tr>
<tr><th>往</th><th>返</th></tr>
<tr><td rowspan="2">二等</td><td>Ⅰ</td><td rowspan="2">1</td><td rowspan="2">1</td><td>6</td><td rowspan="8">1. Ⅱ*为须用≤±(5 mm+3 ppm·D)的Ⅱ级测距仪。
2. Ⅰ测回是指照准目标一次,一般读数4次,可根据仪器出现的离散程度和大气透明度作适当增减。往返测回数各占总测回数的一半。
3. 根据具体情况,可采用不同时段观测代替往返观测,时段是指上、下午或不同的白天</td></tr>
<tr><td>Ⅱ*</td><td>8</td></tr>
<tr><td rowspan="2">三等</td><td>Ⅰ</td><td rowspan="2">1</td><td rowspan="2">1</td><td>4</td></tr>
<tr><td>Ⅱ</td><td>6</td></tr>
<tr><td rowspan="2">四等</td><td>Ⅰ</td><td rowspan="2">1</td><td rowspan="2">1</td><td>2</td></tr>
<tr><td>Ⅱ</td><td>4</td></tr>
<tr><td>一级</td><td>Ⅱ</td><td>1</td><td>—</td><td>2</td></tr>
<tr><td>二、三级</td><td>Ⅱ</td><td>1</td><td>—</td><td>1</td></tr>
</table>

2. 各级精度测距仪观测结果较差限值

《城市测量规范》(CJJ 8—2011)中各级精度测距仪观测结果较差限值见表22。

表22 各级精度较差限值 (单位:mm)

<table>
<tr><th>测距仪精度等级</th><th>一测回读数间较差限值</th><th>测回间较差限值</th><th>往返测或不同时间段内较差限差</th></tr>
<tr><td>Ⅰ</td><td>2</td><td>3</td><td rowspan="4">$2(a+b\times D)$</td></tr>
<tr><td>Ⅱ</td><td>5</td><td>7</td></tr>
<tr><td>Ⅲ</td><td>10</td><td>15</td></tr>
<tr><td>Ⅳ</td><td>20</td><td>30</td></tr>
</table>

注:往返测较差,应将斜距化算到同一水平面上,方可进行比较。

3.2 气象数据的测定

通过了解规范中对气象数据测定的要求,每个小组借助温度计和气压计量测一组数据,并填入表23。

表23 气象数据测定表

量测时间	天气状况	温度	气压

【小知识】

当光穿过大气时，其速度会随温度和气压变化。而通过在全站仪中输入温度和气压值，就能自动对其进行改正。气象数据测定使用温度计和气压计。

(1) 气象仪表宜选用通风干湿温度计和空盒气压计。在测距时使用的温度计及气压计宜与测距仪检定时使用的一致。

(2) 到达测站后，应立刻打开装气压计的盒子，置平气压计，避免日光暴晒。温度计宜悬挂在与测距视线同高、不受日光辐射影响和通风良好的地方，待气压计和温度计与周围温度一致后，才能正式记录气象数据。

(3) 气象数据的测定要求见表 24。

表 24　气象数据测定要求

等级	最小读数		测定的时间间隔	气象数据的取用
	温度(℃)	气压(Pa)		
二、三、四等网的起始边和边长	0.2	50(0.5 mmHg)	一测站同时段观测的始末	测边两端的平均值
一级网的起始边和边长	0.5	100(或 1 mmHg)	每边测定一次	观测一端的数据
二级网的起始边和边长，以及三级导线边长	0.5	100(或 1 mmHg)	一时段始末各测定一次	取平均值作为各边测量的气象数据

活动 4　全站仪测距实习

资源与器材：全站仪。

本活动通过操作全站仪，每名同学完成两个测回的距离测量观测和记录。将结果填写在表 26 中，并进行各项计算。

全站仪测距操作如下：

安置好全站仪后，精确照准目标棱镜。测量距离的操作步骤如表 25 所示。

表 25　全站仪距离测量操作步骤

操作过程	操作按键	屏幕显示
在目标点安置棱镜，盘左位置照准目标	照准	V:　88°05′24″ HR:　0°02′12″ 置零　锁定　置盘　P1↓
按距离测量键 屏幕显示中: HD 为平距;VD 为高差。		V:　271°55′54″ HD[r]:　m VD:　m 测量　模式　S/A　P1↓

续表 25

操作过程	操作按键	屏幕显示
按“测量”键测取平距	F1	V:　271°55′54″ HD[r]:　123.456 m VD:　5.719 m 测量　模式　S/A　P1↓
重复上一步,获取多次距离测量结果	F1	

★提示:重复按 ,可以实现平距和斜距的相互切换。斜距的测量方法和平距的测量方法相同。斜距测量界面如图 14 所示。SD 为斜距。

V:　271°55′54″
HR:　1°50′35″
SD:　5.719 m
测量　模式　S/A　P1↓

图 14　斜距测量界面

实训:每人利用全站仪测距,每人观测二测回,填入表 26,并计算相应结果。

表 26　电磁波测距记录表

测　　站:　　　　　测站点气温:　　　　　测站点气压:
作业日期:　　　　　观　测　者:　　　　　记　录　者:

项目			第一测回	第二测回
读数	斜距/平距	次数		
		1		
		2		
		3		
		4		
一测回读数间较差(mm)				
一测回平均值(m)				
各测回平均值(m)				

项目3　小区域控制测量

【项目说明】

本项目主要是小区域控制测量的作业内容，包括技术设计、选点埋石、野外观测及数据处理等内容。掌握导线测量的技术方法、技术要求及计算方法。掌握三角高程测量的方法及成果计算；掌握图根加密测量方法及技术要求。

【项目任务】

1. 技术设计。
2. 选点埋石及路线布设。
3. 野外观测(导线测量)。
4. 内业计算。
5. 图根加密。

【项目成果】

1. 导线测量观测成果。
2. 导线测量计算成果。
3. 三角高程测量观测记录。
4. 三角高程测量计算成果。

图3-1为校园影像图。现欲测该区域比例尺为1∶1 000的数字地形图，测图过程中首先应进行该测区的控制测量。在进行控制测量前，根据已有资料及现场踏勘，收集到该区域现有的控制点GPS控制点5个、四等水准点5个。结合该区域实际地形情况，布设了合理的一级导线及水准路线，采用适当的导线及水准测量观测方法，可以得到如表3-1所示的控制点坐标成果。结合数字地形测绘知识，采用合适的测图方法，可以得到如图3-2所示的该区域1∶1 000的数字地形图。

图3-1　校园影像图

表3-1　控制点成果表　（单位:m）

点号	X坐标	Y坐标	H高程
C01	3 694.457	6 930.838	109.186
C02	3 694.516	6 934.980	109.179
C03	3 694.428	6 940.645	109.151
C04	3 694.484	6 944.956	109.150
C05	3 749.408	6 838.088	107.635
C06	3 693.733	6 829.022	107.848
C07	3 639.593	6 838.372	107.916
C08	3 643.568	6 904.826	107.709
D01	3 643.568	6 901.674	108.026
D02	3 639.422	6 897.623	109.067
D03	3 639.463	6 891.875	109.095
D04	3 639.485	6 888.367	109.085
D05	3 639.503	6 885.377	109.090
D06	3 639.523	6 882.782	109.077
D07	3 681.054	6 908.187	107.475
D08	3 639.064	6 903.761	107.475

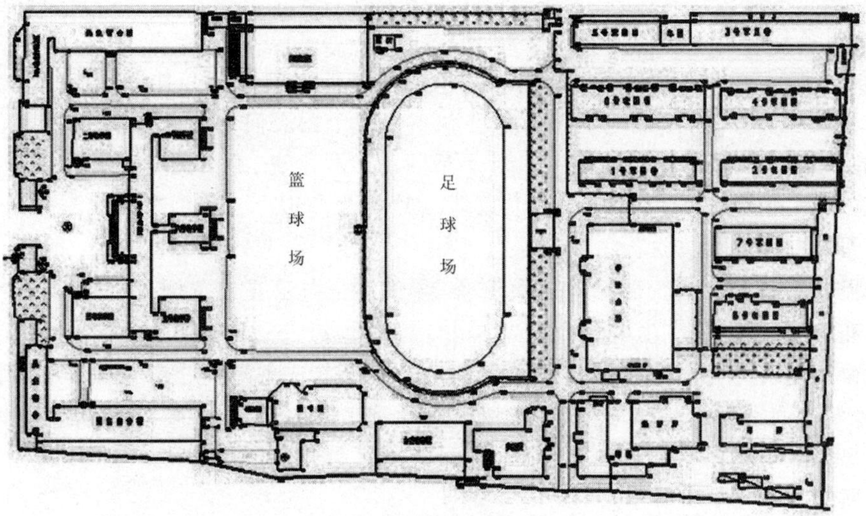

图3-2　校园数字地形图

【问题导入】

1. 如何准确测定图中的点位？

2. 测区内已有控制点成果是如何测定的？

3. 测区内如何布设平面控制网和高程控制网？

4. 如何获取加密平面控制点和高程控制点成果？

【知识导航】

1. 控制测量概述

在测量工作中，首先在测区选择一些具有控制意义的点（简称控制点），组成一定的几何图形，形成测区的骨架，采用高精度的测量手段和计算方法，在同一坐标系中，确定其平面坐标和高程，称为控制测量。控制测量的目的是通过在测区内测定足够数量的控制点，既满足测图需要，又控制测量误差的积累，提高测量精度。

一般地，小于 10 km^2 范围的区域建立的控制网，称为小区域控制网。在这个范围内，大地水准面可视为水平面，采用高斯平面直角坐标系直接将测量成果计算出控制点坐标。小区域平面控制网应尽可能与国家平面控制网或城市平面控制网联测，如果测区无高级控制点，或联测已知高等级控制点有困难，也可建立独立平面控制网。在全测区范围内建立的精度最高的控制网，称为首级控制网；直接为测图而建立的控制网称为图根控制网。

1）控制测量的分类

（1）控制测量按内容分为平面控制测量和高程控制测量。测定控制点平面位置（x、y）的工作，称为平面控制测量；测定控制点高程（H）的工作，称为高程控制测量。

（2）控制测量按精度分为首级控制测量和图根控制测量。

（3）控制测量按方法分为天文测量、常规测量（三角测量、导线测量、水准测量、高程测量）以及卫星定位测量。

2）控制测量的作用

控制测量服务的对象主要是各种工程建设、城镇建设、土地规划与管理等工作。一般地，一项工程建设需要经过设计、施工和运营三个阶段，各个阶段对控制测量工作提出的要求不同，控制测量的任务和作用也各不相同。

（1）设计阶段建立用于测绘大比例尺地形图的测图控制网。其任务是布设作为图根控制依据的测图控制网，以保证地形图的精度和各幅地形图之间的准确拼接。

（2）在施工阶段建立施工控制网。对于不同的工程来说，施工测量的具体任务也不同。

（3）在工程竣工后的运营阶段，建立以监测建筑物变形为目的的变形观测专用控制网。

2. 平面控制测量的方法

平面控制测量的方法主要分为三角测量、导线测量与卫星定位测量。

1）三角测量

把地面上选定的控制点依次连接成三角形，观测各三角形的全部内角，并化算到平面上，根据起始边的平面边长和方位角，即按三角形边角关系逐一推算各边的边长和方位角，进而根据已知点坐标推算出各点坐标，这种测量方法称为三角测量法。

三角网形式如图 3-3 所示。

在电磁波测距仪和卫星定位测量法被广泛使用以前，三角测量是主要的平面控制网建网方法。我国 1984 年完成平差的国家天文大地网的主体形式就是三角锁或网。但三角网

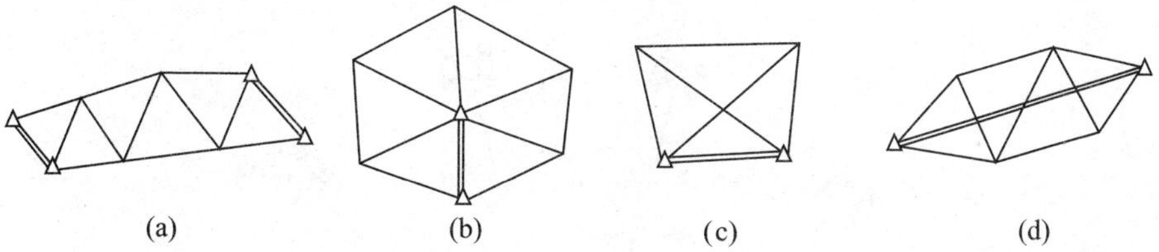

图3-3　三角网形式

由于需多方向通视,并常常需建立高标,且耗时、费力,成本高,现已基本不再采用三角测量,代之的是导线测量和卫星定位测量。

2)导线测量

地面上选定相邻点间通视的控制点I02、I03、I04,…,连接成一条折线形状(见图3-4),直接测定各边边长和方向值,利用已知点推算各点坐标。

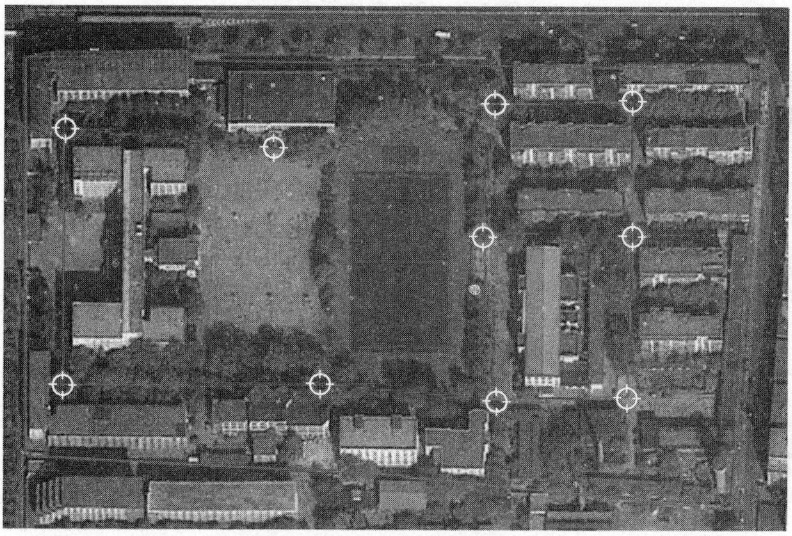

图3-4　导线测量

导线测量的优点是:呈单线布设,坐标传递速度快;只需前后两个相邻导线点通视,易于越过地形、地物障碍,布设灵活;各导线边均直接测定,精度均匀;导线纵向误差较小。缺点是:控制面积小,检核观测成果质量的几何条件少,横向误差较大。因此,在不易进行三角测量的地区和隐蔽地区,一般用导线测量法建立平面控制网。

随着电磁波测距仪的普及应用,导线测量在一个时期内成为常规地面测量建网的主要方法。

3)卫星定位测量

卫星定位测量是以分布在空中的多颗导航定位卫星(4颗以上)为观测目标来确定地面点三维坐标,其定位原理如图3-5所示。

卫星定位测量应用最为广泛的是GPS测量技术。它可为用户提供精密的三维坐标、三维速度和时间信息。由卫星定位的几何原理可知,若同时观测三颗卫星至测站的距离,便可交会出地面点的位置。所以GPS观测就是通过GPS信号测定卫星至测站的距离。

GPS卫星信号含有多种定位信息,根据不同的要求可以从中获得不同的观测量,主

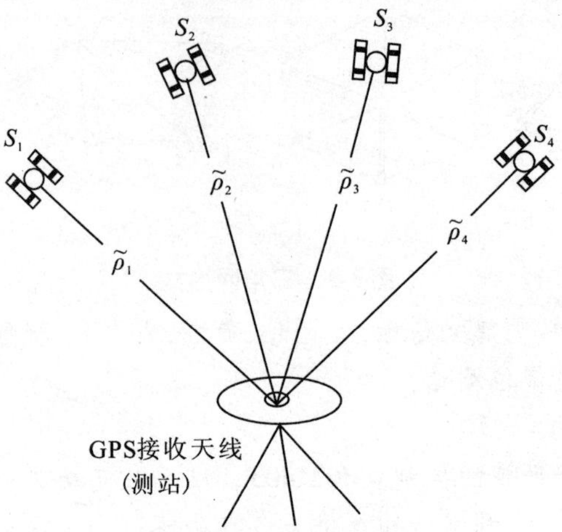

图 3-5 GPS 定位原理图

要有：

(1)根据码相位观测得出的伪距(码相位观测量)；

(2)根据载波相位观测得出的伪距(载波相位观测量)；

(3)由积分多普勒计数得出的伪距差；

(4)由干涉法测量得出的时间延迟。

其中最广泛采用的基本观测量是码相位观测量和载波相位观测量。

GPS 控制测量的精度等级分为 A、B、C、D、E 五个等级，具体要求见表 3-2。

表 3-2 GPS 测量精度分级及技术要求

等级	A	B	C	D	E
相邻点间平均距离(km)	300 以上	50	20	5	3
相对精度	1×10^{-8}	1×10^{-7}	1×10^{-6}	1×10^{-5}	1/60 000
闭合环或附合路线条数(条)		6	6	8	10
同步观测接收机机数		4	3	2	2
卫星高度角(°)		10	15	15	15
同步观测有效卫星数		≥4	≥4	≥4	≥4
有效观测卫星总数		≥20	≥6	≥4	≥4
观测时段数		≥3	≥3	≥1.6	≥1.6
观测时段长度		≥23 h	≥4 h	≥60 min	≥40 min
采样间隔(s)		30	10~30	5~15	5~15

注：本表中所列精度指标引自《全球定位系统(GPS)测量规范》(GB/T 18314—2009)。

目前在全国范围内，已建有 GPS A 级网 27 个点，B 级网 818 个点。国家 GPS 网分布如图 3-6 所示。

平面控制测量方法比较如表 3-3 所示。

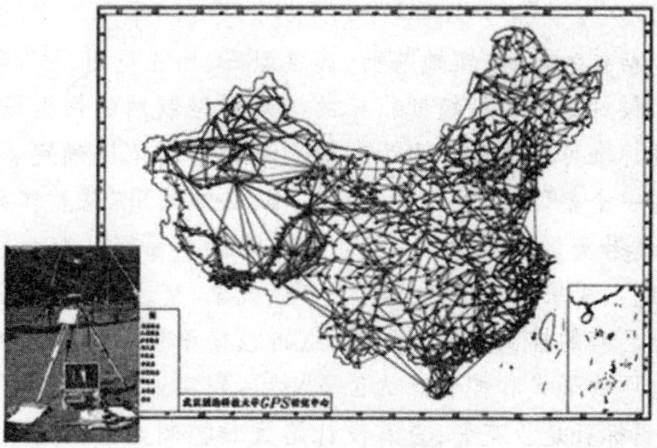

图3-6 国家GPS网

表3-3 平面控制测量方法比较

平面控制测量方法	优点	缺点	适用范围
三角测量	控制面积大、几何条件多、图形结构强、角度、质量易检查	需多方向通视,并常常需建立高标,耗时、费力、成本高	平坦地区及地形起伏不大的地区
导线测量	布设灵活,要求通视的方向少,边长直接测定,精度均匀	控制面积小、检核条件少、横向误差大	平坦地区及地形起伏不大的地区
GPS测量	不受天气及温度影响、无需棱镜、无需实现通视、速度快、数据处理简单	精度依赖卫星信号,受外界影响大	不受地形的影响(如高山的遮挡)

3. 小区域高程控制测量

高程控制测量就是在测区布设高程控制点,用精确方法测定它们的高程,构成高程控制网。高程控制测量的方法主要有水准测量、三角高程测量。

水准测量具体内容可参见项目2。三角高程测量参见本项目任务3中的内容。

任务1 小区域控制测量技术设计

任务目标:

1. 掌握控制测量的作业流程设计。
2. 掌握控制测量的布设方法及施测技术要求。

学习过程:

课件演示、分组讨论。

学习成果:

编写一份小区域控制测量技术设计书。

【知识导航】

控制测量作业包括技术设计、实地踏勘、选点埋石、外业观测、平差计算等主要步骤。

控制测量的技术设计主要包括精度指标的确定和控制网的网型设计。在实际工作中，控制网的等级和精度标准可根据测区大小和控制网的适用范围确定。当测区范围较大时，为了能使控制网形成一个整体，又能相互独立工作，必须采用"从整体到局部，分级布网，逐级控制"的布网程序。若测区面积不大，也可布设同级全面网。控制网网型设计是在收集测区地形图、已有控制点成果及测区的人文、地理、气象、交通、电力等资料的基础上进行的。首先在地形图上标出已有的控制点和测区范围，再根据测量目的对控制网的要求，结合地形条件在图上设计控制网的形式和控制点的位置，然后到实地踏勘，查明图上标定的已知点与实地是否相符，并查明标石是否完好；查看设计路线和控制点点位是否合理，通视情况是否理想。根据图上设计的网型，到实地选取最佳的控制点位置。控制点点位选取应满足：点位稳定，视野开阔，便于保存和扩展、加密及观测。

控制网的外业观测方案依据不同的技术要求、不同的仪器设备及不同的起算数据的数量而不同。观测工作完成后，应对数据进行检核，在保证观测成果满足精度要求的情况下，才能进行平差计算。一般地，对于高等级控制测量，可以采用严密平差方法；对于低等级控制网测量（如图根控制测量），可以采用近似平差方法。

活动 1　测区资料收集

资源与器材：地形图、航片、影像图。

首先阅读背景知识，然后分组讨论，以活动 1 案例为例，列举出所需收集的资料，填入表 3-4。

表 3-4　资料收集类型表

资料类型	资料列举

【知识导航】

资料收集包括收集、整理、分析各种图件资料、已知点坐标数据及相应各种规范、技术文件等。为了便于分析资料的可靠性、精确性，还需要对原测图资料、已知控制点坐标进行检核。

以郑州测绘学校地形图测量为例，在测量实施前所需准备收集的资料有测区已有大比例尺地形图、已知控制点成果表、导线测量规范等。

1. 测区已有大比例尺地形图（郑州测绘学校 1∶500 地形图）

通过测区已有大比例尺地形图，可以清楚地了解到测区内的地形情况。测区内居民地、道路、河流、耕地、林地等地物的分布情况决定了设计导线的走向与控制点的分布。测区所处位置是平原、丘陵、山地还是高山地，决定了采用的技术等级标准。

2. 已知控制点成果表（学校内各等级控制点）

如要进行控制测量，在测区内必须有 1 个及以上已知控制点。已知控制点数量的多少及分布决定了导线的布设形式。

3. 导线测量规范(《三、四等导线测量规范》(CH/T 2007—2001))

实施的导线等级不同,所采用的技术、精度要求不同。

活动2　仪器设备、工具准备

资源与器材:全站仪、觇标、棱镜、外业观测手簿等。

以图3-1所示范围为例,分组讨论列举所需的仪器设备、工具,并填入表3-5。

表3-5　测量仪器与工具清单

仪器名称(型号)	数量	作用

活动3　技术标准

资源与器材:校园影像图、《1∶500　1∶1 000　1∶2 000外业数字测图技术规程》。

本活动主要结合图3-1,查找与控制测量相关的技术规范,认识各规范面向的主要领域,填入表3-6。

表3-6　各规范对比表

规范名称	标准编号及年份	规范适用范围
《工程测量规范》		
《城市测量规范》		
《国家三、四等水准测量规范》		
《三、四等导线测量规范》		
《全球定位系统(GPS)测量规范》		
《1∶500　1∶1 000　1∶2 000外业数字测图技术规程》		

任务2　选点埋石与路线布设

任务目标:

1. 掌握控制点规格及埋石要求。
2. 掌握点之记绘制方法。
3. 掌握导线测量的布设形式。

学习过程:

1. 课件演示。
2. 场地实训。

学习成果:

查找资料填表3-7,并绘制一份点之记。

活动1　选点埋石

资源与器材:课件、实物标志、相关规范、钢尺、记录板、米格纸、红漆、毛笔。

各小组以图3-4为例,讨论选定的控制点类型,并绘制一份点之记。其中,点位略图应该依据其实地位置绘制,四周方位物关系应依据导线点位置实地勘丈2个以上邻近主要地物关系距离。

【知识导航】

1.选点、埋石

选点前,应调查、搜集测区已有的近期大、中比例尺地形图和高级控制点的成果资料。然后到实地踏勘,根据已知点的分布和完好状况及测区地形情况、测图比例尺,在地形图上拟订出导线布设方案,最后到实地确定点位。如果没有测区原有地形图资料,则需要详细踏勘现场,根据测区的已知控制点的分布、地形条件及测图比例尺等具体情况,合理地选定导线点的位置。实地选点应注意以下几点:

(1)按设计路线进行布设。

(2)相邻点间通视良好,便于测角和量距。

(3)点位应选择在土质坚实、便于保存标志和安置仪器的地方。

(4)视野开阔,便于测图。

(5)导线各边的边长应大致相等,相邻边长之比不宜超过1:3。对于一、二级导线,尽可能布设成为直伸形状。

(6)导线点应有足够的密度,分布均匀,便于控制整个测区。

导线点选定后,应依据地表情况,建立临时测量标志。若导线点需保存时间较长,就要埋设标石,在地面或附近明显建、构筑物上以红漆书写点号,字头向北,画箭头指示点位,并绘出导线选点略图及点之记。

图3-7列出了常见控制点标石类型。

(a)

(b)

(c)

(d)

图3-7　常见控制点标石类型

参考《城市测量规范》,查找常用控制点标石类型规格及适用范围,填入表 3-7 中。

表 3-7　导线点标石类型

标石类型	规格	适用范围
混凝土标桩		
钢钉		
木桩		

2. 绘制选点略图及点之记

实地踏勘选点后,应将导线点的实地方位及相邻点的位置关系绘制在米格纸上,作为外业观测的指导用图。如图 3-8 所示。

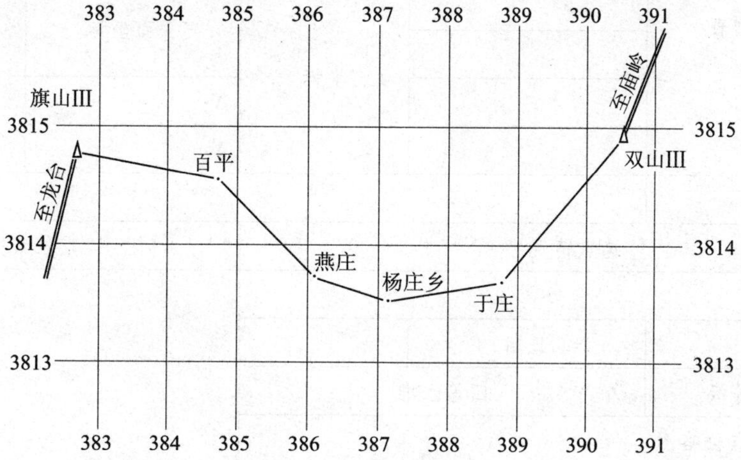

图 3-8　导线选点略图

对于永久性导线点还需按照要求绘制导线点点之记。应在点之记略图上标绘控制点点位和相邻永久性的主要地物之间的相对关系,一般应丈量 3 个主要地物关系距离,并记录有关数据,包括控制点的坐标和它们之间的几何关系数据,以便于寻找控制点的地下标志和一旦控制点被破坏时能容易恢复其原来的准确位置。点位略图示例如图 3-9 所示。导线点点之记样表见表 3-8。

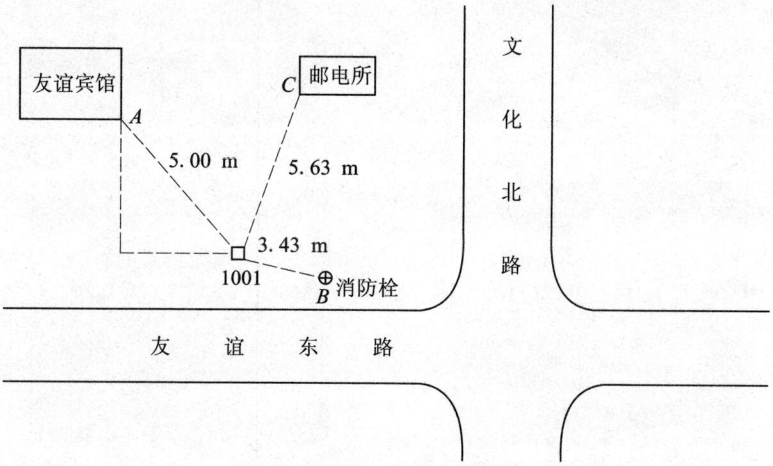

图 3-9　点位略图示例

表 3-8　导线点点之记

日期：　年　月　　　　　　绘图：　　　　　　校对：

<table>
<tr><td rowspan="8">点名及等级</td><td>点名</td><td></td><td rowspan="2">土质</td><td colspan="2" rowspan="2">硬质路面</td></tr>
<tr><td>点号</td><td></td></tr>
<tr><td>等级</td><td></td><td rowspan="2">标石说明</td><td colspan="2" rowspan="2"></td></tr>
<tr><td rowspan="5">通视点
列表</td><td></td></tr>
<tr><td></td><td>旧点名</td><td colspan="2"></td></tr>
<tr><td></td><td rowspan="3">坐标</td><td>平面坐标</td><td>高程</td></tr>
<tr><td></td><td>X：</td><td rowspan="2"></td></tr>
<tr><td></td><td></td><td>Y：</td></tr>
<tr><td colspan="2">所在地</td><td colspan="4"></td></tr>
<tr><td colspan="4">选点情况</td><td colspan="2">点位略图</td></tr>
<tr><td>单位</td><td colspan="3"></td><td colspan="2" rowspan="4">北
↑</td></tr>
<tr><td>选点员</td><td></td><td>日期</td><td></td></tr>
<tr><td colspan="2">联测高程等级</td><td colspan="2">四等水准</td></tr>
<tr><td>点位说明</td><td colspan="3">详见点位略图</td></tr>
</table>

活动 2　路线布设

资源与器材:课件;影像图。

以图 3-4 为例,分组讨论控制测量路线布设形式,并阐述原因。

【知识导航】

1. 导线测量的概念

在测量工作中,将一系列控制点以折线的形式连接起来的布设形式称为导线,其中的控制点称为导线点,连接相邻控制点的直线段称为导线边,相邻导线边间的水平角称为转折角(转折角分左角和右角:沿导线前进方向左侧的角称为左角;沿导线前进方向右侧的角称为右角;左角 + 右角 =360°)。野外观测和测定导线边、转折角的过程称为导线测量;由观测的数据和已知点的坐标推算导线点平面坐标的过程称为导线计算。

2. 导线测量的布设形式

导线测量是目前平面控制测量中主要的常用方法,按布设形式的不同可分为附合导线、闭合导线、支导线、导线网等。

1)附合导线

由一个已知点出发,附合于另一已知点的导线称为附合导线。附合导线还可细分为测两个连接角的双定向附合导线、只测一个连接角的单定向附合导线、不测连接角的无定向附合导线。如图 3-10(a)~(c)所示。

2)闭合导线

由一已知点出发,最后仍回到这一点而形成一个闭合多边形的导线称为闭合导线。如图 3-10(d)所示。由于闭合导线的检校条件较少,可靠性较差,在实际工作中应避免单独使用。

3)支导线

由一已知点出发,既不附合也不闭合于一已知点的导线称为支导线。如图 3-10(e)所示。由于支导线缺乏检核条件,故一般只限于地形测量的图根导线中采用,且一般不超过 3 条边。

4)导线网

导线网分为附合导线网(见图 3-10(f))、自由导线网(见图 3-10(g))。

具有一个以上已知控制点或具有附合条件的导线网称为附合导线网。仅有一个已知控制点和一个起始方位角的导线网称为自由导线网。

导线网中导线相交的交点称为结点,只含有一个结点的导线网,称为单结点导线网;多于一个结点的导线网称为多结点导线网。

应该指出,与闭合导线类似,自由导线网的可靠性较差,在实际测量工作中应避免单独使用。

以图 3-1 中圈定的范围为例,各组讨论该测区宜选用的控制网的布设形式,并将讨论结果填写在表 3-9 中。其中图上 I06、I03 为已知点(两点间通视)。

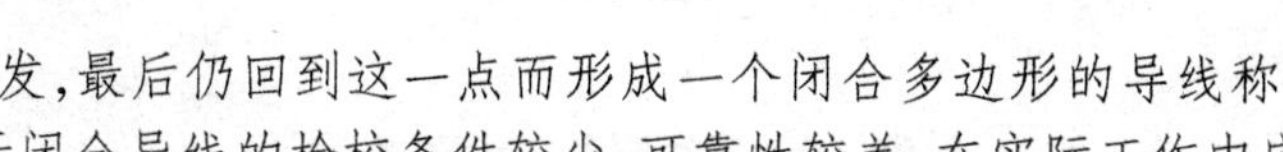

(a)双定向附合导线

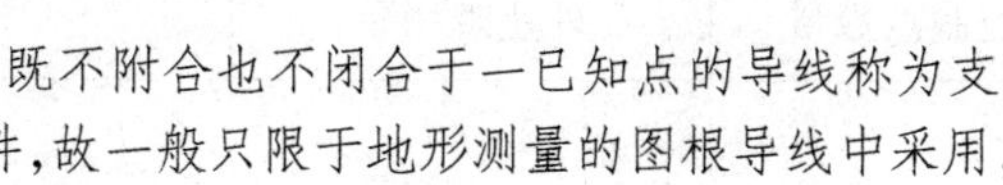

(b)单定向附合导线

图 3-10　导线测量布设图式

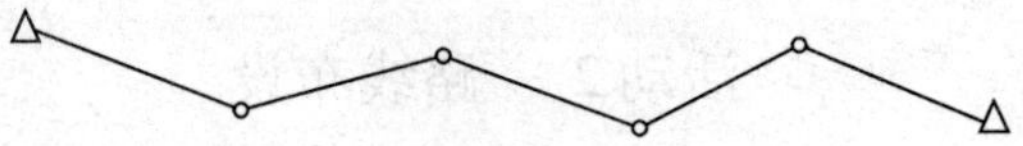

(c) 无定向附合导线

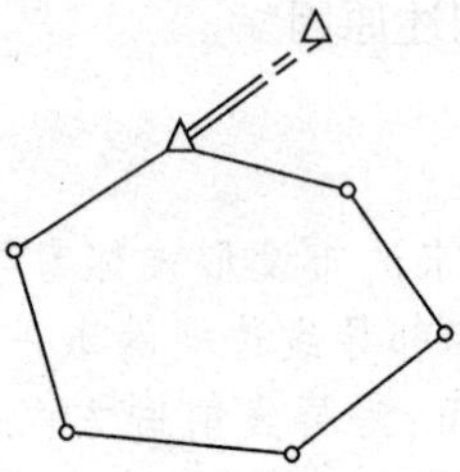

(d) 闭合导线

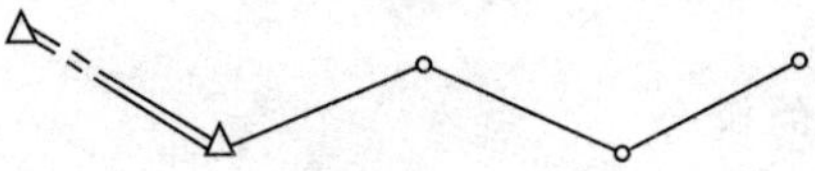

(e) 支导线

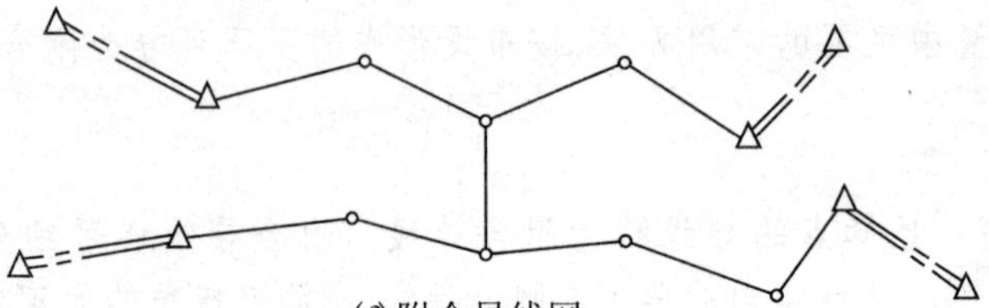

(f) 附合导线网

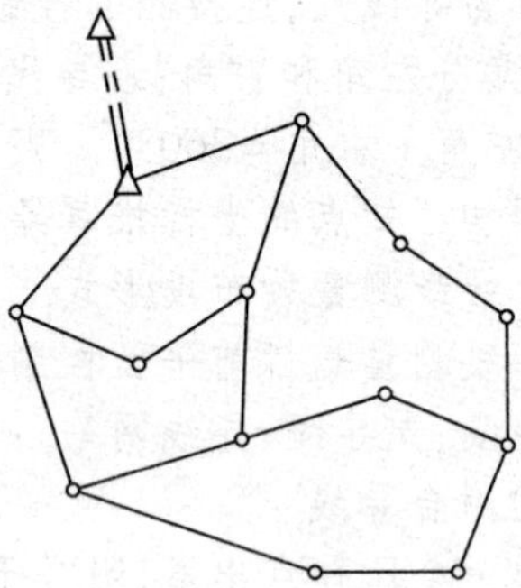

(g) 自由导线网

续图 3-10

表 3-9　导线测量布设形式

布网形式	需要控制点数量	外业观测量	优缺点

任务 3　导线测量外业施测

任务目标：

掌握导线测量方法及技术要求。

学习过程：

场地实训。

学习成果：

完成导线测量外业施测实训。

导线测量的外业工作分为平面控制部分和高程控制部分。导线的观测包括转折角的观测、边长的观测。具体任务包括踏勘选点、角度测量、边长测量、导线点高程测量。最终目的是测定所选控制点的平面坐标和高程。

导线测量外业的各步骤须在规范明确的技术要求下进行，包括导线点的选埋、导线施测中的边长和角度测量，都有相应的技术要求加以规范。可在全站仪测定转折角的同时，测定导线边的边长。导线边长应对向观测，以增加检核条件。当观测短边之间的转折角时，测站偏心和目标偏心对转折角的影响将十分明显。因此，应对所用仪器和光学对中器进行严格检校，并且要特别仔细进行对中和精确照准。为了减少对中误差对测角量边的影响，各等级导线观测采用三联脚架法。

各等级测距导线主要技术要求应符合表3-10的规定。

表3-10　各等级测距导线技术要求

等级	附合导线长度（km）	平均边长（m）	每边测距中误差（mm）	测角中误差（″）	导线全长相对闭合差	测回数		方位角闭合差（″）
						J_2	J_6	
一级	3.6	300	±15	±5	1/14 000	2	6	$\pm 10\sqrt{n}$
二级	2.4	200	±12	±8	1/10 000	1	3	$\pm 16\sqrt{n}$
三级	1.5	100	±12	±12	1/6 000	1	2	$\pm 24\sqrt{n}$

注：n为转折角个数。

导线应尽可能布设成直伸形，并构成网形。导线布设成结点网时，结点与结点、结点与高级点间的附合导线长度，不超过表3-10中附合导线长度的0.7倍。当附合导线长度短于规定长度的1/2时，导线全长闭合差可放宽至不超过±0.12 m。

导线转折角的测量一般采用测回法。在附合导线和支导线中一般测左角；在闭合导线中，一般测内角；对于支导线，应分别测左、右角。水平角观测各项限差不超过表3-11的规定。凡超过规定限差的成果，均应进行重测。因对错度盘、测错方向、读记错误，以及其他原因未测完的测回，可立即重新观测。

表3-11　水平角观测限差

仪器型号	半测回归零差（″）	一测回内2C互差（″）	同一方向各测回互差（″）
J_1	6	9	6
J_2	8	13	9
J_6	18	36	24

距离测量不超过表3-12的规定。光电测距时，应测定气象数据；一、二级导线测距时，温度测记至0.5 ℃，气压测记至100 Pa，每边测定一次。

表3-12　光电测距限差

仪器精度等级	一测回读数较差（mm）	单测回读数较差（mm）	往返测或不同时段观测结果较差
Ⅰ	5	7	$2\times(a+b\cdot D)$
Ⅱ	10	15	

活动1 导线测量观测

资源与器材：全站仪、棱镜、钢卷尺、记录板、记录手簿、铅笔。

各组在实训场地按图3-11分别安置全站仪和棱镜，按要求完成各站测距、测角，并记录观测数据，角度测二测回，距离测一测回，其限差要求参照表3-11、表3-12。

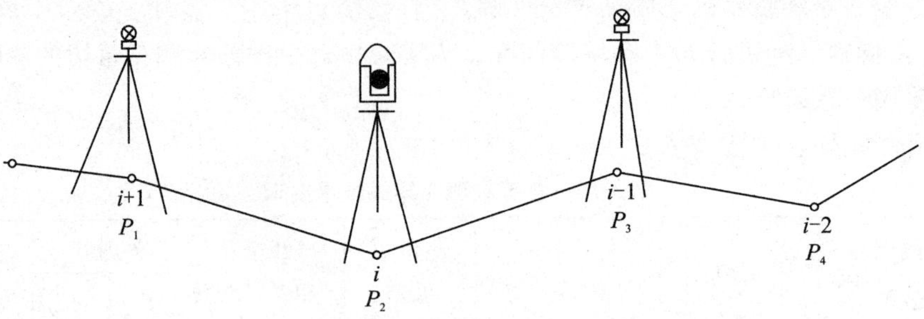

图3-11 三联脚架法导线观测

【知识导航】

1. 外业观测元素

1）附合导线

AB、CD 为已知边，点1、2、3为新建导线点。

已知数据：α_{AB}、(X_B, Y_B)、α_{CD}、$(X_C、Y_C)$。

观测数据：连接角 β_B、β_C；导线转折角 β_1、β_2、β_3；导线各边长 S_{B1}、S_{12}、…、S_{3C}。

附合导线示意图如图3-12所示。

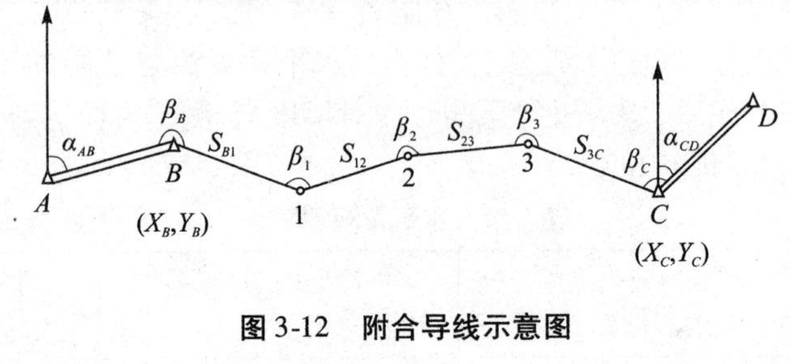

图3-12 附合导线示意图

2）闭合导线

已知数据：α_{AB}、(X_B, Y_B)、(X_C, Y_C)。

观测数据：连接角 β_B；导线转折角 β_0、β_1、…、β_5；导线各边长 S_{B1}、S_{12}、…、S_{5B}。

闭合导线示意图如图3-13所示。

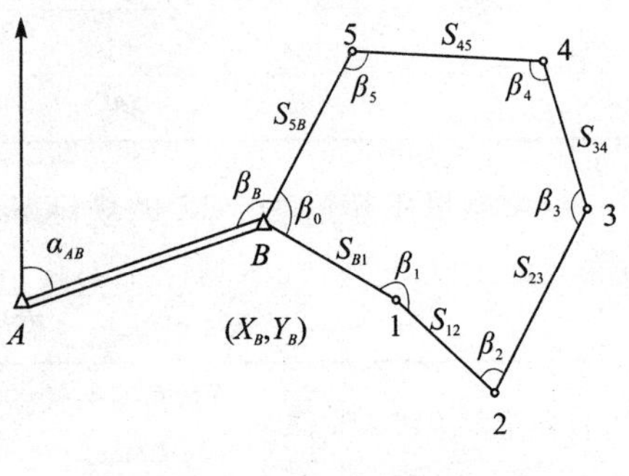

图3-13 闭合导线示意图

2. 导线施测方法

按图3-11所示的观测顺序，在 P_2 站上安置全站仪，在 P_1、P_3 站上安置棱镜，完成该站观测后，关闭电源将全站仪的基座固定钮松开，基座和脚架不动，取下全站仪照准部移动到 P_3 站，将全站仪照准部安置在 P_3 站基座上，同时将 P_3 站上带有觇牌的棱镜松开安置在 P_2 站基座上，同时将 P_1 站上的棱镜

移至 P_4 站，进行本站观测，完成后依此类推直至测完整条导线。

以上作业步骤称为三联脚架法。

★**提示**：在迁站过程中，应注意锁紧基座固定钮，并将仪器装箱，扣好箱盖，防止损坏仪器。

活动2　三角高程测量

资源与器材：课件、全站仪、觇标、钢卷尺、记录板、记录手簿。

（1）播放珠穆朗玛峰高程测量教学视频，仔细观察所采用的测量方法，课堂分组讨论三角高程测量与水准测量的优缺点，并将讨论结果填入表3-13中。

表3-13　三角高程测量与水准测量优缺点比较表

高程测量方法	优点	缺点	适用范围
水准测量			
三角高程测量			

（2）现场示范三角高程测量过程，安置仪器，量取仪器高、觇标高，瞄准目标，读取边长、垂直角，记录在手簿中。

通过本活动，使学生区分清楚水准测量与三角高程测量的观测元素及适用条件。

【知识导航】

1. 三角高程测量原理

如图3-14所示，A、B为地面上相距不远、高程不同的两点，在A点设站，架设全站仪，B点安放觇标，量取仪器高、觇标高，开机观测目标B方向的天顶距及AB水平距离，则A、B两点间高差h_{AB}为

$$h_{AB} = D\tan\alpha + i - v \tag{3-1}$$

若A点的高程已知为H_A，则B点高程为

$$H_B = H_A + h_{AB} = H_A + D\tan\alpha + i - v \tag{3-2}$$

式(3-2)是三角高程测量的基本公式。对于式(3-1)、式(3-2)而言，是以小区域范围为前提的，亦即A、B两点相距不远，将水准面看作水平面。当控制区域较大，A、B两点相距较远时，就必须考虑地球弯曲和大气折光的影响了。

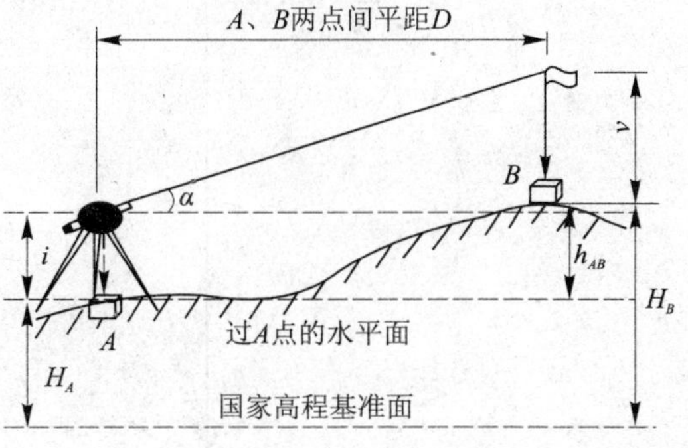

图3-14　三角高程测量原理

2. 两差改正

通常把地球弯曲对高差的影响称为球差；把大气折光对高差的影响称为气差。球差和气差合称为两差，两差的综合改正叫两差改正。

1) 球差

如图 3-15 所示，假设过 A 点的水准面（球面）为 AF，过 A 点的水平面为 AE，它们在 A 点相切，但在 B 点的铅垂方向上 E 点和 F 点的距离就是由于地球弯曲形成的球差 $|EF|$，即

$$|EF| = \frac{D^2}{2R} \tag{3-3}$$

式中　D——A、B 两点间水平距离；

R——地球半径。

由式(3-3)可知，球差的大小仅与两点间距离有关，与地形起伏无关，其影响总是使所测高差减小，当距离为 100 m 时，球差仅 1 mm，在地形测量中可忽略；当距离增加到 300 m 时，球差为 10 mm；当距离增加到 500 m 时，球差达到 20 mm。若规范要求高程误差达到 10 mm 的精度要求时，就要考虑距离超过 300 m 的两点间的高差，应进行球差改正。

2) 气差

地球是被大气所包围的，大气密度与距地面的高度成反比，距地面愈近，密度愈大；距地面愈远，密度愈小。而大气折光影响与大气密度有关，实践证明，大气折光的影响使光线向上凸，当仪器望远镜瞄准目标 M 时，实际照准了 M' 点，瞄准的方向线即为圆弧 $A'M$ 的切线方向 $A'M'$。这就使得所测“高差”增加了线段 MM' 的长度，这就是气差。由图 3-15 可知，气差总是使所测高差变大。气差 $|MM'|$ 计算公式为

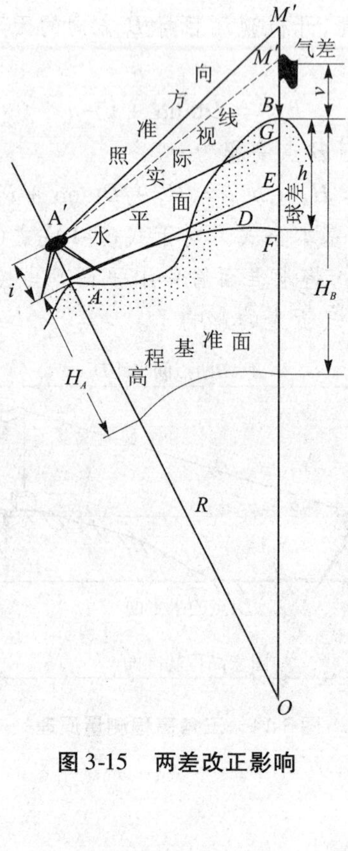

图 3-15　两差改正影响

$$|MM'| = \frac{D^2}{2R} \cdot k \tag{3-4}$$

式中　D——AB 水平距离；

R——地球半径；

k——大气折光系数，其值小于1（通常在0.08~0.15）。

比较式(3-3)与式(3-4)可以看出，球差与气差都与距离有关，而气差总小于球差。

3）两差改正

由于球差总是使所测高差减小，气差使所测高差变大，在所测高差中应加入两差改正数。设两差改正数为 r，则：

$$r = |EF| - |MM'| = \frac{D^2}{2R} - \frac{D^2}{2R} \cdot k = \frac{D^2}{2R} \cdot (1 - k) \tag{3-5}$$

一般地，大气折光系数 k 随气温、气压、湿度和空气密度的变化而变化，与地区、季节、气候、地形条件、地面植被和地面高度等有关，在实际工作中，通常选取全国性或地区性的 k 的平均值代替，即把 k 近似当常数来对待。目前，我国一般采用 $k=0.11$，此值对大多数地区都是适用的，少数地区若相差较大，可使用适合本地区的具体 k 值。表3-14列出了一些两差改正数。

表3-14　两差改正数表　（单位：m）

距离	0	100	200	300	400	500	600	700
0	0.000	0.001	0.003	0.006	0.011	0.017	0.025	0.034
1 000	0.070	0.085	0.110	0.118	0.137	0.157	0.179	0.202
2 000	0.275	0.308	0.338	0.369	0.402	0.437	0.472	0.509

另外，k 值还随每日时刻不同而变化，日出、日落时数值较大，且变化较快；中午前后数值最小，且稳定。因此，观测垂直角时最好在9~15时，尽量避免在日出后和日落前2 h内观测。

4）综合两差改正后的高差公式

综合两差改正后的高差公式为

$$h_{AB} = D\tan\alpha + i - v + r \tag{3-6}$$

实训：各组依次在已知点设站，每人完成2个固定觇标观测，并将观测数据记录在表3-15中。

表3-15　三角高程测量观测数据记录表

作业日期：　　　　天气：　　　　观测者：

开始时间：　　　　成像：

结束时间：　　　　仪器：　　　　记录者：

测站	觇点	读数		指标差	垂直角	仪器高（m）	觇标高（m）	水平距离
		盘左	盘右					

【小知识】

仪器高:望远镜旋转轴中心至地面点的铅垂距离。

觇标高:望远镜十字丝横丝照准觇标(觇牌)中心或镜头中心至地面点的铅垂距离。

凡是在已知点设置仪器,观测该点与未知点之间的高差称为直觇;反之,仪器设置在未知点,测定该点与已知高程点之间的高差称为反觇。有时在作业中,为了提高精度,需要在两点设站,相互观测垂直角、距离,并量取每站仪器高、觇标高,这样的观测称为对向观测。

任务4　导线测量内业计算

任务目标:

掌握导线计算方法。

学习过程:

1. 计算过程演示。
2. 导线测量计算实训。

学习成果:

1. 附合导线计算表。
2. 闭合导线计算表。
3. 三角高程测量计算表。

活动1　坐标计算准备

资源与器材:计算器、计算数据。

1.1　坐标方位角计算

【例 3-1】　如图 3-16 所示,若已知 α_{AB} 为 95°,β 为 113°,分析并计算直线 BC 的坐标方位角 α_{BC}。

解:如图 3-16 所示,若已知直线 AB 的坐标方位角为 α_{AB},B 点处的转折角为 β,β 为左角,则直线 BC 的坐标方位角 α_{BC} 为

$$\alpha_{BC} = \alpha_{AB} + \beta_{左} - 180° \qquad (3\text{-}7)$$

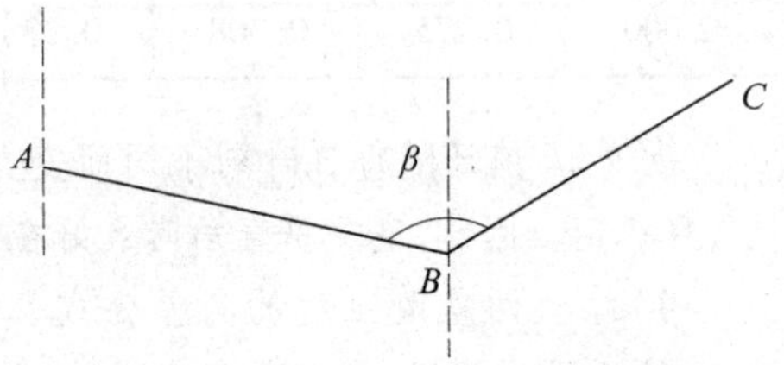

图 3-16　坐标方位角的推算

★ **思考:**如图 3-16 中,若已知直线 AB 和直线 BC 的坐标方位角,怎样计算转折角 β?

【知识导航】

以通过直线一端点的坐标北方向为基准方向,顺时针量至该直线的水平角称为该直线的坐标方位角。用 α 来表示,其取值范围为 0°~360°。要确定某一直线的坐标方位角,将坐标竖轴平移至直线一端点,顺时针旋转至该直线。图 3-17 为某一方向的坐标方位角。

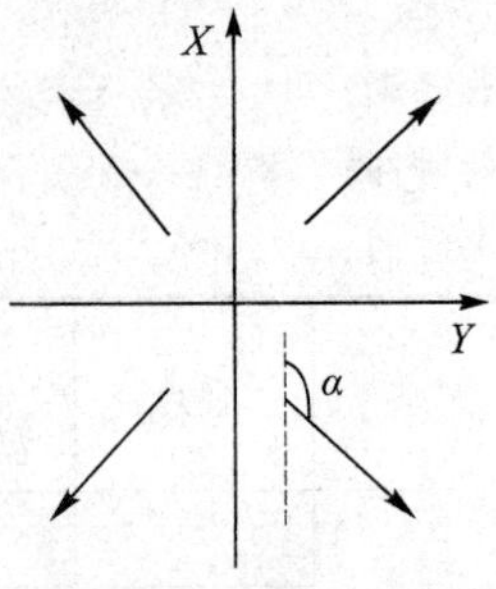

图 3-17　坐标方位角

一条直线的坐标方位角,由于起始点的不同而存在着两个值。如图 3-16 所示,A、B 为直线 AB 的两端点,α_{AB} 表示 A 到 B 的坐标方位角;α_{BA} 表示 B 到 A 的坐标方位角。α_{AB} 与 α_{BA} 互为正、反坐标方位角。若以 α_{AB} 为该直线的正方位角,则称 α_{BA} 为该直线的反方

位角。由图3-16中不难看出：同一条直线的正、反坐标方位角相差180°。即：

$$\alpha_{AB} = \alpha_{BA} \pm 180° \tag{3-8}$$

实训：

(1)已知 $\alpha_{AB} = 185°30'45''$，则 α_{BA} 为多少？

(2)如图3-18所示，已知 $\alpha_{AB} = 138°46'30''$，$\alpha_{CB} = 263°47'30''$。求转折角 β？

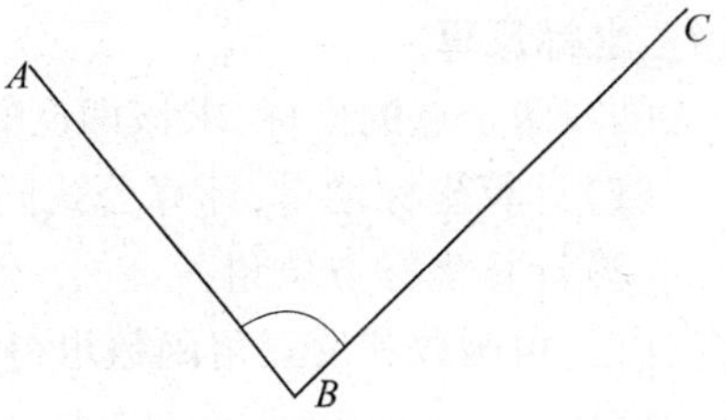

图3-18　方位角

1.2　坐标增量计算

在图3-19中，设 A，B 两点的坐标分别为 $A(X_A, Y_A)$，$B(X_B, Y_B)$，则 A 点至 B 点的坐标增量为

$$\begin{cases}\Delta x_{AB} = X_B - X_A \\ \Delta y_{AB} = Y_B - Y_A\end{cases} \tag{3-9}$$

而 B 点至 A 点的坐标增量为：

$$\begin{cases}\Delta x_{BA} = X_A - X_B \\ \Delta y_{BA} = Y_A - Y_B\end{cases} \tag{3-10}$$

地面上两点的直角坐标值之差称为坐标增量。用 Δx_{AB} 表示 A 点至 B 点的纵坐标增量；Δy_{AB} 表示 A 点至 B 点的横坐标增量。坐标增量有方向性和正负意义，Δx_{BA}、Δy_{BA} 则表示 B 点至 A 点的纵、横坐标增量，其符号与 Δx_{AB}、Δy_{AB} 相反。

在图3-19中，若测得 AB 边长 S_{AB} 及 α_{AB}，则坐标增量为

$$\begin{cases}\Delta x_{AB} = S_{AB}\cos\alpha_{AB} \\ \Delta y_{AB} = S_{AB}\sin\alpha_{AB}\end{cases} \tag{3-11}$$

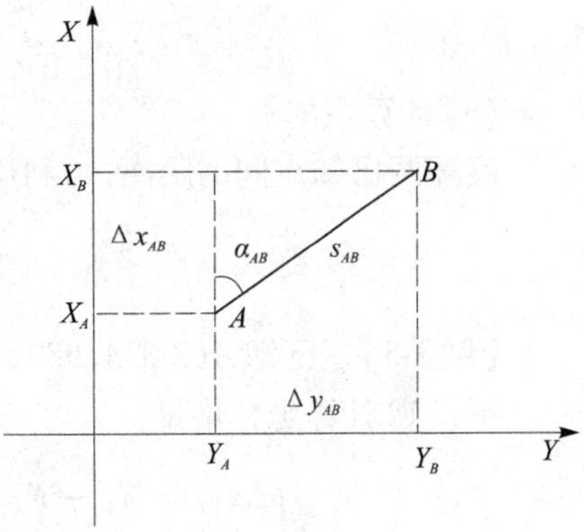

图3-19　坐标增量示意图

1.3　坐标正算

已知一个点的坐标及该点至未知点的距离和坐标方位角，计算未知点坐标的方法称为坐标正算。

【例3-2】　如图3-19所示，已知 A 点的坐标(1 000，1 000)及该点至 B 点的距离134.51 m和坐标方位角90°46′38″，计算 B 点坐标(X_B，Y_B)。

解析：根据图3-19，要求 B 点的坐标，就要知道 AB 两点的坐标增量，然后加上 A 的坐标即是 B 点坐标；求 AB 两点的坐标增量，可根据相关的三角函数来计算。

解：(1)计算坐标增量：

$$\begin{cases}\Delta x_{AB} = S_{AB}\cos\alpha_{AB} = 134.51 \times \cos(90°46'38'') = -1.825(\text{m}) \\ \Delta y_{AB} = S_{AB}\sin\alpha_{AB} = 134.51 \times \sin(90°46'38'') = 134.498(\text{m})\end{cases}$$

(2)计算 B 点坐标：

$$X_B = X_A + \Delta x_{AB} = 1\,000 + (-1.825) = 998.175(\text{m})$$

$$Y_B = Y_A + \Delta y_{AB} = 1\,000 + 134.498 = 1\,134.498(\text{m})$$

1.4　坐标反算

已知两个点的坐标,求该两已知点间的距离和坐标方位角的方法称为坐标反算。

(1)计算坐标增量,计算公式同式(3-9)。

(2)计算坐标方位角:

由三角函数和反三角函数可得:

$$\tan R = \frac{\Delta y_{AB}}{\Delta x_{AB}}$$
$$R = \arctan\left|\frac{\Delta y_{AB}}{\Delta x_{AB}}\right| \tag{3-12}$$

式中　R——AB 方向的象限角。

象限角是某方向与坐标轴纵轴所交得的锐角,如图 3-20 所示。

利用坐标增量和坐标方位角的关系,判断坐标方位角的象限;利用坐标方位角和象限角的关系,计算坐标方位角。

$$\begin{aligned}\alpha_{AB} &= R \quad (第\text{I}象限)\\ \alpha_{AB} &= 180° - R\ (第\text{II}象限)\\ \alpha_{AB} &= 180° + R\ (第\text{III}象限)\\ \alpha_{AB} &= 360° - R\ (第\text{IV}象限)\end{aligned} \tag{3-13}$$

(3)计算距离:

反算两已知点间的距离,可利用两点之间的坐标增量按勾股定理进行计算。即

$$S_{AB} = \sqrt{\Delta x_{AB}^2 + \Delta y_{AB}^2} \tag{3-14}$$

【例 3-3】　已知 $A(2\ 034.589, 1\ 345.771)$,$B(2\ 014.589, 1\ 365.771)$,求 α_{AB}、S_{AB}。

解:(1)计算坐标增量:

$$\begin{cases}\Delta x_{AB} = X_B - X_A = 2\ 014.589 - 2\ 034.589 = -20(\text{m})\\ \Delta y_{AB} = Y_B - Y_A = 1\ 365.771 - 1\ 345.771 = +20(\text{m})\end{cases}$$

(2)计算象限角:

$$R = \arctan\left|\frac{\Delta y_{AB}}{\Delta x_{AB}}\right| = \arctan\left|\frac{+20}{-20}\right| = 45°$$

(3)计算方位角:

$\because \Delta x < 0, \Delta y > 0$

$\therefore$ 坐标方位角在第 II 象限

$$\alpha_{AB} = 180° - |R| = 180° - 45° = 135°$$

(4)计算距离:

$$S_{AB} = \sqrt{\Delta x_{AB}^2 + \Delta y_{AB}^2} = \sqrt{(-20)^2 + 20^2} = 28.284(\text{m})$$

实训:

(1)在某测量项目中,已知II 012 点的坐标为(234 785.213,45 693.119),用全站仪测得II 012点至II 013 点的距离为 180.467 m,坐标方位角为 145°23′17″,试计算II 013 点的坐标。

(2)在某测量项目中,已知Ⅰ134 点的坐标为(214 765.339,38 645.177),Ⅰ135 点的坐标为(214 549.021,38 379.334),试计算Ⅰ135 点到Ⅰ134 点的坐标方位角和距离。

(3)如图 3-21 所示,在某测量项目中,已知Ⅰ134 点的坐标为(214 765.339,38 645.177),Ⅰ135 点的坐标为(214 549.021,38 379.334),水平角观测记录表见表 3-16,Ⅰ135 至Ⅰ136 间的距离为 177.349 m,试计算Ⅰ136 点的坐标。

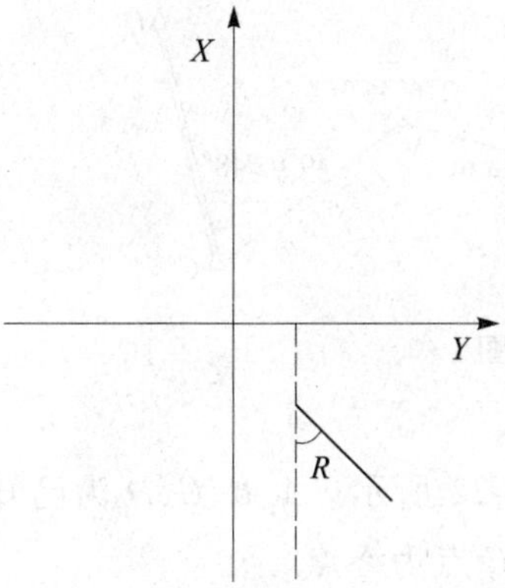

图 3-20　象限角

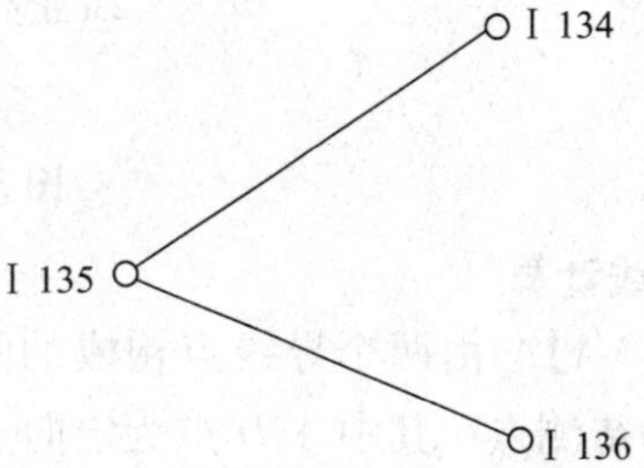

图 3-21　水平角观测略图

表 3-16　水平角观测记录表

觇点	读数 盘左	读数 盘右	半测回方向	一测回平均方向	各测回平均方向	附注
1	2	3	4	5	6	7
第Ⅰ测回						
1. Ⅰ134	0 00 00	180 00 02				
2. Ⅰ136	53 33 54	233 33 58				
第Ⅱ测回						
1. Ⅰ134	90 00 00	270 00 04				
2. Ⅰ136	143 33 48	323 33 54				

活动 2　导线成果整理与计算

资源与器材:课件、各组实训观测成果、计算器。

2.1　导线测量成果整理

首先利用课件演示导线测量的过程,说明外业测量中获得的观测数据,针对外业观测资料作一次全面的检查和整理,查看有无遗漏、记错或算错的地方;各项限差是否在允许范围之内,如有不符合要求的情况,应立即进行重测。

2.1.1　检查外业测量手簿

检查导线观测的转折角、天顶距、边长、仪器高、觇标高等外业记录、计算是否正确,成果是否符合限差要求，起算数据是否正确。

2.1.2　绘制导线观测略图

在导线选点略图的基础上，结合导线观测手簿，绘制导线观测略图，将导线点号、边长、转折角、已知点的坐标标注在导线观测略图上。如图 3-22 所示。

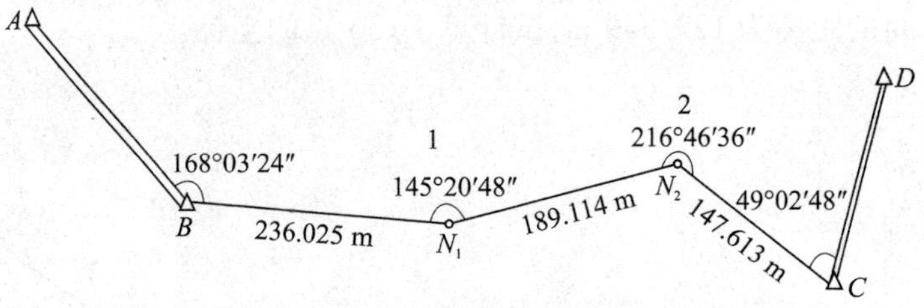

图 3-22　导线观测略图

2.2　导线计算

【例 3-4】　由两个导线点构成的附合导线如图 3-22 所示。A、B、C、D 为已知控制点，N_1、N_2 为待测点。其中 A、D 点为定向点，B 点为起点，C 点为终点。

已知：B 点坐标(2 453.840，3 709.650)，C 点坐标(2 123.433，4 147.752)；坐标方位角 $\alpha_{AB}=149°40'00''$，$\alpha_{CD}=8°52'55''$。测量数据见图 3-22。

解：

(1)填写已知数据及观测数据：将导线测量数据和给定的已知数据填入表 3-17 中。

(2)角度平差。

①计算已知边坐标方位角：按坐标反算的方法计算出 α_{AB}、α_{CD}。

②计算坐标方位角闭合差：附合导线坐标方位角闭合差是由观测角推算的终边方位角和已知的终边方位角相比较有一个差值，这个差值称为坐标方位角闭合差，又称为角度闭合差，用 f_β 表示，计算公式为

$$f_\beta = \alpha_{AB} + \sum\beta - n\times180° - \alpha_{CD} \tag{3-15}$$

式中　$\sum\beta$——观测角总和；

n——转折角个数。

按式(3-15)进行计算，将计算结果填在表 3-17 中。

③分配坐标方位角闭合差：坐标方位角闭合差按相反符号平均分配于各观测角中。设以 V_{β_i} 表示各观测角 β_i 的改正数，则有

$$V_{\beta_i} = -\frac{f_\beta}{n} \tag{3-16}$$

式中　n——观测角的总数。

★提示：

当式(3-16)不能除尽时，则可将余数凑整到短边所夹的角的改正数中。

角度改正数之和应满足式(3-17)，用来检校改正数是否正确：

$$\sum V_{\beta_i} = -f_\beta \tag{3-17}$$

④推算各导线边方位角：用改正后的观测角和起始方位角依次推求各导线边的坐标方位角。

$$\begin{cases}\alpha_{BN_1} = \alpha_{AB} \pm 180° + \beta_1 + V_{\beta 1} \\ \alpha_{N_1N_2} = \alpha_{BN_1} \pm 180° + \beta_2 + V_{\beta 2} \\ \alpha_{N_2C} = \alpha_{N_1N_2} \pm 180° + \beta_3 + V_{\beta 3} \\ \alpha'_{CD} = \alpha_{N_2C} \pm 180° + \beta_4 + V_{\beta 4}\end{cases} \tag{3-18}$$

★**提示**:推算的终边坐标方位角 α'_{CD} 应与坐标反算的 α_{CD} 相等。

(3)坐标平差。

①计算各边坐标增量:在图3-22中,根据各边的距离观测值 D_{ij} 和推算出的坐标方位角 α_{ij},可逐一求出各边坐标增量,即

$$\begin{cases}\Delta x_{BN_1} = S_{BN_1} \cdot \cos\alpha_{BN_1}, \quad \Delta y_{BN_1} = S_{BN_1} \cdot \sin\alpha_{BN_1} \\ \Delta x_{N_1N_2} = S_{N_1N_2} \cdot \cos\alpha_{N_1N_2}, \quad \Delta y_{N_1N_2} = S_{N_1N_2} \cdot \sin\alpha_{N_1N_2} \\ \Delta x_{N_2C} = S_{N_2C} \cdot \cos\alpha_{N_2C}, \quad \Delta y_{N_2C} = S_{N_2C} \cdot \sin\alpha_{N_2C}\end{cases} \tag{3-19}$$

②计算坐标闭合差:由式(3-19)计算的纵横坐标增量总和 $\sum \Delta x$、$\sum \Delta y$ 一般不等于已知的坐标增量,其差值称为坐标闭合差。以 f_x、f_y 分别表示纵、横坐标闭合差,即

$$\begin{cases}f_x = \sum \Delta x - (x_C - x_B) \\ f_y = \sum \Delta y - (y_C - y_B)\end{cases} \tag{3-20}$$

③评定导线测量精度:由于观测误差的影响,推算的终点坐标与已知终点坐标不相等,所产生的位移值称为导线全长闭合差,用 f_S 表示,可按下式计算:

$$f_S = \sqrt{f_x^2 + f_y^2} \tag{3-21}$$

若导线全长(各导线边长度之和)为 $\sum S$,则导线全长相对闭合差为

$$k = \frac{f_S}{\sum S} \tag{3-22}$$

★**提示**:导线全长相对闭合差一般用分子为1的分数形式表示,其限差应不超过表3-10的规定。

④分配坐标增量闭合差:将 f_x、f_y 反号按边长成比例配赋到各边坐标增量中去,以 V_x、V_y 分别表示横、纵坐标增量的改正数,则有:

$$\begin{cases}V_{x_{ij}} = \dfrac{-f_x}{\sum S} S_{ij} \\ V_{y_{ij}} = \dfrac{-f_y}{\sum S} S_{ij}\end{cases} \tag{3-23}$$

★**提示**:坐标增量改正数之和应满足增量与闭合差互为相反数的要求。

$$\sum V_x = -f_x, \quad \sum V_y = -f_y \tag{3-24}$$

⑤计算导线点的坐标:坐标增量改正后,便可从已知点开始逐点推算出各待求导线点的坐标。

$$\begin{cases} x_{N_1} = x_B + \Delta x_{BN_1} + V_{x_{BN_1}}, & y_{N_1} = y_B + \Delta y_{BN_1} + V_{y_{BN_1}} \\ x_{N_2} = x_{N_1} + \Delta x_{N_1N_2} + V_{x_{N_1N_2}}, & y_{N_2} = y_{N_1} + \Delta y_{N_1N_2} + V_{y_{N_1N_2}} \\ x'_C = x_{N_2} + \Delta x_{N_2C} + V_{x_{N_2C}}, & y'_C = y_{N_2} + \Delta y_{N_2C} + V_{y_{N_2C}} \end{cases} \tag{3-25}$$

★**提示**:推算的 C 点坐标应与已知坐标相等。

导线计算结果见表 3-17。

【例 3-5】 由四个控制点构成闭合导线。A 点为起点,其坐标是(1 000.000,1 000.000),外业测量数据见导线观测略图 3-23。请把计算结果填入表 3-18。

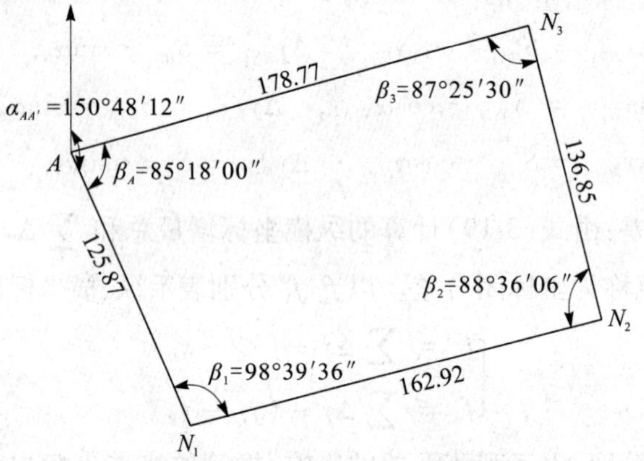

图 3-23 闭合导线观测略图

【知识导航】

闭合导线计算与附合导线计算基本相同。因为起、闭点重合,所构成的图形为多边形,所以坐标方位角闭合差为

$$f_\beta = \sum \beta - (n-2)180° \tag{3-26}$$

式中 n——多边形边数;

$\sum \beta$——多边形观测内角和。

坐标闭合差为

$$\begin{cases} f_x = \sum \Delta x \\ f_y = \sum \Delta y \end{cases} \tag{3-27}$$

其他计算步骤与附合导线相同。

★**提示**:对于闭合导线测量,如果连接角测错、抄错或已知点坐标抄错,在计算过程中是无法发现的,即使 f_β、f_x、f_y 都很小,计算结果也都是错的。因此,在实际工作中,能用附合导线时,应尽量避免使用闭合导线。

2.3 导线测量成果计算实训

以本项目各组导线综合实训的测量成果为观测数据,首先绘制出导线观测略图,标注每边距离、水平角及导线的起算数据,按照附合导线的计算方法计算出导线上各待定点坐标,填入表 3-18 中。

表 3-17 附合导线坐标计算表

点号	观测角 (° ′ ″)	改正数 (″)	坐标方位角 (° ′ ″)	边长 (m)	坐标增量(m)		改正数(mm)		改正后坐标增量(m)		导线点坐标(m)	
					Δx	Δy	$V_{\Delta x}$	$V_{\Delta y}$	$\Delta x'$	$\Delta y'$	X	Y
A												
			149 40 00									
B	168 03 24	-10									2 453.840	3 709.650
			137 43 14	236.025	-174.628	+158.785	-89	-43	-174.717	+158.742		
1	145 20 48	-10									2 279.123	3 868.392
			103 03 52	189.114	-42.755	+184.219	-70	-34	-42.825	+184.185		
2	216 46 36	-10									2 236.298	4 052.577
			139 50 18	147.613	-112.810	+95.202	-55	-27	-112.865	+95.175		
C	49 02 48	-11									2 123.433	4 147.752
			8 52 55									
D												
Σ	579 13 36	-41		572.752	-330.193	+438.206	-214	-104	-330.407	+438.102		

备注：

$\alpha_{CD}^{测} = \alpha_{AB} + \sum \beta^{测} - n \times 180° = 8°53'36''$

$f_\beta = \alpha_{CD}^{测} - \alpha_{CD} = +41''$

$f_\beta^{容} = \pm 60\sqrt{n} = \pm 120''$

$V_\beta = -(+41'')/4 = -10''$，余$(-1'')$

$f_x = \sum \Delta x - (X_C - X_B) = +0.214(\mathrm{m})$

$f_y = \sum \Delta y - (Y_C - Y_B) = +0.104(\mathrm{m})$

$f_S = 0.238(\mathrm{m})$

$K = f_S / \sum S = 1/2\,406 < K_{容} = 1/2\,000$

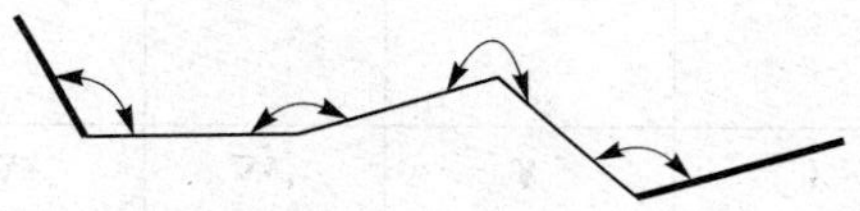

表 3-18　导线坐标计算表

点号	观测角(° ′ ″)	改正数(″)	坐标方位角(° ′ ″)	边长(m)	坐标增量(m)		改正数(mm)		改正后坐标增量		导线点坐标(m)	
					Δx	Δy	$V_{\Delta x}$	$V_{\Delta y}$	$\Delta x'$	$\Delta y'$	X	Y
A												
B												
1												
2												
3												
4												
C												
D												
Σ												
备注												

活动3 三角高程测量计算

资源与器材:计算表格、计算器。

本活动示例三角高程测量计算方法,使学生掌握计算步骤及方法。

实训:已知从起算点 A 采用对向观测法观测了 B 和 C 两个未知高程点,具体观测数据见表3-19。根据计算步骤,完成已知点 A 到待求点 C 的高差计算。

表3-19 三角高程测量高差计算表 (单位:m)

待求点	B		C	
起算点	A		A	
觇法	直觇	反觇	直觇	反觇
α	+2°13′25″	-2°01′42″	+3°25′02″	-3°11′31″
D	421.35	421.35	406.77	406.76
$D\tan\alpha$	+16.36	-14.92		
i	+1.60	+1.61	+1.61	+1.59
r	+0.01	+0.01		
v	-2.62	-2.02	-3.40	1.46
h	+15.35	-15.32		
h中数	+15.34			

计算步骤如下。

(1)直觇计算:

$$\begin{aligned} h_{AB} &= D\tan\alpha + i - v + r \\ &= 421.35 \times \tan(2°13'25'') + 1.60 - 2.62 + 0.01 \\ &= 16.36 + 1.60 - 2.62 + 0.01 \\ &= +15.35(\mathrm{m}) \end{aligned}$$

(2)反觇计算:

$$\begin{aligned} h_{BA} &= D\tan\alpha + i - v + r \\ &= 421.35 \times \tan(-2°01'42'') + 1.61 - 2.02 + 0.01 \\ &= -14.92 + 1.61 - 2.02 + 0.01 \\ &= -15.32(\mathrm{m}) \end{aligned}$$

(3)平均值:

$$h = \frac{15.35 + 15.32}{2} = 15.34(\mathrm{m})$$

★**提示**:在计算时,高差中数的正负号以直觇为准,故在本例中计算结果取正号。

任务5 导线测量成果精度分析

任务目标:

1. 了解导线测量相关的误差成因。

2. 了解提高精度的方法。

学习过程：

1. 查找网络资源，了解误差成因。

2. 根据实训查找施测过程中存在的问题。

3. 使用仪器进行实践验证。

学习成果：

1. 完成角度测量误差原因分析表填写。

2. 完成距离测量误差来源分析表填写。

活动 1　角度测量的误差来源及消除或削弱误差措施

资源与器材：全站仪、棱镜、脚架、参考书、网络资源。

本活动学习角度测量误差的来源及消除或削弱误差的措施。

在实训场地上，架设全站仪。指定测站点和后、前视目标点。按下列步骤进行操作：

(1)精确对中、整平。精确照准目标点，同一个人采用同一仪器盘左、盘右分别测定指定角度。结合背景知识填写表 3-20。

表 3-20　角度误差原因分析表(1)

盘左测定角度	盘右测定角度	半测回较差	原因	消除或削弱误差措施

(2)首先精确对中、整平，观测待测角度一测回；再有意识地使管水准器略微倾斜(至少偏离 2 格)，重新观测待测角度一测回。结合背景知识填写表 3-21。

表 3-21　角度误差原因分析表(2)

精平状态测定角度	倾斜状态测定角度	一测回较差	原因	消除或削弱误差措施

【知识导航】

1. 仪器检校不完善和制造加工不完备引起的误差。

1)仪器检校不完善引起的误差

全站仪主要有三条轴线：视准轴、水平轴和垂直轴。三轴之间在测角时应满足一定的几何关系。当这些关系不能满足时，就分别引起视准轴误差、水平轴倾斜误差和垂直轴倾斜误差。

(1)视准轴误差。望远镜的物镜中心与十字丝中心的连线称为视准轴。视准轴与水平轴不正交而引起的残存误差叫视准轴误差。视准轴误差对观测方向会产生影响，从而引起水平角测量误差。

(2)水平轴倾斜误差。水平轴与竖轴不正交而使水平轴倾斜一个小角，称为水平轴倾斜误差。水平轴倾斜误差对观测方向会产生影响，从而引起水平角测量误差。

视准轴误差、水平轴倾斜误差都可以通过盘左、盘右观测，取一测回方向中数的方法，消除其对水平角观测方向值的影响。

(3)垂直轴倾斜误差。当仪器三轴间的关系均已正确时,由于仪器未严格整置水平,而使仪器垂直轴偏离测站铅垂线一个微小角度,称为垂直轴倾斜误差。

垂直轴倾斜误差不能通过盘左、盘右观测取中数的方法消除其对水平角观测方向值的影响。只能每测回观测前仔细整平仪器来削弱其影响。

视准轴误差、水平轴倾斜误差和垂直轴倾斜误差是全站仪的三个主轴误差,通常称为三轴误差,它是仪器误差的重要组成部分,必须予以充分重视。

2)仪器制造加工不完备引起的误差

仪器制造加工不完备的误差,如水平度盘偏心(水平度盘旋转中心与度盘刻划中心不一致,其对度盘读数的影响称为水平度盘偏心差)、垂直度盘偏心(竖盘旋转中心与度盘刻划中心不一致,当仪器为单指标时,其对度盘读数的影响称为垂直度盘偏心差)、照准部偏心(照准部旋转中心与水平度盘刻划中心不重合,其对水平度盘读数的影响称为照准部偏心差)、度盘刻划误差(度盘刻划不均匀给读数带来的误差,称为度盘刻划误差),水平度盘与垂直轴不正交等,这些仪器误差不能通过一般的仪器检校减小其影响,其中:

(1)照准部偏心差和水平度盘偏心差。此两项可以通过盘左、盘右观测,取一测回水平角观测方向值中数的方法消除。

(2)水平度盘刻划误差。此误差一般较小,且呈周期性变化,故可通过按规定配置各测回零方向的度盘位置的方法减弱其影响。

(3)水平度盘与竖轴不正交的误差。就现代仪器来说,一般都很小。在大比例尺地形测量中,其对角度观测的影响可不予顾及。

首先精确对中、整平,照准观测目标,观测待测角度一测回;再有意识地使测站点对中有所偏差,重新观测待测角度一测回。结合背景知识填写表 3-22。

表 3-22　角度误差原因分析表(3)

精确对中状态测定角度	对中偏差状态测定角度	一测回较差	原因	消除或削弱误差措施

首先精确对中、整平,精确照准观测目标,观测待测角度一测回;再有意识地使目标棱镜偏离原照准目标位置或者直接在照准观测目标时有所偏差,重新观测待测角度一测回。结合背景知识填写表 3-23。

表 3-23　角度误差原因分析表(4)

精确照准目标状态测定角度	目标偏心或照准误差状态测定角度	一测回较差	原因	消除或削弱误差措施

2. 仪器的对中误差和目标偏心误差

1)仪器对中误差

仪器对中误差是指仪器经过对中后,仪器竖轴没有与过测站点中心的铅垂线严密重合的误差(也称测站偏心误差)。它对水平角观测的影响如图3-24所示,C为测站标志中心,观测$\angle ACB=\beta$;C_0为仪器实际对中位置,测得$\angle AC_0B=\beta'$;$e(CC_0)$为对中误差,S_A、S_B分别为测站至目标点A、B的距离,δ_1、δ_2分别为对中误差e对观测目标A、B水平方向值的影响。

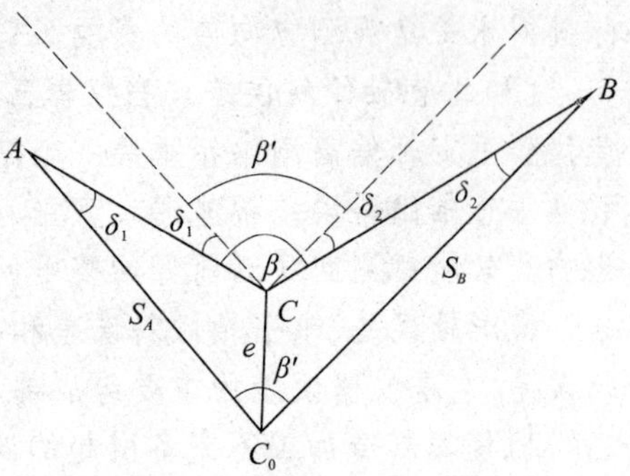

图3-24　仪器对中误差

通过分析可知,S一定时,e越长,δ越大;e相同时,S越长,δ越小;e的长度不变而只是方向改变时,e与S正交的情况δ最大,e与S方向一致的情况δ为零,故$\angle ACC_0=\angle BCC_0=90°$时,$\delta_1+\delta_2$的值最大。所以,观测接近180°的水平角或边长过短时,应特别注意仪器对中。

2)目标偏心误差

目标偏心误差是指照准目标没有立在目标点位中心而使观测方向偏离点位中心的误差。如图3-25所示,O为测站点,A、B分别为目标点标志的实际中心,A'、B'为观测时照准的目标中心,e_1、e_2分别为目标A、B的偏心误差,β为实际角度,β'为观测角度,S_A、S_B分别为目标A、B至测站点的距离,δ_1、δ_2分别为A、B目标偏心对水平观测方向值的影响。通过分析可知,此种误差的影响与对中误差的影响大致相同。距离越短,偏心方向与测站方向的夹角成90°时,对观测方向值的影响越大。因此,观测边越短,越要注意将照准目标立在目标点位中心。

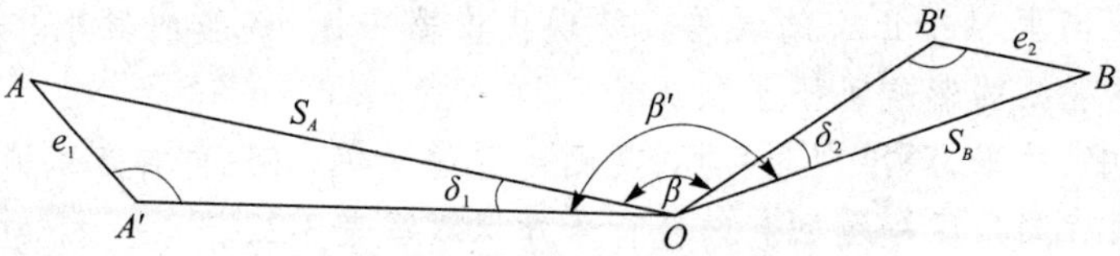

图3-25　目标偏心误差

3. 照准误差

照准误差是用望远镜衡量照准目标的精度。在角度观测中,影响照准精度的因素有望远镜放大倍率、物镜孔径等仪器参数、人眼的判断能力、照准目标的形状、大小、颜色、衬托背景、目标影像的亮度和清晰度以及通视情况等,一般认为望远镜放大倍率和人眼的判断能力是影响照准精度的主要因素,故通常认为照准误差为$\frac{60''}{V}$,其中$60''$为人眼的一般鉴别角,V为望远镜放大倍率。GTS-330N全站仪通常取$V=30$,则其照准误差约为$\pm 2''$。经验证明:目标亮度适宜,清晰度好,花杆粗细适中,双丝照准时,照准精度会略高一些。

查阅相关参考书或查询网络资源,分组分析讨论角度误差的其他来源,并填写表3-24。

表3-24　角度误差来源表(5)

序号	原因	消除或削弱误差的措施
1		
2		
3		
⋮		

4. 外界条件的影响

外界条件的影响主要指各种外界条件的变化对角度观测精度的影响。如大风影响仪器稳定；大气透明度差影响照准精度；空气气温变化，特别是太阳直接暴晒，可能使脚架产生扭转，并影响仪器的正常状态，地面辐射热会引起空气剧烈波动，使目标变得模糊甚至漂移，视线贴近地面或通过建筑物旁、冒烟的烟囱上方、接近水面的空间还会产生不规则的折光，地面坚实与否影响仪器的稳定程度等。这些影响是极其复杂的，要想完全避免是不可能的，但大多数与时间有关。因此，在角度观测时，应选择有利的观测时间，操作要稳定，尽量缩短一测回的观测时间，仪器不让太阳直接暴晒，尽可能避开不利的条件等，以减少外界条件变化的影响。

根据表3-21～表3-25分析的结果，查找比对自己在水平角观测中，是否有以上原因造成观测结果超限。每组推荐一名代表进行总结发言。

活动2　全站仪距离测量误差来源及消除或削弱误差的措施

资源与器材：全站仪、棱镜、脚架、参考书、网络资源。

2.1　距离测量误差来源的分析

根据背景知识所描述的内容，分析距离测量误差的来源有哪些，并填写表3-25。

表3-25　距离测量误差来源表

序号	原因	消除或削弱误差措施
1		
2		
3		
4		
5		
6		

2.2　比对提高

根据分析的结果，查找比对自己小组和其他小组之间的距离观测结果中，是否有以上原因造成的观测结果超限。每组推荐一名代表进行总结发言。

根据背景知识、查阅相关参考书以及网络资源，查找并讨论削弱或减小距离测量误差的方法和措施，补充表3-25。

【知识导航】

全站仪测距误差可分为三部分：一是与距离成比例的误差（如光速值误差、大气折射率误差和测距频率误差等），称为比例误差；二是与距离无关的误差（如测相误差、加常数误差等），称为固定误差；三是周期误差，它是由测距仪内部的光电信号串扰引起的以一定距离为周期重复出现的误差。周期误差有其特殊性，与距离有关，但不成比例，仪器设计和调试时可严格控制其数值。

1. 比例误差

1）真空中光速 c_0 的误差

真空中的光速是物理学中的一个重要常数，很多国家的研究单位对它进行过测定。

1975 年国际大地测量及地球物理学联合会采用 $c_0=(299\ 792\ 458\pm1.2)$ m/s。这是目前国际上通用的数值。它对测距误差的影响甚微,可忽略不计。

2) 大气折射率 n 的误差

已知大气中的光速为 $c=\frac{c_0}{n}$,可见大气折射率的变化将使光在大气中的传播速度发生变化,从而影响测尺长度,引起测距误差。

因为大气折射率是由空气的密度及大气中所含的水分决定的,而空气的密度又与温度、气压有关,所以大气折射率 n 是温度 t、气压 P 及湿度 e 的函数。

在一般气象条件下,对于 1 km 的距离,温度变化 1 ℃所产生的测距误差为 0.95 mm;气压变化 1 hPa 所产生的测距误差为 0.27 mm。

假如计算 n 的公式无误,这时引起的大气折射率 n 产生误差的原因:一是气象参数的测定误差;二是测站上测的气象参数不能代表整个测程的气象参数所产生的气象代表性误差。至于测距时的实际气象条件不同于仪器设计时选用的基准气象条件所引起的折射率变化,可以加入气象改正数的方法加以消除。

3) 调制频率 f 的误差

调制频率 f 的误差来源主要有两个方面:一是装调仪器时频率校正的精确性不够;二是振荡器所用的晶体的频率稳定性不好。对于前者,由于是用高精度的数字频率计作频率校正的,其误差可以忽略不计。对于后者,则与主控振荡器所用的石英晶体的质量、老化过程及是否采用恒温措施密切相关。

由于测距仪中都采用了精、粗测定值衔接的运算电路,所以作业前应对它的精测晶振频率进行校正,短期内它的影响可以忽略。对于粗测频率,只要求有 10^{-4} 的精度,一般石英晶体振荡器均可满足此要求。

2. 固定误差

固定误差通常都具有一定的数值,与测程无关。测程较长时,比例误差占主要地位,而测程较短时,固定误差可能处于突出位置。因此,在地形测量中更应该注意固定误差的改正。

1) 测相测定和脉冲测定误差

在相位式测距仪中相位差测定的误差,或脉冲式测距仪中脉冲个数测定的误差都影响距离测量的尾数,与距离的长短无关。误差的大小取决于仪器测相系统或脉冲系统的精度以及调制信号在大气传输中的信噪比误差等。前者取决于仪器性能和精度,后者来源于测距时的自然环境,例如,天气的阴晴、大气的透明度等。可通过测定几组读数取其平均值,来减小测相误差的影响。

2) 仪器加常数改正误差

仪器加常数改正误差包括加常数的检定误差和加常数的变化。加常数是通过检定得到的,具有较高的精度。仪器加常数的检定误差值应小于测距仪标准偏差的 1/2,否则不宜用该加常数改正其距离。加常数发生变化后需要重新测定。

3) 仪器和目标的对中误差

光电测距是测定测距仪中心至棱镜中心的距离,仪器和棱镜的对中误差有多大,对测距的影响也有多大,与距离的长短无关。因此,对仪器和棱镜的水准管和光学对中器,应事先进行检定;测距时,应进行仔细的整平和对中。

3. 周期误差

要减小周期误差,在制造仪器时应加强屏蔽,尽量减小仪器内部的信号串扰;在使用仪器时,尽量避免用弱信号测距和避免其他外部杂乱信号的串扰。

通过上述分析可以看出,影响测距精度的因素很多,但其中比较主要的是调制频率误差、仪器常数误差以及周期误差。对待这些误差,应进一步通过仪器检验,客观地发现它们,或者调整仪器,或者加入改正数,以便将它们的影响控制在允许范围之内。

任务6　控制测量加密

任务目标:

1. 掌握图根控制测量加密方法。

2. 掌握极坐标法、交会法、自由设站法测量。

学习过程:

课件演示、仪器实操练习。

学习成果:

1. 极坐标法测量计算表。

2. 交会法测量计算表。

活动1　图根平面控制测量

资源与器材:1:2 000 地形图、《1:500　1:1 000　1:2 000 外业数字测图技术规程》。

本活动通过教学案例分析,使学生掌握图根控制测量技术方案的制订。

以教师指定的1:2 000 地形图为对象,讨论控制测量方案及其作业技术依据。以小组为单位,按各组划定的测区范围设计图根平面控制测量技术方案,并填入表3-26中。

表3-26　图根平面控制测量技术方案表

项目	控制网型	控制点密度	平均边长	所需的仪器、设备及其指标	测角测回数	测距测回数
要求						

【知识导航】

图根控制测量是在基本控制测量的基础上为测图方便加密控制点的测量工作,是直接为测图服务的。由图根控制测量布设的控制网称为图根控制网,为测图使用的控制点称为图根点。在测区范围较小时,图根控制网也可作为首级控制网。图根控制测量也分为图根平面控制测量和图根高程控制测量。

图根平面控制测量采用图根导线(网)、极坐标法(支点法、引点法)和交会法等方法布设。在各等级控制点下加密图根点不超过两次附合。在困难地区可布设支导线,不超过3条边,施测左、右角各一测回,其圆周角闭合差不大于40″,测边单向一测回。

四等以下各级平面控制点的最弱点相对于起算点点位中误差不超过5 cm。四等以下各级高程控制点的最弱点相对于起算点不超过2 cm。图根点相对于图根起算点的点位中误差,1:500 图不大于5 cm;1:1 000、1:2 000 图不大于10 cm。图根点应视需要埋石,其密度(包括各等级控制点)应满足表 3-27 要求。

表 3-27　图根控制点密度

测图比例尺	1:500	1:1 000	1:2 000
图根控制点密度(点数/km^2)	64	16	4

图根导线测量的技术要求参照表 3-28 执行,边长单向施测一测回,读数较差应小于 20 mm,测距边应加气象、乘常数改正。1:500、1:1 000 测图,附合导线长度可放宽至表 3-29 规定值的 1.5 倍,附合导线条数不超过 15 条,绝对闭合差不大于 $0.5\times M\times10^{-3}$ m(M 为测图比例尺分母,下同);导线长度短于表 3-28 规定的 1/3 时,其闭合差不大于 $0.3\times M\times10^{-3}$ m。

表 3-28　图根导线的技术要求

附合导线长度	平均边长	导线相对闭合差	测回数(J_6)	方位角闭合差
1.3 km	不大于碎部点最大测距的 1.5 倍	1/2 500	1	$\pm40''\sqrt{n}$

表 3-29　碎部点测距长度

比例尺	1:500	1:1 000	1:2 000
最大测距长度(m)	200	350	500

采用极坐标法时,应在等级控制点或一次附合图根点上进行,联测两个以上已知方向,其主要技术要求按表 3-30 进行。其边长 1:500 测图不大于 300 m;1:1 000 不大于 500 m;1:2 000不大于 700 m。采用极坐标法施测的图根点不能再发展。

表 3-30　极坐标法技术要求

J_6型	距离测量	半测回较差	测距读数较差	高程较差	坐标计算较差
一测回	单向一测回	≤30″	≤20 mm	≤1/5 基本等高距	$0.2\times M\times10^{-3}$ m

加密图根点可采用有检核的测边交会和测角交会法。交会角应为 30°～150°,交会边不宜超过 $0.5\times M$ m。计算坐标较差不大于 $0.2\times M\times10^{-3}$ m。

图根导线测量的外业施测包括选点、埋石、转折角(水平角)观测、导线边测量等工作。

图根控制点应选在土质坚实、便于长期保存、便于仪器安置、通视良好、视野开阔、便于测角和测距、便于施测碎部点的地方。要避免将图根点选在道路中间。图根点选定后,应立即打桩并在桩顶钉一小钉或画“+”作为标志;或用油漆在地面上画“田”作为临时标志并编号。当测区内高级控制点稀少时,应适当埋设标石,埋石点应选在第一次附合的图根点上,并应做到至少能与另一个埋石点互相通视。

活动 2　极坐标法测量

资源与器材:全站仪、单杆棱镜、计算器。

在实训场地演示极坐标法测量，分组练习并记录观测数据，计算坐标。实训时，教师任意指定两已知点 A、O，并提供已知点坐标。根据测定的水平角和边长计算待测点 P 的坐标。

极坐标法测量时的步骤如下：

(1)在已知测站点 O 整置仪器；

(2)测定两目标 A、P 间的水平角；

(3)测量 OP 边距离；

(4)计算 P 点坐标。

将以上观测数据填入表3-31中，并计算出 P 点坐标。

表3-31　极坐标法观测表

点号	水平角	距离	坐标	
			X	Y
A				
O				
P				

【知识导航】

在已知点 O 设站，如图3-26所示，以 A 为定向点，P 为待定点。在 O 点安置仪器，照准 A 点，按水平角测量方法测得水平角 β，再测出 OP 之间的距离 D_{OP}，由以上数据可得出 P 点坐标，即

$$\begin{cases} x_P = x_O + D_{OP} \cdot \cos\alpha_{OP} \\ y_P = y_O + D_{OP} \cdot \sin\alpha_{OP} \end{cases} \tag{3-28}$$

式中　α_{OP}——OP 边的坐标方位角。

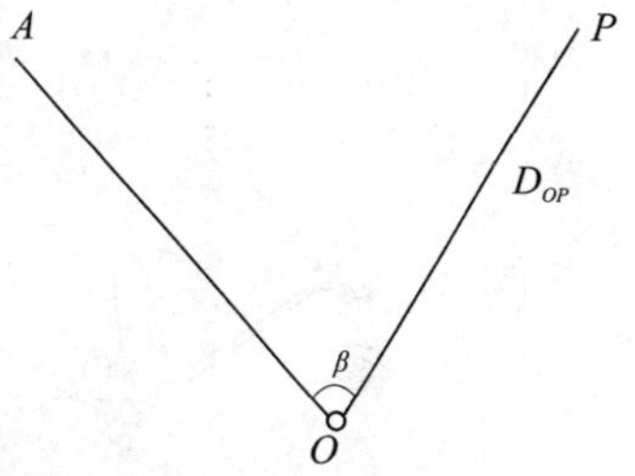

图3-26　极坐标法

★提示：极坐标法是单点测定的主要方法。当使用测角精度不低于于 DJ_6 级的全站仪测定待定点(控制点)坐标时，角度和距离均测一测回。

活动3　前方交会法测量

资源与器材：全站仪、棱镜、计算器。

本活动通过现场演示，掌握前方交会法测量。

通过观测两个已知点 A、B 上相应的角度值，来计算 P 点坐标的方法称为前方交会法。如图3-27所示。

(1)分别在已知点 A、B 安置仪器；

(2)观测水平角 α、β；

(3)计算 P 点坐标。

将以上数据代入下式：

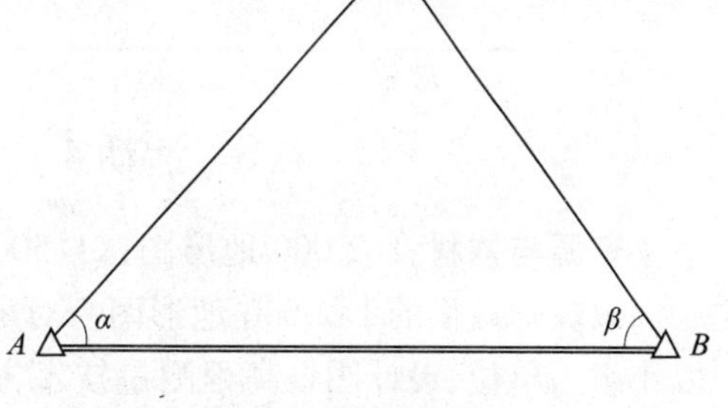

图3-27　前方交会法

$$\begin{cases} x_P = \dfrac{x_A \cdot \cot\beta + x_B \cdot \cot\alpha - y_A + y_B}{\cot\alpha + \cot\beta} \\ y_P = \dfrac{y_A \cdot \cot\beta + y_B \cdot \cot\alpha + x_A - x_B}{\cot\alpha + \cot\beta} \end{cases} \tag{3-29}$$

即可求得 P 点坐标值。式(3-27)称为前方交会的余切公式或戎格公式。

★**提示:**应用前方交会的余切公式进行计算时,必须注意 A、B、P 三点的相互位置应与图 3-27 中的一致,即 A、B、P 是按逆时针依次编号的(因公式是按逆时针编号推导出来的),同时还应保持 A 点对应的是 α 角,B 点对应的是 β 角。

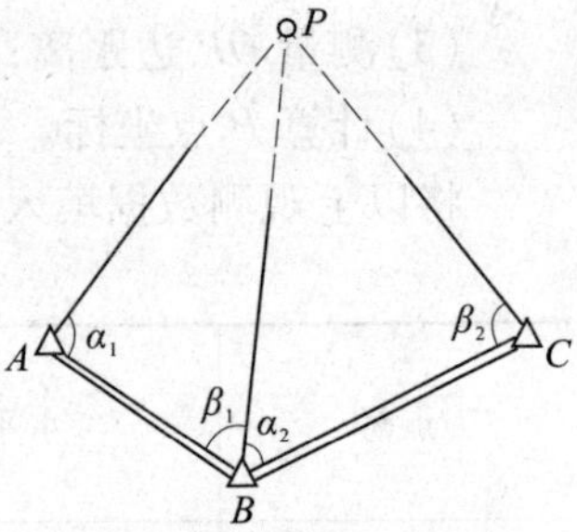

图 3-28　双前方交会图形

值得注意的是,利用前方交会法得到的点位坐标,不论是测量或是计算都没有检核条件。因此,测量上通常利用三个已知点和两个三角形解算坐标。

当同时进行了两次前方交会(见图 3-28),就会得到两组 P 点坐标值,此时取它们的平均值作为 P 点的最后坐标。

实训:已知在 A、B、C 三点采用前方交会法观测 P 点,数据如表 3-32 所示,计算 P 点坐标并填入相应位置。

表 3-32　前方交会实训成果表

示意图	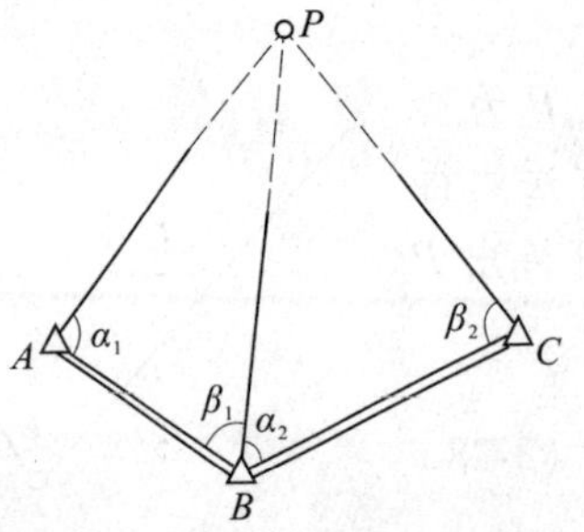		观测略图	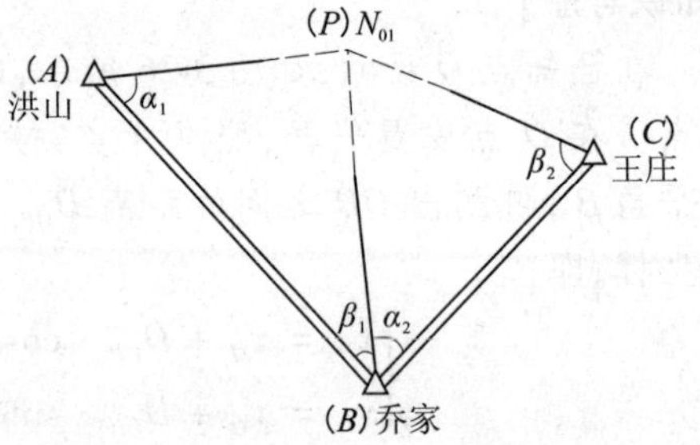		
点名	观测角		X(m)		Y(m)	
(A)洪山	α_1	54°48′00″	X_A	3 851 807.04	Y_A	225 719.85
(B)乔家	β_1	32°51′54″	X_B	3 851 646.38	Y_B	225 830.66
(P)N_{01}			X'_P		Y'_P	
(A)乔家	α_2	56°23′24″	X_B	3 851 646.38	Y_B	225 830.66
(B)王庄	β_2	48°30′54″	X_C	3 851 765.50	Y_C	225 998.65
(P)N_{01}			X''_P		Y''_P	
			X_P		Y_P	

活动 4　图根高程控制测量

资源与器材:1∶2 000 地形图,《1∶500　1∶1 000　1∶2 000 外业数字测图技术规程》。

以教师提供的 1∶2 000 地形图为对象,讨论图根高程控制测量方案及其作业技术依据。以小组为单位,设计图根高程测量技术方案,并填入表 3-33 中。每组上交一份图根高程控制测量技术设计书。

表 3-33　图根高程控制测量技术方案表

项目	控制网型	控制点密度	平均边长（或视距）	所需的仪器设备及其指标
图根水准				
图根三角高程导线				

【知识导航】

图根高程控制测量可采用图根水准测量或图根三角高程导线测量。图根水准测量应起闭于高等级高程控制点上，可沿图根点布设为附合路线、闭合路线或结点网，对起闭于一个水准点的闭合环，必须先行检测该点高程的正确性。高级点间附合路线或闭合环线长度不得大于 5 km，使用不低于 DS_{10} 级的水准仪（i 角应小于 30″），按中丝读数法单程观测估读至毫米。当布设支水准路线时，应往返测，其路线长度不大于 2.5 km。当布设成单结点的水准网时，各路线长度不应大于 3.7 km。图根水准计算可简单配赋，高程应取至厘米。水准测量最好在成像清晰及大气稳定的时段内进行，并用伞遮住阳光，使仪器不受到暴晒。图根水准测量参照表 3-34 进行。

表 3-34　图根水准测量技术要求

仪器类型	附合路线长度	i 角	视线长度	观测次数		往返测较差、附合或环线闭合差（mm）	
				已知点联测	附合或闭合路线	平地	山地
S3 或 S10	5 km	≤30″	100 m	单次	往一次	$\pm 40\sqrt{L}$	$\pm 12\sqrt{n}$

图根三角高程导线应起闭于高等级控制点上，其边数不应超过 12 条，边数超过规定时，应布设成结点网。图根三角高程导线垂直角应对向观测；光电测距极坐标法图根点垂直角可单向观测一测回，变换棱镜高度后再测一次；独立交会点亦可用不少于三个方向（对向为两个方向）单向观测的三角高程推求，其中测距要求同图根导线。图根三角高程测量的技术要求应符合表 3-35 的规定。其路线长度也不大于 5 km。仪器高、觇标高取至毫米。路线起闭于图根以上控制点。当边长大于 400 m 时，应考虑地球曲率和折光差的影响。计算三角高程时，角度取至秒，高差应取至厘米。

表 3-35　图根三角高程测量技术要求

仪器类型	测回数（中丝法）	指标差较差（″）	垂直角较差（″）	附合或环线闭合差（mm）	边长测量方法
J_6	2	≤25	≤25	$\pm 40\sqrt{L}$	单向一测回

注：L 为路线长度，单位为 km。

活动 5　测站点的增补

资源与器材：课件、《1∶500　1∶1 000　1∶2 000 外业数字测图技术规程》。

以图 3-1 为例，各组按任务 1 中选定的首级控制点，讨论是否需要加密测站点。以小组为单位总结发言，提出可能的方案并将加密的控制点标注在图 3-1 上。

【知识导航】

在测图时,图根点密度不足,可采用支导线法、极坐标法、自由设站法等方法增设测站点。不论何种方法,测站点相对于邻近图根点点位精度的中误差不应大于 $0.1 \times M \times 10^{-3}$ m,高程中误差不大于测图基本等高距的1/6。

支导线、极坐标法测量的技术要求同活动1,采用自由设站法测量时,观测的已知点数不应少于2个,水平角、距离各观测一测回,其半测回较差不大于30″,测距读数较差不大于20 mm。自由设站法测量各方向解算水平角与观测水平角的差值,按测图比例尺1∶500不大于40″,1∶1 000、1∶2 000不大于20″。

任务7　提交成果资料

任务目标:

掌握应提交资料的清单。

学习过程:

使用网络资源查找应提交的各项资料。

学习成果:

自主编写清单中各项资料简介。

各组完成综合实训后,按要求进行成果整理,提交以下成果:

(1)导线选点略图;

(2)水准记录手簿;

(3)导线观测记录手簿;

(4)高程误差配赋表;

(5)导线坐标计算表;

(6)导线测量成果表;

(7)控制点点之记;

(8)控制点成果表。

思考题

1. 控制测量的作用是什么?为什么在测量工作中占有重要地位?
2. 控制测量的方法有哪些?试做比较。
3. 导线的布设方法有哪些?试做比较。
4. 查找控制测量相关规范,并比较各规范技术要求。

项目 4　地形图测绘外业

【项目说明】

本项目主要学习地形采集时的点位选择,地形信息的野外采集方法,地物地貌采集时的综合取舍,地形信息编码的基本知识和常见编码方案。通过学习,使学生能够达到独立完成地形图外业测绘的全部过程。

【项目任务】

1. 掌握外业碎部点采集方法及草图绘制。
2. 熟练掌握测绘仪器的操作。
3. 掌握数据编码及常见数据编码方案。
4. 理解掌握数据通信的概念及方法。

【项目成果】

1. 自主设计一套外业适用简码。
2. 全站仪数据采集实习数据文件。
3. 野外采集时绘制的草图。

【项目案例】

本项目以郑州测绘学校的影像图所在的测区为例,完成 1∶500 地形图测绘。

已有资料:测区影像图(见图 4-1)、一级导线点成果(其坐标见表 4-1)、郑州测绘学校地形图(见图 4-2)。

图 4-1　郑州测绘学校影像图

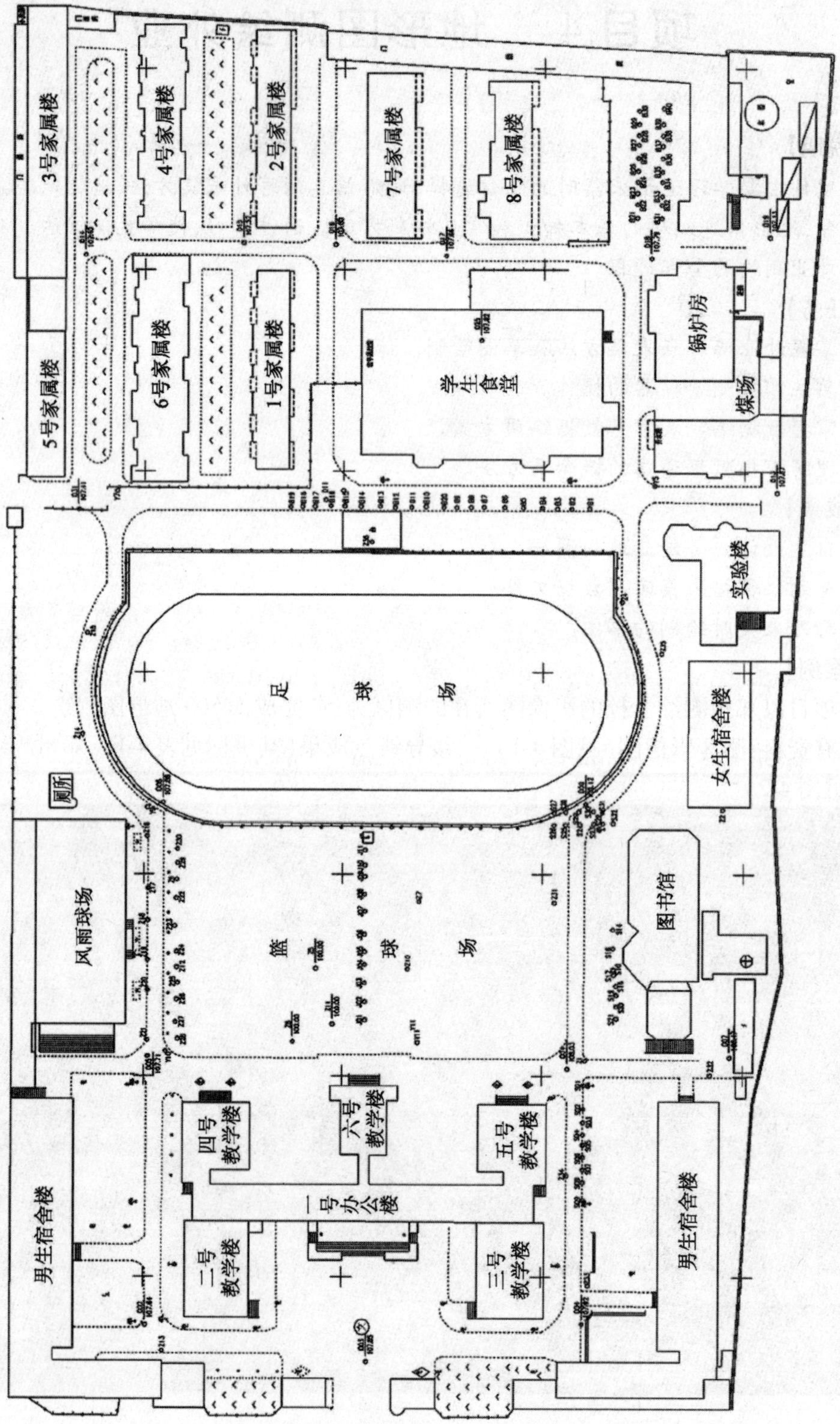

图 4-2 郑州测绘学校地形图

表 4-1　校园控制点坐标成果表

点号	X坐标	Y坐标	H高程	点号	X坐标	Y坐标	H高程
B1	3 638.362	7 040.817	—	B4	3 650.341	7 040.868	—
B10	3 679.46	7 041.191	—	B40	3 620.331	7 140.049	—
B11	3 683.006	7 041.095	—	B5	3 655.038	7 040.918	—
B12	3 687.101	7 040.945	—	B6	3 659.633	7 041.011	—
B13	3 690.943	7 041.268	—	B7	3 664.796	7 041.109	—
B14	3 695.718	7 041.21	—	B8	3 668.024	7 041.024	—
B15	3 699.773	7 041.294	—	B9	3 671.702	7 040.987	—
B16	3 703.124	7 041.385	—	C14	3 687.711	6 961.623	—
B17	3 707.082	7 041.174	—	C17	3 680.286	6 961.549	—
B18	3 710.158	7 041.209	—	C22	3 667.786	6 961.565	—
B19	3 713.245	7 041.103	—	D02	3 749.408	6 838.088	107.635
B2	3 642.94	7 040.613	—	D03	3 693.733	6 829.022	107.848
B20	3 674.908	7 040.992	—	D04	3 639.593	6 838.372	107.916
B21	3 626.859	7 112.878	—	D05	3 749.084	6 904.826	107.709
B22	3 626.817	7 116.324	—	D06	3 643.568	6 901.674	108.026
B23	3 626.815	7 119.067	—	D07	3 603.386	6 904.667	108.173
B24	3 626.767	7 121.818	—	D08	3 745.279	6 967.718	107.878
B25	3 626.702	7 124.594	—	D09	3 639.071	6 967.338	108.119
B26	3 626.635	7 127.738	—	D11	3 704.484	7 042.802	—
B27	3 626.528	7 131.07	—	D13	3 591.981	7 044.617	107.874
B28	3 626.499	7 133.396	—	D14	3 765.273	7 103.722	107.395
B29	3 626.429	7 136.263	—	D15	3 725.272	7 106.586	107.52
B3	3 646.463	7 040.717	—	D16	3 702.141	7 106.176	107.597
B30	3 626.4	7 139.45	—	D17	3 674.531	7 103.483	107.655
B31	3 620.886	7 112.76	—	D18	3 623.332	7 102.8	107.794
B32	3 620.839	7 116.11	—	D19	3 594.024	7 108.042	107.134
B33	3 620.772	7 118.27	—	D21	3 603.386	6 904.667	108.173
B34	3 620.73	7 121.782	—	D25	3 665.53	7 082.458	107.817
B35	3 620.674	7 124.417	—	D31	3 767.042	7 040.501	107.411
B36	3 620.635	7 127.642	—	J01	3 694.386	6 913.767	109.128
B37	3 620.624	7 130.748	—	J02	3 694.437	6 918.306	109.125
B38	3 620.543	7 133.263	—	J03	3 694.476	6 923.017	109.16
B39	3 620.488	7 136.195	—	J04	3 694.466	6 927.555	109.171

续表 4-1

点号	X 坐标	Y 坐标	H 高程	点号	X 坐标	Y 坐标	H 高程
J05	3 694.457	6 930.838	109.186	S31	3 634.916	6 965.381	—
J06	3 694.516	6 934.98	109.179	S32	3 632.292	6 962.658	—
J07	3 694.428	6 940.645	109.151	Y10	3 744.556	6 906.085	—
J08	3 694.484	6 944.956	109.15	Y11	3 681.054	6 908.187	107.475
J09	3 694.414	6 949.342	109.108	Y5	3 622.372	7 046.454	—
J10	3 694.41	6 952.11	109.094	Y6	3 700.151	7 045.153	—
J11	3 694.451	6 955.926	109.077	Y7	3 756.955	7 045.019	—
S01	3 639.422	6 897.623	109.067	Y9	3 749.199	6 966.472	—
S02	3 639.463	6 891.875	109.095	Z1	3 639.064	6 903.761	107.475
S03	3 639.485	6 888.367	109.085	Z10	3 683.672	6 926.521	—
S04	3 639.503	6 885.377	109.09	Z11	3 702.417	6 912.779	—
S05	3 639.523	6 882.782	109.077	Z12	3 741.782	6 926.852	—
S06	3 639.525	6 879.834	109.068	Z13	3 745.245	6 831.654	—
S07	3 639.529	6 876.698	109.053	Z14	3 765.928	6 984.677	—
S08	3 639.54	6 873.638	109.035	Z15	3 764.712	7 009.765	—
S09	3 639.556	6 869.113	109.012	Z16	3 749.238	6 959.37	—
S10	3 632.13	6 926.31	109.264	Z17	3 748.97	6 946.385	—
S12	3 632.234	6 931.616	109.339	Z18	3 749.027	6 938.495	—
S14	3 632.247	6 936.212	109.326	Z19	3 749.093	6 928.704	—
S17	3 632.002	6 925.071	—	Z2	3 605.268	6 966.015	—
S18	3 631.47	6 922.284	—	Z20	3 749.106	6 921.178	—
S19	3 631.434	6 920.001	—	Z21	3 749.178	6 908.748	—
S20	3 631.405	6 917.224	—	Z22	3 741.949	6 943.975	—
S21	3 631.374	6 914.19	—	Z23	3 742.284	6 937.114	—
S22	3 634.833	6 962.6	—	Z24	3 741.883	6 930.829	—
S23	3 637.118	6 962.515	—	Z25	3 741.544	6 923.065	—
S24	3 640.559	6 962.421	—	Z26	3 741.782	6 918.848	—
S25	3 644.221	6 962.304	—	Z27	3 742.126	6 913.232	—
S26	3 647.012	6 962.229	—	Z28	3 741.57	6 909.072	—
S27	3 646.976	6 965.261	—	Z29	3 741.605	6 952.676	—
S28	3 644.174	6 965.342	—	Z30	3 741.647	6 956.248	—
S29	3 640.765	6 965.465	—	Z31	3 646.881	6 942.839	—
S30	3 637.2	6 965.569	—	Z32	3 608.284	6 900.216	—

续表 4-1

点号	X坐标	Y坐标	H高程	点号	X坐标	Y坐标	H高程
Z33	3 638.139	6 848.01	—	Z5	3 706.579	6 926.637	—
Z34	3 643.703	6 875.182	—	Z6	3 712.406	6 908.377	—
Z35	3 620.459	7 004.719	—	Z7	3 680.76	6 943.241	—
Z36	3 693.009	7 032.377	—	Z9	3 741.777	6 948.623	—
Z4	3 630.301	7 017.579	—				

作业依据：

(1)《城市测量规范》(CJJ/T 8—2011)。

(2)《全球定位系统(GPS)测量规范》(GB/T 18314—2009)。

(3)《全球定位系统实时动态测量(RTK)技术规范》(CH/T 2009—2010)。

(4)《1∶500　1∶1 000　1∶2 000 地形图图式》(GB/T 20257—2007)。

(5)《国家三、四等水准测量规范》(GB/T 12898—2009)。

任务1　外业数据采集

任务目标：

1. 掌握外业数据采集的准备工作。
2. 理解地物地貌测绘的综合取舍。

学习过程：

外业数据采集准备；地物地貌测绘的综合取舍。

学习成果：

在实习中使用 GPS 完成规定点数的数据采集。

活动1　外业数据采集准备

资源与器材：全站仪、控制点坐标数据。

1.1　资料准备

在数据采集之前，最好提前将测区的全部资料准备齐全，如控制成果(见图4-1 和表4-1)、规范标准和技术资料等。

1.2　仪器器材准备

实施数字测图前，应准备好仪器、器材。

应准备的仪器、器材主要包括：全站仪、GPS、备用电池、对讲机、通信电缆、反光棱镜、皮尺或钢尺等。全站仪、对讲机应提前充电。当采用全站仪采集时，全站仪中的各种常数及有关参数应正确设置。

在采集过程中，有可能要随时增补一些测站点，应准备好锤子和一些木桩、小钉备用。

1.3　作业人员组织分工

为切实保证野外作业的顺利进行，出测前必须对作业组成员进行合理分工，根据各成员的业务水平、特点，选好观测员、绘草图立尺(镜)员、跑尺(镜)员等。合理的分工组织可大大提高野外作业效率。选用不同的采集模式，其相应的人员配置也会不同。数字测记模式施测时，一般配置观测员 1 人，草图员 1 人，跑尺员 1 ~ 2 人。

活动 2　拓普康全站仪数据采集

资源与器材：全站仪、单杆棱镜、钢卷尺。

作业员进入测区后，根据事先的分组，各自选取已知点，安置仪器，采集数据。

2.1　数据采集流程

2.1.1　仪器设置与测站检查

2.1.1.1　全站仪设置

仪器观测员到事先选好的已知点上快速架好仪器，量取仪器高，选择数据采集模式，输入测站点号和定向点，瞄准棱镜定向。

2.1.1.2　测站检查

开始施测前，应对控制点数据进行检核。选择其他已知点作为检核点，其实测坐标与已知坐标相比较，平面位置误差不得大于 $0.2 \times M \times 10^{-3}$ m。检查检核点的高程较差，不得大于 1/6 等高距。

当采用全站仪采集时，检查超限，应从以下几个方面查找原因：已知点、定向点的点号是否输错；坐标是否输错；仪器高是否量错；后视方位是否配置正确；所调用于检查的已知点的点号、坐标是否有误；仪器加常数、乘常数、大气垂直折光系数等参数是否正确设置；检查仪器、设备是否有故障等。

2.1.2　数据采集

立镜员负责立镜，主要是选择地形、地貌的特征点立镜，并结合全站仪通视情况随时与仪器操作员交流升降棱镜高度，供仪器操作人员采集坐标。

仪器操作人员一般应随时跟踪立镜员棱镜，用对讲机确认镜高后输入，并及时瞄准棱镜测定碎部点数据。每隔若干点号，还应与绘图员互对点号，防止草图上点号与全站仪中存储数据不一致。采集调绘模式时，仪器操作人员还应随时与立镜员交流，输入表示点位属性信息和连接信息的自定义编码。这些编码既可以事先自行定义，也可以随时根据实际地物属性编制。采集的数据应及时记录或传输。

在野外采集时，能测到的点要尽量测，实在测不到的点可利用皮尺或钢尺量距，室内利用测图软件间接生成这些点的坐标。当野外采用便携机或 PDA 实时绘图时，绘图员应根据屏幕显示的点位，结合实际所测地物的连接点号、连接方向、连接顺序、地物属性等信息，实时绘图。另外，还要经常用对讲机与立镜员沟通，以防止点号连错、漏连或绘错属性等。

如果需要绘制草图，绘图员应首先对测站周围的地形、地物分布情况熟悉一下，便于开始观测后及时在图上标明所测碎部点的位置及点号。草图的绘制要遵循清晰、易读、相对位置准确、比例一致的原则。绘制草图时，对于地物、地貌，原则上采用 GB 7929 所规定的符号绘制，对于复杂的图式符号可以简化或自行定义。但数据采集时所采用的地形码，必须与草图绘制的符号一一对应。草图必须标注所测点的测点编号，且标注的测点编号应与数据采集记录中测点编号严格一致。草图上地形要素之间的相对关系必须清楚、正确。地形图上需注记的各种名称、地物属性等，草图上必须标记清楚、正确。

在一个测站上所有的碎部点测完后，还要找一个已知点重测，以检查施测过程中是否存在因误操作、仪器碰动或出故障等原因造成的错误。检查确定无误后，关机、搬站。到下一测站，重新按上述采集方法、步骤进行施测。

2.1.3　外业数据记录

碎部点数据一般由记录软件自动存储，格式由编程人员自行规定。但主要内容有测点号、数据采集编码、觇标高、斜距、垂直角、水平角，或者是自动计算好的点号、编码、X 坐标、Y 坐标、H 高程等信息。

野外数据采集不可避免会出现一些错误或需修正信息，故绘图员或仪器操作人员还要在专用手簿上记录。如坐标错误点号、高程错误点号、不参与后期 DTM 建模点、编错的点号及正确信息、棱镜高弄错点及如何改正、编码错误点号等。当进行后期数据处理时，可以根据记录信息进行删除或改正。

2.2　拓普康全站仪数据采集步骤

在测站点安置好（对中、整平）全站仪，开机。开机后要注意设置温度、气压、棱镜常数等。

2.2.1　建立数据采集文件

全站仪采集的数据一般都以文件的形式存储在全站仪的内存中，所以采集数据之前要设置建立采集文件。TOPCON 全站仪建立的文件分两种：测量文件与坐标文件。

测量文件在采集前建立，存储测量过程中所有信息，包括测站信息、定向信息、碎部点采集的水平角、天顶距、距离等。

坐标文件一般由全站仪自动生成（也可以在文件管理中建立），只存储坐标数据。

点击“MENU”键，进入菜单（见图 4-3）。选择“F1”输入测量文件名，如：TEST（见图 4-4）。

菜单　1/3
F1: 数据采集
F2: 放样
F3: 存储管理　P↓

图 4-3　菜单界面

选择文件
FN:　TEST
输入　调用　---　回车

图 4-4　选择文件界面

回车进入“数据采集”菜单（见图 4-5）。

数据采集　1/2
F1: 测站点输入
F2: 后视
F3: 前视/侧视　P↓

图 4-5　数据采集界面

2.2.2　设置测站

在“数据采集”菜单中，选择“F1：测站点输入”。根据提示符依次输入测站信息（如测站号、标识符（可不输）、仪器高、测站坐标）后按“记录”键即可（见图 4-6）。

点号　>1
标识符:　OCC
仪高　: 1.200
输入　查找　记录　测站

图 4-6　测站设置界面

测站点坐标输入有两种方式。一种是点击“查找”,在文件中调用已存储的坐标数据。另外一种是手工输入测站坐标。点击 F4“测站”,进入如图 4-7 所示“测站点”界面,再按 F3“坐标”, 进入图 4-8 所示坐标输入界面,输入 *X*、*Y*、*H* 后回车确认。点击 F3“是”,依次根据提示点击记录键,记录下测站信息。返回图 4-5 所示的数据采集界面。

```
测站点
  点号: 1

输入  调用    坐标   回车
```

图 4-7　测站点界面

```
N: 30.480m
E: 30.480m
Z: 3.408 m
>OK ?           [是]  [否]
```

图 4-8　坐标输入界面

2.2.3　配置后视方位角(定向检查)

数据采集中的定向,实际上就是给全站仪的度盘安置后视方向的坐标方位角的过程(根据需要有时也会设置为 0 度)。定向完成后,全站仪转到任何方向后,显示的都是该方向的坐标方位角,方便全站仪计算坐标。定向过程如下:

用全站仪望远镜照准后视目标棱镜,在图 4-5 “数据采集界面”中选择 “F2:后视”。进入设置后视界面,如图 4-9 所示。点击 F4 “后视”,进入图 4-10 所示的后视点点号输入界面。

```
后视点 >     2
编码   :        BACK
镜高   :        1.600
输入  置零   测量   后视
```

图 4-9　设置后视界面

```
后视
点号:      2

输入  调用  NE/AZ 回车
```

图 4-10　后视点点号输入界面

按 F3 “NE/AZ”,进入图 4-11 所示的坐标输入界面。按 F1“输入”,依次输入后视点的 *X*、*Y* 坐标(也可按 F3 “AZ”,直接输入后视方位角)。

```
N:  >
E:

输入   ----    AZ    回车
```

图 4-11　后视坐标输入界面

回车确认后返回图 4-9 所示的设置后视界面。

望远镜精确照准后视目标后,点击 F3“测量”,进入图 4-12 所示的设置后视方位角界面。选择 F3 “坐标”,全站仪自动测量出后视点坐标,并显示如图 4-13 所示的界面。如果需要记录测量出的新的后视点坐标,点 F3 “YES”,不需要记录,点 F4 “NO”;如果后视点没有设置棱镜,无法测量坐标,也可以按 F1“角度”,直接设置后视方位角。

```
后视点 >    2
编码   :       BACK
镜高   :       1.600
角度   斜距    坐标    ---
```

图 4-12　设置后视方位角界面

```
N:    1000
E:    1000
Z:    100
        Ok? Y        N
```

图 4-13　后视点实测坐标记录确认界面

点击“ESC”返回“数据采集”菜单。

提示:定向时测量得到的坐标必须与已知后视坐标比对,如果满足限差规定,表示定向成功;如果差别较大,则需要查找原因,主要从两方面检查,一方面检查测站坐标、后视坐标输入是否正确,另一方面检查是否找错点位。

2.2.4　碎部点采集

全站仪照准碎部点(地物、地貌特征点),在“数据采集”菜单中,选择“F3:前视/侧视”,进入碎部点采集界面,如图 4-14 所示。依次输入点号、编码、镜高,照准测量目标,点击 F3“测量”,选择 F3“坐标”。全站仪自动测量目标点坐标并自动记录,返回采集菜单,点号依次增加。

点号	>	3
编码	:	FRONT
镜高	:	1.600
输入	查找	测量　同前

图 4-14　碎部点采集界面

2.3　拓普康全站仪偏心测量

在实际测量过程中,经常会碰到棱镜无法准确地放到测量点的情况,比如电杆、路灯、墙角等。为了获得它们的几何位置中心,提高测量精度,必须使用偏心测量。该法主要有角度偏心法和距离偏心法。

2.3.1　角度偏心测量

如图 4-15 所示,将棱镜安置在离仪器到目标点 A_0 相同水平距离的另一个合适的目标点上进行测量,得到测站点至 A_0 的距离;再转动望远镜瞄准 A_0,测得测站点至 A_0 的坐标方位角,即可计算出 A_0 点的坐标。

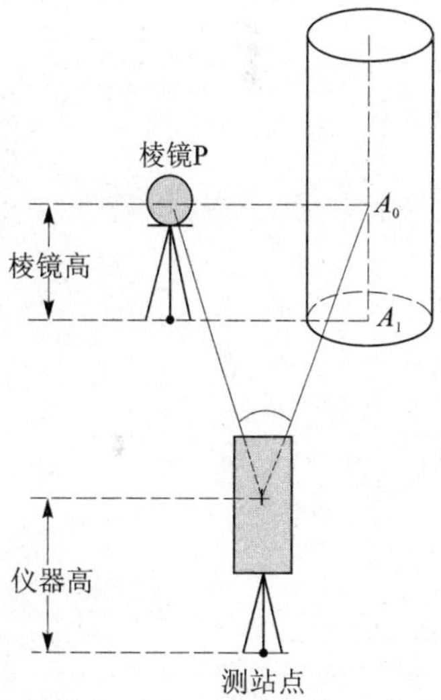

图 4-15　角度偏心原理

下面介绍拓普康全站仪数据采集时角度偏心测量的使用。

将棱镜安置于目标物体的一侧,尽量使仪器到棱镜的距离与仪器到目标物体几何中心的距离一致。

用全站仪照准棱镜制动,在图 4-14 碎部点采集界面中,选择“F3 测量”,进入采集数据选择界面(见图 4-16)。

点号	>	3
编码	:	FRONT
镜高	:	1.600
角度	斜距	*坐标　偏心

图 4-16　采集数据选择界面

在图 4-16 采集数据选择界面下,选择 F4“偏心”,进入偏心测量界面(见图 4-17)。点击“F1:角度偏心”,进入角度偏心测量界面(见图 4-18)。

偏心测量		1/2
F1:	角度偏心	
F2:	距离偏心	
F3:	平面偏心	P1↓

图 4-17　偏心测量界面

偏心测量	
HR: 120° 30′ 40″	
HD	m
>照准?	[是] [否]

图 4-18　角度偏心测量界面

在确保望远镜对准棱镜的情况下，点击 F3 “是”，全站仪测量得到棱镜所处位置的距离（见图 4-19），并显示图 4-20 所示界面。

```
偏心测量
HR：120° 30′ 40″
HD *[n]            <m
>测量…
```

图 4-19　目标点距离测量界面

```
偏心测量
HR：120° 30′ 40″
SD：          12.345m
>OK?        [是] [否]
```

图 4-20　目标点方位角测量界面

转动望远镜对准待测物体的几何中心，单击 F3 “是”，得到待测目标点方位角，全站仪自动计算出待测物体的几何中心的坐标，并记录下来。自动返回采集菜单，等待测量下一点。

2.3.2　距离偏心测量

如图 4-21 所示，测量出棱镜点的坐标后，只需要输入左右偏心距（向右为“＋”，向左为“－”）和前后偏心距（向前为“＋”，向后为“－”），即可计算出目标点 A_0 的坐标。

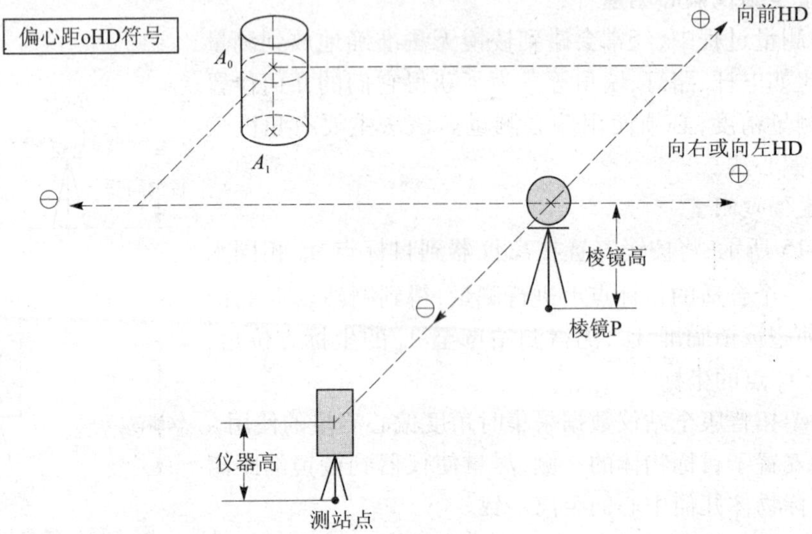

图 4-21　距离偏心测量

下面介绍拓普康全站仪数据采集时距离偏心测量的使用。

在图 4-17 所示的偏心测量界面中，点击“F2：距离偏心”，进入左右偏心距输入界面（见图 4-22）。点击 F1“输入”，输入量测好的右或左偏心距值，回车确认后进入前后偏心距输入界面（见图 4-23）。

```
距离偏心
 输入 右或左偏距
oHD:           0.000m
输入  ---  跳过   回车
```

图 4-22　左右偏心距输入界面

```
距离偏心
 输入 向前偏心距
oHD:           0.000m
输入  ---  跳过   回车
```

图 4-23　前后偏心距输入界面

按击 F1“输入”，输入量测好的前或后偏心距值，回车确认后进入图 4-24 所示的偏心点坐标测量界面。按 F2 或 F3 测量后自动计算出待测目标点坐标(见图 4-25)并记录下来。自动返回采集菜单,等待测量下一点。

```
点号: PT-11
编码: TOPCON
镜高:          1.200m
--- *斜距  坐标 ---
```

图 4-24　偏心点坐标测量界面

```
N*[n]         <<<m
E:               m
Z:               m
>测量…
-------------------
>计算…
```

图 4-25　待测目标点坐标计算界面

2.4　实训

以小组为单位,各组在校园内找到任意两个通视的控制点,并且任选部分碎部点。学生逐一完成全站仪的测站设置、定向、测量工作,并计时,达到熟练测定目标点的目的。各组根据组员完成情况,填写操作记录表(见表 4-2)。

表 4-2　数据采集记录手簿

组别及姓名	第____组　__________		完成时间：　分　秒	
测站点：	X：　Y：　H：			仪器高：
定向点：	X：　Y：　H：			棱镜高：
定向点坐标检查	X：　Y：　H：			
采集点号	地物属性	X	Y	H
1				
2				
3				
4				
5				
6				
7				
8				
⋮				
测量中出现的问题：				

活动3　中纬全站仪数据采集

资源与器材:中纬全站仪、单杆棱镜、钢卷尺。

中纬全站仪数据采集流程和需要设置的参数都基本相同,但在具体操作上稍有不同。在测站点安置好全站仪,开机。

3.1　设置作业

全站仪的数据都存在作业(相当于拓普康全站仪里的文件,叫法不同)里,作业包含不同类型的测量数据(例如测量数据、编码、已知点、测站等),可以单独管理,也可以分别读出、编辑或删除。

在图4-26所示的程序选择界面上,按数字键“2”进入图4-27所示的“应用程序”界面。

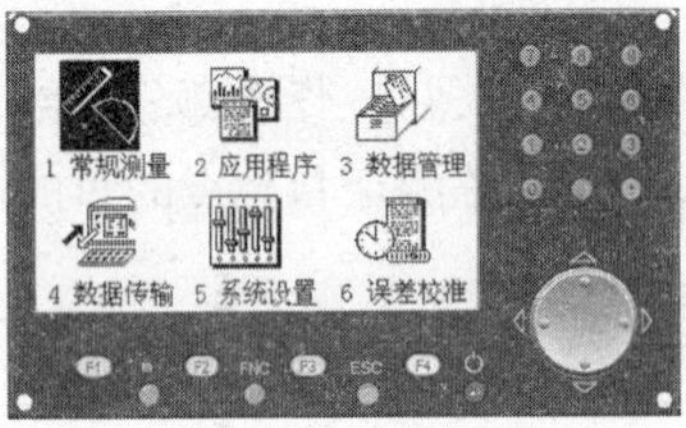

图4-26　程序选择界面

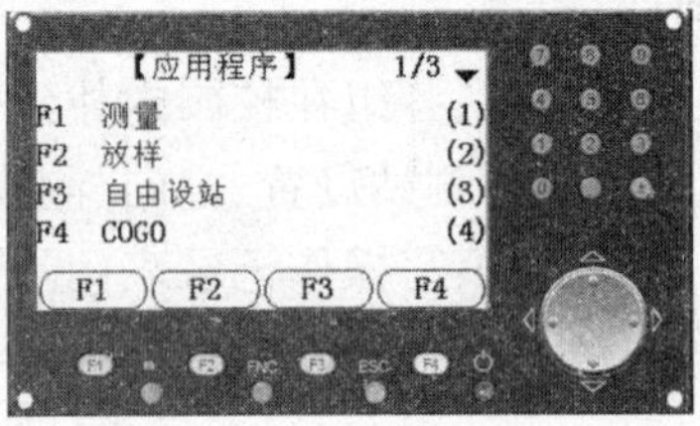

图4-27　应用程序界面

在“应用程序”界面中按F1“测量”,进入“测量设置”界面(见图4-28),按F1“设置作业”后,进入“设置作业”界面(见图4-29)。

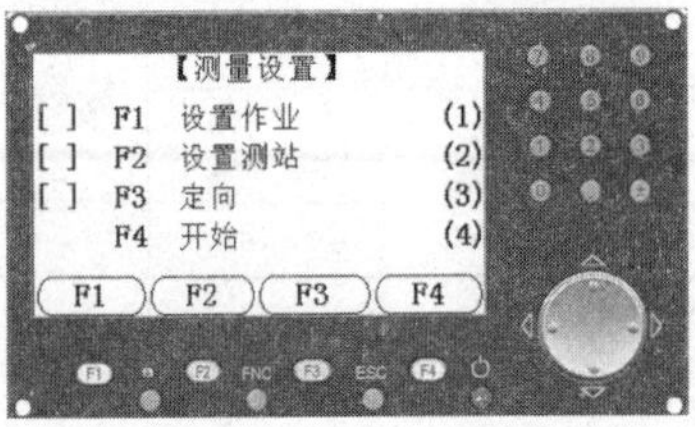

图4-28　测量设置界面

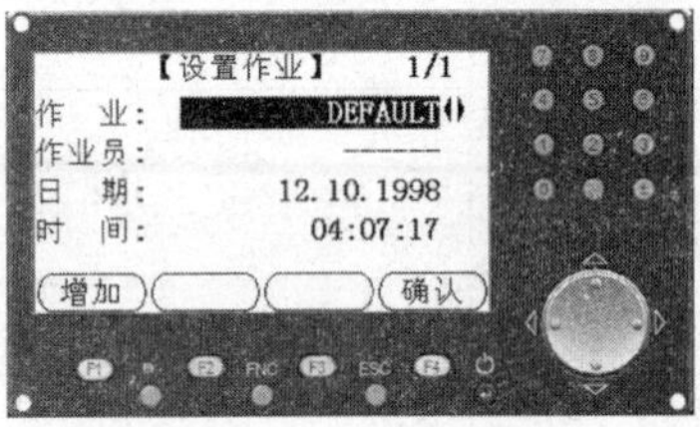

图4-29　设置作业界面

按F1“增加”创建一个新作业,或者在“作业”栏中选择已有的作业名称后,按F4“确认”,回到“测量设置”界面。

3.2　设置测站

在“测量设置”菜单中,选择“F2设置测站”,进入“输入测站号”界面(见图4-30)。如果作业文件中,已经存在测站点,可以直接输入测站点号,按F1“检索”或F2“列表”查找到所需要的测站点后回车确认。如果需要手工输入测站点坐标,点击F3“坐标”,进入“坐标输入”界面(见图4-31)。

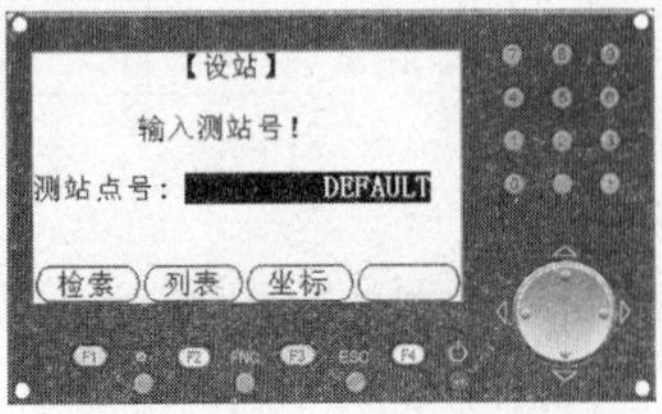

图4-30　输入测站号界面

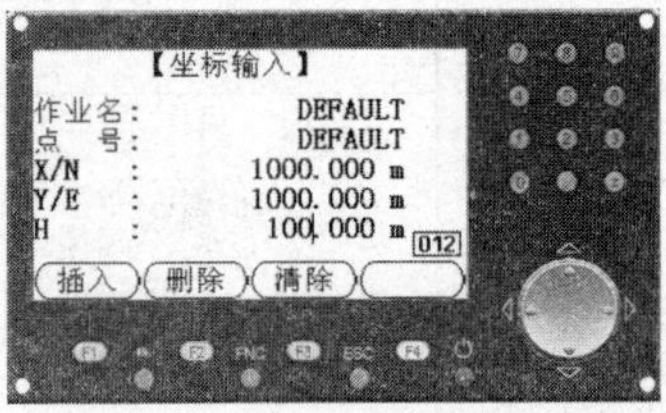

图4-31　坐标输入界面

依次输入测站点的 X、Y、H(注意回车确认)后,按 F4 “保存”,进入“输入仪器高”界面(见图 4-32),直接输入仪器高,确认,返回“测量设置”菜单。

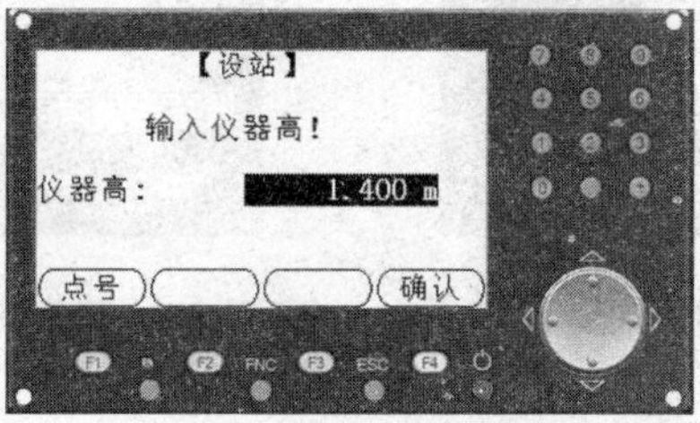

图 4-32　**输入仪器高界面**

3.3　定向

在测量设置菜单中,选择“F3 定向”,进入“定向方法选择”界面(见图 4-33)。如果已知后视方位角,可以选择“F1 人工输入”,进入“人工输入后视方位角”界面(见图4-34)。

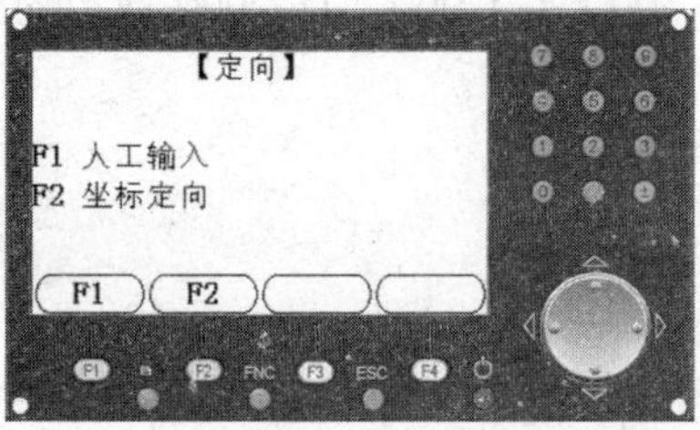

图 4-33　**定向方法选择界面**

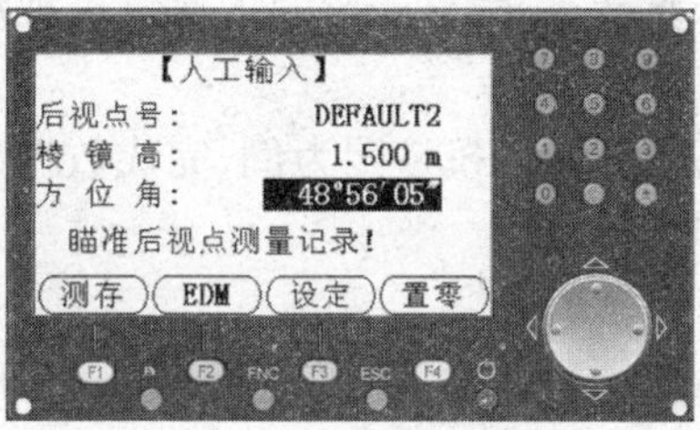

图 4-34　**人工输入后视方位角界面**

输入后视点棱镜高和后视方位角后,按 F1“测存”或 F3“设定”后,返回“测量设置”菜单。

如果已知后视点坐标,在图 4-33 所示的定向方法选择界面中,选择 F2“坐标定向”,进入“输入后视点”界面(见图 4-35)。选择 F1“列表”检索已知后视点或选择 F2“坐标”输入后视定向点点名、坐标,保存后,进入“坐标定向”界面(见图 4-36)。

图 4-35　**输入后视点界面**

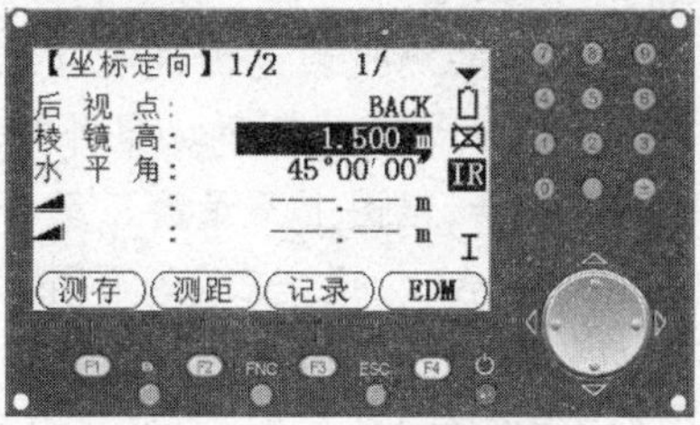

图 4-36　**坐标定向界面**

用全站仪照准定向点,在“坐标定向”菜单中,输入棱镜高。点击 F2 “测距”,测距完成后再按 F3“记录”,弹出多余观测确认界面(见图 4-37),按 F4“否”,完成定向。按 F1“是”,可以进行多余观测,提高定向精度。

也可在图 4-36“坐标定向”界面中,直接按 F1“测存”,进入图 4-38 所示的界面后,操作方法同上。

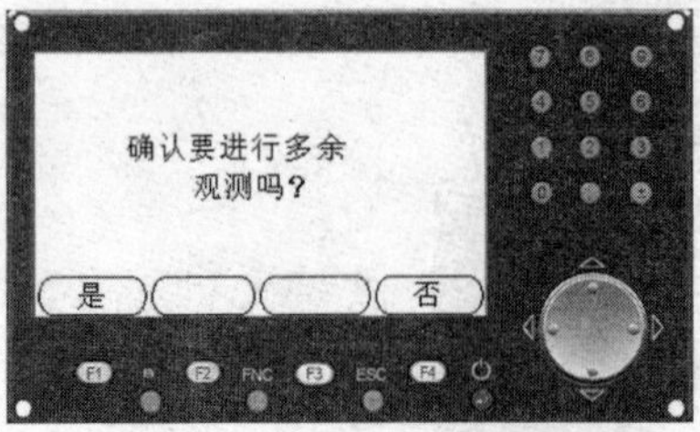

图 4-37　多余观测确认界面

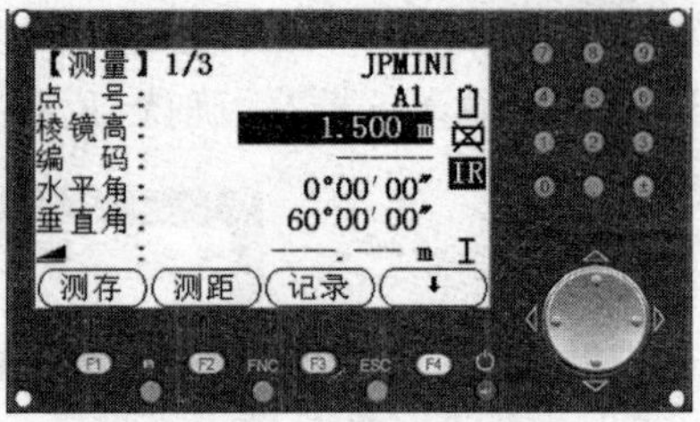

图 4-38　"测量"界面

3.4　碎部点采集

在"测量设置"界面(见图 4-28)中,选择 F4"开始",进入"测量"界面(见图 4-38)。输入测点点号、棱镜高,照准需要采集的点,点击 F1"测存",全站仪自动测定所有数据,并保存。测量点号顺序增加。

活动 4　外业数据采集内容选取

资源与器材:完整的校园大比例尺地形图、《1∶500　1∶1 000　1∶2 000 地形图图式》、铅笔、橡皮、记录纸。

以郑州测绘学校校园为例,完成数据采集。

【知识导航】

1. 地物测绘

为了将实地上某地物要素准确地绘制到地形图上,需要对其特征点进行定位。地物特征点有起点、终点、角点、拐点、曲线弯曲点、平面投影点等,如房屋的角点、道路的交叉点、境界线的方向变化点。1∶500、1∶1 000 大比例尺地形图测绘时,一般不综合;1∶2 000地形图或专用图测绘时,可适当综合取舍。

1)居民地测绘

居民地测绘时,各类建筑物、构筑物及主要附属设施均应进行测绘。房屋以墙外角为准,临时建筑可舍去。建筑物、构筑物轮廓凹凸在图上小于 0.5 mm 时,可用直线连接。装饰性的柱、垛和加固墙等一般不表示。房屋附属设施中,柱廊、檐廊、挑廊、门顶、雨搭、飘阳、飘楼等空中设施应实测投影范围线或以维护物外围为准。有支柱时,两端或拐角支柱应实测,中间支柱可实测或配置表示。室外楼梯以上盖投影为准,图上宽度小于 1 mm 的不表示;台阶按投影测绘,但图上不足绘三级符号的不表示。

房屋一般不综合,应逐个表示,不同层数、不同结构性质、主要房屋和附加房屋都应分割表示。不同层次的分割线用虚线。主要房屋和附加房屋、不同结构房屋分割线用实线。测绘时,应记录房屋的结构、层数、完好情况和用途等。

围墙、栅栏、栏杆、篱笆和铁丝网等围护物均应实测,应分清种类、分段标出,附属符号向里绘出;在墙基上面筑栏杆的按围墙表示;所有的围墙、拐点上的立柱均依比例尺符号表示。

2)交通及附属设施测绘

铁路线路及在测区内车站与附属设施,均按图式相应符号表示。道路按实测宽度依比例表示,并在图上每隔 15 ~20 cm 注出道路技术等级代码,国家干线道路(国道)还需注出路线编号。等级道路路肩宽度图上大于 1 mm 时依比例尺表示;小于 1 mm 时以 1 mm 绘出。道路中央隔离带、隔离墙,实地宽≤0.25 mm 用 0.25 mm 粗线表示,大于 0.25 mm 依比例尺表示,如有植被应配置符号。机耕路、依比例尺表示的乡村路如路面宽不一致或行车轨迹不齐,可取中等宽度的平行线绘出。内部道路表示主干的、能构成路网及通达主要建筑物的,支岔、末梢不表示。路堤、路堑长度大于5 m和比高大于0.5 m时,应测出其范围,并应适当测注其坡顶、坡脚高程。道路通过居民地不宜中断,应按实际位置测绘,但当进入街道时,用街道线代替。城区街道应将固定性安全岛、人行道、绿化带和街心花园绘出。涵洞孔径大于1 m时按比例表示,小于1 m时按不依比例尺符号描绘。道路两侧的排水沟一般不表示,修筑正规的按干沟符号表示。城镇内道路边的汽车停车亭实测范围用实线表示,没有停车亭的公共汽车站可不表示。铁路轨顶(曲线段取内轨顶)、道路路中、道路交叉处、桥面等应测注高程,隧道、涵洞应测注底面高程。

3)管线及附属设施

应区分高压输电线和低压配电线。电力线、通信线一般均应表示。杆位、塔位实测,可不连线,但应在杆架处绘出线路方向。多种线路在同一杆架上,且方向一致时只表示主要的。没有电杆依附在墙上的配电线、电话线或只有一杆的进户线可不表示。架空的、地面上的、有管堤的管道均应实测,分别用相应符号表示,并注记传输物质的名称。地下管道检修井一般只表示位于街巷中及大单位内主要通道上及侧旁的;位于楼前屋后非干线上的检修井可不表示。底线管道有要求时应注明埋深。室外地上和地下的消火栓、大型突出的阀门、室外供水龙头一般应表示。污水箅子和室外饮水龙头可简要表示。

4)水系及附属设施

江、河、湖、海、水库、溪流、沟渠、水井及各种水工建筑物设施均应实测表示。江、河、湖、海、溪流、沟渠通常以岸边为界,另外应测绘水涯线、高水界等,还应标明水流方向。河流、无明显坎沿的池塘的水涯线按测图时的水位施测。河流宽度小于图上0.5 mm时,用单线表示。人工沟渠、贮水池、经过修整的鱼池、水塘的水涯线以坎沿为准。沟渠宽度小于图上1 mm时,用单线表示。河流水位高及施测日期应测注。当同一河流不同期测图水位产生矛盾时,应考虑进行常水位修正。水渠应测注渠顶边和渠底高程;堤、坝应测注顶部及坡脚高程;池塘应测注塘顶边及塘底高程;泉、井应测注泉的出水口与井台高程,主要水井并需量注井台至水面的深度。

5)工矿建(构)筑物及其他设施

应准确表示工矿建(构)筑物及其他设施的位置、形状和性质特征。依比例尺表示的,应实测其外部轮廓,并配置符号或按图式规定依比例尺符号表示;不依比例尺表示的,应准确测定其定位点或定位线,用不依比例尺符号表示。附属于其他建筑上的烟囱、贮水池、微波传送塔等地物,除特别高大极明显方位意义者外,一般不绘。对实地有些建筑物、构筑物,图式中无相应规定符号,也不便归类,可实测其物体的地面几何图形,并加注专名。

6)植被测绘

植被范围应实测,配置相应符号并正确反映植被符号类别和分布范围。同一地段内有多种植物穿插时,可按经济价值和数量适当取舍,符号配置不得超过三种(连同土质符号)。旱地指种植小麦、杂粮、棉花等田地。经济作物、油料作物应加注名称。有节水灌溉设备的应加注“灌溉”“滴灌”等。耕地内宽于0.1 m的田埂应实测表示,在图上宽于1 mm(含1 mm)的应用双线表示,小于1 mm的应用单线表示。田块内应测注有代表性的高程。各类植物符号边界应用地类界符号表示。

零星树一般不表示，行树实地长小于 10 m 可不表示。耕地、园地面积小于 30 m^2，其他地类小于 75 m^2 可不单独表示。

一年分几季种植不同作物的耕地，以夏季主要作物为准；地类界与线状地物重合时，按线状地物测绘。

7）境界测绘

境界是区域范围的分界线，包括行政区划界和其他地域界。图上要求正确反映境界的类别、等级、位置以及与其他要素的关系。

国界是表示国家领土归属的界线，必须严肃对待。测绘国界时，应根据边界条约或有关边界的正式文件精确表示。国界符号应连续精确绘出。界桩、界碑应按坐标值展绘，注出编号，并尽量注出高程。同号双立或同号三立的界桩、界碑图上不能同时按实地位置绘出时，用圈点符号按实地的关系位置绘出，并注出各自的编号。各种注记均应注在本国界内，不得压盖国界符号。以河流中心线或主航道为界的，国界符号在河流中心线位置或主航道线上间断绘出（每隔 3 ~5 cm 绘出一段，每段 3 ~4 节）。主航道线用 0.15 mm 黑实线表示。以河流或线状地物一侧为界的，国界符号在相应的一侧不间断地绘出。以共有河流或线状地物为界的，国界符号应在其两侧不间断地跳绘，岛屿用注记标明归属。

国内各级行政区划界应根据勘界协议、有关文件及权宜画法，准确、清楚地绘出。界桩、界标等要准确绘出。界标若为石碑，则以碑的符号表示。境界以线状地物为界，不能在线状符号中心绘出时，可沿两侧每隔 3 ~5 cm 交错绘出 3 ~4 节符号。但在境界相交或明显拐弯及图廓处，境界符号不应省略，以便明确走向和位置。

两级以上境界重合时，只绘高一级境界符号。“飞地”的界线用其隶属行政单位的境界符号表示，并在范围内加隶属注记。直辖市、地级市内的区界，用县界符号表示。乡级以上的国营农、林、牧场界用乡、镇界符号表示，并注记名称。行政登记以外的特殊地区界（如自然保护区、森林公园、风景旅游区等）用其他界线表示，范围内注记相应名称。

2. 地貌测绘

地貌是指地球表面上高低起伏的形态。地貌特征点有山顶点、鞍部点、山脊点、山谷点、山脚点、变坡点、坡坎点及特殊地貌点等。1∶500、1∶1 000、1∶2 000 地形图测绘时的地形点最大间距分别为 15 m、30 m、50 m，主要应测绘地貌特征点。

坡度在 70°以上时表示陡坎，70°以下时表示斜坡。斜坡在图上投影≤2 mm 时，以陡坎符号表示。斜坡应实测坡顶线、坡底线并实测若干高程；陡坎应实测坎上线、坎下线或只测坎上线并加注比高。各种天然形成和人工修筑的坡、坎，其比高小于 1/2 基本等高距或在图上长度短于 5 mm 时，可舍弃不表示。测绘时应注明加固、未加固及陡坎方向等。

雨裂、冲沟、悬崖、陡壁、砂崩崖、土崩崖、陡石山等不能用等高线表示的特殊地貌，应用测绘地物方法，测绘其轮廓，用符号表示，注记高程或等高线。江侧、河边的滩涂地等应表示出其相应土质。

3. 注记

调查并标注市镇、街巷、河流、道路、村庄、山头凹地、名胜古迹、广场、各级行政区划等地理名称、行政名称、自然名称。地名应以市地名管理部门公布的标准名称或有关部门编定的名称为准，二者不一致时，以前者为准。若标注有地名管理部门未公布的地名，应到当地村（居）委会盖章确认。行政名称与自然名称不一致时或地理名称与自然名称不一致时，分别注自然名称或地理名称在前，行政名称或自然名称在后并加括号表示。地名有总名和分名时应同时调注。占地面积大于500 m^2 或较著名单位要调注名称。地形图上的单位名称应用目前正在使用的名称，名称太长时，可以缩写，但缩写后含义要清楚，隶属要明确。根据图面负载和需要，大的居住区及工厂、学校、医院等较大单位可酌情调注楼名、楼号、车间及部门名称。

活动 5　外业草图的绘制

资源与器材：A4 纸、铅笔。

要想完整地表达地形信息和地理信息，必须采集的信息包括点位信息、连接信息和属性信息。利用数据采集方法已经把点位信息存储在全站仪中，而连接信息和属性信息的记录最常见的是采用绘制外业草图的形式来完成的。绘制外业草图也是测量人员的基本技能。

5.1　绘制外业草图的要求及注意事项

绘制草图时，采集的地物地貌，原则上遵照 GB 20257.1—2007 的规定绘制，对于复杂的图式符号可以简化或自行定义。草图必须标注所测点的测点编号，且标注的测点编号应与数据采集记录中测点编号严格一致。草图上地形要素之间的相互位置必须清楚正确。地形图上须注记的各种名称、地物属性等，草图上必须标注清楚。

一般从开始设置测站即可开始绘制草图，先简单勾勒出地物主要特征，待测定后再在图上标出点位及点号。绘制草图一般从草图用纸的中心开始较好，因为测量也是围绕测站进行的。主要表示清楚单一地物、地貌所测点位的连接关系。草图绘制的基本单元为单一的地物或地貌。地物的方位最好与实地一致，但不用太追求地物间的相对位置关系的准确性。草图符号不宜太小或太大。更换草图时，要在新草图中标明前一张的关键点位。独立地物一般可以不绘制在图中实际位置，只需在草图角落分类予以记录即可。绘制草图过程中，绘图员要注意观测测区内的各种名称注记，及时记录下来，如道路名称、单位名称等。

测量中有些点不能直接测到，可以利用距离交会的方式量出来，草图中表示的距离要清楚，绘不下可以引线另绘。

5.2　展示测量草图

外业草图样图如图 4-39 和图 4-40 所示。

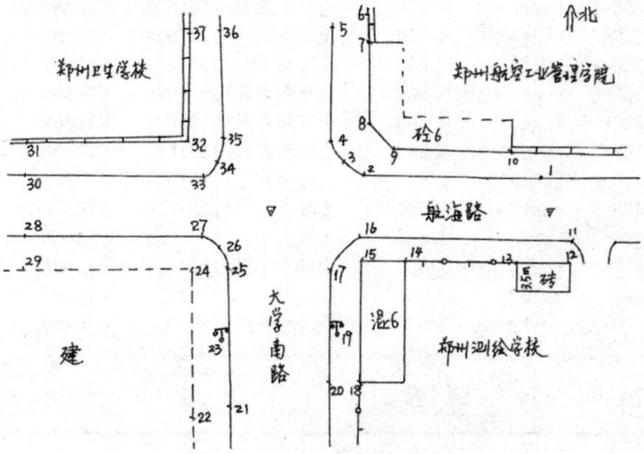

图 4-39　外业草图样图 1

5.3　实训

在校园附近寻找比较简单的一块区域，教师带领学生在测区内进行讲解，学生根据所学

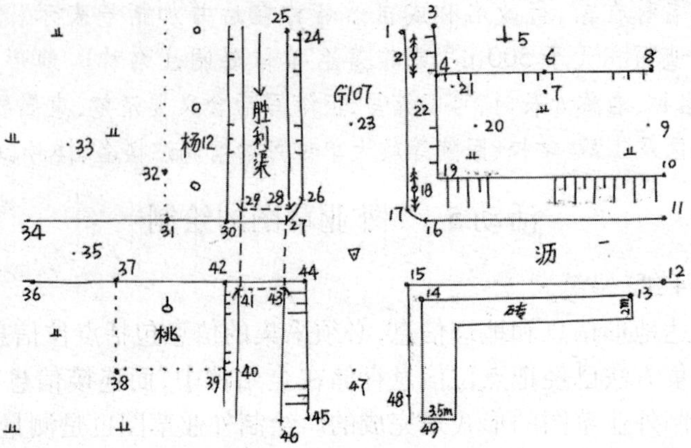

图 4-40　外业草图样图 2

知识绘出本区域测量草图,并且要求在图上标明测点点位、全站仪测量顺序等。

掌握外业草图的绘制要领后,要求每位学生提供一份整个校园的外业草图,为以后的校园数据采集实训做准备。

活动 6　数据编码

资源与器材:全站仪。

进入 CASS2008 测图系统,单击“文件\CASS 系统配置文件”,弹出“系统配置文件设置”窗口(见图 4-41)。

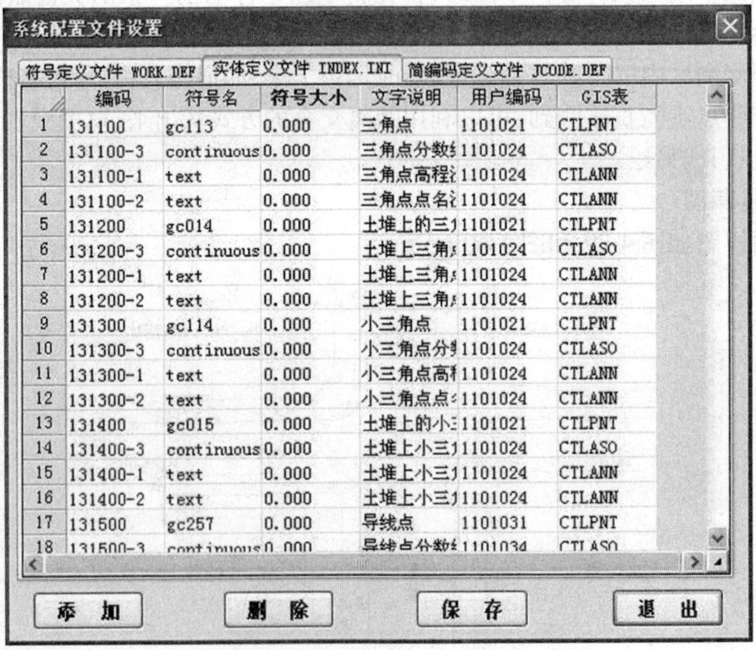

	编码	符号名	符号大小	文字说明	用户编码	GIS表
1	131100	gc113	0.000	三角点	1101021	CTLPNT
2	131100-3	continuous	0.000	三角点分数	1101024	CTLASO
3	131100-1	text	0.000	三角点高程	1101024	CTLANN
4	131100-2	text	0.000	三角点点名	1101024	CTLANN
5	131200	gc014	0.000	土堆上的三	1101021	CTLPNT
6	131200-3	continuous	0.000	土堆上三角	1101024	CTLASO
7	131200-1	text	0.000	土堆上三角	1101024	CTLANN
8	131200-2	text	0.000	土堆上三角	1101024	CTLANN
9	131300	gc114	0.000	小三角点	1101021	CTLPNT
10	131300-3	continuous	0.000	小三角点分	1101024	CTLASO
11	131300-1	text	0.000	小三角点高	1101024	CTLANN
12	131300-2	text	0.000	小三角点点	1101024	CTLANN
13	131400	gc015	0.000	土堆上的小	1101021	CTLPNT
14	131400-3	continuous	0.000	土堆上小三	1101024	CTLASO
15	131400-1	text	0.000	土堆上小三	1101024	CTLANN
16	131400-2	text	0.000	土堆上小三	1101024	CTLANN
17	131500	gc257	0.000	导线点	1101031	CTLPNT
18	131500-3	continuous	0.000	导线点分数	1101034	CTLASO

图 4-41　系统配置文件设置

在图 4-41 中,查看“符号定义文件 WORK. DEF”“实体定义文件 INDEX. INI”下的 CASS 程序内部码以及野外操作码,对照查看“简编码定义文件 JCODE. DEF”。

提示:如果该窗口弹出后三个文件都是空白,是因为“cell 控件”没有安装。点击 WINDOWS 系统“开始”菜单下的“运行”,在“打开”框中输入“C:\WINDOWS\system32\regsvr32.exe　CellCtrl5.ocx”,点击“确定”后即可。

图 4-42 为绘制的外业草图,试根据草图上测点点号、连接关系及地物属性在图中括号内填写各点对应的野外操作码。

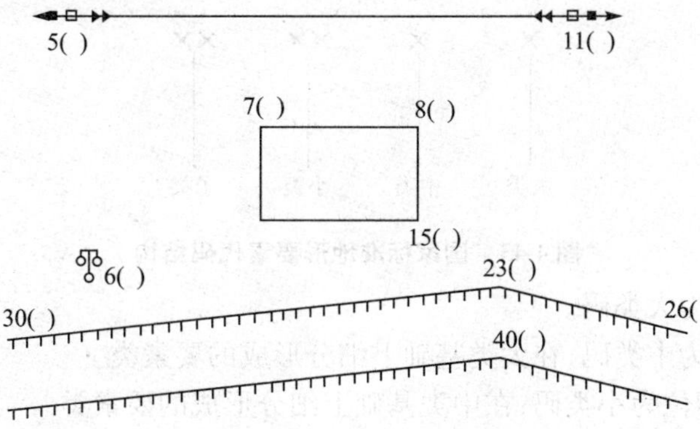

图 4-42　野外操作码使用实训图

分组采集一站碎步点数据,不绘制草图,采用在全站仪的编码栏输入 CASS 野外操作码的方式进行数据采集。传输并保存文件,供下一步学习使用。

【知识导航】

数据采集采用数字测记模式时,地物点的连接关系和地物属性信息(地物类别)是用外业测量草图的形式记录下来的。在内业绘图时,若只利用点、线、面来实现对草图上各种地物形状的表达,而这些几何形状没有赋予属性信息,则无法让计算机自动识别各种地物,进行各种自动处理。所以,必须对全部地形信息构建一整套完整的表示地形属性的数据编码,才能解决计算机自动识别、自动处理地形信息的问题。

一般用按一定规则构成的符号串来表示地物属性和连接关系等信息,这种有一定规则的符号串称为数据编码。

数字测图中的数据编码要考虑的问题很多,如要满足计算机成图的需要,野外输入要简单、易记,便于成果资料的管理与开发。

数据编码的基本内容包括:地物要素编码(或称地物特征码、地物属性码、地物代码)、连接关系码(或连接点号、连接序号、连接线型)、面状地物填充码等。数字测图系统内的数据编码一般在 6～11 位,有的全部用数字表示,有的用数字、字符混合表示。编码设计的好坏会直接影响到外业数据采集的难易、效率和质量,而且对后续地形(地籍)资料的交换、管理、使用和建立地理信息资料库都会产生很大的影响。

《1∶500　1∶1 000　1∶2 000 外业数字测图技术规程》(GB/T 14912—2005)规定,野外数据采集编码的总形式为:地形码 + 信息码。地形码是表示地形要素的代码。地形码可采用《基础地理信息要素分类与代码》(GB/T 13923—2006)中相应的代码,也可采用汉语拼音速写码、键盘菜单以及混合码等。当采用非标准编码形式时,经计算机处理后,要转换为符合《基础地理信息要素分类与代码》(GB/T 13923—2006)规定的地形图要素的代码。下面分别以国家标准地形要素分类与编码和 CASS 编码方案为例进行说明。

6.1　国家标准地形要素分类与编码

GB/T 13923—2006 规定的地形要素的代码由 6 位十进制数字码组成，分别为按数字顺序排列的大类、中类、小类和子类码。大类包括定位基础、水系、居民地及设施、交通、管线、境界与政区、地貌、土质与植被共 8 类；中类在上述各大类的基础上划分出，共 46 类。

具体代码结构如图 4-43 所示：

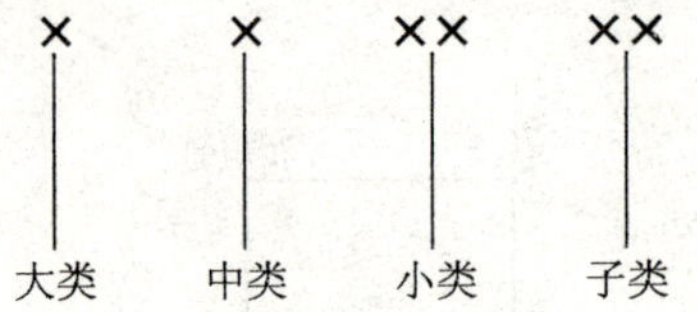

图 4-43　国家标准地形要素代码结构

(1)左起第一位为大类码。

(2)左起第二位为中类码，在大类基础上细分形成的要素类。

(3)左起第三、四位为小类码，在中类基础上细分形成的要素类。

(4)左起第五、六位为子类码，在小类基础上细分形成的要素类。

大类、中类分别用 0 ~ 9 表示，小类、子类分别用 0 ~ 99 表示。

根据上述代码结构，构建的“1∶500　1∶1 000　1∶2 000 基础地理信息要素部分代码”如表 4-3 所示。

表 4-3　1∶500　1∶1 000　1∶2 000 基础地理信息要素部分代码

分类代码	要素名称	分类代码	要素名称
100000	定位基础	200000	水系
110000	测量控制点	210000	河流
110101	大地原点	210100	常年河
110103	图根点	210101	地面河流
110202	水准点	220000	沟渠
110300	卫星定位控制点	220100	运河

6.2　CASS 编码方案

CASS 测图系统中有两种编码方案。一种是用于系统处理用的程序内部码。这种编码每个地物具有唯一性，但由于位数较多又不便于记忆，外业采集时直接输入编码比较困难。另一种是用于野外采集时直接输入的野外操作码，是在野外作业时输入的简单提示性编码，经内业简码识别后能够自动转换为程序内部码。

6.2.1　CASS 程序内部码

CASS 程序内部码在其符号定义文件 WORK. DEF，表 4-4 中是部分内部编码和相应的编码说明。

表 4-4　部分内部编码和相应的编码说明

编码	说明	编码	说明
131100	三角点	165103	半依比例涵洞
131200	土堆上的三角点	183501	双线干沟
131300	小三角点	183502	双线干沟左边线
131400	土堆上的小三角点	183503	单线干沟
131500	导线点	182100	湖泊
131600	土堆上的导线点	182401	有坎池塘
131700	埋石图根点	182402	无坎池塘
131800	不埋石图根点	182200	时令湖
131900	土堆上的埋石图根点	203610	干涸湖
132100	水准点	182300	水库水边线
133000	卫星定位等级点	182311	水库溢洪道
134100	独立天文点	182312	水库溢洪道左边线
181101	岸线	182340	水库泄洪洞
181102	高水位岸线	182350	建筑中水库
181410	地下河段、渠段入口	186100	海岸线
181420	已明流路地下河段、渠段	186200	干出线
181300	消失河段	186510	沙滩

每个主编码下的详细编码及其说明在 CASS 软件安装目录下的 SYSTEM 子目录下的实体定义文件 INDEX. INI 中。

6. 2. 2　CASS 野外操作码

CASS 系统的野外操作码(也称为简码或简编码)可区分为类别码、关系码和独立符号码 3 种,每种只由 1 ~ 3 位字符组成。它的形式简单、规律性强,无需特别记忆,并能同时采集测点的地物要素和拓扑关系码。它也能够适应多人跑镜(尺)、交叉观测不同的地物等复杂情况。

6. 2. 2. 1　类别码

类别码亦称地物代码,是按一定的规律设计的,其具体内容及含义见表 4-5。

野外操作码有 1 ~ 3 位,第一位是英文字母,大小写等价,后面是范围为 0 ~ 99 的数字,无意义的 0 可以省略,例如 A 和 A00 等价、F1 和 F01 等价。野外操作码后面可跟参数,若野外操作码不到 3 位,与参数间应有连接符“ - ”;若有 3 位,后面可紧跟参数,参数包括控制点的点名、房屋的层数、陡坎的坎高等。野外操作码第一个字母不能是“P”,该字母只代表平行信息。Y0、Y1、Y2 三个野外操作码固定表示圆。可旋转独立地物要测两个点以便确定旋转角。野外操作码如以“U”“Q”“B”开头,将被认为是拟合的,所以如果某地物有的拟合,有的不拟合,就需要两种野外操作码。房屋类和填充类地物将自动被认为是闭合的。房屋类和符号定义文件第 14 类别地物如只测三个点,系统会自动给出第四个点。

对于查不到 CASS 编码的地物以及没有测够点数的地物,如只测一个点,自动绘图时不做处理,如测两点以上按线性地物处理。

表 4-5　CASS 线状地物、面状地物类别码

CASS 地物类别		类别码
坎类(曲)		K(U) + 数(0—陡坎,1—加固陡坎,2—斜坡,3—加固斜坡,4—垄,5—陡崖,6—干沟)
线类(曲)		X(Q) + 数(0—实线,1—内部道路,2—小路,3—大车路,4—建筑公路,5—地类界,6—乡、镇界,7—县、县级市界,8—地区、地级市界,9—省界线)
垣栅类		W + 数(0,1—宽为 0.5 m 的围墙;2—栅栏;3—铁丝网;4—篱笆;5—活树篱笆;6—不依比例围墙,不拟合;7—不依比例围墙,拟合)
铁路类		T +数(0—标准铁路(大比例尺),1—标准铁路(小比例尺),2—窄轨铁路(大比例尺),3—窄轨铁路(小比例尺),4—轻轨铁路(大比例尺),5—轻轨铁路(小比例尺),6—缆车道(大比例尺),7—缆车道(小比例尺),8—架空索道,9—过河电缆)
电力线类		D + 数 (0—电线塔,1—高压线,2—低压线,3—通信线)
房屋类		F +数 (0—坚固房,1—普通房,2—一般房屋,3—建筑中房,4—破坏房,5—棚房,6—简单房)
管线类		G + 数(0—架空(大),1—架空(小),2—地面上的,3—地下的,4—有管堤的)
植被土质	拟合边界	B — 数(0—旱地,1—水稻,2—菜地,3—天然草地,4—有林地,5—行树,6—狭长灌木林,7—盐碱地,8—沙地,9—花圃)
植被土质	不拟合边界	H — 数(0—旱地,1—水稻,2—菜地,3—天然草地,4—有林地,5—行树,6—狭长灌木林,7—盐碱地,8—沙地,9—花圃)
圆形物		Y + 数(0—半径,1—直径两端点,2—圆周三点)
平行体		P + (X(0—9),Q(0—9),K(0—6),U(0—6)…)
控制点		C+ 数(0—图根点,1—埋石图根点,2—导线点,3—小三角点,4—三角点,5—土堆上的三角点,6—土堆上的小三角点,7—天文点,8—水准点,9—界址点)

例如:K0—直折线型的陡坎,U0—曲线型的陡坎,W1—土围墙,T0—标准铁路(大比例尺),Y012.5—以该点为圆心半径为 12.5 m 的圆。

6.2.2.2　关系码

关系码(亦称连接关系码,见表 4-6)共有“ + ”“ - ”“A ＄”和“p”4 种符号,配合简单数字来描述测点间的连接关系。其中,“+”表示连接线依测点顺序进行;“ - ”表示连接线依测点相反顺序进行;“p”表示绘平行体;“A ＄”表示段点标识符。

表4-6　关系码符号及含义

符号	含义
+	本点与上一点相连,连线依测点顺序进行
-	本点与下一点相连,连线依测点顺序相反方向进行
n+	本点与上 n 点相连,连线依测点顺序进行
n-	本点与下 n 点相连,连线依测点顺序相反方向进行
p	本点与上一点所在地物平行
np	本点与上 n 点所在地物平行
+A $	断点标识符,本点与上点连
-A $	断点标识符,本点与下点连

操作码的具体构成规则如下:

(1)对于地物的第一点,操作码=地物代码。如图4-44中的1、5两点(点号表示测点顺序,括号中为该测点的编码,下同)。

(2)连续观测某一地物时,操作码为"+"或"-"。其中,"+"号表示连线依测点顺序进行;"-"号表示连线依测点顺序相反的方向进行,如图4-45所示。在CASS中,连线顺序将决定类似于坎毛线的方向,坎毛线及其他类似标记总是遵循左向生成的原则,因而改变连线方向就可改变其所在方向。

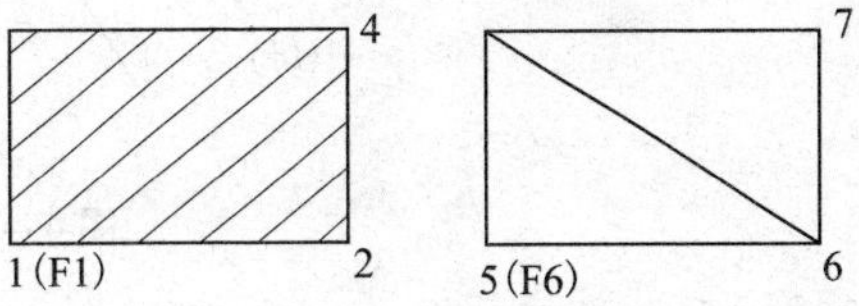

图4-44　地物起点的操作码

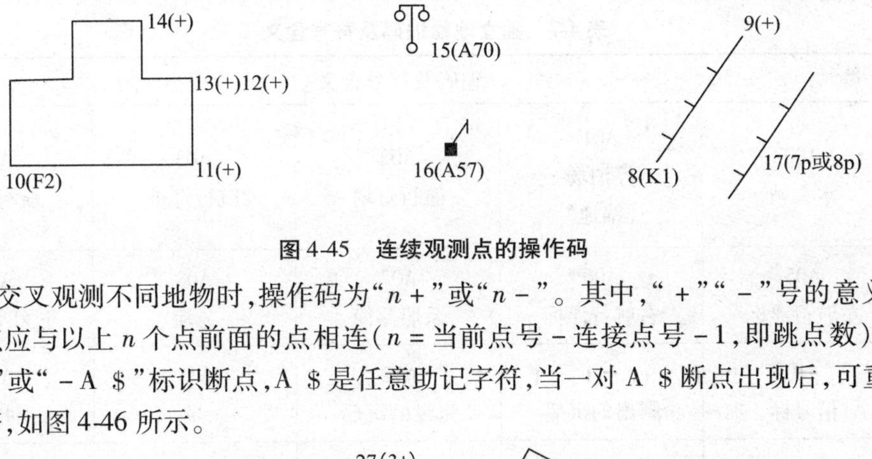

图4-45　连续观测点的操作码

(3)交叉观测不同地物时,操作码为"n+"或"n-"。其中,"+""-"号的意义同上,n表示该点应与以上 n 个点前面的点相连(n=当前点号-连接点号-1,即跳点数),还可用"+A $"或"-A $"标识断点,A $是任意助记字符,当一对A $断点出现后,可重复使用A $字符,如图4-46所示。

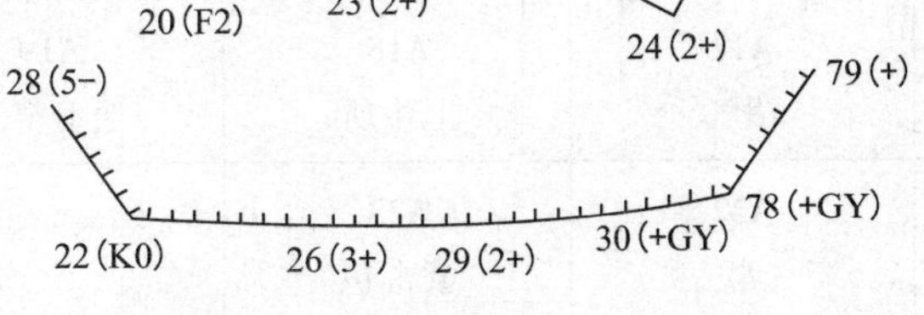

图4-46　交叉观测点的操作码

(4)观测平行体时,操作码为"p"或"np"。其中,"p"的含义为通过该点所画的符号应与上点所在地物的符号平行且同类,"np"的含义为通过该点所画的符号应与以上跳过 n 个点后的点所在的符号画平行体,对于带坎毛线的坎类符号,将会自动识别是堤还是沟。若上点或跳过 n 个点后的点所在的符号不为坎类或线类,系统将会自动搜索已测过的坎类或线类符号的点。因此,用于绘平行体的点,可在平行体的一"边"未测完时测对面点,亦可在测完后接着测对面的点,还可在加测其他地物点之后,测平行体的对面点,如图 4-47 所示。

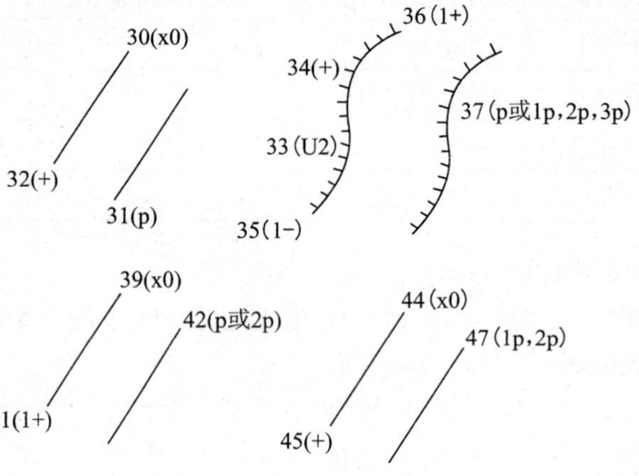

图 4-47　平行体观测点的操作码

6.2.2.3　独立码

对于只有一个定位点的独立地物,用 A × × 表示(见表 4-7),如 A42 表示普通线杆,A50 表示阔叶独立树等。

表 4-7　独立地物编码及符号含义

类别	编码及符号含义				
水系设施	A00 水文站	A01 停泊场 (锚地)	A02 航行灯塔	A03 航行灯桩	A04 航行灯船
	A05 左航行浮标	A06 右航行浮标	A07 系船浮筒	A08 急流	A09 过江管线标
	A10 信号标	A11 露出的沉船	A12 淹没的沉船	A13 泉	A14 水井
土质	A15 石堆				
居民地	A16 学校	A17 沼气	A18 卫生所	A19 地上窑洞	A20 电视发射塔
	A21 地下窑洞	A22 窑	A23 蒙古包		

续表 4-7

类别	编码及符号含义				
管线设施	A24 上水检修井	A25 下水、雨水 检修井	A26 圆形 污水箅子	A27 下水暗井	A28 煤气、天然气 检修井
	A29 热力检修井	A30 电信入孔	A31 电信出孔	A32 电力检修井	A33 工业、石油 检修井
	A34 液体、气体 储存设备	A35 不明用途 检修井	A36 消火栓	A37 阀门	A38 水龙头
	A39 长形污水箅子				
电力设施	A40 变电室	A41 无线电杆、塔	A42 电杆		
军事设施	A43 旧碉堡	A44 雷达站			
道路设施	A45 里程碑	A46 坡度表	A47 路标	A48 汽车站	A49 臂板信号机
独立树	A50 阔叶独立树	A51 针叶独立树	A52 果树独立树	A53 椰子独立树	
工矿设施	A54 烟囱	A55 露天设备	A56 地磅	A57 起重机	A58 探井
	A59 钻孔	A60 石油、天然气井	A61 盐井	A62 废弃的小矿井	A63 废弃的 平硐洞口
	A64 废弃的竖井口	A65 开采的 小矿井	A66 开采的 平硐洞口	A67 开采的 竖井井口	
公共设施	A68 加油站	A69 气象站	A70 路灯	A71 照射灯	A72 喷水池
	A73 垃圾台	A74 旗杆	A75 亭	A76 岗亭、岗楼	A77 钟楼、鼓楼 城楼
	A78 水塔	A79 水塔烟囱	A80 环保监测站	A81 粮仓	A82 风车
	A83 水磨坊、水车	A84 避雷针	A85 抽水机站	A86 地下建筑物 天窗	

续表 4-7

类别	编码及符号含义				
宗教设施	A87 纪念像碑	A88 碑、柱、墩	A89 塑像	A90 庙宇	A91 土地庙
	A92 教堂	A93 清真寺	A94 敖包、经堆	A95 宝塔、经塔	A96 假石山
	A97 塔形建筑物	A98 独立坟	A99 坟地		

CASS 2008 专门有一个野外操作码定义文件 JCODE. DEF,该文件是用来描述野外操作码与 CASS 2008 内部编码的对应关系的,用户可编辑此文件使之符合自己的要求,文件格式为:

野外操作码,CASS 2008 编码

……

END。

6.3　自定义简码法测图

自定义简码法是指在数字测图时,外业作业人员给每一个碎部测点赋予一个自定义简码,内业导出带有自定义简码的坐标文件并依据自定义简码绘制成图的一种数字测图方法。对于无法用简码表示的地物,可以用草图配合表示。

6.3.1　自定义简码编码原则

(1)外业采集时,可根据用户习惯自行定义地物编码。

(2)简码开头部分和所测地物地貌属性类别一致,容易识别,方便记忆。

(3)编码原则是简码设置不宜过长,方便输入。

(4)点状地物简码可直接用所测地物名称的首位字母组成。

(5)线状地物和面状地物可在地物属性类别简码后面附带连接信息和附属信息简码,方便内业连接绘图。连接信息可用数字表示,附属信息可用字母和数字表示。

6.3.2　简码自定义举例

6.3.2.1　点状地物简码举例

如水井可以直接编码为“SJ”,消火栓编码为“XHS”,风车为“FC”,路灯为“LD”等。

CASS 中,水井、消火栓、路灯相应的简码分别为“A14”“A36”“A82”“A70”,只需要在野外操作码定义文件 JCODE. DEF 中把“A14”“A36”“A82”“A70”等分别替换为“SJ”“XHS”“FC”“LD”,即可利用 CASS 的简码识别功能自动绘制出所有的点状地物符号,节省了大量的内业编图时间。

6.3.2.2　线状和面状地物简码举例

以 2 层混凝土结构矩形房屋为例,可以自定义简码为“F2T”。对于矩形房屋,只需要测三个点即可绘制,所以所测得三个点简码可定义为“F2T1”“F2T2”“F2T3”。简码第一位“F”表示房屋;第二位“2”表示 2 层;“T”表示混凝土结构;第四位表示依次所测点的连线顺序。

以陡坎为例,可以自定义简码为"K1G1.1""K2G2.0""K3G2.5"等。简码第一位"K"表示陡坎;第二位1、2、3等数字表示连线顺序;第三位"G"表示加固陡坎;后面的小数表示各点的比高。

比如围墙宽度是0.5 m,测点为围墙内侧时,可记录为WN0.5,测点为围墙外侧时,可记录为W0.5,这样把围墙宽度、所测内侧或外侧等信息在展点电子图上一目了然。

灵活自定义简码,可使外业测量尽量少作草图甚至不作草图,使简码法测量发挥其应有的方便性和简洁性。其他地物均可以根据上述思路灵活定义简码。

为了防止遗忘,可随时在纸上记录各种自定义简码的含义,便于绘图时查询。

内业绘图时,可以直接展绘出各点的自定义简码,然后根据简码所表示的属性信息、连接信息和附属信息绘制成图。

6.3.3　自定义简码绘图实训

采用自定义简码法分组,采集一站校园碎部点数据,并记录各自定义简码含义。把采集数据传输存储,供绘图使用。

采集的同时,要仔细体会自定义简码法和数字测记法、CASS野外操作码法的区别与联系,做到能够自由选择上述方法。

活动7　GPS数据采集

任务目标:

1. 了解GPS与全站仪的区别。
2. 掌握GPS数据采集方法。

学习过程:

南方灵锐S86接收机数据采集。

学习成果:

在实习中使用GPS完成规定点数的数据采集。

7.1　GPS与全站仪的区别

GPS与全站仪的区别如表4-8所示。

表4-8　全站仪与GPS的区别

比较项目	全站仪	GPS
通视要求	依赖于测站点到目标点之间的通视情况,如果视线方向有障碍物,则必须绕道测量	GPS测量技术无需通视要求
气候条件的限制(如雾、雨)	气候因素限制着全站仪测量的运作	不受天气条件的限制,能实现全天候测量运作
测量距离	1 km左右	平均15 km
控制测量精度	2 mm+2 ppm适用于小范围的控制测量	3 mm+1 ppm,可进行高精度大地测量

续表 4-8

比较项目	全站仪	GPS
测量效率	至少需要 2 ~ 3 人	同样的工作需要更少的人，节约人力资源，尤其点、线放样非常快捷
测量界面	DOS 界面	Windows 界面，各项功能更为条理清晰，可操作性强

7.2 GPS 技术的特点

相对于经典的测量技术来说，GPS 技术的主要特点如下：

(1)观测站之间无需通视。既要保持良好的通视条件，又要保障测量控制网的良好结构，这一直是经典测量技术在实践方面的困难问题之一。GPS 测量不要求观测站之间相互通视，因而不再需要建造觇标。这一优点既可大大减少测量工作的经费和时间(一般造标费用占总经费的 30% ~50%)，同时也使点位的选择变得甚为灵活。

不过也应指出，GPS 测量虽不要求观测站之间相互通视，但必须保持观测站的上空开阔(净空)，以使接收 GPS 卫星的信号不受干扰。

(2)定位精度高。现已完成的大量试验表明，目前在小于 50 km 的基线上，其相对定位精度可达到$(1\sim2)\times10^{-6}$，而在 100 ~ 500 km 的基线上可达到$10^{-6}\sim10^{-7}$。随着光测技术与数据处理方法的改善，可望在 1 000 km 的距离上，相对定位精度达到或优于10^{-8}。

(3)观测时间短。目前，利用经典的静态定位方法完成一条基线的相对定位所需要的观测时间，根据要求的精度不同，一般为 1 ~ 3 h。为了进一步缩短观测时间，提高作业速度，近年来发展的短基线(例如不超过 20 km)快速相对定位法，其观测时间仅需数分钟。

(4)提供三维坐标。GPS 测量在精确测定观测站平面位置的同时，可以精确测定观测站的大地高程。GPS 测量的这一特点，不仅为研究大地水准面的形状和确定地面点的高程开辟了新途径，同时也为其在航空物探、航空摄影测量及精密导航中的应用提供了重要的高程数据。

(5)操作简便。GPS 测量的自动化程度很高，在观测中测量员的主要任务只是安装并开关仪器、量取仪器高、监控仪器的工作状态和采集环境的气象数据，而其他观测工作，如卫星的捕获、跟踪观测和记录等均由仪器自动完成。另外，GPS 用户接收机一般重量较轻、体积较小，例如南方的 S－80 双频 GPS 接收机，质量约为 1.25 kg，体积为 3 500 cm^3，因而携带和搬运都很方便。

(6)全天候作业。GPS 观测工作，可以在任何地点、任何时间连续地进行，一般也不受天气状况的影响。所以，GPS 定位技术的发展，对于经典的测量技术是一次重大的突破。一方面，它使经典的测量理论与方法产生了深刻的变革；另一方面，也进一步加强了测量学与其他学科之间的相互渗透，从而促进测绘科学技术的现代化发展。

7.3 南方灵锐 S86 接收机数据采集

RTK 技术近年来发展比较迅速，它在各种控制测量、地形测图、工程选线及工程放样中应用广泛，与常规仪器相比非常明显地提高了作业效率和作业精度。特别是在RTK普及的今天，熟练操作RTK在实际应用中显得尤为重要。现以南方测绘RTK灵锐S86为例，对其数据采集步骤作简单的介绍。

RTK定位设置包括基站仪器架设、手簿与接收机的蓝牙连接、作业的新建与已知点输入、基站设置、流动站设置、坐标转换与参数求解等内容。

7.3.1　基准站架设与天线高量取

操作步骤：架设仪器到已知点上，对中整平→将测高片夹在连接头与接收机主机之间（见图4-48(a)）→由测高片量测边量至标石（或其他标志）或者地面点中心顶端（见图4-48(b)）。

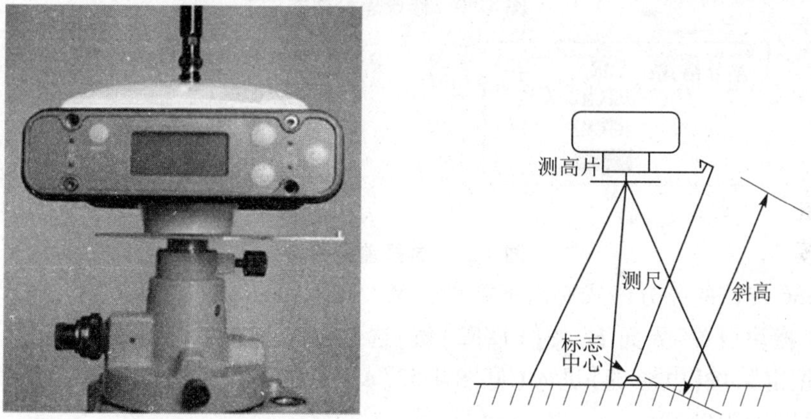

(a)　　(b)

图4-48　GPS接收机测高位置

说明：点位选择要考虑RTK基准站点位要求与作业的方便。天线高应在互成120°的脚架空隙处量取三次，取平均值，且量取的高为斜高。基站上安装时需采用长天线。

7.3.2　基准站模式与内置电台模式的选择设置

（1）操作步骤如下：按【电源键】开机，出现灵锐S86时，按【F2】键→按【F1/F2】键选择“设置工作模式”，按【电源键】确定→按【F1/F2】键选择“基准站模式”→按【电源键】确定，如图4-49所示。

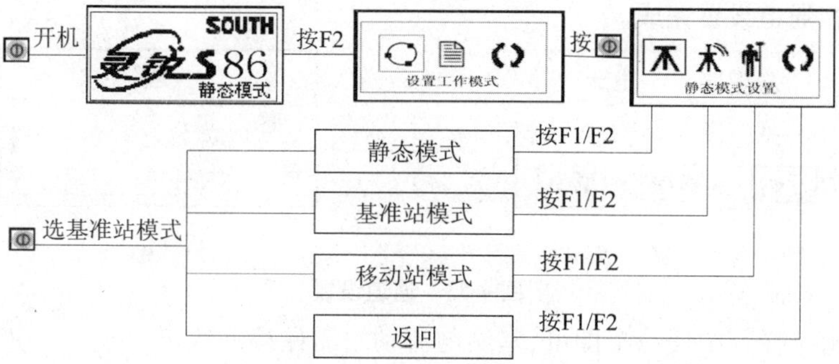

图4-49　基准站模式选择

（2）进入基准站模式后，按【F1/F2】，到“修改”，按【电源键】确定，就可以对差分格式、发射间隔及记录数据进行修改（见图4-50(a)）。按【F1/F2】，移动到差分格式后，按【电源键】确定(见图 4-50(b))。按【F1/F2】移动到其中一个格式(如 RTCA),按【电源键】确定(见图 4-51(a))。设置完成后,按【F1/F2】移动到【开始】,按【电源键】确定(发射间隔与记录格式的设置同差分格式),进入“模块设置”界面(见图 4-51(b))。

(a)　　(b)

图 4-50　修改差分格式

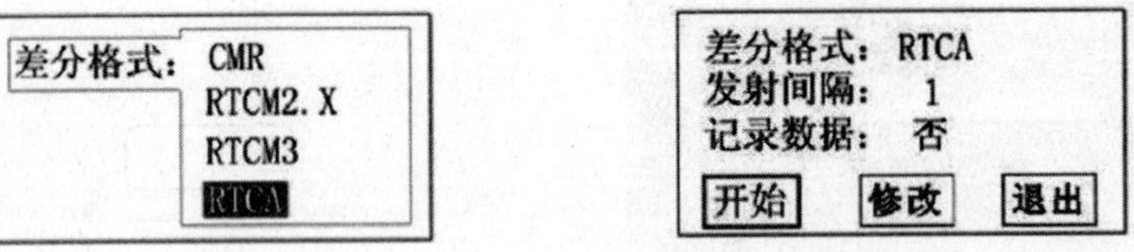

(a)　　(b)

图 4-51　选择差分格式

说明:S86 支持的差分格式有以下几种:CMR、RTCM2. x、RTCA、RTCM3、DGPS。

(3)在“模块设置”界面下,按【F1/F2】键,选择【修改】,按【电源键】确定。按【F1/F2】键选择“数据链”,按【电源键】进入(见图 4-52(a))→按【F1/F2】键选择“电台”,按【电源键】确定(见图 4-52(b))。

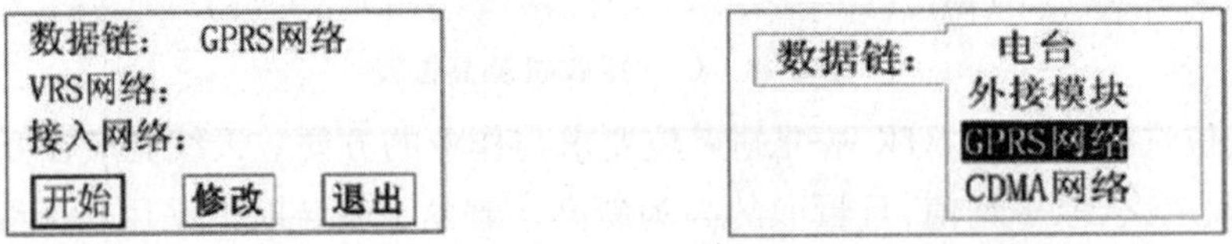

(a)　　(b)

图 4-52　内置电台模式

(4)按【F1/F2】键选择“通道”,按【电源键】确定进入(见图 4-53(a))。按【F1/F2】键选择通道(如通道 1),按【电源键】确定(见图 4-53(b))。按【F1/F2】移动到【开始】,按【电源键】确定,电台、通道设置完成。

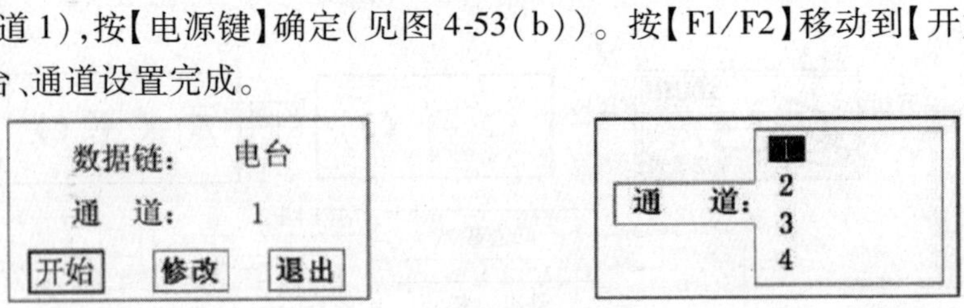

(a)　　(b)

图 4-53　通道设置

说明:通道选择其中任一个即可,基站与流动站需保持一致。

7.3.3　通过蓝牙建立手簿和基站接收机的连接

操作步骤:打开手簿,点击【我的设备】→点击【控制面板】→点击【Bluetooth 设备属性】→点击【扫描设备】(见图 4-54(a))→找到基准站接收机设备后,点击【停止】(见图 4-54(b))→选择搜索到的基准站设备双击,然后双击【串口服务】,选择一个串口号(如 COM7),

点击【确定】→点【OK】确定退出。

说明:打开“工程之星3.0”后,如果端口打开失败,可通过点击【配置】→点击【端口设置】选择与蓝牙管理器中相同的端口,波特率用115 200,点击【确定】。

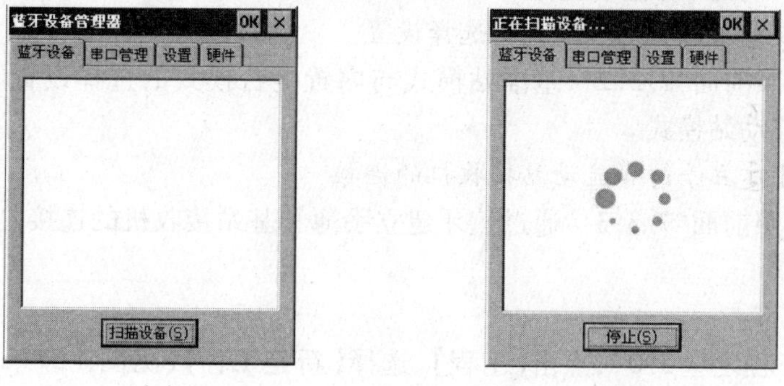

(a)　(b)

图4-54　蓝牙设备管理器与蓝牙设备搜索

7.3.4　基准站的启动

操作步骤:打开“工程之星3.0”,点击【配置】,选择【仪器设置】(见图4-55(a))。进入“仪器设置”界面,点击【基准站设置】(见图4-55(b))。进入“基准站设置”界面,输入并设置基站参数后,点击【】,设置基站参数(见图4-56(a))。接着输入基准站已知WGS-84坐标,点击【启动基站】,启动基站成功(见图4-56(b))。

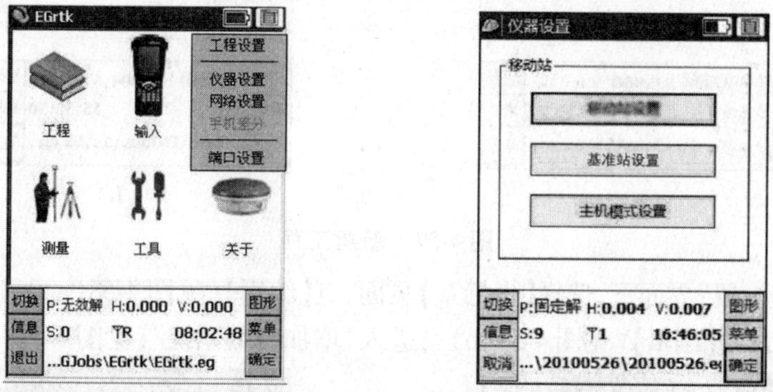

(a)　(b)

图4-55　工程之星3.0主界面与仪器设置

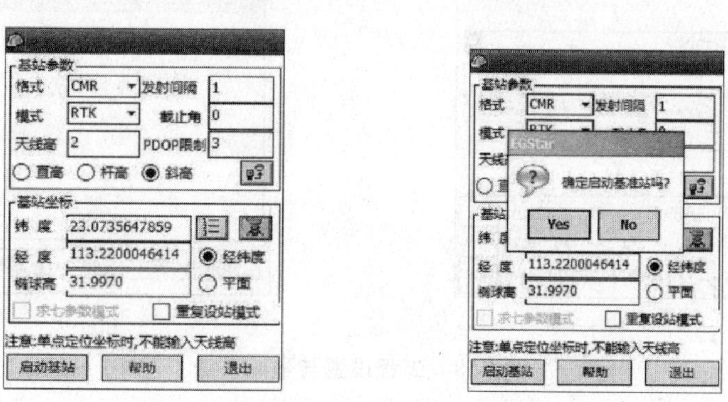

(a)　(b)

图4-56　基准站设置与启动

说明:点击右下角图标设置基站参数时,会出现“设置基站参数成功!”的提示,点击【OK】即可。基准站坐标的输入可以直接输入,也可以点击基准坐标右边的【】图标,从“坐标管理库”导入需要的基站坐标。

7.3.5　流动站模式与内置电台模式的选择设置

详细步骤参照前面“7.3.2　基准站模式与内置电台模式的选择设置”,在这里需要注意,选择模式为移动站模式。

7.3.6　通过蓝牙建立手簿和流动站接收机的连接

详细步骤参照前面“7.3.3　通过蓝牙建立手簿和基站接收机的连接”。

7.3.7　新建工程

操作步骤如下:

(1)打开“工程之星 3.0”,点击【工程】,选择【新建工程】(见图 4-57(a));进入“新建工程”,输入名称,点【确定】(见图 4-57(b));进入“工程设置”界面(见图 4-58(a))。

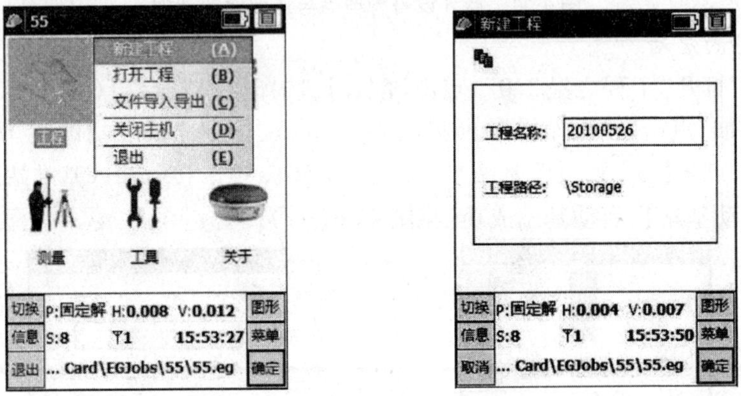

(a)　　　　(b)

图 4-57　新建工程

(2)在“工程设置”界面下,选择【坐标系】页面,点【编辑】(见图 4-58(a));进入“坐标系统编辑”界面,点【增加】或【编辑】(见图 4-58(b));进入“增加参数系统”(见图 4-59(a))。

(a)　　　　(b)

图 4-58　工程设置与坐标系统

(3)在“增加参数系统”界面下,选择【投影】页面,输入系统名,选择椭球,设置投影方式、中央子午线、东加常数、投影比例尺等信息(见图 4-59(a))。选择【水平】页面,设置四参数,如果需要求取四参数,该项无须设置(见图 4-59(b))。

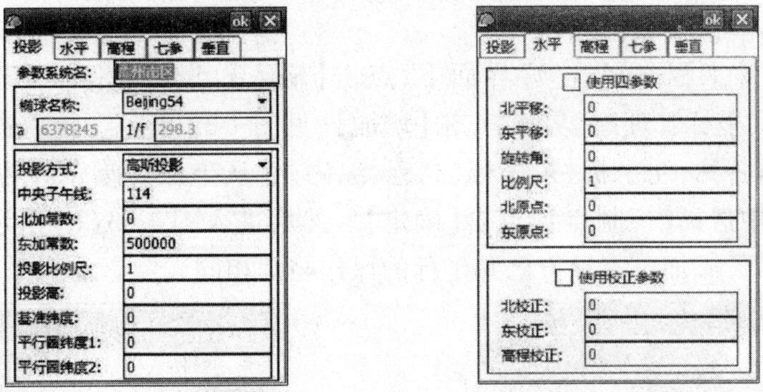

(a)　(b)

图 4-59　增加参数系统(投影、水平)

(4)分别选择【高程】、【七参】页面,设置高程参数及七参数,如果要求转换参数,则这两项无需设置(见图 4-60)。然后点击【OK】,返回“坐标系统编辑”界面,点击【确定】(见图 4-58(b))。接着返回到“工程设置”界面,从坐标系统下拉框中选择新建的坐标系统(如广州市区)(见图 4-58(a));最后选择【天线高】页面进入(见图 4-58(a))。

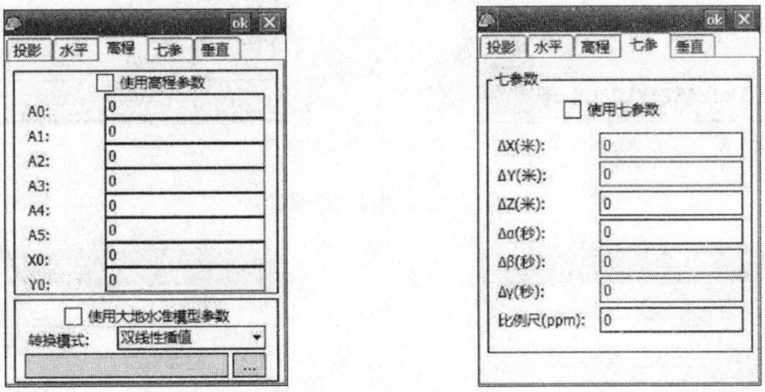

(a)　(b)

图 4-60　增加参数系统(高程、七参)

(5)在【天线高】页面下,选择【杆高】并输入杆高,点击【确定】(见图 4-61(b));然后选择【存储】和【显示】页面,设置后,点击【确定】(见图 4-61(b)),返回工程之星 3.0 界面。

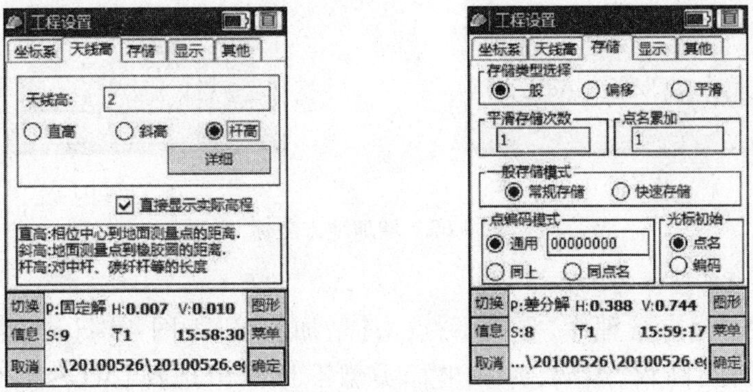

(a)　(b)

图 4-61　工程设置(天线高、存储)

7.3.8　已知坐标的输入

7.3.8.1　地方已知坐标的输入

操作步骤:在"工程之星 3.0"界面下,点击【输入】,选择【坐标管理库】(见图 4-62(a))。接着进入"坐标管理库"界面,点击【增加】(见图 4-62(b))。接着进入图 4-63(a)所示界面,输入坐标名称、北坐标、东坐标、高程、编码,并从坐标类型下拉框中选择【平面坐标】,从属性类型中选择【控制点】,点击【确定】。然后进入图 4-63(b)所示界面,新添加的坐标显示在列表中(添加更多地方已知坐标的操作与此相同)。

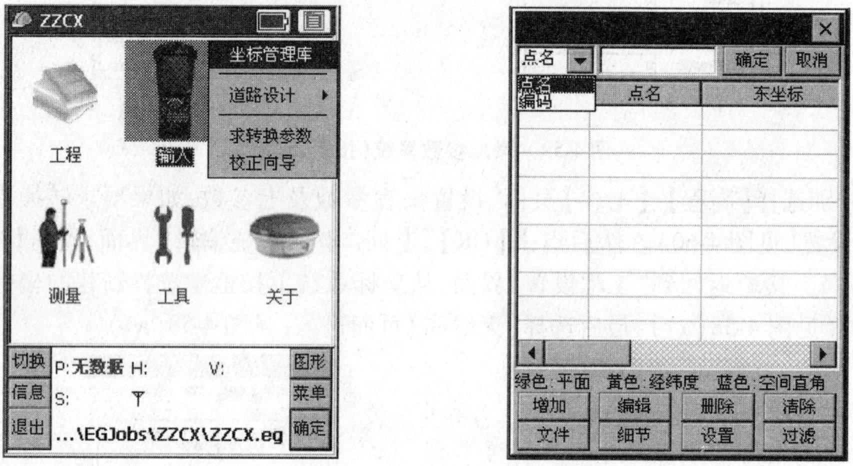

(a)　　　　　　　　　　(b)

图 4-62　坐标管理库

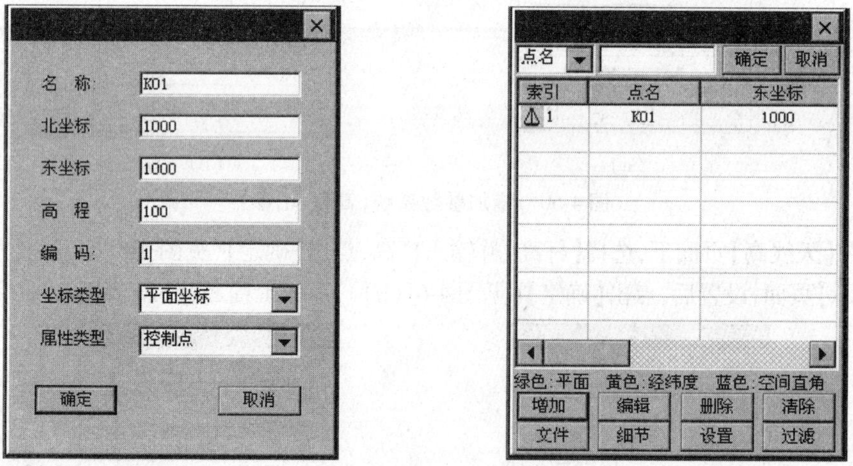

(a)　　　　　　　　　　(b)

图 4-63　增加地方坐标

7.3.8.2　WGS－84 坐标的输入

操作步骤:在"坐标管理库"界面下,点击【增加】。进入图 4-64(a)界面,输入坐标名称、北坐标、东坐标、高程、编码,并从坐标类型下拉框中选择【WGS84 经纬度坐标】或【WGS84 空间直角坐标】,从属性类型中选择【控制点】,点击【确定】。进入图 4-64(b)界面,新添加的坐标显示在列表中(添加更多 WGS－84 坐标的操作与此相同)。

(6)图 4-75(a)中,确定赋值,点击【是】。完成转换,返回主界面(见图 4-75(b))。

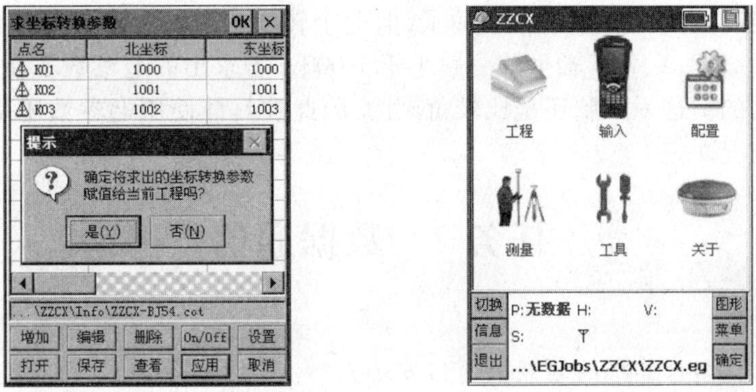

(a)　　　　　　　　　　　　　　(b)

图 4-75　求坐标转换参数与工程之星 3.0 界面

7.3.10.2　七参数

七参数的计算操作和四参数相同,相关操作参见四参数。七参数的应用范围较大(一般大于 50 km^2),计算时用户需要知道三个以上的地方已知点坐标和 WGS-84 坐标。

操作步骤:在"工程之星 3.0"界面下,点击【输入】,选择【求转换参数】(见图 4-67(a))。进入"求转换参数"界面,点击【设置】。进入"求转换参数-设置"界面,点击坐标转换方法下拉框,选择【七参数】,点击【OK】(见图 4-76(a))。返回"求转换参数"界面,添加完匹配坐标后,点击【保存】和【应用】。主界面下,点击【配置】,选择【工程设置】,选择【坐标系】页面,点击【编辑】,选择【七参】页面,查看求解的七参数(见图 4-76(b))。参数求解完成后,即可进行点测量与点放样。

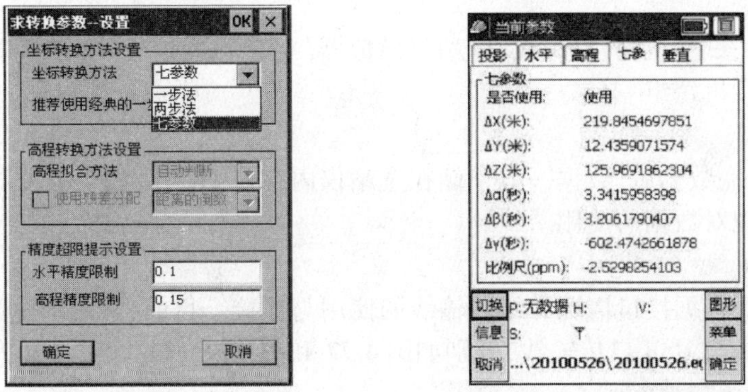

(a)　　　　　　　　　　　　　　(b)

图 4-76　求转换参数-设置与当前参数

南方灵锐 S86 接收机 RTK 定位设置流程,分为两种方法:一是基准站架设在已知点上,二是基准站架设在未知点上。这两种方法主要的区别在于基准站的启动方式不同,一个需输入已知 WGS-84 坐标,另一个需要单点定位自启动。

使用四参数方法进行 RTK 的测量可在小范围(20～30 km^2)内使测量点的平面坐标及高程的精度与已知的控制网之间配合很好,只要采集两点或两点以上的地方坐标点就可以了,但是在大范围(比如几十平方公里或几百平方公里)进行测量的时候,往往转换参数不能在部分范围起到提高平面和高程精度的作用,这时候就需要使用七参数的方法,已知三个或三个以上的已知点,这些点既要有地方坐标,又要有 WGS－84 坐标。

七参数的控制范围和精度虽然增加了,但七个转换参数都有参考限值,X、Y、Z 轴旋转一般都必须是秒级的;X、Y、Z 轴平移一般小于 1 000。若求出的七参数不在这个限值以内,一般是不能使用的。这一限制还是比较苛刻的,因此在具体使用七参数还是四参数时要根据具体的施工情况而定。

任务 2　数据通信

任务目标:

1. 掌握全站仪与计算机间的数据通信方法。
2. 掌握南方手簿文件的导入与导出操作。
3. 掌握手簿数据传输的操作步骤及内容。

学习过程:

1. 学习拓普康全站仪数据通信的基本操作。
2. 学习中纬全站仪数据通信的基本操作。
3. 学习 RTK 数据通信的基本操作。
4. 数据通信实训。
5. 总结数据通信中应注意的问题。

学习成果:

在实习中按要求完成数据传输。

活动 1　全站仪数据通信

资源与器材:试验机房、投影仪、全站仪模拟器(一套)、通信软件(随机安装)、传输线每组一根、全站仪主机每组一台。

1.1　数据通信

全站仪采集完数据后,数据一般存储在全站仪内存(闪存卡)内。需要把数据传输到计算机中,才能实现对数据的使用。

1.1.1　认识传输线

展示传输线,根据接口情况介绍传输线的使用与连接。目前,常用的全站仪传输线分为两种,串口传输线与 USB 口传输线,分别如图 4-77 和图 4-78 所示。

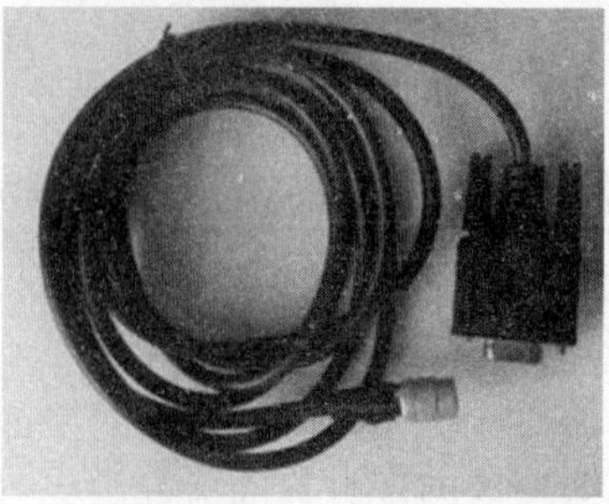

图 4-77　串口传输线

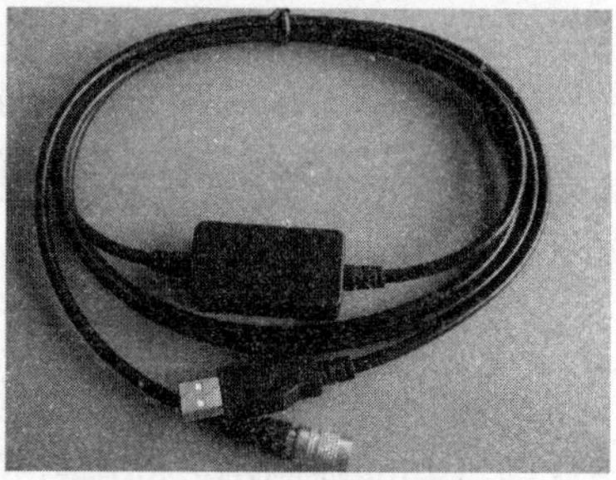

图 4-78　USB 口传输线

串口传输线,圆形一端(见图 4-79)为接全站仪数据传输接口,另一端为 RS232 孔式接口(见图4-80),对应接计算机上 RS232 针式接口。

USB 传输线,圆形一端为全站仪数据传输接口,另一端为 USB 接口(见图4-81),接计算机 USB 接口。

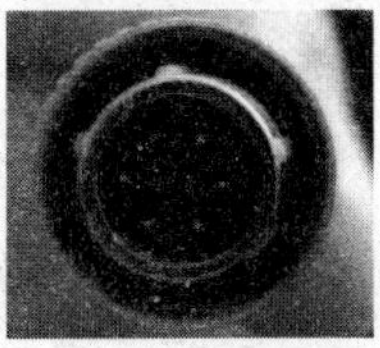

图4-79　传输线圆形接口

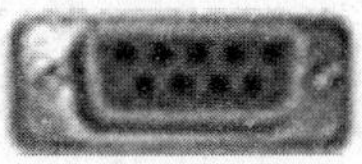

图4-80　RS232 孔式接口

图4-81　USB 接口

1.1.2　连接数据线

将数据线一端插入计算机 USB 口或串口,一端插入全站仪接口,注意连接时必须将针孔与针对准,错位是无法插入的,所以连接时注意接口形状与接口上的红点要对准,切勿用力。

从全站仪拔下传输线接口时,切忌直接拽线,应该用食指与拇指捏住接口上的活动环(见图4-82),拔取传输线。连接计算机的串口与 USB 口可以捏住接口拔取。

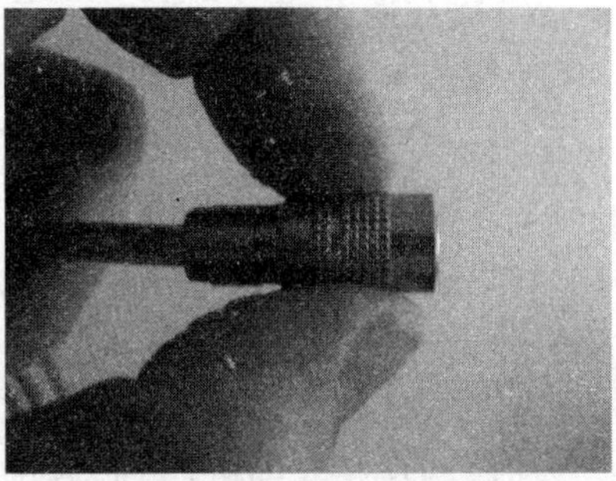

图4-82　拔传输线圆形接口方法

1.1.3　安装 USB 传输线驱动

如果是使用串口传输线,可以即插即用,不需要任何驱动程序。但如果是使用 USB 传输线,首次插入 USB 线时计算机会提示安装驱动程序。打开驱动程序安装盘,双击安装文件"PL－2303 DRIVER. exe"即可。驱动程序安装完毕,需要重启计算机。

将传输线的 USB 接口插入计算机,右键单击"我的电脑",进入"设备管理器",查看计算机对 USB 分配的串口号(见图4-83,分配的是"COM1")。

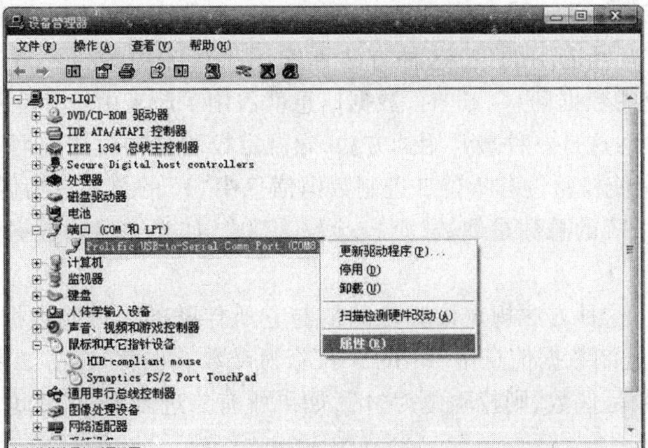

图4-83　设备管理器中对 USB 分配串口的查看

右键进入“属性”菜单，进入串口属性设置界面（见图 4-84）。

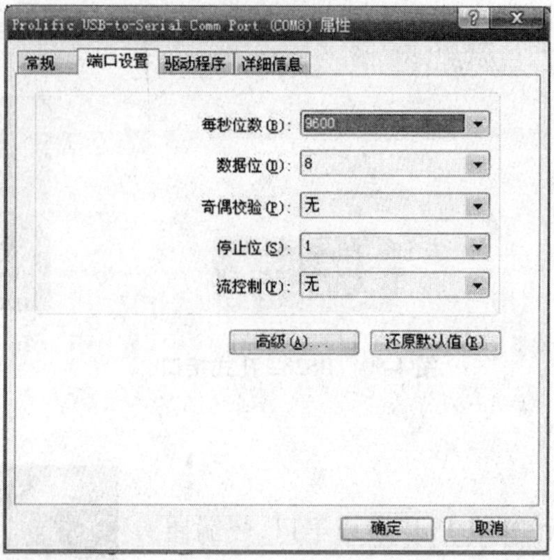

图 4-84　串口属性设置界面

在“端口设置”选项卡中，可以设置全站仪传输所需要的波特率（每秒位数）、数据位、奇偶校验位、停止位、流控制等。

1.1.4　了解相关知识

（1）数据传输速度（也叫波特率）的快慢，用位/秒（B/S）表示，即每秒钟传输数据的位数。常见的波特率有 1 200、2 400、4 800、9 600、19 200 等。

（2）数据通信时所传输的数据信息的二进制位数叫作数据位。它通常用 7 位二进制数表示，但有时也用 8 位二进制数表示。

（3）奇偶校验位，是指数据传输时接在每个 7 位二进制数据信息后面发送的第 8 位，它是一种检查传输数据正确与否的方法。即将一个二进制数（校验位）加到发送的二进制信息串后，让所有二进制数（包含校验位）的总和总保持是奇数或是偶数，以便在接收单元检核传输的数据是否有误。校验位通常有如下校验方式：

无校验（NONE）：这种方式规定发送数据信息时，不使用校验位。这样就使原来校验位所占用的第 8 位成为可选用的位，这种方法通常用来传送由 8 位二进制数（而不是 7 位 ASCII 码数据）组成的数据信息。这时，数据信息就占用了原来由校验位使用的位置。

偶校验（EVEN）：这是一种最常用的方法，它规定校验位的值与前面所传输的二进制数据信息有关，并且应使校验位和 7 位二进制数据信息中“1”的总和总为偶数。换言之，如果二进制数据信息中“1”的总数是偶数，则校验位为“0”，如果二进制数据信息中“1”的总数是奇数，则校验位是“1”。

奇校验（ODD）：这种方法规定校验位的值与它所伴随的二进制数据信息有关，并且应使校验位和 7 位二进制数据信息中“1”的总和总为奇数。也就是说，如果数据信息中所有二进制数“1”的总数是偶数，则校验位为“1”，如果所有二进制数“1”的总数是奇数，则校验位是“0”。

（4）当发送每个二进制数据信息完毕后，相应地在其后加上一位或二位二进制数，用来表示数据传送结束，叫作停止位。

(5)串口的流控制是指数据在两个串口之间传输时,常常会出现丢失数据的现象。当接收端数据处理不过来时,就发出“不再接收”的信号,发送端就停止发送,直到收到“可以继续发送”的信号再发送数据。PC 机中常用的两种流控制分别是硬件流控制(包括 RTS/CTS、DTR/DSR 等)和软件流控制 XON/XOFF。

单击“高级”,可以修改串口的名称(见图 4-85,修改为 COM1),但注意不能修改为正在使用中的串口。

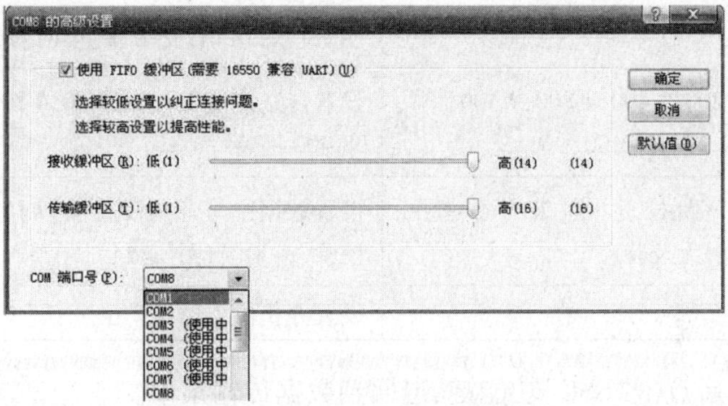

图 4-85　修改串口名称界面

全部确认后,串口设置完成。

1.2　全站仪数据通信

全站仪数据通信时,全站仪和计算机二者之间的端口设置参数必须完全一致,才能实现顺利传输。下面以拓普康全站仪和中纬全站仪向 CASS2008 软件传输采集数据为例进行说明。

1.2.1　拓普康全站仪数据传输

拓普康全站仪数据传输步骤如下。

1.2.1.1　通信参数设置

在图 4-3 菜单界面中,点击“F3:存储管理”,点击两次“F4”翻页到“3/3”即第三页,如图 4-86 所示。

存储管理　　　　3/3
F1：数据通信
F2：初始化
P↓

图 4-86　数据通信功能

按“F1:数据通信”,进入“数据传输”界面(见图 4-87)。点击“F3:通信参数”,进入通信参数菜单(见图 4-88)。

数据传输
F1：发送数据
F2：接收数据
F3：通信参数

图 4-87　数据传输界面

通信参数　　　　1/2
F1：协议
F2：波特率
F3：字符/检验　P↓

图 4-88　通信参数界面

依次检查或设定通信参数为:①协议:“无”;②波特率:9 600;③字符/检校:8/无校验;④停止位:1。

常见拓普康全站仪通信参数项目见表 4-9。

表 4-9 通信参数项目

项目	可选参数	内容
F1:协议	[ACK/NAK],[无]	设置联络方式 [认可/否认]有联络或[单向]无联络传送方式
F2:波特率	1 200,2 400,4 800,9 400,19 200,38 400	设置传送速度 1 200,2 400,4 800,9 600,19 200,38 400 波特率
F3:字符/校验	[7/偶校验],[7/奇校验],[8/无校验]	设置数据位与奇偶校验位[7 位/偶校验],[7 位/奇校验],[8 位/无校验]
F4:停止位	1,2	设置停止位 1 位或 2 位

参数设置完成后点击“ESC”功能键,退回到数据传输菜单。

1.2.1.2 全站仪发送数据准备

在图 4-87“数据传输”界面点击“F1:发送数据”,进入“发送数据”界面(见图 4-89)。选择发送“F1:测量数据”(也可选择“F2:坐标数据”),进入“发送测量数据”界面(见图 4-90)。

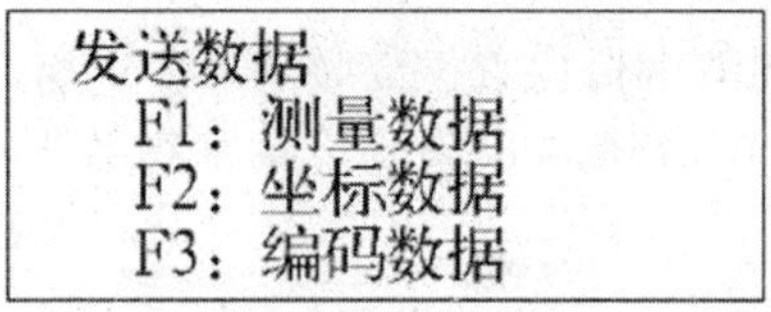

图 4-89 发送数据界面

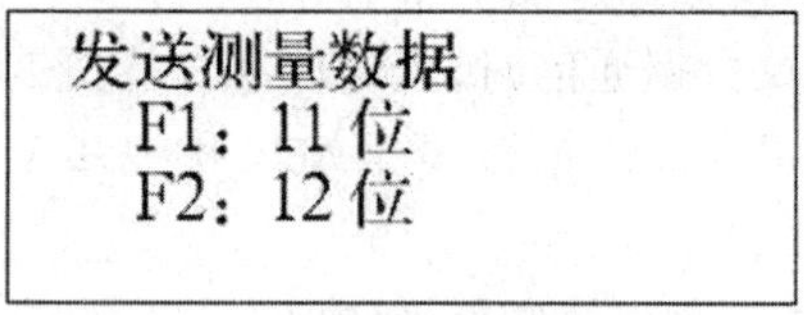

图 4-90 发送测量数据界面

选择“F1:11 位”,进入“选择文件”界面(见图 4-91)。选择“F4”,回车。出现如图 4-92 所示界面后,暂不操作。转到 CASS2008 软件进行设置。

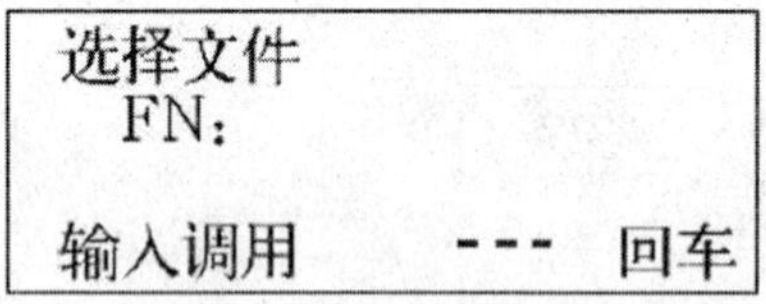

图 4-91 选择文件界面

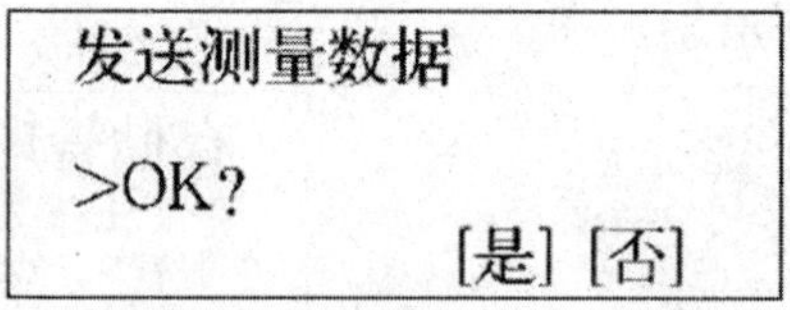

图 4-92 发送确认界面

1.2.1.3 CASS2008 接收数据准备

打开 CASS2008 软件,点击下拉菜单“数据”中的“读取全站仪数据”项(见图 4-93),弹出“全站仪内存数据转换”界面,如图 4-94 所示。

在全站仪内存数据转换菜单中,选择并设置如下:

(1)仪器一栏选择“拓普康 GTS - 200 测量”(如果传输坐标文件,仪器一栏选择“拓普康 GTS - 200 坐标”);通信口:COM1(和计算机一致);波特率:9 600;数据位:8;校验:无校验;停止位:1。其他参数用默认值。

(2)单击“全站仪内存数据转换菜单”中“CASS 坐标文件”右侧的“选择文件”项,选择

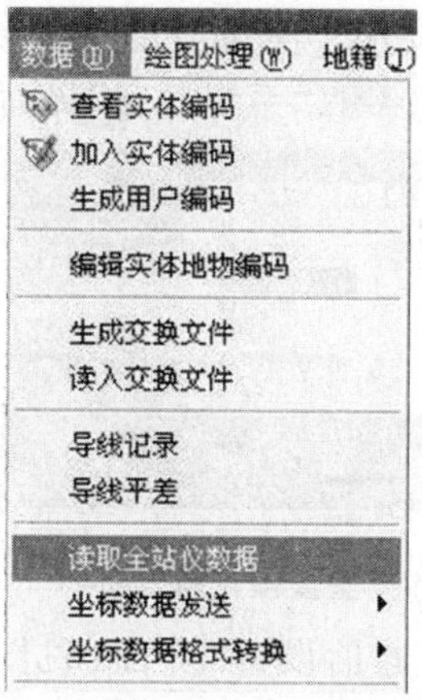

图 4-93　读取全站仪数据

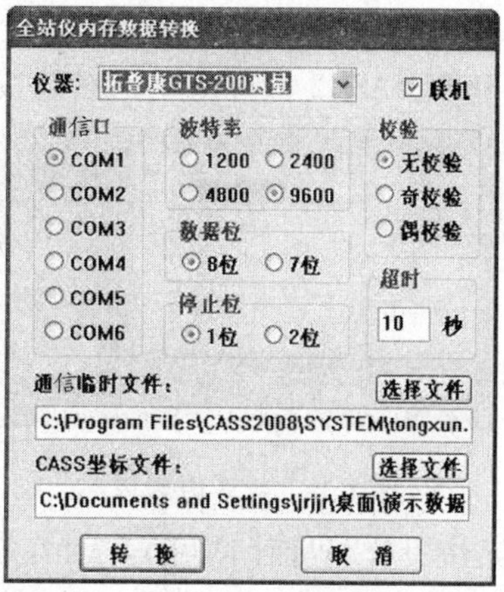

图 4-94　全站仪内存数据转换界面

数据存储位置，输入数据文件名，如“C：\Documents and Settings\jrjjr\桌面\演示数据. dat”。

(3)点击“转换”键，出现如图 4-95 所示对话框后。至此计算机准备完成，等待全站仪的信号。

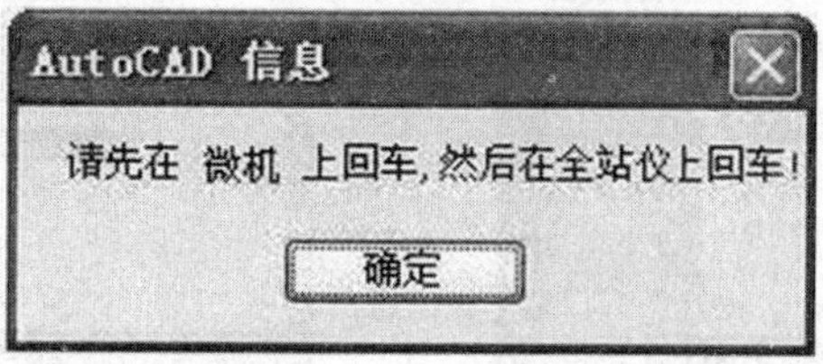

图 4-95　回车确认对话框

1.2.1.4　确认顺序

点击计算机对话框的“确定”键，计算机通信口打开，准备接受数据。随后，立即点击全站仪的“F3”键，选择“是”，全站仪开始向计算机发送数据。如果传输成功，软件 CASS2008 的命令提示栏内会出现输入的数据跳动，表示正在传输。传输结束后，出现“数据通信完成”提示。

1.2.2　中纬全站仪数据传输

中纬全站仪数据传输步骤如下。

1.2.2.1　通信参数设置

开机后，在主界面(见图 4-96)下，按数字键“5”，进入“系统设置”界面(见图 4-97)。

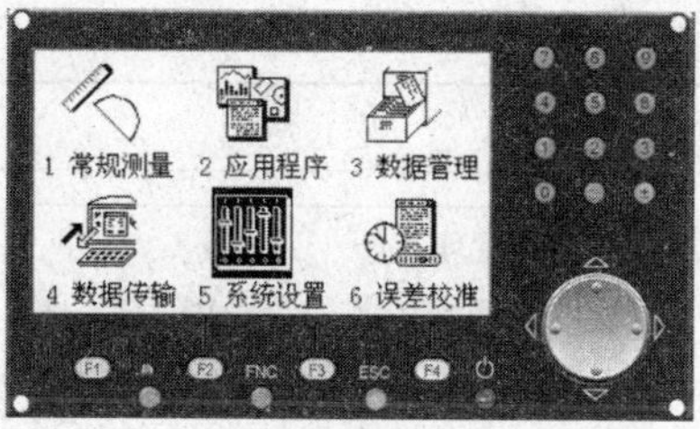

图 4-96　主界面

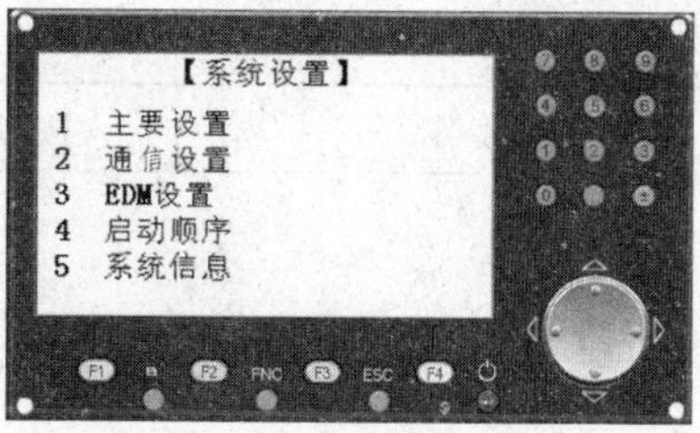

图 4-97　系统设置界面

按数字键“1”，进入“主要设置”界面(见图 4-98)。再按翻页键，进入主要设置第二页

(见图 4-99)。在该界面中把 MASK 值设置为“MASK2”(主要用于测量值传输;如果传输已知点,MASK1、MASK2 都可以用),然后按 F4“设定”返回至图 4-97“系统设置”界面。

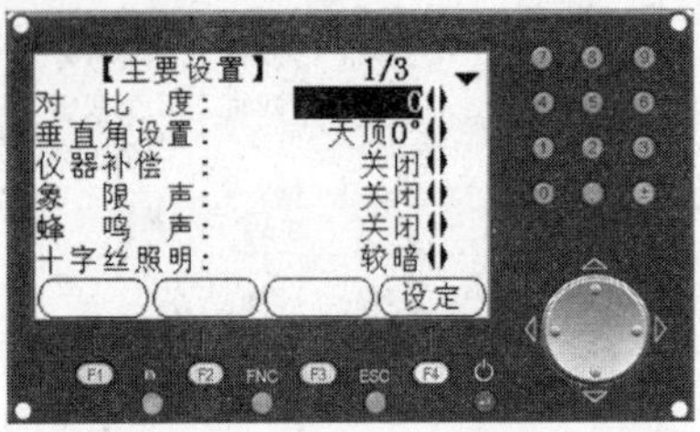

图 4-98　主要设置界面

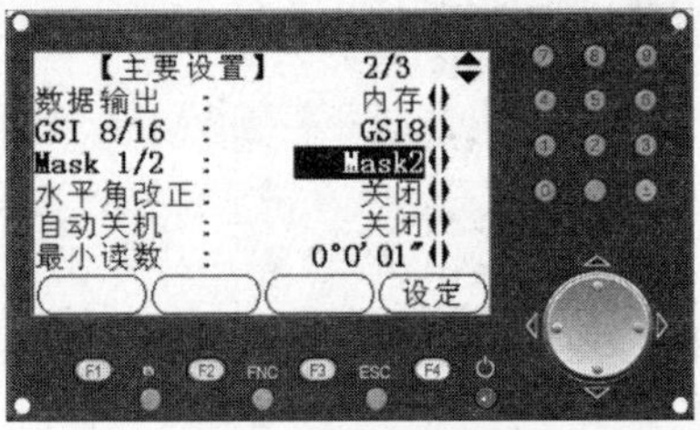

图 4-99　主要设置第二页

在“系统设置”界面(见图 4-97)中按数字键“2”,进入“通信设置”界面(见图 4-100)。在该界面下设置波特率、数据位、奇偶位、行标志和停止位。按 F4“设定”返回至图 4-97“系统设置”界面。再按“ESC”返回至图 4-96 主界面。

1.2.2.2　全站仪发送数据准备

在图 4-96 主界面中按数字键“4”进入“数据传输”界面(见图 4-101)。选择相应的作业名称、数据类型和数据格式后,暂不操作。

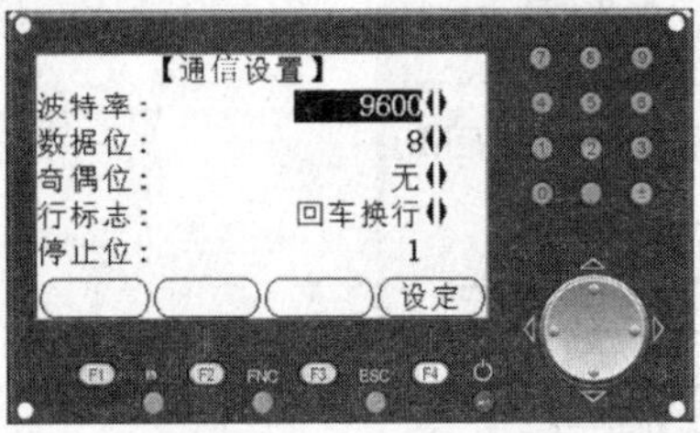

图 4-100　通信设置界面

图 4-101　数据传输界面

1.2.2.3　CASS2008 接收数据准备

在图 4-94 全站仪内存数据转换界面中,“仪器”栏改为“徕卡 GSI 格式”,其余根据实际情况设置好。点击“转换”键,出现如图 4-95 对话框后,根据提示先在计算机上回车,然后再在中纬全站仪的图 4-101“数据传输”界面中按 F4 发送。

1.2.3　南方全站仪数据传输

南方全站仪数据传输步骤如下。

1.2.3.1　通信参数设置

例如:设置波特率为 4 800。通信参数设置见表 4-10。

表 4-10　通信参数设置

操作步骤	按键	显示界面
①由主菜单 1/2 按[F3](内存管理)键	[F3]	内存管理　1/3 F1:内存状态 F2:数据查阅 F3:文件维护　P↓

续表 4-10

操作步骤	按键	显示界面
②按[F4](P↓)键两下	[F4] [F4]	内存管理　　3/3 F1：数据传输 F2：初始化 P↓
③按[F1](数据传输)键	[F1]	数据传输 F1：发送数据 F2：接收数据 F3：通信参数
④按[F3](通信参数)键	[F3]	通信参数 F1：波特率 F2：字符校验 F3：通信协议
⑤按[F1](波特率)键	[F1]	波特率选择 波特率：　1200 b/s 1200　2400　4800　回车
⑥按[F3](4800),选定所需参数	[F3]	波特率选择 波特率：　4800 b/s 1200　2400　4800　回车
⑦按[F4](回车)键*	[F4]	通信参数 F1：波特率 F2：字符校验 F3：通信协议

注：*取消设置可按[ESC]键,此设置关机后被保存。

1.2.3.2　全站仪发送数据

全站仪发送数据见表 4-11。

表 4-11　全站仪数据发送

操作步骤	按键	显示界面
①由主菜单 1/2 按 F3（内存管理）键	F3	内存管理　1/3 F1：内存状态 F2：数据查阅 F3：文件维护　P↓
②按 F4（P↓）键两下	F4 F4	内存管理　3/3 F1：数据传输 F2：初始化 P↓
③按 F1（数据传输）键	F1	数据传输 F1：发送数据 F2：接收数据 F3：通信参数
④按 F1	F1	发送数据 F1：测量数据 F2：坐标数据 F3：编码数据
⑤选择发送数据类型，可按 F1 至 F3 中的一个键 例：F1（测量数据）	F1	选择一个文件 PN：_ 输入　调用　回车
⑥按 F1（输入）键，输入待发送的文件名按 F4（回车）键[a]	F1 输入 FN F4	发送测量数据 >OK？ [否]　[是]
⑦按 F4（是）键，发送数据 显示屏返回到菜单[b]	F4	发送测量数据 < 发送数据... > 回车

注：a 按 F2（调用）可显示文件目录，按[▲]或[▼]键，选择发送文件。

b 取消发送可按 F4（停止）键。

1.2.3.3　CASS2008 接收数据准备

打开 CASS2008 软件,点击下拉菜单"数据"中的"读取全站仪数据"(见图 4-102),弹出"全站仪内存数据转换"界面,如图 4-103 所示。

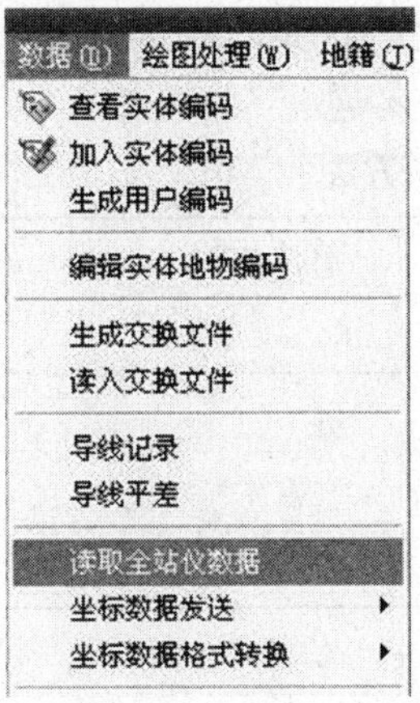

图 4-102　读取全站仪数据

图 4-103　全站仪内存数据转换界面

在全站仪内存数据转换菜单中,选择并设置如下:

(1)仪器一栏选择"南方中文 NTS－320 测量"(如果传输坐标文件,仪器一栏选择"南方中文 NTS－320 坐标");通信口:COM4(和计算机一致);波特率:4 800;数据位:8;校验:无校验;停止位:1。其他参数用默认值。

(2)单击"全站仪内存数据转换菜单"中的"选择文件"项,选择数据存储位置,输入数据文件名,如"C:\Users\Administrator\Desktop\南方全站仪演示数据.dat"。

(3)点击"转换"键,出现如图 4-104 对话框。至此计算机准备完成,等待全站仪的信号。

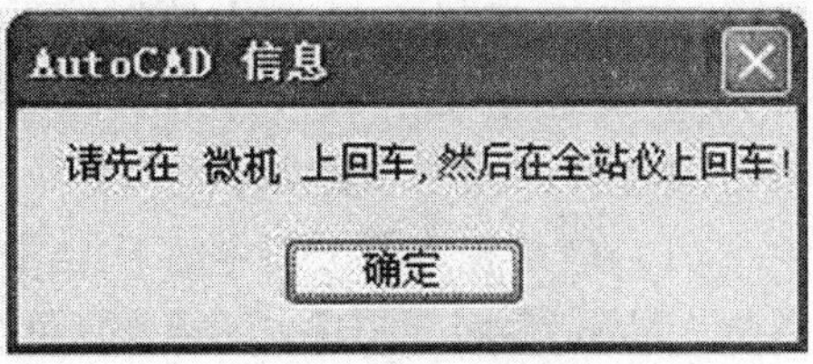

图 4-104　回车确认对话框

1.2.3.4　确认顺序

点击计算机对话框的"确定"键,计算机通信口打开,准备接受数据。随后,立即点击全站仪的"F3"键,选择"是",全站仪开始向计算机发送数据。如果传输成功,软件 CASS2008 的命令提示栏内会出现输入的数据跳动,表示正在传输。传输结束后,出现"数据通信完成"提示。

1.3　数据通信中常出现的问题

(1)出现"无法创建通信口!"对话框。

出现该问题的原因是:①USB 驱动程序未安装或安装不正确;②CASS8.0 软件的通信串口选择与计算机分配的串口不统一。

(2)点击确定,开始通信后,CASS8.0 命令行无数据显示,传完后数据文件为空。

出现该问题的原因是:①全站仪中选择的文件传输软件与选择的仪器项不一致,即全站仪与软件都选坐标数据文件,或者都选测量文件;②全站仪与软件设置的传输参数不一致,如波特率不一致等;③传输线不通,或者传输线未连接好。

1.4　实训:数据传输实习

本活动主要是学生进行全站仪与计算机之间的数据通信实训。

利用校园地形图采集的数据和上一个活动中讲述的数据通信基本操作,在计算机上使用 CASS2008 进行全站仪数据传输练习,要求每人操作一次,记录出现的问题,分析讨论或请教师解决,填入表 4-12。

表 4-12　数据传输中的问题及解决方法

出现的问题	解决方法

活动 2　RTK 数据文件转换与传输

南方手簿采集的 RTK 数据需要从手簿传输到计算机或其他的存储设备,数据传输主要有三种方法:数据线传输、SD 卡传输、蓝牙传输。这里主要介绍利用数据线进行数据传输。

2.1　手簿文件的导入导出

文件导入功能可以导入天宝参数文件和南方加密参数文件。导出功能可以导出南方 CASS 格式文件、AutoCAD 文件、Google Earth 格式文件、威远图格式文件及自定义格式文件。

2.1.1　文件导入

文件导入操作步骤如下:

(1)在“工程之星 3.0”界面下,点击【工程】,选择【文件导入导出】(见图 4-105(a)),进入“文件导入导出”界面,点击【文件导入】(见图 4-105(b)),进入“文件导入”界面(见图 4-106)。

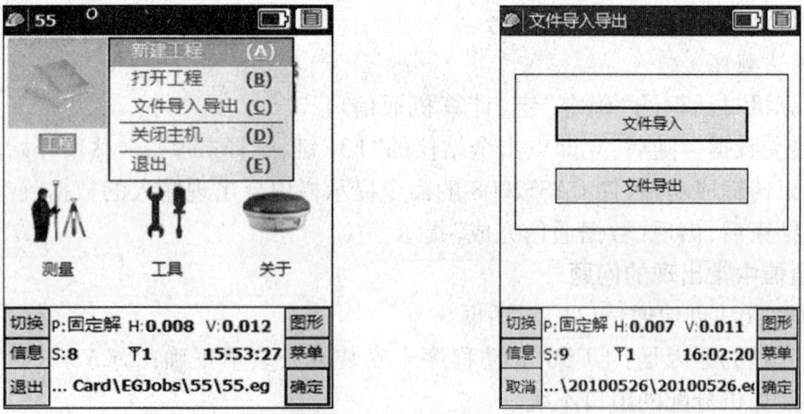

(a)　(b)

图 4-105　文件导入导出

(2)在“文件导入”界面下,导入文件类型下拉框选择导入文件类型,点击【打开文件】(见图 4-106(a)),进入“打开文件”界面,选择对应类型文件(见图 4-106(b)),点击【OK】,返回“文件导入”界面(见图 4-107(a))。

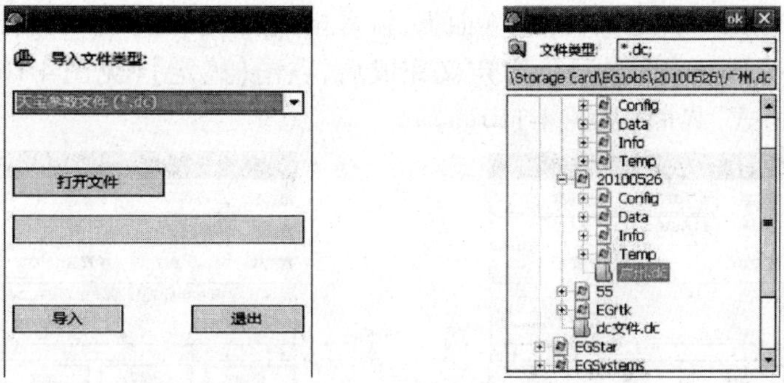

(a)　(b)

图 4-106　文件导入与打开文件

(3)在“文件导入”界面下,点击【导入】(见图 4-107(a)),弹出导入信息框,点击【OK】,点击【退出】(见图 4-107(b)),返回“文件导入导出”界面(见图 4-107(b))。

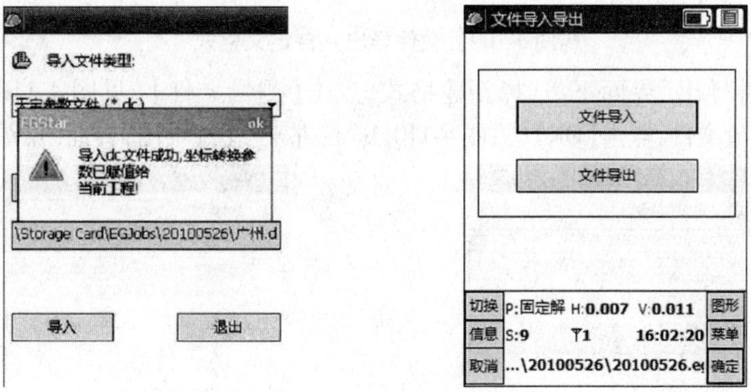

(a)　(b)

图 4-107　导入数据与文件导入导出

2.1.2　文件导出

文件导出操作步骤如下:

(1) 在“文件导入导出”界面下,点击【文件导出】(见图 4-107(b))。进入“文件导出”界面,从导出文件类型中选择导出类型(见图 4-108(a)),或点击【自定义】定义(见图 4-108(b)),进入“文件导出 - 自定义格式”界面(见图 4-109(a))。

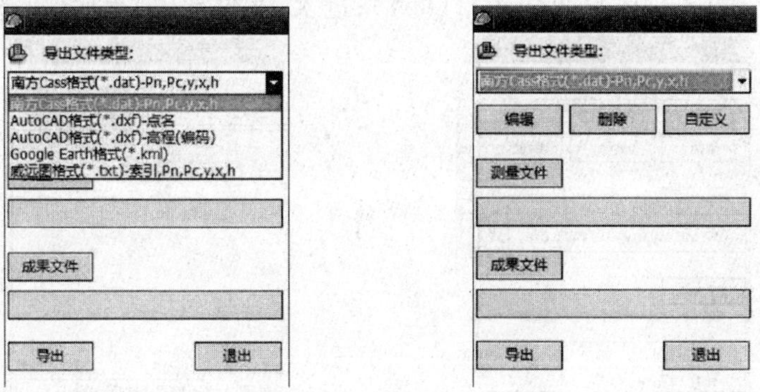

(a)　(b)

图 4-108　文件导出

(2)在“文件导出 - 自定义格式”界面下,输入格式名、分隔符、扩展名,数据列表选择项目,点击【增加】(见图 4-109(a))。自定义完成后,点击【确定】(见图 4-109(b)),进入“文件导出 - 自定义格式”界面(见图 4-110(a))。

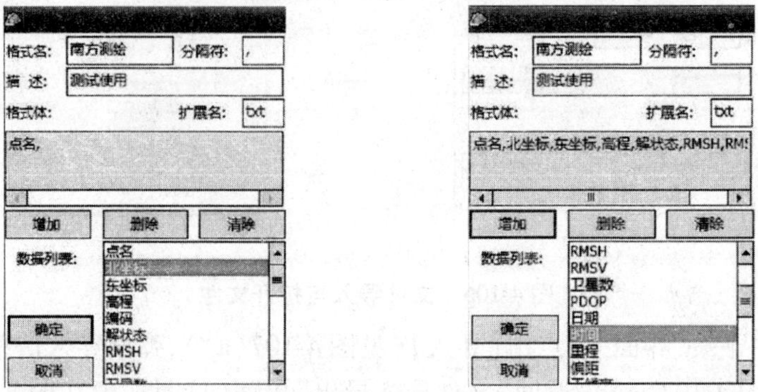

(a)　　(b)

图 4-109　文件导出 - 自定义格式

(3)在“文件导出”界面下,选择新建格式,点击【测量文件】(见图 4-110(a));进入“打开文件”,选择测量文件,点击【OK】(见图 4-110(b));进入“文件导出”界面(见图 4-111(a))。

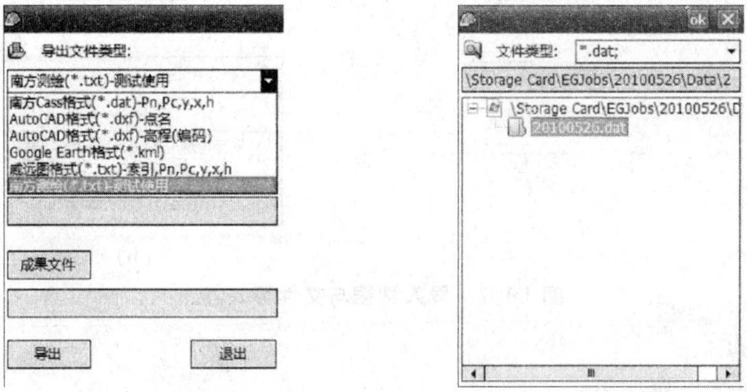

(a)　　(b)

图 4-110　文件导出与打开测量文件

(4)在“文件导出”界面下,点击【成果文件】(见图 4-111(a));进入“保存文件”,选择路径,输入文件名,点击【OK】(见图 4-111(b));进入“文件导出”界面(见图 4-112(a))。

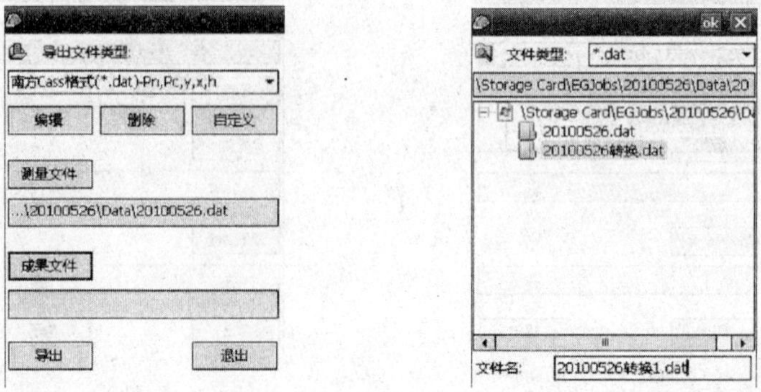

(a)　　(b)

图 4-111　文件导出与成果文件

(5)在“文件导出”界面下,点击【导出】(见图4-112(a));显示导出成功信息框,点击【OK】,点击【退出】(见图4-112(b));返回“文件导入导出”界面,点击【确定】。

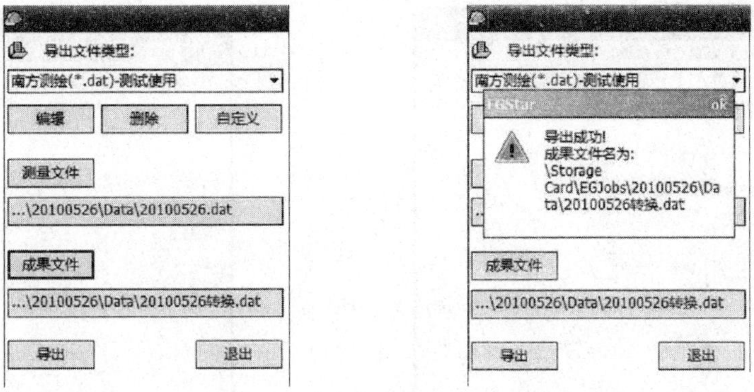

(a)　(b)

图4-112　文件导出与保存成功

2.1.3　手簿数据传输

准备好数据传输线、S730手簿、计算机(见图4-113)并安装Microsoft ActiveSync同步传输软件。

(a)　(b)　(c)

图4-113　S730手簿、数据传输线与计算机

手簿数据传输操作步骤如下:

(1)用传输线USB一端连接计算机(见图4-114(a)),另一端连接手簿(见图4-114(b)),打开电脑与手簿。

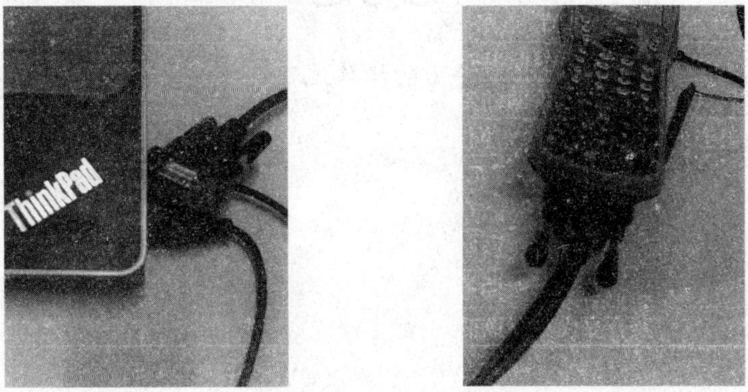

(a)　(b)

图4-114　连接计算机与手簿

（2）打开 Microsoft ActiveSync 软件（见图 4-115（a）），点击【文件】，选择【进行连接】（见图 4-115(b)）；显示已连接（见图 4-116(a)），点击【浏览】，浏览手簿文件，拷贝（见图 4-116(b)）。

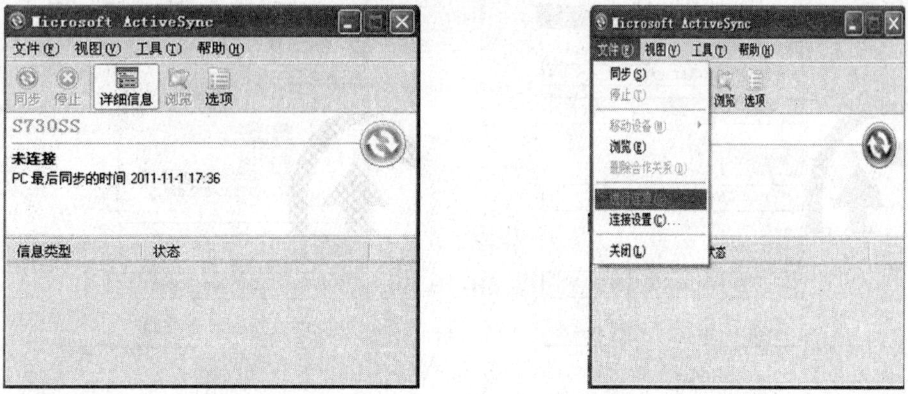

（a）　　（b）

图 4-115　Microsoft ActiveSync 软件与连接手簿

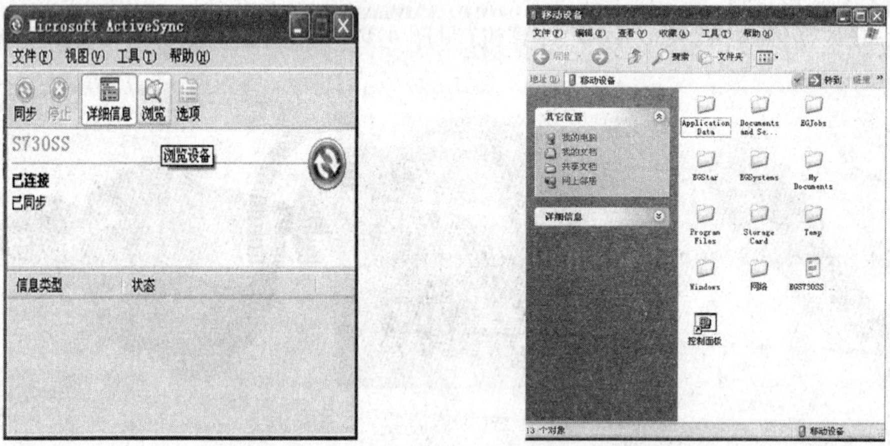

（a）　　（b）

图 4-116　浏览手簿文件与手簿文件显示

思考题

1. 总结并写出南方手簿文件导入导出的操作流程及步骤。
2. 叙述南方手簿数据传输步骤。

项目 5　数字地形图绘制

【项目说明】

本项目主要介绍地形图测绘内业数据处理方面的知识。本项目是依据数字地形图测绘工艺,介绍数字测图各环节的工作,主要包括地形图基本知识、内业数据处理准备、地物绘制的基本方法、等高线的绘制与修改方法、地形图的整饰和注记、拼接与接边处理、分幅编号。

【项目任务】

1. 能从事地形图测绘过程中地形图的绘制和修改。
2. 能从事地形图的拼接和分幅编号。
3. 能分析和解决数字化地形图绘制过程中遇到的问题。

【项目成果】

1. 掌握地形图内业准备阶段需要的基本工作。
2. 掌握地形图的绘制和修改方法。
3. 掌握等高线的特征和绘制原则。
4. 掌握地形图的整饰和注记方法。
5. 掌握地形图拼接与接边处理方法。
6. 掌握地形图分幅编号的方法和原则。

【项目案例】　红旗村 1∶1 000 数字地形图测绘

1. 测区概况

测区内主要为低山地形,地形起伏较大。测区面积约 5 km^2,海拔最低处约 900 m,最高处约 1 200 m,乔木稀少,坡度平缓处多为农田。居民住地比较集中,但村庄内街道比较规则,对图根控制测量比较有利。测区内交通不便,给测绘工作带来较大困难。测区影像及其数字地形图如图 5-1 所示。

图 5-1　测区影像及其数字地形图

2. 已有资料

该测区现有的控制点为 E 级 GPS 控制点 5 个,四等水准点 6 个。这些点位保存完好,精度满足本次测量的要求,可以作为本次测量工作的起算数据。测区已有的图纸资料主要是旧的 1∶1 000 的比例尺地形图,可用作本次测量的参考用图。

3. 作业依据

(1)《工程测量规范》(GB 50026—2007)。

(2)《国家基本比例尺地图图示　第1部分1∶500、1∶1 000、1∶2 000地形图图示》(GB/T 20257.1—2007)。

(3)《全球定位系统(GPS)测量规范》(GB/T 18314—2009)。

(4)《1∶500、1∶1 000、1∶2 000外业数字测量技术规程》(GB/T 14912—2005)。

4. 测绘过程

测区平面控制网整体采用GPS测量方法,局部采用导线测量的方法布设。测图作业模式使用全站仪草图法作业模式。碎部点的选取结合绘图需要和测区实际情况综合取舍,地物特征点的采集应能反映建筑和围墙轮廓,建筑物轮廓凸凹在图上小于0.4 mm时,可用直线连接。地貌特征点的选取应能反映地势起伏的基本特征。外业数据采集结束后将生成的数据文件利用测图软件进行处理,生成数字格式的地形图。

5. 设备和人员配置

人员配置主要有作业组10组,每组3~4人;每组设备配置包括拓普康全站仪1台,南方灵锐RTK1台,DS3型水准仪1台,对讲机4部,计算机1台,CASS数字成图软件1套。

【问题导入】

1. 什么是数字地形图?

2. 地形图的各种符号如何表示?

3. 地形各种要素如何取舍?

4. 数字地形图如何绘制?

5. 获取数字地形图有哪些方法?

任务1　内业图形编辑准备

任务目标:

1. 熟悉CASS软件界面。

2. 掌握CASS坐标数据文件格式及转换。

3. 掌握CASS软件中进行数据预处理的方法和技能。

4. 掌握CASS绘图环境的常用配置方法和操作。

5. 能够熟练配置满足图式和规范要求的绘图环境。

学习过程:

1. 介绍全站仪数据格式的转换。

2. 学习外业数据预处理的方法和手段。

3. 演示应用软件实施数据预处理的基本操作。

4. 操作数据预处理实训。

5. 演示设置绘图环境的方法和步骤。

6. 实践操作绘图环境设置过程。

学习成果:

在实习中完成数据转换和预处理,以及配置正确的绘图环境。

活动 1　CASS 测图软件和全站仪数据格式转换

资源与器材：CASS 测图软件、校园碎部点坐标数据、校园碎步点测量数据、采集记录。

通过本活动，熟悉 CASS 测图软件的界面，理解对全站仪数据格式转换的原因和必要性，并掌握 CASS 坐标数据文件的格式。

1.1　全站仪原始数据格式与软件所需数据格式之间的转换

全站仪原始数据类型可以是多种多样的，不同厂家的全站仪，GPS 有不同的数据格式，甚至同一厂家不同型号的仪器原始数据格式也有不同。而同一全站仪传输时，也会有坐标数据格式或测量数据格式等。全站仪原始数据格式与软件所需数据格式之间的转换，实质上就是对全站仪原始数据进行分类，在不损失原始数据精度的情况下，把坐标数据、连接信息、地物特征等按标准格式分别存放。

请同学们比较图 5-2 和图 5-3 中所列的 TOPCON 全站仪坐标数据样例和 CASS 坐标数据文件样例之间的区别，并把区别填入表 5-1。

```
┐_+1          _ x+031421880_ y+053414280_ z+000039555_+2          _ x+031425020_ y+0533
┐ y+053359060_ z+000031225_+4          _ x+031425530_ y+053348040_ z+000027416_+5
┐+6          _ x+031454840_ y+053352890_ z+000028500_+7          _ x+031442450_ y+0534(
┐y+053393470_ z+000032539_+9          _ x+031387570_ y+053358850_ z+000029426_+10
┐11          _ x+031364210_ y+053348660_ z+000028254_+12          _ x+031340890_ y+05336
┐+053335730_ z+000026230_+14          _ x+031362690_ y+053331840_ z+000026661_+15
┐6          x+031399610  y+053335090  z+000026692
```

图 5-2　TOPCON 全站仪坐标数据样例

图 5-3　CASS 坐标数据文件样例

表 5-1　TOPCON 全站仪坐标数据和 CASS 坐标数据区别表

序号	原始数据与 CASS 数据的差异
1	
2	
3	
4	
⋮	

1.2 CASS 坐标数据文件格式

常见测图软件中,提供的数据传输功能一般就在数据传输的过程中,自动进行了格式转换,不必专门进行。图 5-3 中所列的 CASS 坐标数据即为图 5-2 中 TOPCON 全站仪坐标数据转换后所得格式。

请各小组仔细观察图 5-3 样例数据,总结归纳 CASS 坐标数据文件格式,填入表 5-2。

表 5-2 CASS 坐标数据文件格式表

序号	项目
1	
2	
3	
4	

【知识导航】

CASS 测图软件是广州南方测绘仪器有限公司基于 CAD 平台开发的一套集地形、地籍、空间数据建库、工程应用、土石方算量等功能为一体的软件系统。CASS 软件经过多年的稳定发展,市场和技术十分成熟,用户遍及全国各地,涵盖了测绘、国土、规划、房产、市政、环保、地质、交通、水利、电力、矿山及相关行业,得到了用户的一致好评。

CASS 测图软件广泛应用于地形成图、地籍成图、工程测量应用三大领域,且全面面向 GIS,彻底打通数字化成图系统与 GIS 的接口,是一个很好的绘图软件。

(1)画线:CASS 测图软件里面提供了强大的画线工具,它里面的画线工具可以对画好的线进行第二次绘画。比如:画好了一条线,觉得有一个地方不合适或者方向有误,可以用 y 命令加线段控制点,用 b 命令对这个线进行修改(比如回到那个节点再重新开始画,或者这个方向已经完成,用 h 命令换到另外一个方向继续操作),这样始终是一条线。

(2)重复图元:已经完成的图,发现很多内容都是重复的,打印时显示不出来,而且会影响图纸的大小,使系统承受不住,在软件里面就有一个工具可以把重复的线、字等删除。

(3)后期处理:在 AutoCAD 环境中制作的图形,把这幅图放在 CASS 环境中而不能对其进行一些简单的编辑,那是什么原因?因为软件认的是编码。编码信息不完整就相当于图纸没有属性,不可以进行一些特殊的编辑。那怎么办呢?可以用 CASS 软件里面的一个工具地物编辑“图形属性转换”针对不同的情况进行选择。这样不仅可以分出很多图层,而且可以使没有属性的对象附上属性。

(4)提取高程点文件:CASS 软件提供了一个功能,就是把图面上的高程数据全部提取出来,合成在一个文件里面。但这样有一个缺点就是高程点号会重新排序,这个功能在出图的时候展点用得上。当然还有工具可以解决这个问题,就是在“数据”菜单下使用“数据合并”这个命令,就可以解决编号改变的问题。

南方 CASS8.0 软件的主界面如图 5-4 所示。

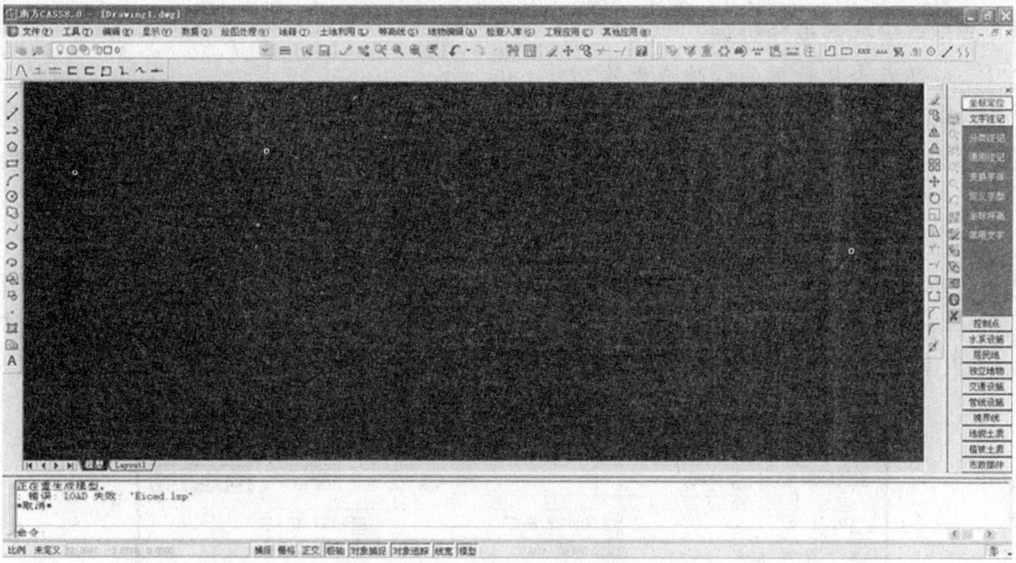

图5-4　CASS8.0主界面

南方CASS坐标数据文件是CASS最基础的数据文件，扩展名是“DAT”，其格式为：

1点点名，1点编码，1点Y（东）坐标，1点X（北）坐标，1点高程

…

N点点名，N点编码，N点Y（东）坐标，N点X（北）坐标，N点高程

说明：①文件内每一行代表一个点；②每个点Y（东）坐标、X（北）坐标、高程的单位均是“米”；③编码内不能含有逗号，即使编码为空，其后的逗号也不能省略；④所有的逗号不能在全角方式下输入。

活动2　外业数据预处理的方法和手段

资源与器材：校园碎部点数据，采集记录；计算机；CASS测图软件。

通过数据转换后获得的碎部点数据文件，其中可能包含各种错误数据或不符合要求的数据，需要进行各种预处理，最终形成符合绘图要求的正确数据。通过本活动掌握CASS2008软件中对野外采集的原始数据实施数据预处理的方法和手段。

2.1　碎部点坐标数据预处理内容

请以小组为单位，结合外业数据采集过程中影响数据成果正确性的各种因素，讨论应该对碎部点坐标数据进行哪些预处理，才能得到满足绘制地形图要求的正确数据。请把讨论的结果填入表5-3。

表5-3　碎部点坐标数据预处理讨论表

序号	影响数据成果正确性的因素	采取措施
1		
2		
3		
4		
5		
⋮		

2.2　碎部点坐标数据预处理

2.2.1　碎部点坐标数据的修改或剔除

在外业采集碎部点过程中,可能会碰到因为变动棱镜高忘记修改导致的高程点错误,某些碎部点采集错误需要剔除,某些点处于房屋、铁塔等上面不能参与高程建模等情况。经过数据转换后,首先就应该用记事本等文本编辑软件打开碎部点坐标数据文件,实施修改或剔除。

常见的方法有三种:

(1)单击 CASS2008 软件中的"编辑\编辑文本文件",弹出如图 5-5 所示"输入要编辑的文本文件名"对话框。选择相应的文件路径和文件名,按"打开"后,即可启动记事本程序。在记事本中可以根据外业观测记录修改或删除碎部点数据。

图 5-5　输入要编辑的文本文件名

(2)在 CASS2008 命令行输入"edit"后回车,在命令行中出现"File to edit:"提示,再按回车,即可启动记事本程序。在记事本中可以根据外业观测记录修改或删除碎部点数据。

(3)直接调用 Windows 系统"开始\程序\附件\记事本"功能,然后打开要修改的碎部点数据文件进行修改。

2.2.2　坐标转换

在实际作业中,经常会由于作业工期紧张,来不及按照"先控制后碎部"的程序进行测图作业,而是在埋设好图根控制点后,直接采用假定坐标进行测量。在获得图根控制成果后,再采用"坐标转换"的方法,把假定坐标转换为图根控制成果所采用的坐标系统。

单击 CASS2008 软件中的"地物编辑\坐标转换",弹出如图 5-6 所示"坐标转换"界面。

在"公共点坐标"栏中输入或拾取转换前及转换后的公共点坐标,按"添加"按钮后在"已有公共点"栏中显示出所用到的转换前及转换后的公共点坐标。

点击"计算转换参数"按钮,即可计算出横平移、纵平移、旋转角和尺度等数据。

如果是转换图形,则在"转换图形"前打"√"。也可在"转换图形"前和"转换数据"前同时打"√"。此时"数据文件名"栏变亮,选择好转换前的数据文件名,并在合适路径输入转换后的数据文件名后,按"转换"在绘图区选择好需要转换的图形,回车后即可完成转换。

2.2.3　批量改正坐标数据

点击 CASS2008 软件中的"数据\批量改正坐标数据",弹出如图 5-7 所示对话框。

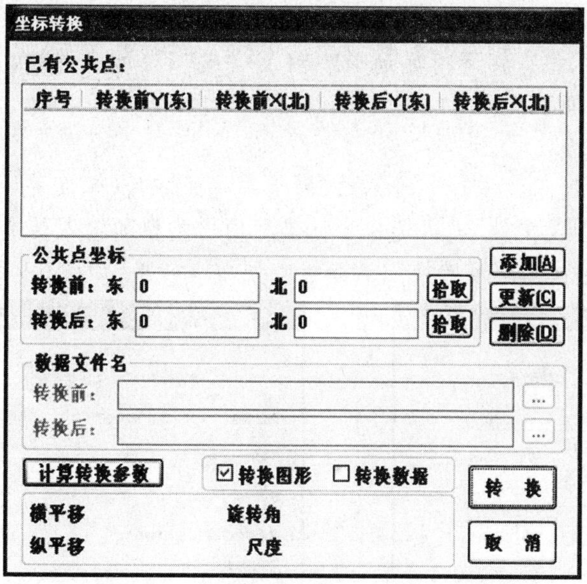

图 5-6　坐标转换界面

图 5-7　批量修改坐标数据界面

选择原始数据文件名，输入更改后要另存的数据文件名，选择需要处理的数据类型和修改类型，然后在相应的方框内输入改正值，点击"确定"即完成批量修改坐标数据功能。

【知识导航】

1. 坐标换带

我们在项目 1 中学习过高斯投影，知道国家高斯平面直角坐标采用的是分带投影。如果测图的时候，碰到在两个投影带边缘分别测图的时候，就必须进行坐标换带，实现坐标系统的统一。否则，无法进行后期的图幅拼接。

点击 CASS2008 软件中的"数据\坐标换带"，弹出如图 5-8 所示对话框。

1）单点转换

选择好坐标换带所用的椭球基准，输入原带中央子午线、新带中央子午线、横坐标常数、源坐标后，单击"坐标转换"，则在"目标坐标输出"栏中显示出转换后的坐标值。单击"图形转换"，弹出提示界面，根据实际情况选择"是(Y)"或"否(N)"继续，完成后关闭单点坐标转换界面(见图5-8)即可。

2）批量转换

选择好坐标换带所用的椭球基准，输入原带中央子午线、新带中央子午线、横坐标加常数，选择好原坐标类型及文件名，再选择目标坐标输出类型和输入转换后的目标坐标数据文件名，单击"坐标转换"或"图形转换"，其余操作同单点转换，如图5-9所示。

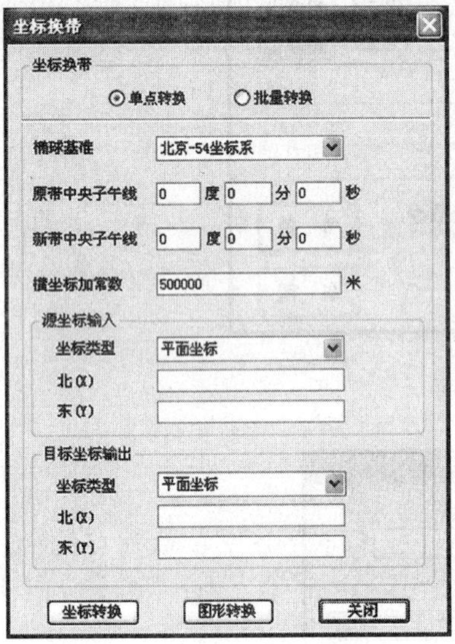

图5-8　单点坐标转换界面

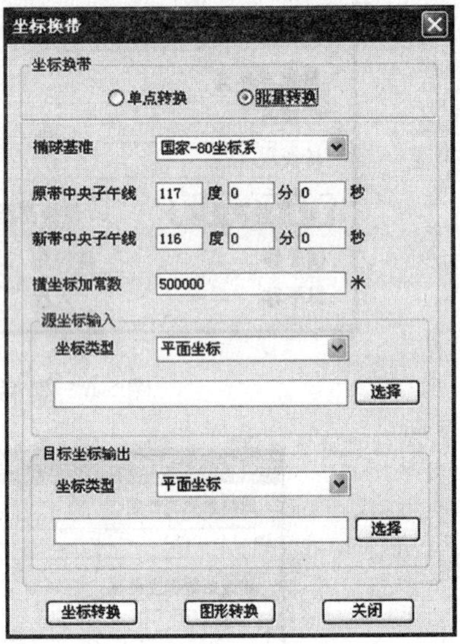

图5-9　批量坐标转换界面

2. 数据合并

由于测区一般较大，往往采用的是分组作业。各小组分组进行高程建模，无法实现DTM模型和等高线的统一连接。所以，在高程建模之前，往往需要把各小组数据合并成一个完整的测区碎部点坐标数据文件。

点击CASS2008软件中的"数据\数据合并"，弹出如图5-10所示对话框。

图5-10　数据合并界面

连续按"添加"键可以选择添加进所有小组的分组数据文件。按"浏览"输入合并后的数据文件存储路径和文件名后，按“确定”完成数据合并。

数据合并后，每个文件的点名不变，以确保与草图对应，所以点名可能存在重复现象。

2.3　实训

实训时在数字测图实验室中上机操作，利用前期采集的碎部点坐标数据文件和外业记录，根据要求对数据文件进行处理，直至获得满足绘图要求的标准碎部点坐标数据。

活动3　CASS绘图环境设置

资源与器材：计算机、投影、CASS成图软件。

通过本活动熟悉CASS绘图环境设置的项目和方法。理解绘图环境设置与图形绘制关系。

3.1　绘图环境设置

CASS绘图环境设置主要包括如下四种情况：

(1)需要对绘图所需的单位类型和精度、文字、颜色、线型、图层、图块、图形文件等绘图环境预先进行开发、设置和修改。

上述这些设置是通过CASS软件提供的样板文件ACAD.DWT或ACADISO.DWT自动载入的。样板即模板，它包含了预先准备好的设置。使用样板可避免每次重复基本设置和绘图，快速地得到一个标准的绘图环境，大大节省工作时间。

如果没有使用CASS软件提供的样板文件，则上述与绘图环境有关的资源无法自动调入，绘图时就会出现一些问题。例如，绘图环境中没有CASS分类图层、绘制各种地物时颜色都变成了白色等。此时可单击CASS2008系统中的“文件\加入CASS环境”，即可加入标准CASS环境，解决上述问题。

以图层环境设置为例。如果要创建、修改图层，可以利用CAD中的图层特性管理器。也可以在“对象特性”工具栏或“标准工具栏”中对图层进行开与关、冻结与解冻、锁定与解锁以及设置当前层等操作。表5-4是CASS系统中设置的图层分类表。

表5-4　CASS系统图层分类表

图层名称	功能类别	图层名称	功能类别
KZD	控制点层	ZBTZ	植被土质层
JZD	界址点层	DMTZ	地貌土质层
SJW	三角网层	SXSS	水系设施层
DGX	等高线层	JJ	境界层
DSX	等深线层	DLSS	道路设施层
TK	图框层	GXYZ	管线设施层
JMD	居民地层	GCD	高程点层
DLDW	独立地物层	ZDH	展点号层
ZJ	注记层	MJZJ	面积注记层
ASSIST	骨架线层	COMPONENT	市政部件层
JZP	界址圆圈层	0	默认0层

(2)CASS系统是在AutoCAD上开发的，为了绘图方便，需要对AutoCAD选项进行配置。

在CASS2008中单击“文件\AutoCAD系统配置”，或者在绘图区点右键后单击“选项”，均可以打开AutoCAD选项界面，如图5-11所示。

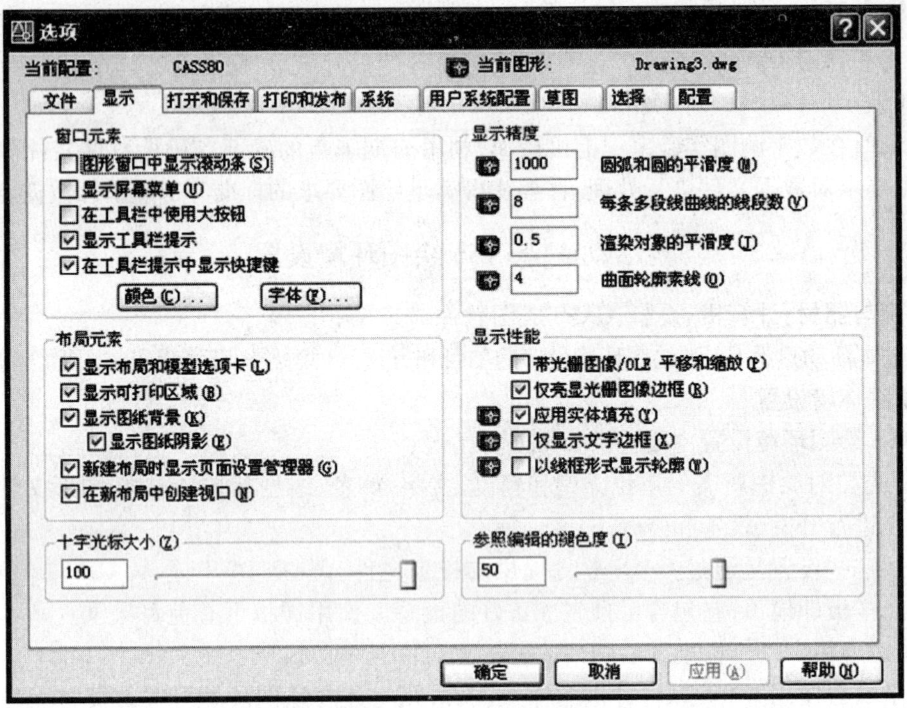

图 5-11　AutoCAD 选项界面

AutoCAD 选项常见设置如表 5-5 所示。

表 5-5　AutoCAD 选项常见设置

选项卡	常见设置选项	功能
文件	支持文件搜索路径	设置 CAD 和 CASS 支持文件路径，如果缺少 CASS 路径，可能导致硬件锁识别不了，软件功能无法使用
	临时图形文件位置	如果软件突然终止退出，可以去该路径下查找系统自动保存的临时图形文件
显示	颜色	可改变软件绘图区域的颜色，如设置成白色或黑色
	十字光标大小	改变绘图区十字光标的长度
打开和保存	文件保存	可以设置保存的 DWG 图形文件默认版本格式
	自动保存	每次保存间隔的分钟数
	每次保存均创建备份	每保存一次均同时保存一个相同文件名的 BAK 备份文件。使用时只需要把后缀 BAK 改为 DWG
打印和发布	添加或配置绘图仪	可以对所需要的绘图仪进行添加和配置
系统	启动	设置启动时显示或不显示“启动”对话框
用户系统配置	自定义右键单击	对没有选定对象、选定对象、正在执行命令时单击右键表示的功能状态进行设置
草图	自动捕捉设置	对自动捕捉功能状态进行设置
选择	先选择后执行	可以先选择对象，再执行命令
	对象编组	CASS 绘图时会生成一些编组对象，如果对编组内部分图形进行修改，可以先关闭对象编组再修改
配置	置为当前	可以实现 AutoCAD 界面和 CASS 界面之间的相互切换

(3)经常使用的功能有:打开或关闭特定工具栏、右侧地物绘制菜单、UCS图标、点位标记。

打开或关闭特定工具栏时,可在已有工具栏上点右键,即可弹出系统提供的各种工具栏(见图5-12),在特定工具栏上重复单击,即可实现打开或关闭该工具栏的目的。

在CASS2008中重复单击"显示\地物绘制菜单",可以实现地物绘制菜单(见图5-13)的打开与关闭。

通过对CASS2008中"显示\显示设置"下的"UCS图标""属性显示""文本窗口"的设置,可以实现对UCS图标、图块属性和文本窗口的打开与关闭。

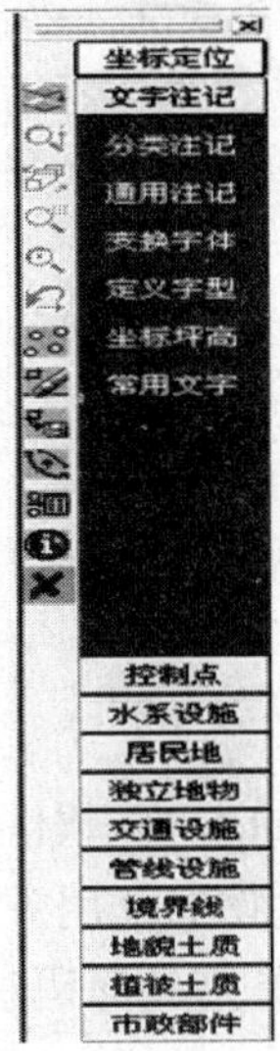

图5-12　常见工具栏

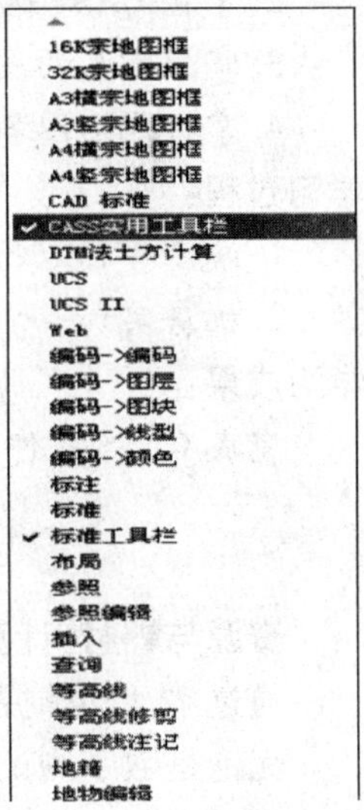

图5-13　地物绘制菜单

通过对CASS2008中"编辑\图形设定"下的"坐标系标记""点位标记"的设置,也可以实现对UCS图标和点位标记的开/关进行设置。

(4)进行地形图绘图时,为了让绘制的图形满足图式及相应规范的要求,必须进行必要的地物绘制设置、图框设置和一些高级设置。

在CASS2008中单击"文件CASS参数配置",弹出"CASS参数配置"界面。

采用数字测记模式、CASS野外操作码法、自定义简码法等方法绘图时,可以只设置"地物绘制"(见图5-14)、"高级设置"(见图5-15)两项。

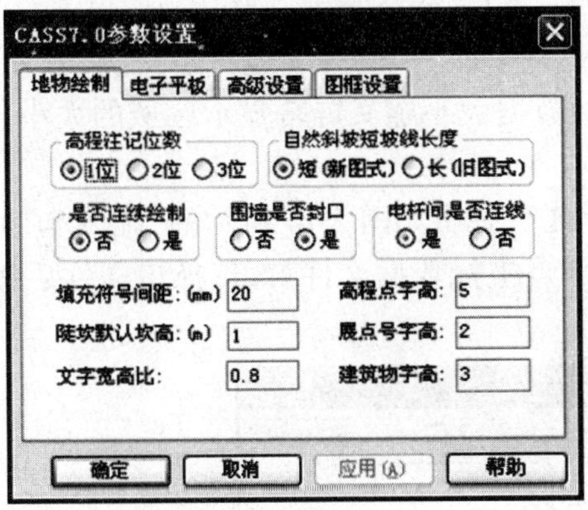

图5-14　地物绘制选项卡

图5-15　高级设置选项卡

3.2　实训

通过实训,要求熟练掌握AutoCAD绘图环境设置的项目和方法。要学会完成常见AutoCAD绘图环境设置、CASS绘图环境设置,并能根据绘图的实际需要和碰到的问题合理选择绘图参数。

任务2　地物绘制

任务目标:

1. 掌握地物的常用绘制方法。

2. 掌握 CASS 地物绘制菜单中常用符号的操作提示和绘制方法。

3. 掌握常见的图形编辑和修改方法。

4. 掌握地形图各类注记的方法和要求。

学习过程:

1. 演示各种地物绘制方法和步骤。

2. 机房实训。

学习成果:

完成 CASS 软件中范例数据的绘制。

活动 1　地物常用绘制方法

资源与器材:计算机、AutoCAD 软件、CASS 成图软件。

通过本活动掌握绘制地物的常用方法。

无论是数字测记法,还是野外简码法或自定义简码法,最终回到室内还是需要进行大量的人机交互的图形绘制工作。一般来说,首先是进行地物绘制。地物内业绘制时,常用的方法有点号定位法、坐标定位法、编码引导法、简码法和电子平板法五种方法。

1.1　点号定位法

点号定位法适用于数字测记法(全站仪、RTK 等采集碎部点坐标数据文件,外业草图记录属性信息和连接信息),是指在人机交互成图时,直接输入外业草图上各地物的测量点号,并根据其连接顺序和地物属性,逐一连接绘制成图。该方法优点是不用在屏幕上寻找各点点号,只需要输入点号,计算机便可自动定位绘制图形。

点号定位法具体操作步骤如下。

1.1.1　定显示区

定显示区的作用是根据输入坐标数据文件的数据大小定义屏幕显示区域的大小,以保证所有点可见。

在 CASS2008 系统中选择"绘图处理\定显示区",弹出如图 5-16 所示的"输入坐标数据文件名"界面,在相应路径下找到外业采集的碎部点坐标数据文件名,选择该文件后按"打开"即可。

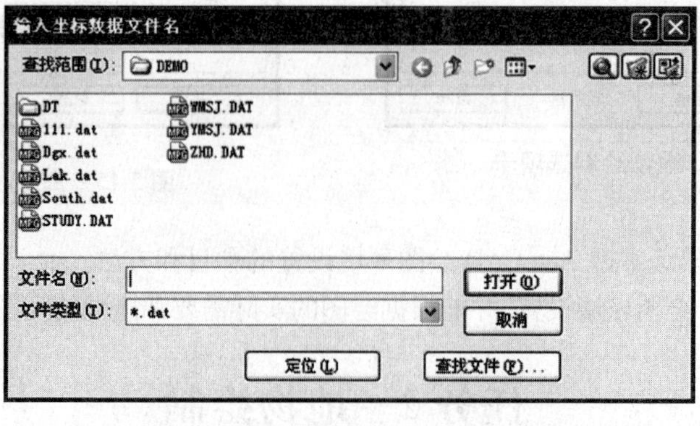

图 5-16　输入坐标数据文件名界面

1.1.2　改变当前测图比例尺

系统默认的测图比例为 1∶500,实际绘图时可根据作业比例修改成 1∶1 000 或 1∶2 000。

1.1.3　展野外测点点号

展野外测点点号可把碎部点坐标数据文件中的各个碎部点点号及其点位显示在屏幕上。根据屏幕上的点号和草图上的点号相互对应,就可以绘制地物。

选择"绘图处理\展野外测点点号",系统提示输入要展出的坐标数据文件名(见图 5-16)。输入后数据文件中所有点以注记点号形式展现在屏幕上。

若没有输入测图比例尺,命令行窗口将要求输入测图比例尺。

1.1.4　选择"测点点号法"成图

在右侧的"地物绘制菜单"(见图 5-13)中选择"坐标定位\点号定位",系统将弹出如图 5-16所示界面,选择外业所测的坐标数据文件并单击"打开"后,系统将所有数据读入内存,以便依照点号寻找点位。此时"地物绘制菜单"的定位方式一栏变为"点号定位"。

1.1.5　根据草图绘制相应的图式符号

根据外业草图上绘制的地物类别,移动鼠标至右侧"地物绘制菜单"中选择相应的大类及地形图图式符号,然后根据命令行的动态提示,即可在屏幕上将所有的地物绘制出来。

在点号定位法绘图过程中,有时会遇到所绘地物与某些没有点号的点相连接的情况,则需要临时切换到坐标定位。如果命令行中正在执行的地物绘制命令提示的子命令中有"点P",即提示在命令行中输入字母 P 可以实现点号定位与坐标定位的相互切换。输入 P 后,进入坐标定位状态,想回到点号定位状态时再次按 P 键即可。

下面以陡坎绘制为例进行说明。如图 5-17 所示,有一个加固陡坎,顺序经过了点 12、矩形房屋未测点、点 13 和点 193,则其命令执行情况如下:

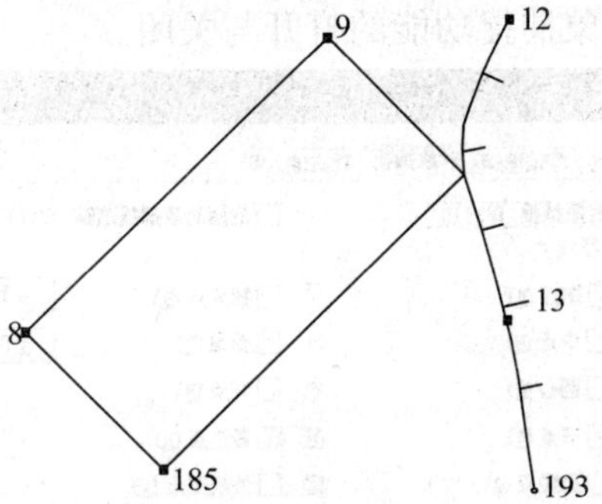

图 5-17　点号定位和坐标定位切换样例图

选择"地物绘制菜单\地貌土质\人工地貌\加固陡坎",命令行提示及输入的参数为:

命令:

输入坎高:(米)〈1.000〉2(可根据实际情况输入坎高,此处输入 2 米,输入后回车确认)

第一点:

鼠标定点 P/〈点号〉12(输入点号 12,回车确认)

曲线 Q/边长交会 B/跟踪 T/区间跟踪 N/垂直距离 Z/平行线 X/两边距离 L/点 P/〈点号〉p(输入字命令 P,切换至坐标定位,回车确认)

曲线 Q/边长交会 B/跟踪 T/区间跟踪 N/垂直距离 Z/平行线 X/两边距离 L/点号 P/〈指定点〉(用鼠标捕捉矩形房屋未测点)

曲线 Q/边长交会 B/跟踪 T/区间跟踪 N/垂直距离 Z/平行线 X/两边距离 L/隔一点 J/

微导线 A/延伸 E/插点 I/回退 U/换向 H 点号 P/〈指定点〉P(输入 P 子命令,回车确认后重新切换至点号定位)

曲线 Q/边长交会 B/跟踪 T/区间跟踪 N/垂直距离 Z/平行线 X/两边距离 L/隔一点 J/微导线 A/延伸 E/插点 I/回退 U/换向 H 点 P/〈点号〉13(输入点号 13,回车确认)

曲线 Q/边长交会 B/跟踪 T/区间跟踪 N/垂直距离 Z/平行线 X/两边距离 L/闭合 C/隔一闭合 G/隔一点 J/微导线 A/延伸 E/插点 I/回退 U/换向 H 点 P/〈点号〉193(输入点号 193,回车确认)

曲线 Q/边长交会 B/跟踪 T/区间跟踪 N/垂直距离 Z/平行线 X/两边距离 L/闭合 C/隔一闭合 G/隔一点 J/微导线 A/延伸 E/插点 I/回退 U/换向 H 点 P/〈点号〉(直接回车,结束绘图)

拟合线〈N〉? y(输入 y 或 n,选择绘制的图形是否拟合成光滑曲线,输入后回车确认)

命令:(结束陡坎命令)

1.2　坐标定位法

坐标定位法适用于数字测记法。坐标定位法成图原理类似于点号定位法,也是对照草图逐个地物绘制而成的。所不同的仅仅是,绘图时点位的获取不是通过点号而是利用 AutoCAD 的"对象捕捉"功能直接在屏幕上捕捉各点号对应的点位。

该方法具体的操作步骤和点号定位法类似,依次为:定显示区、改变当前测图比例尺、展野外测点点号、选择"坐标定位"法、利用右侧"地物绘制菜单"中的地物符号绘制图形。

在 CASS"状态"栏的"对象捕捉"按钮上,点击右键,在弹出菜单上选择"设置",出现"草图设置\对象捕捉"选型卡(见图 5-18),可以根据实际情况选择对象捕捉方式。重复按"对象捕捉"按钮可以实现对象捕捉功能的打开与关闭。

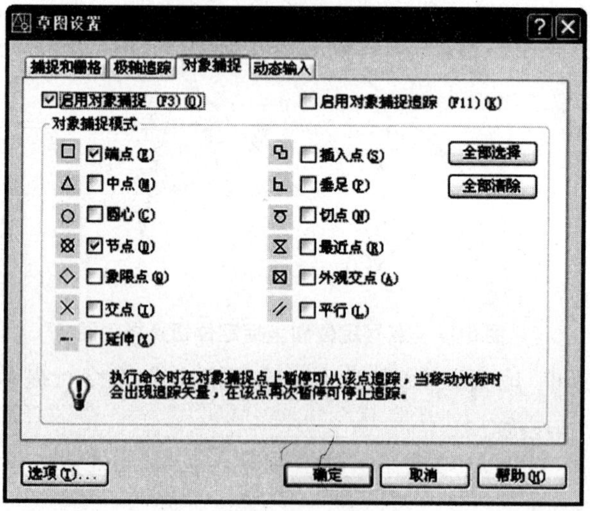

图 5-18　对象捕捉选项卡

提示:实际绘图中,点号定位法和坐标定位法两种方法一般混合交叉应用。

1.3　编码引导法

编码引导法适用于数字测记法。该法成图时,需根据外业草图在内业人工编辑一个引导文件。引导文件是一个包含了地物编码、地物的连接点号和连接顺序的文本文件,它是根据草图在室内人工编辑而成的。然后根据引导文件和坐标数据文件合并后的信息,在绘图区上自动绘制成图。

在绘图之前应根据外业草图编辑一个编码引导文件,该文件的主文件名一般取与坐标数据文件相同的文件名,后缀一般用“YD”,以与其他文件相区别。编写引导文件时,有如下要求:

(1)每一行只能表示一个地物,如一幢房屋、一条道路、一个独立地物,一个控制点。

(2)每一行的第一个数据为地物代码,以后按照地物各点的连接顺序依次输入各顺序点点号,格式如下:

代码,点号1,点号2,…,点号 n

(3)同一行的各个数据之间必须用逗号“,”隔开。

(4)地物代码的输入,需参考CASS的野外操作码。

(5)部分特殊地物编写规定如下:

A.圆地物

①Y0圆半径值,圆心点号。如Y010.5,8——以8号点为圆心,半径为10.5 m的圆。

②Y1,圆直径上第一点点号,圆直径上第二点点号。如Y1,3,4——以3号点、4号点为直径两端点的圆。

③Y2,圆上第一点点号,圆上第二点点号,圆上第三点点号。如Y2,5,6,7——经过5、6、7号三点的圆。

B.平行体

格式为:P,点号1,点号2(即把点号1所在地物平行到点号2上)。如P,14,15——将第14点所在实体平行到第15点。

C.控制点

格式为:C+控制点类别号+控制点点名,控制点点号。如C0测校——0表示不埋石图根点;点名为“测校”;18表示第18号点为控制点,其中点名可以为空。

如图5-19为野外观测草图,对应的引导文件如下:

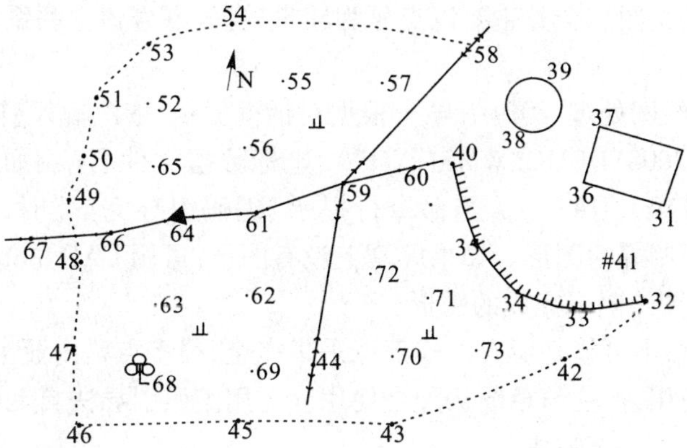

图5-19　野外观测草图

D1,58,59,44

U0,40,35,34,33,32

Y1,38,39

D3,60,59,61,64,66,67

F2,31,36,37

B0,32,42,43,45,46,47,48,49,50,51,53,54,58,40

A50,68

A14,41

C0P3,5

编码引导法的具体操作步骤如下：

(1)编辑引导文件。

利用“任务1　内业图形编辑准备”的“活动2　外业数据预处理的方法和手段”中讲述的启动“记事本”程序的方法，打开“记事本”程序，编写引导文件。编写完毕后一定要先保存再退出。

以“\Program Files\CASS2008\DEMO\WMSJ. YD”为例，其引导文件样例数据如图5-20所示。

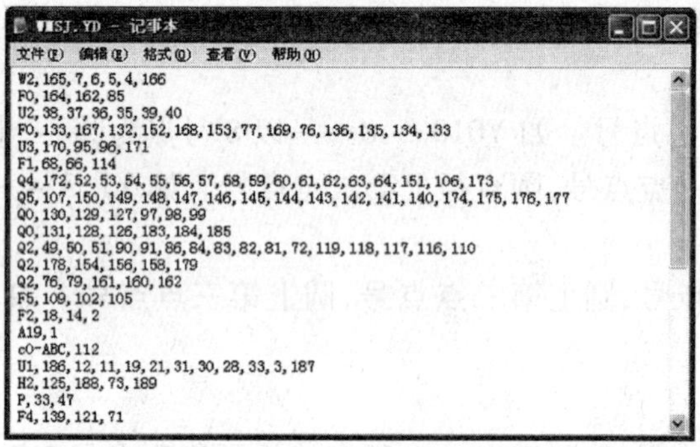

W2,165,7,6,5,4,166
F0,164,162,85
U2,38,37,36,35,39,40
F0,133,167,132,152,168,153,77,169,76,136,135,134,133
U3,170,95,96,171
F1,68,66,114
Q4,172,52,53,54,55,56,57,58,59,60,61,62,63,64,151,106,173
Q5,107,150,149,148,147,146,145,144,143,142,141,140,174,175,176,177
Q0,130,129,127,97,98,99
Q0,131,128,126,183,184,185
Q2,49,50,51,90,91,86,84,83,82,81,72,119,118,117,116,110
Q2,178,154,156,158,179
Q2,76,79,161,160,162
F5,109,102,105
F2,18,14,2
A19,1
c0-ABC,112
U1,186,12,11,19,21,31,30,28,33,3,187
H2,125,188,73,189
P,33,47
F4,139,121,71

图5-20　引导文件样例数据

(2)定显示区。

操作同前所述。

(3)编码引导与绘图。

“编码引导”的功能是自动将编辑好的引导文件和前面采集好的坐标数据文件合并，并在屏幕绘图区上自动绘图。合并主要以点号为纽带，且以点号建立联系。

具体操作如下：

选择下拉菜单“绘图处理\编码引导”，根据对话框提示，依次输入引导文件名（例如“C:\Program Files\CASS2008\DEMO\WMSJ. YD”）、坐标数据文件名（例如“C:\Program Files\CASS2008\DEMO\WMSJ. DAT”）。当命令行提示“编码引导完毕”时，就表示编码引导成功。屏幕上显示出绘制好的图形。如果屏幕上没有图形，可用CAD的范围缩放功能查找。

(4)利用外业草图绘制未完成的图形。

由于外业采集时，不可能把所有的碎部点采集完全，很多点是内业编辑定位的。所以该方法也不可能单独使用，往往与草图法配合使用。先用编码引导法自动绘制，剩余部分用点号定位法或坐标定位法补充完成。

1.4　简码法

简码法适用于CASS野外操作码法和自定义简码法。这两种方法的共同点是点位信息、属性信息和连接信息均存储在全站仪、RTK等数据采集设备中，数据传输后获得的坐标文件是带有简编码的坐标数据文件。

1.4.1　CASS野外操作码法

CASS野外操作码法的操作步骤如下：

(1)定显示区。

操作同前所述。

(2)简码识别。

简码识别的作用是将带 CASS 野外操作码格式的坐标数据文件转换成计算机能识别的程序内部码。

选择“绘图处理\简码识别”项,出现如图 5-21 所示对话窗。

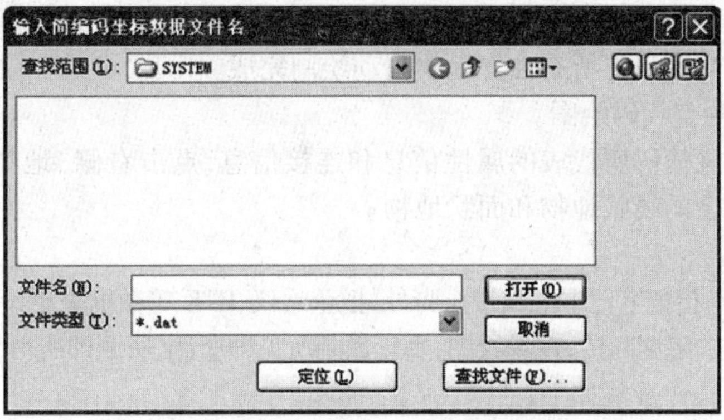

图 5-21　选择简编码文件

输入简编码坐标数据文件名(例如 C:\CASS2008\DEMO\YMSJ. DAT)。命令行显示“简码识别完毕!”同时在屏幕上绘出平面图形。

1.4.2　自定义简码法

由于自定义简码法采集时输入的编码是采集者自主定义的,所以 CASS 系统无法自动识别。但通过修改 CASS 系统的简编码定义文件 JCODE. DEF,可以实现所有独立地物的自动识别,剩余的线状地物和面状地物可以采用人工交互绘图方式作业。通过对独立地物的识别,可以节省很多作业时间。另外,由于地物属性信息、连接信息均是通过自定义的简码表示,就可以不绘制外业草图。在内业只需要把自定义简码展绘在屏幕上,就可以根据各个简码的含义实现对地物属性和连接属性的判断和绘制。

自定义简码法具体操作步骤如下:

(1)修改简编码定义文件 JCODE. DEF。

选择“文件\CASS 系统配置文件\简编码定义文件 JCODE. DEF”选项卡,如图 5-22 所示。

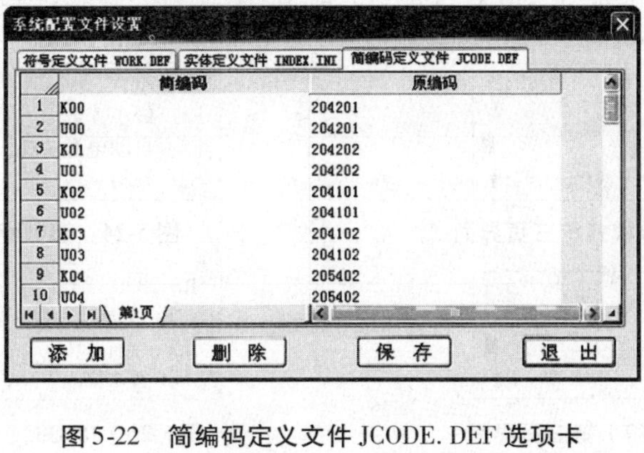

图 5-22　简编码定义文件 JCODE. DEF 选项卡

对照地物属性,把独立地物的 CASS 简码直接改为相应的自定义简码。修改完毕后保存退出。

(2)定显示区。

操作同前所述。

(3)展野外测点代码。

操作同“展野外测点点号”。

(4)简码识别。

操作同前所述。可以把所有独立地物自动绘制完成。

(5)根据野外测点代码绘图。

根据各点自定义简码所代表的属性信息和连接信息,点击右侧“地物绘制菜单”,利用坐标定位法绘制剩余的线状地物和面状地物。

1.5　电子平板法

电子平板模式是指把笔记本电脑带至野外,把全站仪、RTK 等数据采集设备利用电缆或蓝牙等与笔记本电脑连接,随测随传,现场绘图,真正做到所见即所测,所测即所得,所得即所绘。

电子平板法的操作步骤如下:

(1)建立测区控制点坐标数据文件。

完成测区的各种等级控制测量,并得到测区的控制点成果后,便可以建立测区控制点坐标数据文件,以便野外进行测图时调用。

利用“活动 2　外业数据预处理的方法和手段”中讲述的启动“记事本”程序的方法,打开“记事本”程序,编写测区控制点坐标数据文件。编写完毕后一定要先保存再退出。

编写格式参见“任务 1　内业图形编辑准备”的“活动 1　CASS 测图软件和全站仪数据格式转换”中讲述的 CASS 坐标数据文件格式。

完成录入测区的控制点坐标等准备工作后,便可以进行野外测图。

(2)全站仪通信参数设置。

①在测站点上架好仪器,并把笔记本电脑与全站仪用相应的电缆连接好。

②设置全站仪的通信参数。

以 GTS－330N 系列全站仪为例来说明拓普康全站仪外设通信参数设置。

全站仪开机后按 MENU 键,进入菜单模式,按 F4 连翻两页,至第三页(见图 5-23)。

按“F1:参数组 1”,进入参数组 1 界面(见图 5-24)。再按 F4 连翻两页,出现如图 5-25 所示界面。再按 F1,进入 RS-232C 设置界面(见图 5-26)。

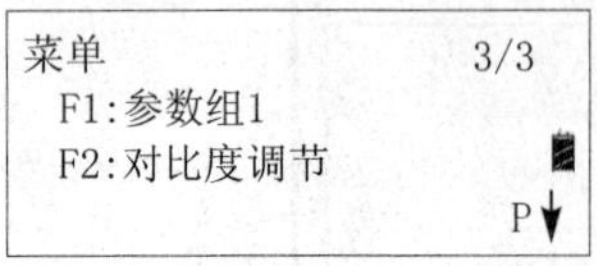

图 5-23　菜单模式第三页界面

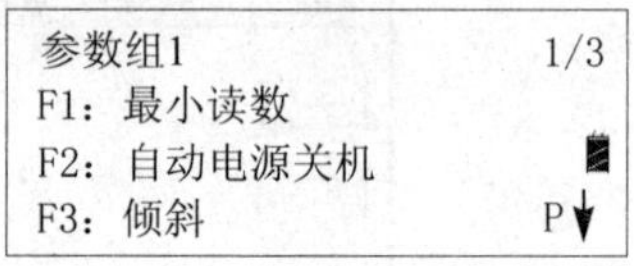

图 5-24　参数组 1 界面

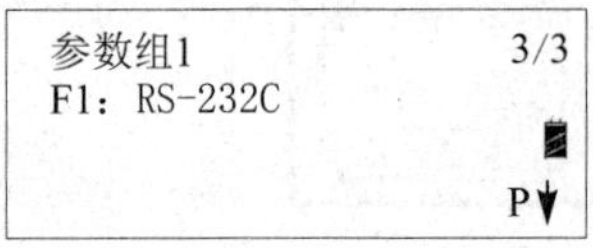

图 5-25　参数组 1 第三页界面

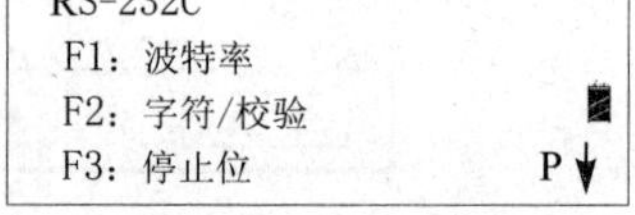

图 5-26　RS-232C 设置界面

分别按“F1:波特率”“F2:字符/校验”“F3:停止位”,设置相应参数。设置好后在图5-26界面按F4进入第二页界面(见图5-27)。分别按“F1:ACK模式”“F2:CR,LF”“F3:记录类型”,设置相应参数。退出至常规测量界面后,切换至距离测量模式下的斜距测量界面,等候测量。

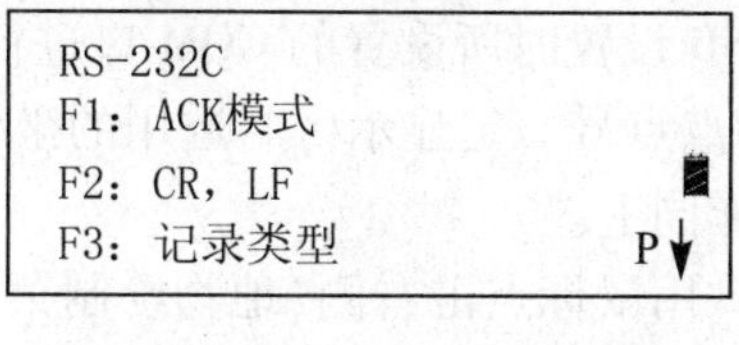

图5-27 RS-232C第二页界面

在拓普康全站仪中,RS-232C参数的设置见表5-6。

表5-6 全站仪RS-232C设置参数表

项目	可选参数	说明	
波特率	1 200,2 400,4 800,9 600	任选	与CASS软件中设置一致
数据位/校验位	7位偶校验、7位奇校验、8位无校验	任选	
停止位	1、2	任选	
ACK模式	标准方式、省略方式	任选	
CR/LF	ON(开)、OFF(关)	任选	
REC类型	REC-A	必选	

需要说明的是,由于电子平板法大部分采用的是USB线传输,必须按照本书后面“项目4\任务2\活动1 全站仪数据通信”中的方法安装USB驱动并设置好相应参数。

中纬全站仪外设通信参数设置为:在图4-99“主要设置第二页”所示界面中设定“数据输出”方式为“RS232”;在图4-100“通信设置界面”中设置好相应通信参数,同样必须和CASS中设置一致;返回并进入到常规测量界面,并切换至斜距测量模式。

③启动电脑,并运行CASS2008软件。

④在主菜单选取“文件\CASS参数配置”。当采用电子平板法测图时,则需要设置“地物绘制”(见图5-14)、“高级设置”(见图5-15)、“电子平板”(见图5-28)三个选项卡中功能。

图5-28 电子平板选项卡

选定所使用的全站仪类型,如拓普康全站仪精测、拓普康全站仪粗测、徕卡全站仪(中纬全站仪和徕卡全站仪共用同一类型)等,并检查软件中的设置是否与全站仪的通信参数一致,按"确定"按钮设置。

COM 口选择时,要根据 USB 设置时所设置的 COM 口进行设置。

⑤定显示区并展绘野外测点点号。定显示区时选用的坐标数据文件是前面编辑好的控制点坐标数据文件名,其余操作同上。

⑥测站设置、定向与检查。用鼠标点击右侧"地物绘制菜单\坐标定位\电子平板" 弹出如图 5-29 所示的"电子平板测站设置"界面。

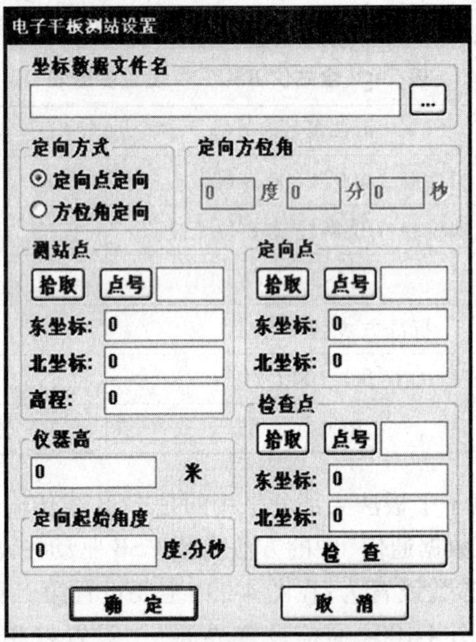

图 5-29　电子平板测站设置界面

选择输入控制点坐标数据文件名;根据实际情况选择好定向方式;测站点、后视点和检查点输入时,若事前已经在屏幕上展出了控制点,则直接点"拾取"按钮再在屏幕上捕捉作为测站、定向点、检查点的控制点;若屏幕上没有展出控制点,则手工输入测站点、定向点及检查点的点号及坐标;仪器高根据实际情况量测输入;定向起始角度可根据全站仪照准后视时全站仪屏幕上显示的方向值直接输入。

提示:检查点用来检查该测站相互关系,系统根据测站点和检查点的坐标反算出测站点与检查点的方向值(该方向值等于由测站点瞄向检查点的水平角读数)。这样,便可以检查出坐标数据是否输错、测站点是否给错或定向点是否给错,点击"检查"按钮弹出检查信息。

检查测站设置、定向无误后按"确定"退出。

⑦实际测图操作。在测图的过程中,主要是利用系统屏幕右侧的"地物绘制菜单"功能,如要测一幢房子、一条电线杆等,需要用鼠标选取相应图层的图标;也可以同时利用系统的编辑功能,如文字注记、移动、拷贝、删除等操作;也可以同时利用系统的辅助绘图工具,如画复合线、画圆、操作回退、查询等操作;如果图面上已经存在某实体,就可以用"图形复制(F)"功能绘制相同的实体,这样就避免了在屏幕菜单中查找的麻烦。

在系统屏幕右侧的"地物绘制菜单"中选择好所测地物符号,在命令行提示等待"全站仪信号…”，CASS 软件自动驱动全站仪观测并返回观测值，返回信息后界面如图 5-30 所示。

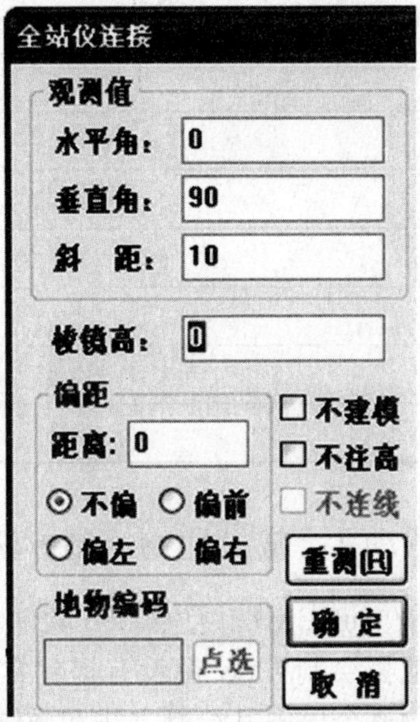

图 5-30　电子平板数据界面

本站测绘完成，搬站后继续进行。

1.6　地物匹配法和图形复制法绘图

1.6.1　地物匹配法

地物匹配法主要适用于对图式符号表达不完整的线划图转绘成符合图式要求的标准地形图情况。选择屏幕右侧“地物绘制菜单\地物匹配”后，就可以选择“地物绘制菜单”下的各种图块符号绘图，当“命令行”中提示“选择要加属性的实体”时，在屏幕上选择要加符号的实体后，回车确定，即可把原来的实体加上符合要求的图式符号。

1.6.2　图形复制法

按“地物绘制菜单”左侧的“”（图形复制功能）图标，在命令行出现提示：

命令：copy

选择已有实体：（在屏幕上选择绘制好的同一种地物，系统会自动提取其属性信息，赋给新绘制的地物）

第一点：<跟踪 T/区间跟踪 N>（捕捉或输入需绘制的第一点）

曲线 Q/边长交会 B/跟踪 T/区间跟踪 N/垂直距离 Z/平行线 X/两边距离 L/ <指定点>（输入第二点，同一提示下可以输入多个点，绘制完毕后回车确认）

拟合线 <N>？ Y（如果不拟合可以输入 N，输入后回车）

命令：

其他地物均可以按此方法绘制。该方法的优点是不需要去右侧“地物绘制菜单”中一个一个选择图块，节省了工作量。

1.7　地物绘制操作实训

利用实测的校园地形图数据，上机实训。分别用上述几种平面图绘制方法绘制地形图。随时记录在绘图中出现的问题，填入表 5-7。然后把各组问题汇总后统一讨论解决。

表 5-7 地物绘制方法问题记录表

绘制方法	出现问题

活动 2 常见地物绘制方法

资源与器材:计算机、投影仪、AutoCAD 软件、CASS 软件。

活动 1 讲述了常用的几种地物绘制方法,但没有提到常见地物在 CASS 软件中如何绘制完成。本活动将针对常见地物逐个讲解其绘制方法和操作步骤。

2.1 常见地物绘制过程中 CASS 子命令功能

以多点一般房屋(见图 5-31)绘制过程进行说明。

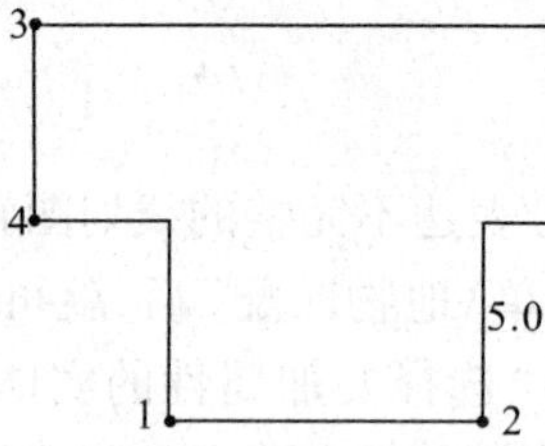

图 5-31 多点一般房屋例图

在右侧"地物绘制菜单"选择"居民地\一般房屋\多点一般房屋"后,命令行提示和输入如下:

第一点:<跟踪 T/区间跟踪 N>(捕捉 1 号点)

曲线 Q/边长交会 B/跟踪 T/区间跟踪 N/垂直距离 Z/平行线 X/两边距离 L/<指定点>(捕捉 2 号点)

曲线 Q/边长交会 B/跟踪 T/区间跟踪 N/垂直距离 Z/平行线 X/两边距离 L/隔一点 J/微导线 A/延伸 E/插点 I/回退 U/换向 H<指定点>a(选择微导线功能,回车确认。默认是相对于上一条线的垂直方向)

微导线 - 键盘输入角度(K)/<指定方向点(只确定平行和垂直方向)>(指定微导线前进一侧)

距离<m>:5(输入前进距离,回车确认)

曲线 Q/边长交会 B/跟踪 T/区间跟踪 N/垂直距离 Z/平行线 X/两边距离 L/闭合 C/隔一闭合 G/隔一点 J/微导线 A/延伸 E/插点 I/回退 U/换向 H<指定点>a(选择微导线功能,回车确认)

微导线 - 键盘输入角度(K)/ <指定方向点(只确定平行和垂直方向)> (指定微导线前进一侧)

距离 < m > :7(输入前进距离,回车确认)

曲线 Q/边长交会 B/跟踪 T/区间跟踪 N/垂直距离 Z/平行线 X/两边距离 L/闭合 C/隔一闭合 G/隔一点 J/微导线 A/延伸 E/插点 I/回退 U/换向 H <指定点>j(选择隔一点功能,回车确认)

指定点:(捕捉 3 号点)

曲线 Q/边长交会 B/跟踪 T/区间跟踪 N/垂直距离 Z/平行线 X/两边距离 L/闭合 C/隔一闭合 G/隔一点 J/微导线 A/延伸 E/插点 I/回退 U/换向 H <指定点>(捕捉 4 号点)

曲线 Q/边长交会 B/跟踪 T/区间跟踪 N/垂直距离 Z/平行线 X/两边距离 L/闭合 C/隔一闭合 G/隔一点 J/微导线 A/延伸 E/插点 I/回退 U/换向 H <指定点>g(选择隔一闭合功能,回车确认)

命令:

该命令执行过程中出现的子命令功能含义见表 5-8。

表 5-8 常见子命令功能

功能	子命令	操作及含义
曲线	Q	从当前点再指定另外两点,三点间绘制成光滑曲线
边长交会	B	指定一点,给定从该点量测的距离;再指定另一点,给定从该点量测的距离;边长交会出新点后,地物自动连接至新点
跟踪	T	选择一个线状地物作为跟踪线,系统自动从跟踪线的开始点沿线连接至最终点
区间跟踪	N	指定跟踪线的起点、居中点、结束点,系统自动连接该三点之间的跟踪线段
垂直距离	Z	指定新绘线准备相垂直的线段和在该垂直方向上的距离,绘制新点。地物自动连接至新点
平行线	X	选择一个准备平行的基准线,并输入该平行线上的距离,绘制新点。地物自动连接至新点
两边距离	L	指定一条线、偏移的方向和距离;再指定另一条线、偏移的方向和距离,交会出新点。地物自动连接至新点
闭合	C	地物自动闭合至起始点
隔一闭合	G	地物自动隔一个点,然后闭合至起点
隔一点	J	系统自动隔一个点,然后连接至下一指定点
微导线	A	用于指定和当前线的顺时针夹角和距离,并绘制新点。系统默认夹角是90°
延伸	E	系统自动沿当前线向前延伸输入的长度值
插点	I	系统在鼠标指定部位插入一点
回退	U	如果绘错地物,可以再回退取消当前绘制
换向	H	系统连线自动从当前绘制地物的终点换向至起点

2.2　与顺、逆时针连线方向有关的地物绘制

以"建筑物下的通道"为例进行说明。在右侧"地物绘制菜单"选择"居民地\房屋附属\建筑物下的通道"后,命令行提示和输入如下:

第一点:(指定通道第一点)

第二点:(指定通道第二点)

对面一点:(指定通道对面一点)

对面另一点:(直接回车默认两边平行)

命令:(结束绘制)

需要说明的是,该三点应该按顺时针顺序指定,否则通道短线方向就反了。图5-32所示是按逆时针方向绘制的错误图形,图5-33所示是按顺时针方向绘制的正确图形。

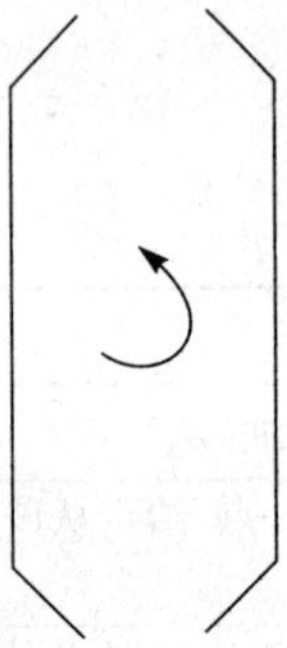

图5-32　逆时针方向绘制的错误通道

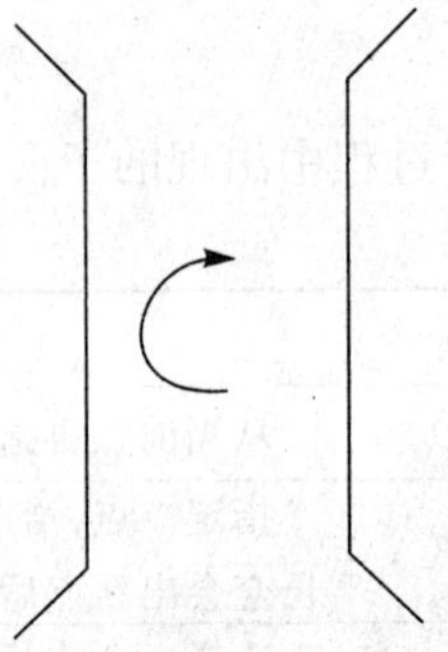

图5-33　顺时针方向绘制的正确通道

绘制形状和连线顺序有关的有台阶、楼梯、龙门吊、天吊、架空传送带、有栏木铁路平交口、无栏木的铁路平交口、各种桥梁等。

2.3　连线方向左侧生成附属符号的线状地物

CASS软件中,默认操作是在连线方向左侧生成线状地物的附属符号,如围墙、栅栏栏杆、城墙、宣传橱窗(有字一面朝向短线方向)、铁路、路堑、路堤、挡土墙、沟渠、堤、坝坡、坎、瀑布跌水、各种陡岸、岸滩、自然保护区界线、各种陡崖、崩崖、陡石山等。

由于线状地物绘制比较简单,不再举例说明。

2.4　有向独立符号

有向独立符号一般要测两个点,第一点为独立符号的定位点,另一点为定向点。两点连线与独立符号轴线垂直。常见的有向独立符号如不依比例窑洞、方形不依比例支柱、斜井井口、不依比例电线架、不依比例涵洞、铁路桥桥墩、公路桥桥墩、双层桥桥墩、通航起讫点、激流、不依比例电线塔、单杆变压器、电线入地口、通信线入地口、通信线电缆标、不依比例架空管道墩架、长形污水箅子、涨潮、落潮、地下灌溉出水口、泉、砂砾滩石块、水流示向箭头、不依比例山洞、不依比例独立石、不依比例石堆、砂砾地石块等。

由于有向独立符号比较简单,不再举例说明。

除有向独立符号外,其余独立符号均垂直于南图廓线。

2.5　地物符号绘制实训

要求上机操作,对CASS右侧"地物绘制菜单"中所有符号逐个试绘。要求如下:

(1)熟练掌握所有符号的绘制方法和操作提示。

(2)能够熟练掌握任一符号在“地物绘制菜单”中的位置,避免在实际作业中查找符号浪费太多的时间。

(3)结合校园碎部点坐标数据文件,绘制校园平面图。

【知识导航】

(1)图式中除特殊标注外,一般实线表示建筑物、构筑物的外轮廓与地面的交线(除桥梁、坝、水闸、架空管线外),虚线表示地下部分或架空部分在地面上的投影,点线表示地类范围线、地物分界线。

(2)依比例尺表示的地物分以下表现形式:

地物轮廓依比例尺表示时,一般在其轮廓内适中位置配置不依比例尺符号和说明注记(或说明注记简注)作为说明,如水井、收费站等。

面状分布的同一性质地物,在其范围内按整列式、散列式或相应式配置说明性符号和注记,如果界线明显的用地类界表示其范围(如经济林地等),界线不明显的不表示界线(如疏林地、盐碱地等)。

相同地物毗连成群分布,其范围用地类界表示,在其范围内适中位置配置不依比例尺符号,如露天设备等。

(3)两地物相重叠或立体交叉时,按投影原则下层被上层遮盖的部分断开,上层保持完整。

(4)各种符号尺寸是按地形图内容为中等密度的图幅规定的。为了使地形图清晰易读,除允许符号交叉和结合表示外,各符号之间的间隔(包括轮廓线与所配置的不依比例尺符号之间的间隔)一般不应小于0.3 mm。如果某些地区地物的密度过大,图上不能容纳时,允许将符号的尺寸略为缩小(缩小率不大于0.8)或移动次要地物符号。双线表示的线状地物其符号相距很近时,可采用共线表示。

(5)实地上有些建筑物、构筑物,图式中未规定符号,又不便归类表示者,可表示该物体的轮廓图形或范围,并加注说明。地物轮廓图形线用0.15 mm实线表示,地物分布范围线、地类界线用地类界符号表示。

(6)图式中土质和植被符号栏中,以点线框者,指示应以地类界符号表示实地范围线;以实线框者,指示不表示范围线,只在范围内配置符号。

活动3　样例地形图中存在的问题和不足分析

资源与器材:投影仪、计算机、AutoCAD 软件、CASS 成图软件、未编辑修改的地形平面图、《1:500　1:1 000　1:2 000 地形图图式》。

利用教师提供的未编辑修改的地形平面图,结合地形图图式、规范中对各种地物要素绘制的要求,分析查找地形图中存在的问题和不足,使用 CASS 软件中提供的功能对其进行修改和完善,并将使用到的功能填入表5-9中。

表 5-9　地形图中需要编辑与修改内容记录

存在问题	编辑与修改内容	CASS 软件提供功能

提示：平面图几何图形方面存在的问题主要有地物缺漏、地物位置不准确、形状或方向与实地不一致、拟合方式不正确、未采用线型生成、面状地物未闭合和填充符号、相邻地物之间存在重叠或压盖现象等。平面图形地物属性方面存在的问题主要有地物图层、线型、颜色、线宽、编码不正确等。需要逐个地物进行检查、修改和编辑。

活动 4　地物的编辑与修改

资源与器材：投影仪、计算机、AutoCAD 软件、CASS 成图软件、未编辑修改的地形平面图、《1∶500　1∶1 000　1∶2 000 地形图图式》。

CASS 软件是在 AutoCAD 平台上开发的，故地物几何图形的编辑修改完全可以利用 AutoCAD 中的全部功能。另外，CASS 系统中也自主开发了部分编辑功能。

4.1　AutoCAD 编辑与修改命令

4.1.1　AutoCAD“修改”工具栏

“修改”工具栏中的所有命令如图 5-34 所示。各按钮功能见表 5-10。

图 5-34　AutoCAD 修改工具栏

表 5-10　AutoCAD 修改工具栏各按钮功能

按钮	功能	按钮	功能	按钮	功能	按钮	功能
	删除		阵列		拉伸		打断
	复制		移动		修剪		倒角
	镜像		旋转		延伸		圆角
	偏移		缩放		打断于点		分解

4.1.2　对象特性对话框

在“标准工具栏”中按“ ”按钮或选择“编辑\对象特性管理”，就可以弹出对象特性管理器，如图 5-35 所示。在该对话框中，可以对任意地物的颜色、图层、线型、线型比例、线宽、厚度、坐标、闭合与否、线型生成启用与否等内容进行修改。如果是文字，还可以对文字的内容、样式、对正、高度、旋转、倾斜、颠倒、反向等属性进行修改。利用图5-35中"🞺"按钮还可以对需要修改的对象进行快速选择。

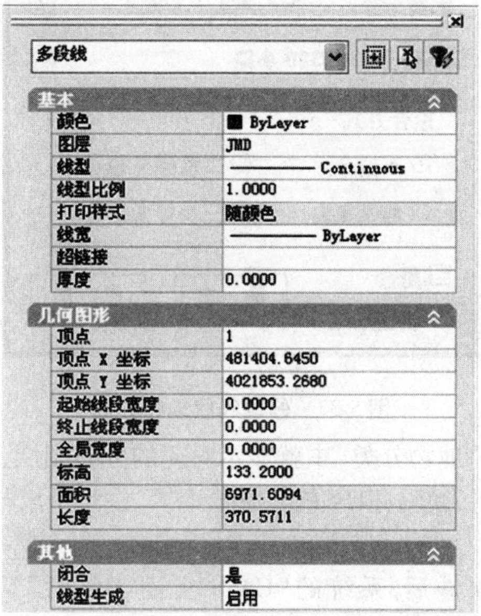

图5-35　对象特性管理器

4.2　CASS地物编辑命令

下面介绍主要的地物编辑命令。

4.2.1　"修改多段线"管理器

选择"编辑\图元编辑"，弹出如图5-36所示的"修改多段线"对话框。

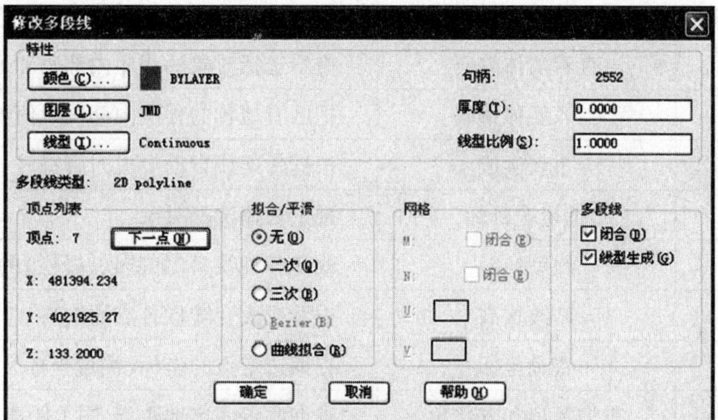

图5-36　修改多段线对话框

由图5-36可以看出，在该界面中也可以对多段线的颜色、图层、线型、线型比例、厚度、拟合/平滑方式、闭合与否、线型生成启用与否等内容进行修改。

4.2.2　"修改线状地物"命令

单击屏幕右侧"地物绘制菜单"中左侧的编辑地物编码按钮"🛈"，再选择需要编辑的线状地物实体，就可以弹出如图5-37所示界面。

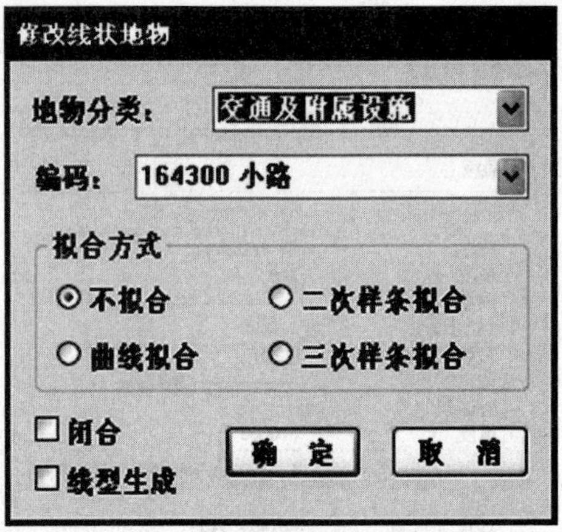

图 5-37　修改线状地物界面

选择不同的线状地物，“地物分类”中就显示对应的分类图层，“编码”显示其相应的程序内部码。选择好相应的图层、编码、拟合方式、闭合与否、线型生成与否，按确定后修改完毕。

4.3　CASS 实用工具栏

打开 CASS2008 测图软件后，系统的“CASS 实用工具栏”（见图 5-38）符号相应功能见表 5-11。

图 5-38　CASS 实用工具栏

表 5-11　CASS 实用工具栏中地物绘制符号及相应功能

CASS 实用工具栏	功能提示	详细功能
	查看实体编码	查看选择对象的程序内部码和地物属性
	加入实体编码	把已有地物的程序内部码赋值给新对象
重	重新生成	根据骨架线自动生成附属符号
	批量选目标	批量快速选择对象
	线型换向	改变各种线型（如陡坎、栅栏）的方向
	修改坎高	查看或改变陡坎各点的坎高
	查询坐标	查询选定点的坐标（测量坐标）
	查询距离和方位角	查询两点间实地距离、图上距离和坐标方位角
注	注记文字	根据注记内容、注记排列、注记类型、文字大小等注记文字
	多点房屋	一般房、混凝土房、砖房、铁房、钢房、木房、混房、简单房、建筑房、破坏房、棚房
	四点房屋	一般房、混凝土房、砖房、铁房、钢房、木房、混房、简单房、建筑房、破坏房、棚房

续表 5-11

CASS 实用工具栏	功能提示	详细功能
	依比例围墙	依比例围墙,可以改墙宽
	陡坎	未加固、加固,可以改陡坎比高
	自然斜坡等	自然斜坡[等分]、自然斜坡[法线]、加固自然斜坡[等分]、加固自然斜坡[法线]、等分台阶楼梯、自然陡崖[等分]、自然陡崖[法线]
.91	交互展点	添加高程点,可以选择是否添加到数据文件中
	图根点	不埋石、埋石,可输入高程、点名和等级
	电力线	配电线、输电线、通信线
	道路	等外公路、等级公路、高速公路、建筑中等外公路、建筑中等级公路、建筑中高速公路

4.4　CASS“地物编辑”菜单

CASS“地物编辑”菜单中的内容如图 5-39 所示,其中提供了多种地物修改和编辑功能。内容丰富,手段多样,如果灵活应用,将大大提高制图效率。表 5-12 是各命令的功能列表。

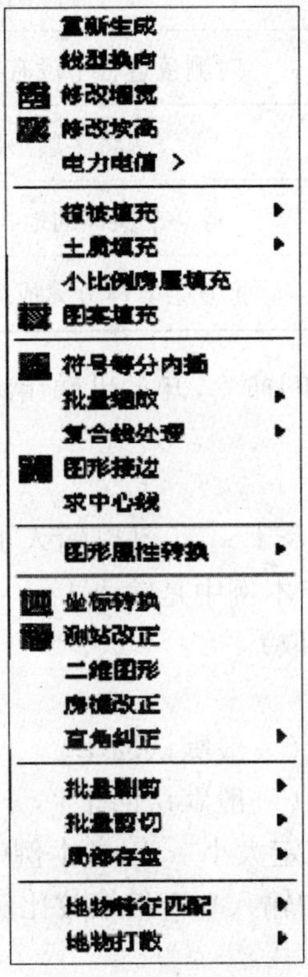

图 5-39　地物编辑菜单

表 5-12 CASS“地物编辑”菜单命令

命令名称	功能
重新生成	同 CASS 实用工具栏中“重”
线型换向	同 CASS 实用工具栏中“ ”
修改墙宽	依照围墙的骨架线来修改围墙的宽度
修改坎高	同 CASS 实用工具栏中“ ”
电力电信	增加电杆附近的电力电信线
植被填充	在指定区域内填充植被
土质填充	在指定区域内进行各种土质的填充
小比例房屋填充	对小比例尺中的房屋进行填充斜线
符号等分内插	在两相同符号间按设置的数目进行等距内插
批量缩放	对屏幕上的注记文字、符号、圆圈进行批量放大或缩小或者位移
复合线处理	提供对地物线型的批量处理
求中心线	求两条复合线之间的中心线
图形属性转换	提供 14 种转换方式，每种方式有单个和批量两种处理方法
二维图形	删除图形的高程信息
房檐改正	对测量过程中没有办法测到的房檐进行改正
直角纠正	将多边形内角纠正为直角
地物特征匹配	将一个实体的地物特征匹配给另一个实体
地物打散	把复杂实体分离成简单实体，以便编辑或修改

下面仅介绍几种操作较为复杂的命令，并上机操作。

4.4.1 批量缩放\文字

执行此菜单后，命令区提示：

1. 选目标/2. 选层，颜色或字体 <1> ：(可以输入 1 直接选择目标，也可以利用层名、颜色、字体名等特性批量选择对象。本例中是输入 1)

选择对象：(可以拉框或逐个选取)

选择对象：(回车确认)

给文字起点 X 坐标差：<0.0>(一般默认回车)

给文字起点 Y 坐标差：<0.0>(一般默认回车)

请选择：1. 按比例缩放/2. 按固定大小 <1>(本例中输入 1，回车确认)

输入文字缩放比例：0.5(本例中输入 0.5 倍缩放比例，回车确认)

命令：(结束文字缩放)

4.4.2 复合线处理

复合线处理的子菜单如图 5-40 所示。

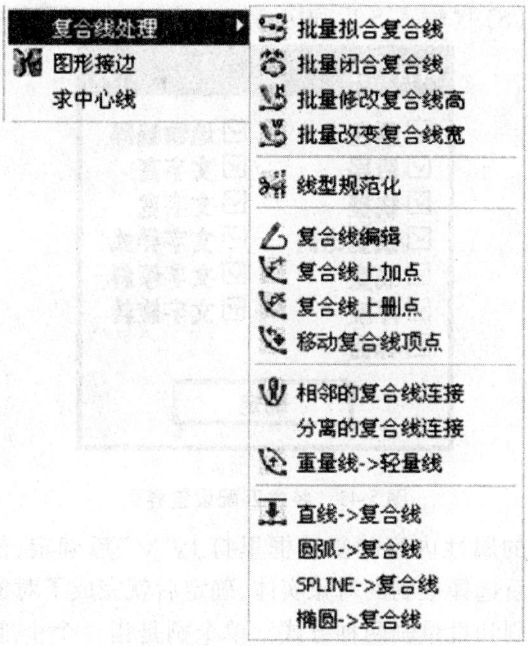

图5-40　复合线处理子菜单

复合线处理子菜单中各子命令功能如表5-13所示。

表5-13　复合线处理子命令及其功能

复合线处理子命令	子命令功能
批量拟合复合线	对选中的复合线批量进行拟合或取消拟合
批量闭合复合线	将选定的未闭合复合线闭合
批量修改复合线高	CASS2008 中的复合线都是带有高度的，用本项功能可以改变此高度
批量改变复合线宽	批量修改多条复合线的宽度
线型规范化	控制虚线的虚部位置以使线型规范
复合线编辑	对复合线的线型、线宽、颜色、拟合、闭合等属性进行修改
复合线上加点	在所选复合线上加一个顶点，选择线的位置即为加点处
复合线上删点	在复合线上删除一个顶点，直接选中顶点蓝色节点即可
移动复合线顶点	可任意移动复合线的顶点
相邻复合线连接	将首尾不相接的两条复合线连接为一体
分离的复合线连接	将首尾相接但不是同一个实体的复合线连接为一体
重量线 - > 轻量线	将 POLYLINE 转换为 LWPOLYLINE 大大压缩线条的数据量
直线 - > 复合线	将直线转换成复合线
圆弧 - > 复合线	将圆弧转换为复合线
SPINE - > 复合线	将样条曲线转换为复合线
椭圆 - > 复合线	将椭圆转换为复合线

4.4.3　地物特征匹配

执行该命令后，提示：

选择源对象:[设置(S)](输入S后确定,弹出如图5-41所示的特征匹配设置界面)

图5-41　特性匹配设置界面

在相应的需要匹配的属性内容的复选框里打上“√”后确定,然后按照提示选择源对象,再提示选择对象,然后选择被刷的对象实体,确定后就完成了对象的特性匹配。

本功能包含了单个刷和批量刷两种方式。单个刷是指一个个地选择被刷的实体对象;批量刷是指选择需要被刷的其中一个对象实体后,一次性把该同一类型的对象实体全部刷成功。

该功能与“标准”工具栏的“特性匹配”按钮“”功能类似。

根据图式、规范分析已有地形图中所绘地形地物的矛盾与错误,列出错误条目,制定出实施改正的方法和措施。

4.5　地物编辑与修改实训

利用教师提供的未编辑修改的半成品平面图,分块检查存在的问题和缺漏,利用上述地物编辑与修改命令对图形进行编辑,最终上交一幅符合图式标准要求的平面图,保存后备用。

活动5　注记的编辑与修改方法

资源与器材:投影仪、计算机、AutoCAD软件、CASS成图软件、未编辑修改的地形平面图、《1:500　1:1 000　1:2 000地形图图式》。

本活动要求掌握注记以及编辑和修改注记的方法。

CASS软件是在AutoCAD平台上开发的,故注记以及相应的编辑修改完全可以利用AutoCAD中的全部功能。另外,CASS系统中也自主开发了部分注记和编辑功能。

5.1　定义文字样式

在命令行中执行“style”命令或者在右侧菜单选择“文字注记\定义字型”,或者选择下拉菜单“工具\文字\定义字型”,弹出如图5-42所示的“文字样式”界面。

在图5-42界面中,可以设置样式名、字体、高度、宽度比例、倾斜角度和相应文字效果等。

5.2　变换字体

设置好上述各种文字样式后,可以选择右侧菜单“文字注记\变换字体”,或者选择下拉菜单“工具\文字\变换字体”,弹出如图5-43所示的“选取字体”界面。

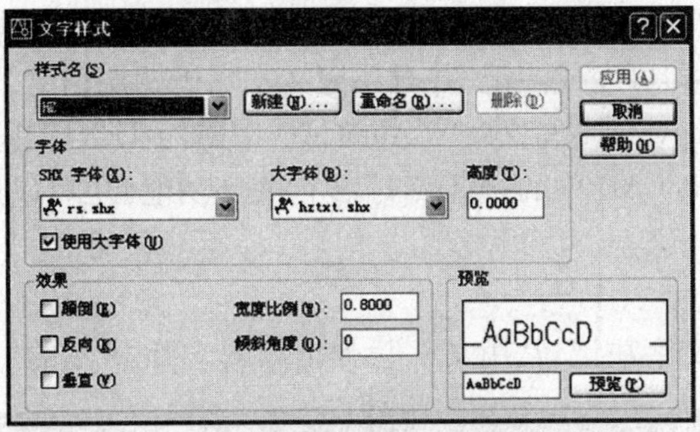

图 5-42　文字样式界面

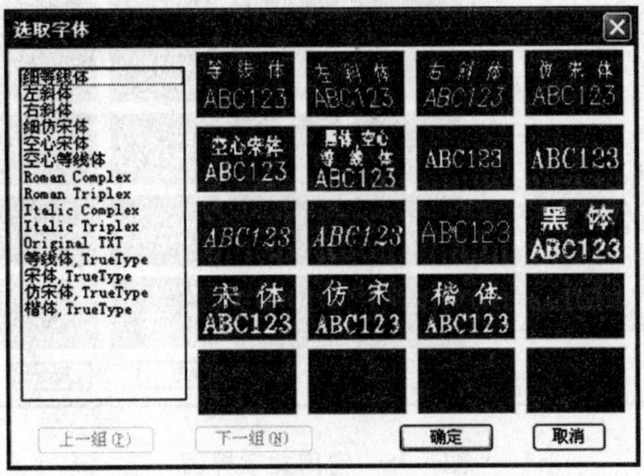

图 5-43　选取字体界面

根据图式要求,选择注记内容对应的字体,确定后即可把相应字体设置为当前字体。

5.3　注记文字

5.3.1　任意内容注记

选择“文字注记\注记文字”,或者按 CASS 实用工具栏中的“注”按钮,弹出如图 5-44 所示的“文字注记信息”界面。

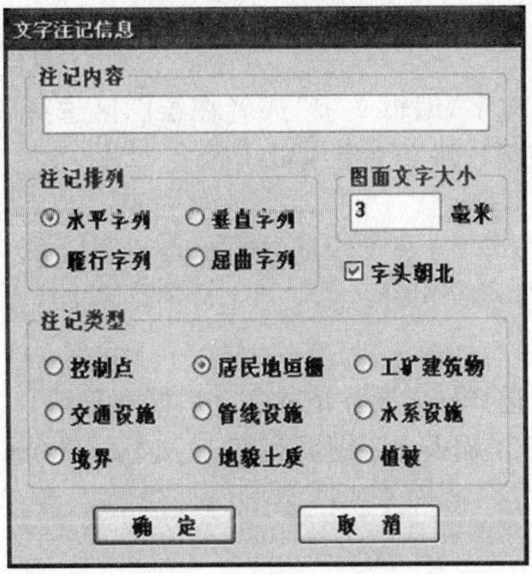

图 5-44　文字注记信息界面

输入注记文字,选择好注记排列、注记类型、图面文字大小及字头朝向等信息,在绘图区指定好文字注记位置后即可完成注记,并对注记文字赋予图层信息。

利用下拉菜单“工具\文字\写文字”(AutoCAD 中的“DTEXT”单行文字功能)或“工具\文字\批量写文字”(AutoCAD 中的“MTEXT”多行文字功能)也可以进行注记。不过没有包含注记文字的图层信息。

5.3.2 常用字注记

选择右侧菜单中“文字注记\常用文字”,弹出如图 5-45 所示的“常用文字”界面。

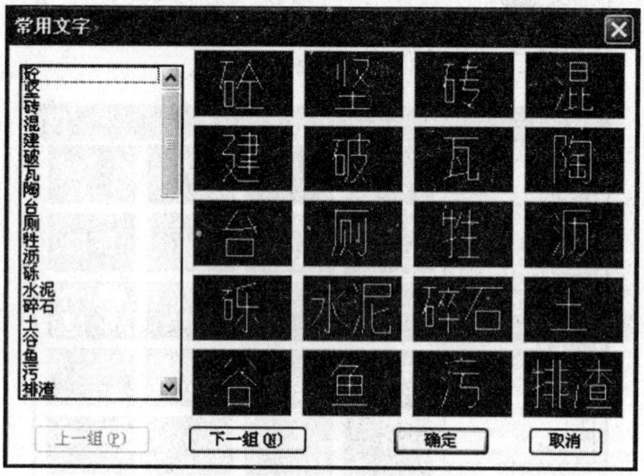

图 5-45　常用文字界面

选择好相应文字后,按确定,命令行弹出提示如下:

请输入注记位置(中心点):(在屏幕上指定注记位置)

请输入图上注记大小(mm):<3.0>(输入注记的文字高度后回车)

命令:(注记结束)

5.4 文字编辑与消隐

在 CASS 下拉菜单“工具\文字”中提供了文字编辑与消隐功能,如图 5-46 所示。

图 5-46　文字编辑与消隐

5.4.1 编辑文字

选择下拉菜单“工具\文字\编辑文字”或者在绘图区选择好文字后双击鼠标左键,就可以激活文字编辑。

5.4.2 设置文字高度

选择下拉菜单“工具\文字\设置文字高度”后,命令行提示如下:

选择要修改的文字:

选择对象:(在绘图区选择好需要注记的文字后回车确认)

输入图上高度:(毫米)3(输入文字图面高度,此处输入 3 mm;输入后回车确认)

命令:

5.4.3 文字消隐

当通过此功能可以遮盖图形上穿过文字的实体,如穿高程注记的等高线。执行此命令

后,命令行提示如下:

Select text objects to mask or [Masktype/Offset]:(直接在图上批量选取文字注记即可。还可通过 M 参数设置消隐方式,通过 O 参数设置消隐范围,回车确认)

提示:如果将用此功能处理过的文字移动到别处,原被遮盖的实体将重新显示出来,而文字新位置下的实体却会被遮盖。

“取消文字消隐”是“文字消隐”操作的逆操作。

提示:要想使文字消隐功能能够正常使用,必须事先安装好 AutoCAD Express Tools。

5.5　文字注记、修改与编辑实训

利用前面地物编辑好的地形图,根据《1:500　1:1 000　1:2 000 地形图图式》及相应规范规定,对上述地形图进行文字的注记、修改与编辑。制作一幅符合注记规范要求的地形图。

任务3　等高线绘制和修改

任务目标:

1. 掌握数字地面模型的建立与等高线绘制。
2. 掌握等高线的编辑和修改方法。

学习过程:

1. 讨论地形图图式与相关规范中对等高线绘制的要求。
2. 演示 DTM 构建与等高线的绘制。
3. 上机实训。

学习成果:

完成 CASS 软件中范例数据的绘制与修整。

活动1　DTM 构建与等高线的绘制

资源与器材:计算机、AutoCAD 软件、CASS 成图软件、已绘制的地形平面图、原始高程数据资料。

DTM(Digital Terrain Model)即数字地面模型,简称数模,是以数字的形式来表示实际地形特征的空间分布,或者说是地形形状和起伏的数字描述。DTM 的表示形式包括离散点的三维坐标(高程点测量数据)、由离散点组成的规则或不规则的格网结构等。

建立一个 DTM 必须经过数据的获取、数据的转换、数据的预处理、构网建模等过程。

DTM 建成后,即可进行工程应用,如自动生成等高线、提取断面数据、坡度信息或生成相应图形、自动计算土方工程量、制作三维景观数字地形图等。

1.1　高程点展绘及预处理

1.1.1　展高程点

在“CASS 参数配置”的“地物绘制”选项卡(见图 5-14)中设置好“高程注记位数”“高程点字高”等内容后,即可选择“绘图处理\展高程点”,输入高程点坐标数据文件名并打开后即可在屏幕上展绘出碎部点高程。

另外,还要利用“绘图处理\展控制点”,把所用控制点展绘在图上。

1.1.2　高程点预处理

数据的预处理是指获取的数据中可能包含有不符合建立数模要求的数据，甚至有错误的数据，需要对数据进行必要的预处理。除前面介绍的数据预处理内容外，还要剔除几乎重合的数据，删除高程不正确或不能用于建模的数据等。

1.1.2.1　高程点建模设置

对于某些无法参与建模的高程点，如在房顶上的控制点、山顶上的控制点、钢标上的控制点以及测错的高程点等，不能参与建模，所以需要对这些高程点进行建模设置。

选择 CASS 系统下"绘图处理\高程点建模设置"，命令行提示：

选择高程点：

选择对象：(可以逐个选取，也可以多个选取)

选取需要修改的高程点后，回车确认。绘图区弹出如图 5-47所示的下拉列表框。这时可根据实际情况，确定该高程点是否参加建模。选择好后，回车确认，系统自动跳转至选择的下一个高程点，逐一设置。

图 5-47　高程点建模设置

1.1.2.2　高程点过滤

可以过滤掉一些距离非常近的高程点，减少图面负荷，使图面清晰易读。另外，根据测区高程的变动范围，也可以过滤掉根本不可能是本测区内高程的一些高程点。这些点很可能是设错镜高、仪器高、已知点高程而得到的错误高程点。

选择 CASS 系统下"绘图处理\高程点过滤"，弹出如图 5-48 所示的"高程点过滤"界面。

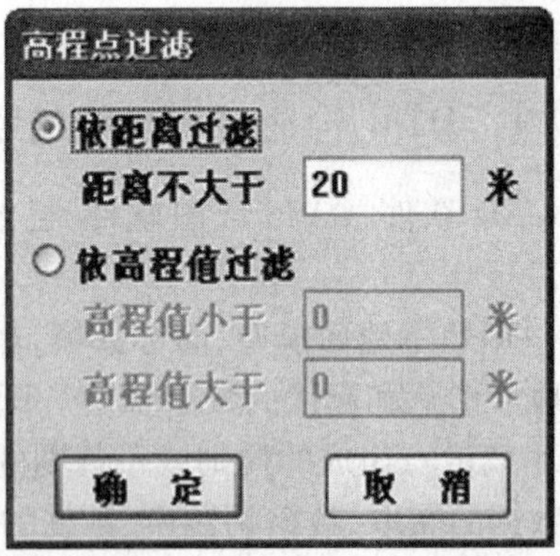

图 5-48　高程点过滤界面

选择"依距离过滤"，设置好最大过滤距离后，按"确定"即可过滤掉该距离以内的部分高程点。

选择"依高程值过滤"，设置好最大高程值和最小高程值，即可把超出该范围的高程点全部过滤掉。

如果想要过滤后的高程点数据文件，可以用"工程应用\高程点生成数据文件"功能重新生成数据文件。

1.1.2.3　高程点处理

选择CASS系统下"绘图处理\高程点处理",其下又有"修改高程""打散高程注记""合成打散后的高程注记"和"根据注记修改高程"四种功能。由于功能简单明了,不再赘述。

1.2　陡坎比高赋值

陡坎测绘恰当与否,直接影响到DTM建立的正确性和等高线勾绘的准确性,所以必须事先完成。

选择"CASS实用工具栏"中的按钮,命令行提示:

选择陡坎线:

请选择修改坎高方式:(1)逐个修改;(2)统一修改 <1>(逐个修改是对每一个陡坎特征点的比高进行修改,统一修改是对陡坎赋以相同的比高)

当前坎高=1.000米,输入新坎高<默认当前值>: 2(这里输入第一点比高2 m,回车确认)

当前坎高=1.000米,输入新坎高<默认当前值>: 3(这里输入第二点比高3 m,回车确认)

当前坎高=1.000米,输入新坎高<默认当前值>: 3.5(这里输入第三点比高3.5 m,回车确认,再回车结束命令)

命令:(上一命令结束)

1.3　绘制地性线

前面讲过,地性线是指山谷线和山脊线等影响地势走向的重要线条。只有预先连接准确合适的地性线,才能正确建立DTM和准确勾绘等高线。

地性线绘制时可以用CAD中的多段线PLINE命令直接绘制。

1.4　DTM构建

常见的构网方式有两种:规则格网结构和不规则格网结构。规则格网结构是将离散的原始数据点,依据插值算法归算出规则形状格网的结点坐标,每个结点的坐标有规律地存放在DTM中,最常用的结构是矩形格网。航测内业一般是按规则格网结构采点。不规则格网是以原始数据的坐标位置作为格网的结点,组成不规则形状格网,实际应用中主要采用的是不规则三角形格网(Triangle Irregulation Network,简称TIN)。在大比例尺数字测图的建模中,都是采用TIN,它避免了内插方格网而牺牲原始测点的精度,从而保证了整个数模的精度。CASS等常见测图软件均使用这种构网方法。

在CASS系统的"等高线"菜单下,提供了DTM构建和等高线绘制的全部功能项,如图5-49所示。

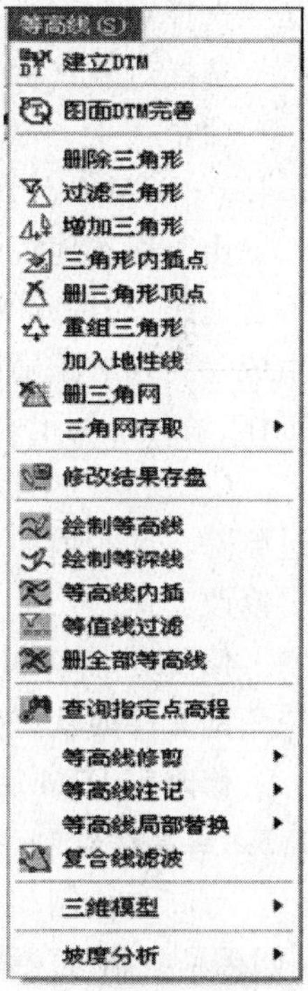

图5-49　等高线菜单

1.4.1　建立DTM

选择"等高线\建立DTM",弹出如图5-50所示的"建立DTM"界面。

如果是多个小组测绘,则事先可以合并数据文件再采用"由数据文件生成"或把所有高程点共同展绘在屏幕上再采用"由图面高程点生成"。

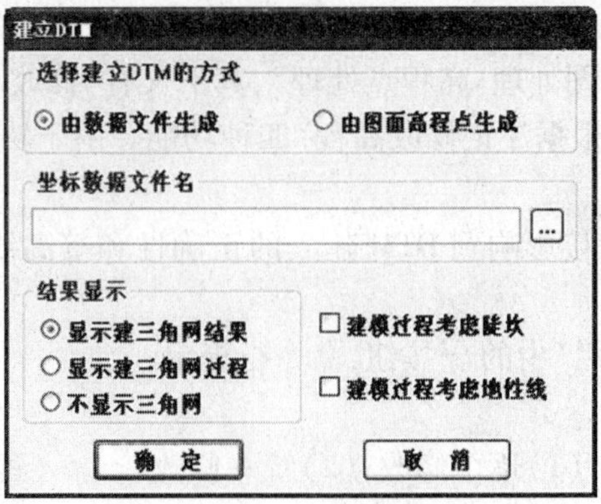

图 5-50　建立 DTM 界面

建立 DTM 过程中，一般要考虑陡坎和地性线。如果没有陡坎和地性线，可不考虑。

1.4.2　图面 DTM 完善

如果局部高程点之间 DTM 空缺，或相邻两部分 DTM 之间需要连接成一个整体，不需要重构 DTM，只需要针对局部图面，进行 DTM 完善即可。

选择“等高线\图面 DTM 完善”，命令行提示如下：

选择要处理的高程点、控制点及三角网：

选择对象：(选择相应的高程点、控制点及三角网后回车)

选择对象：(回车结束命令)

命令：(上一命令结束)

1.4.3　DTM 的修改与编辑

由于现实地貌的多样性和复杂性，或采样点位置、密度和间距的不合适，自动构成的 DTM 与实际地貌可能不太一致，为了保证建模与生成等高线的正确性，还必须对自动构成的 DTM 进行适当的修改编辑工作，最终得到正确的 DTM。

CASS 软件中提供的 DTM 修改与编辑命令如图5-51所示。可以通过删除、过滤、增加、重组三角形以及加入地性线等方法对 DTM 进行编辑修改。

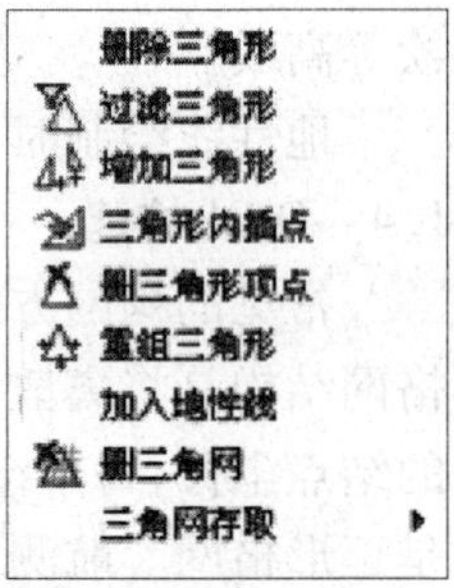

图 5-51　DTM 修改与编辑命令

修改好的 DTM，可以通过“三角网存取”命令把屏幕区三角网写入三角网文件或从三角网文件中读出展绘在绘图区。

修改完 DTM 后，选择“三角网\修改结果存盘”，结束修改。

1.5　等高线绘制

等高线绘制和编辑命令如图 5-52 所示。选择 CASS 系统下的“等高线\绘制等高线”(如果是绘制等深线，则选择“绘制等深线”)，弹出如图 5-53 所示的“绘制等值线”界面。

选择合适的拟合方式(一般采用“三次 B 样条拟合”)，输入所需等高距，按“确定”后即可绘制出等高线。

如果发现等高线绘制的形态和实地地形不同，则需要重新修改 DTM。反复进行 DTM 修改和等高线绘制工作，直至获取正确的等高线。如果局部等高线走向与实地不符，可以采用“等高线\等高线局部替换”功能替换或重绘局部等高线。

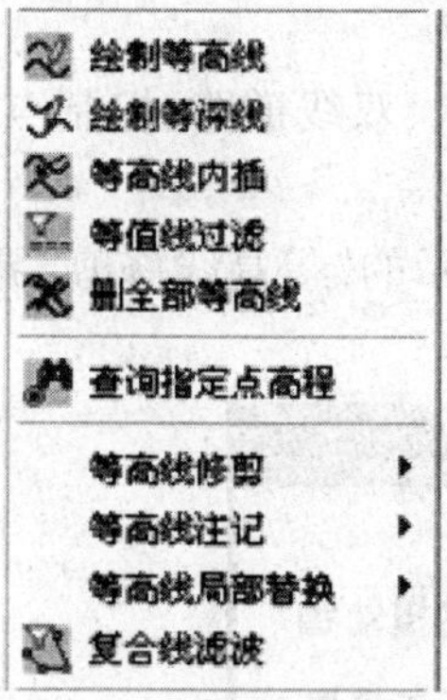

图 5-52　等高线绘制和编辑命令

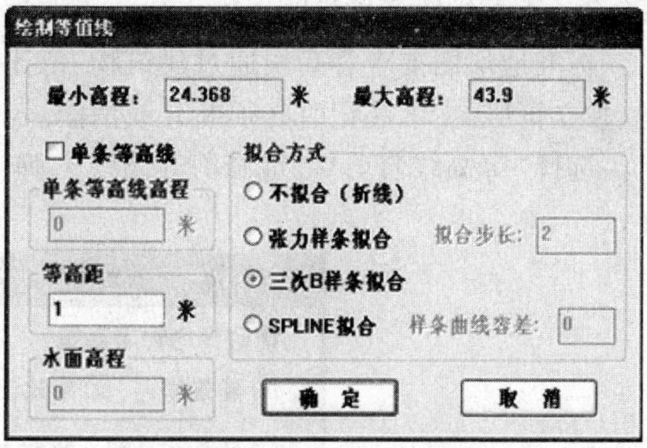

图 5-53　绘制等值线界面

如果要内插或过滤等高线,可以用“内插等高线”或“过滤等高线”命令进行。内插的等高线可能具有非常多的节点,使得数据量大幅度增加,此时可用“等高线\复合线滤波”减少部分节点。

如果不需要等高线了,可以用“删除等高线”命令。

1.6　等高线注记、修剪

等高线注记、修剪命令如图 5-52 所示。

1.6.1　等高线注记

等高线绘制完成后,还需要对计曲线高程进行注记,便于读图。另外,还需要表示好示坡线。

等高线注记既可以对单根等高线进行高程注记,也可以沿事先绘制后的复合线走向批量注记。

1.6.1.1　单个高程注记

选择“等高线\等高线注记\单个高程注记”,命令行提示如下:

选择需注记的等高(深)线:(选择该等高线)

依法线方向指定相邻一条等高(深)线:(选择相邻等高线)

命令:(结束注记)

1.6.1.2　批量注记

首先用复合线(也叫多段线)命令绘制一根与需要汴记的每根计曲线垂直相交的复合线(该直线应从低往高画)。然后选择“等高线\等高线注记\沿直线高程注记”,命令行提示如下:

请选择:(1)只处理计曲线;(2)处理所有等高线 <1>(可根据实际情况输入 1 或 2)

选取辅助直线(该直线应从低往高画):<回车结束>(选择提前绘制好的复合线)

选取辅助直线(该直线应从低往高画):<回车结束>(选择提前绘制好的第二根复合线,如果没有则回车结束)

命令:(结束注记)

1.6.1.3　示坡线标注

选择“等高线\等高线注记”下的“单个示坡线”或“沿直线示坡线”标注好相应的示坡线。

1.6.2 等高线修剪或消隐

标准地形图要求等高线通过建筑物、依比例围墙、坡坎、双线道路、控制点注记、高程注记、独立符号、文字注记时必须断开或消隐。

选择“等高线修剪\批量修剪等高线”，弹出图 5-54 所示的“等高线修剪”界面。

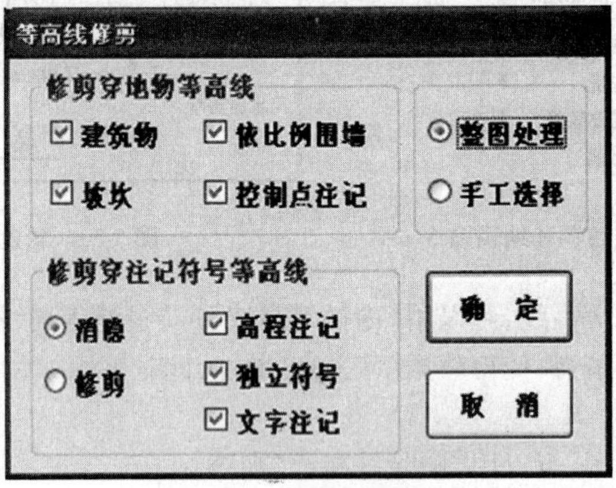

图 5-54 等高线修剪界面

在需要修剪或消隐的地物、符号或文字前面打上“√”，选择好“消隐”或“修剪”，整图处理或手工选择好需要处理的等高线，按“确定”后即可自动进行等高线的修剪或消隐。

如果不需要，则可以取消等高线消隐。

利用“等高线\切除指定二线间等高线”或“等高线\切除指定区域内等高线”可以对道路、房屋等物体之间的等高线进行切除。

1.7 DTM 工程应用

利用构建的 DTM，可以建立三维模型、进行坡度分析、计算实体表面积、计算土方工程量、绘制断面图等内容。此处不再讲述。

1.8 DTM 构建和等高线绘制实训

利用提供的高程点数据文件，结合上述步骤逐步学习 DTM 构建和等高线绘制，并汇总学习过程中的各种问题，相互讨论和试验，找出解决办法。

提示：对地物、注记、等高线进行了编辑修改后，还需要对图面上各种图元之间的相互关系进行查错，确保地形图完全符合图式与相应规范的要求。

【知识导航】

地形图上表示地貌的方法主要是用等高线符号和微观特征地貌符号。

1. 用等高线表示地貌

1）等高线的概念

等高线是地面上高程相等的相邻各点所连成的闭合曲线。如图 5-55 所示，设想以平均海平面作为高程起算的基准面，然后用许多平行于这个基准面且间隔相等的水准面，一一去横截起伏的地表面；将水准面与地表面的截口线，按正射投影的方法投影到基准面上，并标记高程，然后按地图比例尺缩绘，所得图形是一圈套一圈的闭合曲线，每一条闭合曲线上的各点高程均相等，故称为等高线。

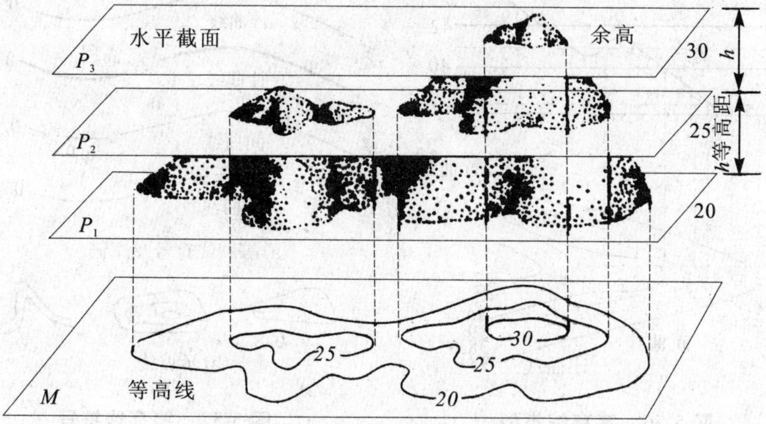

图5-55　等高线表示示意图

2）等高距

等高距是地面上两相邻截平面之间的垂直距离，或者说是相邻两条等高线之间的高程差。如图5-55中的h。等高距的选择必须根据地形高低起伏程度、测图比例尺的大小和使用地形图的目的等因素来决定。

基本等高距：根据不同的地貌类型和比例尺，在同一测区或图幅中，确定的唯一使用的等高距。

提示：在同一幅地形图上或同一测区，一般不能有两种不同的等高距。

根据《1∶500　1∶1 000　1∶2 000外业数字测图技术规程》，各种大比例尺测图的基本等高距如表5-14所示。

表5-14　地形图基本等高距　（单位：m）

比例尺	基本等高距			
	平　地	丘陵地	山　地	高山地
1∶500	0.5	1.0(0.5)	1.0	1.0
1∶1 000	0.5(1.0)	1.0	1.0	2.0
1∶2 000	1.0(0.5)	1.0	2.0(2.5)	2.0(2.5)

注：括号内的等高距依用图需要选用。

3）等高线的种类

在地形图上，为了精确地显示地貌，便于读图和计算高程，将等高线分为首曲线、计曲线、间曲线和助曲线四种。此外，在局部还以示坡线辅助表示地貌，如图5-56所示。等高线的表示符号如图5-57所示。示坡线的表示如图5-57(b)所示。

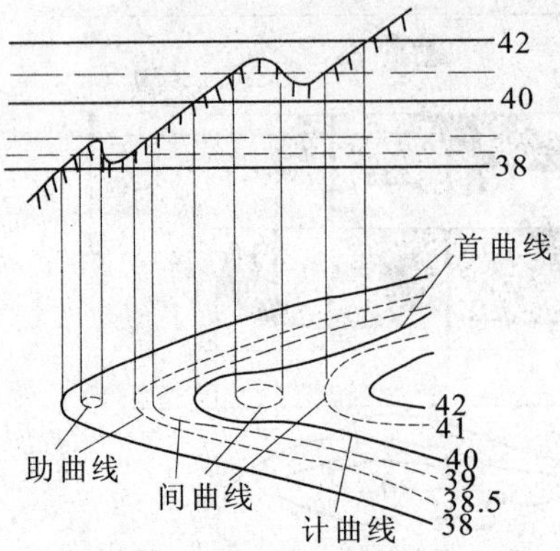

图 5-56　等高线类型

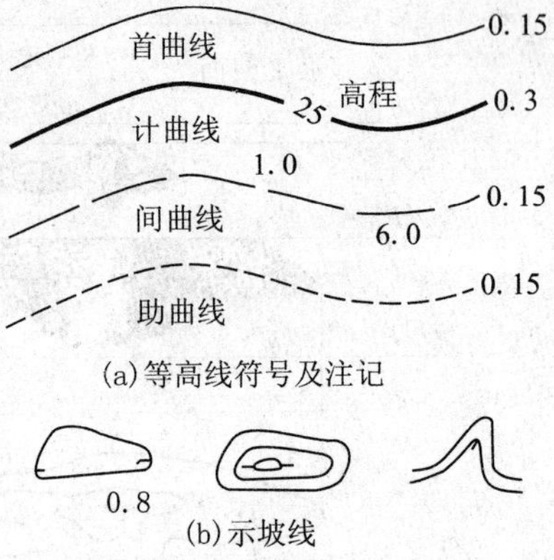

图 5-57　等高线符号

(1)首曲线是从高程基准面起算，按基本等高距测绘的等高线，又称基本等高线。用以显示地貌的基本形态。图上用 0.15 mm 的细实线表示。

(2)计曲线是为便于等高线的高程判读，从高程基准面起算，每隔四条或三条(等高距为 2.5 m时每隔三条)首曲线加粗一条的等高线，又称加粗等高线。图上用 0.3 mm 粗的实线表示。

(3)用基本等高线有时不能显示出地貌的某些局部小起伏形态(如小山头、阶坡或鞍部等)，按二分之一基本等高距测绘的等高线，称为间曲线，又称半距等高线。图上用线粗为 0.15 mm 的长虚线表示。表示时可不闭合，但应表示到基本等高线间隔较小、地貌倾斜相同的地方为止。在表示小山顶、小洼地、小鞍部等地貌形态时，可缩短其实部和虚部的尺寸。

(4)当用基本等高线和半距等高线都不能显示出地貌的某些微小起伏形态时，则采用 1/4 等高距的等高线，称为助曲线，以线粗为 0.15 mm 的短虚线表示。

间曲线与助曲线只用于局部地区，所以它们并不像首曲线那样一定要自身闭合，当用于显示微型地貌形态时，一般应注意其对称描绘，除山头与凹地的间曲线要闭合外，表示阶坡时，两端应终止于最窄处，表示鞍部时，要对称地画两条。

(5)示坡线是指示斜坡降落的方向线，它与等高线垂直相交。一般应表示在谷地、山头、鞍部、图廓边及斜坡方向不易判读的地方。凹地的最高、最低一条等高线上也应表示示坡线。

(6)水下等高线：海岸线以下采用 1985 国家高程基准作为高程起算面测定水下高程及等高线(无法与国家高程基准进行联测的岛屿，可采用当地平均海水面作为高程起算面)，也可采用深度基准面测定水深及等深线，但同一幅图内只能采用一种起算面。

实训：请根据上述背景知识填写表 5-15。

表 5-15　等高线分类特征比较

等高线类别	分类特征
首曲线	
计曲线	
间曲线	
助曲线	
示坡线	
水下等高线	

实训:请根据示坡线位置判断图5-58所示的地貌种类。

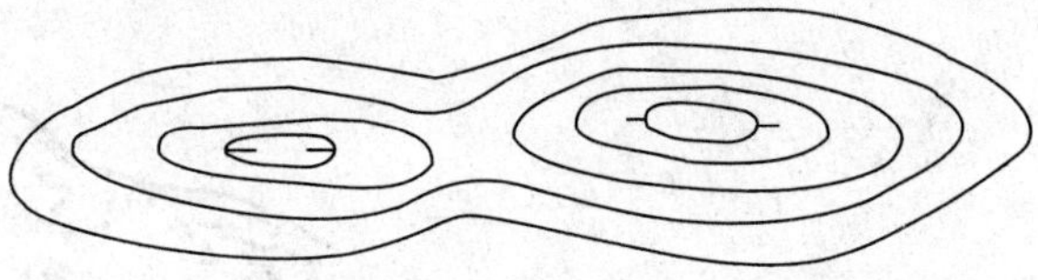

图5-58　示坡线作用实训图

4)等高线的基本特征

掌握等高线的基本特征是很重要的,因为只有加深对等高线特性的理解,才能正确地用等高线逼真地显示所处地貌的特征。等高线具有以下基本特征:

(1)每一条等高线代表的是一个高程面,同一条等高线上各点的高程均相等。但不能得出凡高程相等的点一定在同一条等高线上的结论。当水准面和两个山头(鞍部)相交时,会得到同样高程的两条等高线。

(2)每一条等高线都是连续的闭合曲线。由于具体测绘地形图的范围是有限的,所以等高线若不在同一幅图内闭合,也会跨越过一个或多个图幅闭合。等高线除遇有房屋、公路、铁路、独立地物符号、双线河渠、文字及数字注记等,为了使图面清晰,需要中间断开以外,其他地方不能中断。

(3)一条等高线不能分成两条,不同高程的等高线不能相交和合并。但是有些特殊地貌,如陡壁、陡坎的等高线就会重叠在一起,通过悬崖的等高线有可能相交。这些地貌必须用相应的符号表示。

(4)图上两等高线间的垂直距离称为等高线间距。等高线间距的大小与地面坡度的大小成反比。在同一等高距的情况下,如果地面坡度愈小,等高线在图上的平距愈大;反之,如果地面坡度愈大,则等高线在图上的平距愈小。

(5)等高线要与山脊线(分水线)或谷底线(合水线)垂直相交,计曲线的转弯点在山脊线和谷底线上,当等高线与山脊线相交时,要向山脊坡度降低的方向凸出;当与谷底线相交时,要向谷底坡地升高的方向凸出。

(6)等高线穿过河流时,应该在将近河岸处渐渐向上游,交于河岸线上中断,然后再从彼岸起逐渐折向下游,并保持与河岸线成正交。

(7)鞍部处的等高线,其山脊、山谷两两对称,山脊与山脊等高线高程对称相等,山谷与山谷等高线高程对称相等。

5)典型地貌的等高线

典型地貌及其等高线特点如下:

(1)山头和洼地。图5-59表示山头和洼地的等高线,它们都是一组闭合曲线,其区别在于:山头的等高线由外圈向内圈高程逐渐增加,洼地的等高线由外圈向内圈高程逐渐减小,这样就可以根据高程注记区分山头和洼地。也可以用示坡线来指示斜坡向下的方向。在山头、洼地的等高线上绘出示坡线,有助于地貌的识别。

(2)山脊和山谷。山坡的坡度和走向发生改变时,在转折处就会出现山脊或山谷地貌(见图5-60)。山脊的等高线均向下坡方向凸出,两侧基本对称。山脊线是山体延伸的最高棱线，也称分水线。山谷的等高线均凸向高处，两侧也基本对称。山谷线是谷底点的连线，也称合（集）水线。山脊与山谷线合称地性线。

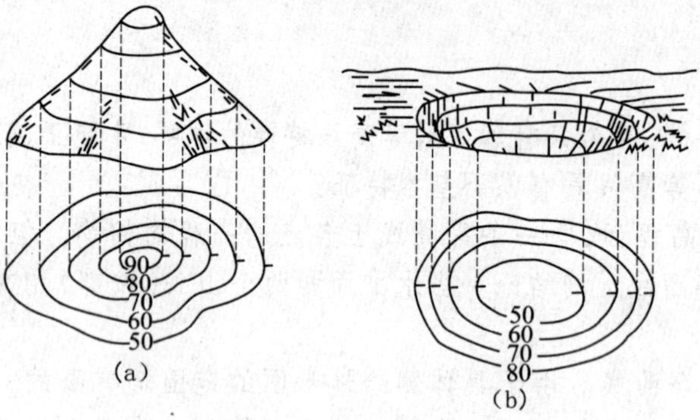

图 5-59　山头和洼地

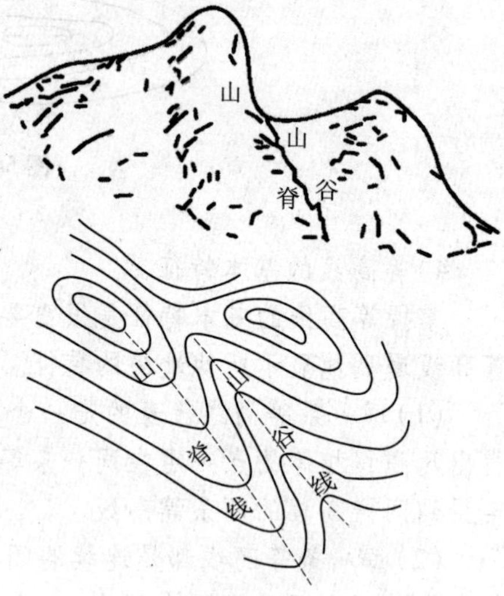

图 5-60　山脊和山谷

（3）鞍部。相邻两个山头之间呈马鞍形的低凹部分称为鞍部。鞍部是山区道路选线的重要位置。鞍部左右两侧的等高线是近似对称的两组山脊线和两组山谷线，如图 5-61 所示。

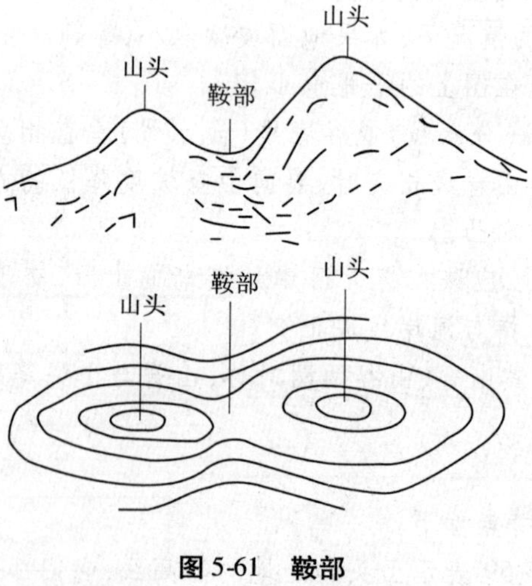

图 5-61　鞍部

（4）陡崖和悬崖。陡崖是坡度在 70°以上的陡峭崖壁，有石质和土质之分。如果用等高线表示，将是非常密集或重合为一条线，因此采用陡崖符号来表示，如图 5-62（a）、（b）所示。悬崖是上部突出、下部凹进的陡崖。悬崖上部的等高线投影到水平面时，与下部的等高线相交，下部凹进的等高线部分用虚线表示，如图 5-62（c）所示。

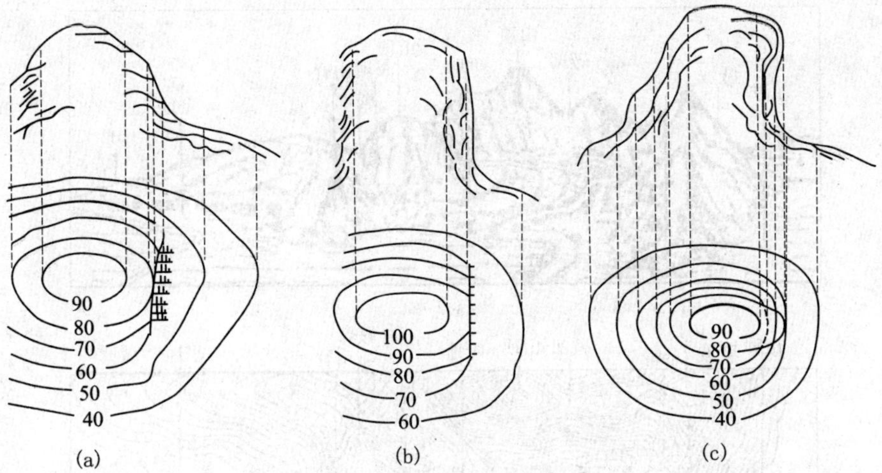

图5-62　陡崖和悬崖

2. 以特征地貌符号表示微观地貌形态

宏观地貌形态多以等高线表示，但对局部特征地貌(微观地貌形态)，仅用等高线不能合理、准确地表示地貌特征，这就需要借助特征地貌符号(见图5-63)进行表示。但在应用这些特征地貌符号时，一定要注意与等高线的关系，以免发生表示矛盾和不合理情况。

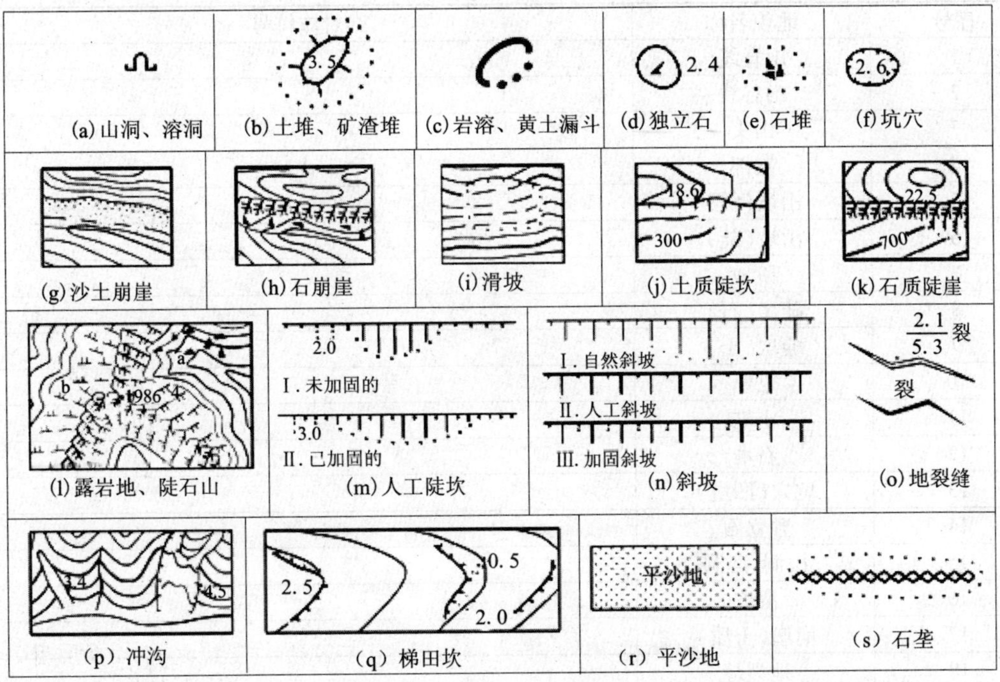

图5-63　常见特征地貌符号

图5-64(a)所示是起伏的地表面，图5-64(b)所示是其在地形图上的相应表示情况。

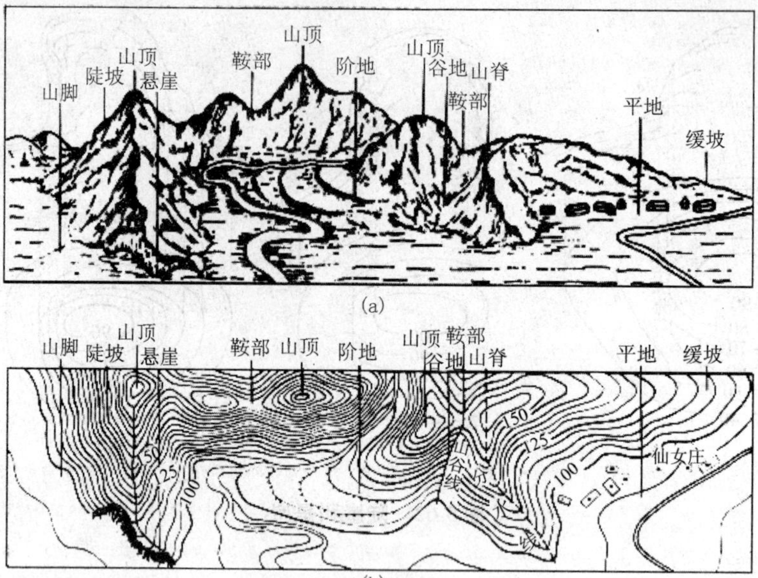

图 5-64　地貌表示

实训:根据图 5-64(a)所示地貌情况和前面学到的背景知识,探讨各种地貌形态特征在地形图上的表示方法,在表 5-16 中填入相应内容。

表 5-16　地貌形态特征在地形图上的表示方法实训

序号	地貌名称	对应符号
1	山脊线	
2	山谷线	
3	山头	
4	鞍部	
5	山坡(缓)	
6	山坡(陡)	
7	阶地	
8	陡崖(石)	
9	陡坎(土)	
10	悬崖	
11	土堆	
12	石堆	
13	坑穴(凹坑)	
14	独立石	
15	山洞、溶洞	
16	滑坡	
17	崩崖(土质)	
18	地裂缝	
19	冲沟	
20	梯田坎	

任务4　地形图拼接与接边处理

任务目标：

1. 了解地形图拼接的原因。
2. 掌握地形图拼接的方法。

学习过程：

1. 课件展示。
2. 实践操作。

学习成果：

在实习中拼接教室给定的相邻地形图。

案例：

根据××市规划局要求，将在其辖区××镇规划一新型社区，社区位于马寨和枣园两村交界处，面积约 2 km^2。任务要求半个月内完成测区比例尺为 1∶1 000 的地形图。

文殊镇位于××市境西部，距市区 20 km，面积 64.5 km^2，山、岗、平各占三分之一，人口 4.6 万。境内煤炭、石灰石、铝钒土等矿藏丰富。

现测量外业已结束，需要对已编辑地形图进行拼接和分幅。

活动1　地形图的拼接与接边处理

资源与器材：计算机、投影仪、CASS 测图软件、各小组地形图。

外业数字测图一般以所测区域为单位统一组织作业和组织数据。当测区较大或有条件时，为了便于多个作业组同时作业，通常要对测区进行"作业区"划分。可在测区内按自然带状地物（如河流、沟渠、道路等）为边界线构成分区界限，分成若干相对独立的分区。分区的原则是各区之间的数据（地物）尽可能地独立。当测图完成后，各小组间就必须对各小组所测地形图进行拼接，变成以测区为单位的整体地形图。

1.1　插入图块

本活动以"\Program Files\CASS2008\DEMO\DT"下的 0-9. DWG、0-10. DWG、P-9. DWG、P-10. DWG 或教师提供的分组地形图四幅图（见图 5-65）为例，进行地形图的拼接。

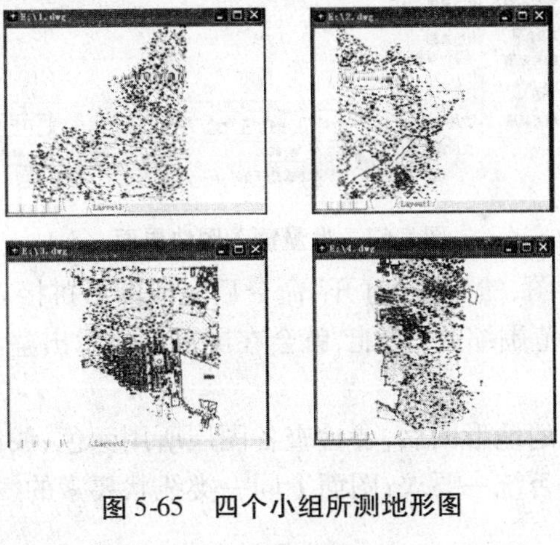

图 5-65　四个小组所测地形图

地形图拼接的第一种方法如下：

首先新建一个图形文件，然后按“工具\插入图块”，弹出“插入图块”对话框，如图 5-66 所示。

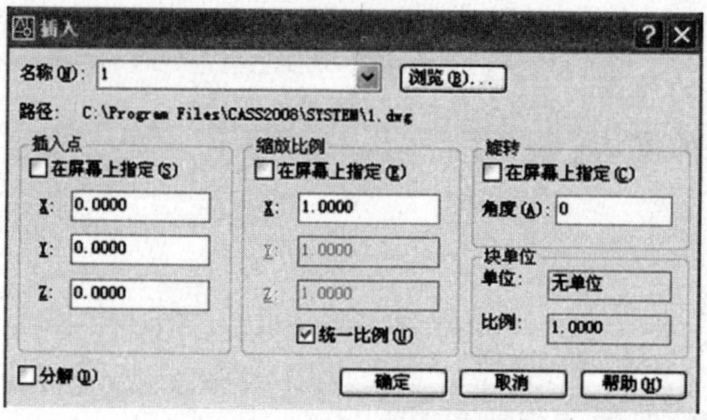

图 5-66　插入图块界面

点击“浏览”选择要拼接的第一幅图形，插入点坐标用(0,0,0)，缩放比例均为 1，不旋转，不分解，按“确定”后第一幅图就插入到了新图形中。采用相同的方法，把其余各小组的图形拼接进来。

由于刚才插入各小组地形图时没有选择分解，故插入到新图形中的各小组地形图都还是图块，无法编辑。这时可选择“修改”工具栏中的“![]”按钮或在命令行输入“EXPLODE”命令，选择要分解对象后回车确认即可。

提示：直接用“插入图块”中的“分解”或“EXPLODE”分解命令会导致插入的地形图中一些地物（如宗地、图斑等）主码丢失或编组被分解，故一般不要使用。

地形图拼接的第二种方法如下：

首先新建一个图形文件，然后按“工具\批量插入图块”，弹出如图 5-67 所示的“批量插入图块”界面。

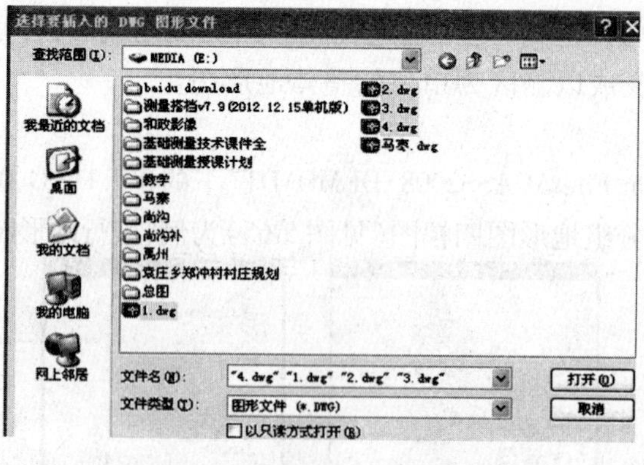

图 5-67　批量插入图块界面

全选各小组所测地形图，然后按“打开”命令后完成图形拼接。

利用 AutoCAD 中的“范围缩放”功能，就会在屏幕上显示出整个测区的总的地形图。

1.2　拼接检查

接图完成得到测区总的地形图后，要检查各图层所用颜色、线型、线宽是否一致；整个图面注记字体类型和字体是否统一要求；图面上同一类线状要素的线型宽度是否一致；高程注记位数是否一致;地物填充符号间距是否一致;同一地物的地物属性信息是否一致;各小组地形图边界处是否有漏测、漏绘、漏注记等现象。

1.3　接边处理

由于数据采集的误差和人工操作的误差,两个相邻图幅的地形图在结合处可能出现逻辑裂隙与几何裂隙。

逻辑裂隙是指当一个地物在一幅图的数据文件中具有地物编码 A,而在另一幅图的数据文件中却具有地物编码 B,或者同一个物体在这两个数据文件中具有不同的属性信息,如公路的宽度、等高线的高程等。

几何裂隙是指由数据文件边界分开的一个地物的两部分不能精确地衔接。需要把相邻图幅在逻辑上和几何上融成一个连续一致的数据体。

图幅接边包括几何接边和逻辑接边。

1.3.1　逻辑接边

相邻图幅同一地物要素的分类代码、颜色和有向方向要保持一致。所以,通过拼接检查中发现的问题,要把属性编码不正确的地物修改为正确的地物属性信息。如图 5-68(c)所示,一个小组表示的地物是混凝土房屋,另一个小组相应的接边地物却是未加固陡坎,所以必然有一个小组表示的接边地物属性是错误的,应将其属性修改为正确的地物编码。如图 5-68(b)所示,一个小组表示的房屋是破坏房屋(虚线),另一个小组表示的房屋是一般房屋(实线),所以要根据实际调查结果编辑错误地物的属性信息和线型信息,修改为正确的地物编码和线型。

属性接边最常用的命令是"加入实体编码"或"✎"按钮。

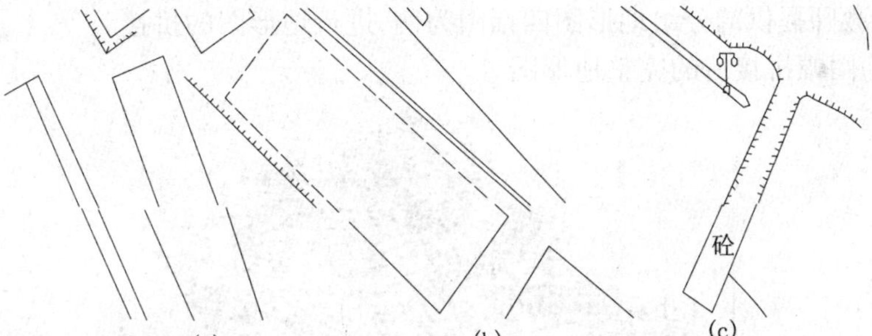

图 5-68　属性接边例图

1.3.2　几何接边处理

如图 5-68(a)所示,两个小组所绘地物除属性信息接边不一致外,还存在着接边处地物的图形错位,所以还要进行几何接边处理。如果误差在一定的容许范围内,可将两边的地物自动吻合。如果超过接边的匹配容差,则需要进行人工编辑与接边。下面以 CASS2008 为例说明其操作方法。

选择"地物编辑\图形接边",弹出"图形接边"界面,如图 5-69 所示。

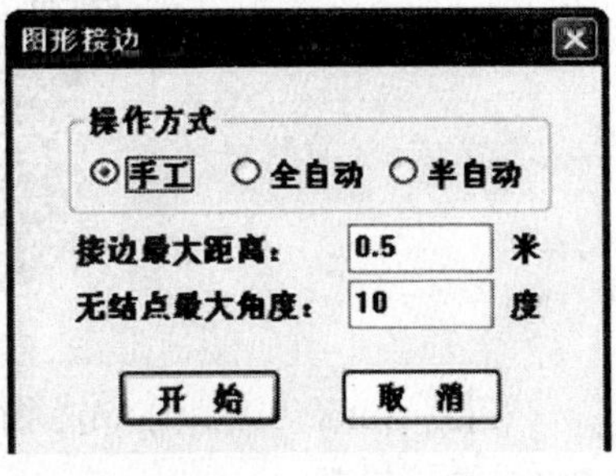

图 5-69　图形接边界面

“手工”是每次接一对边;“全自动”是批量接多对边;“半自动”是每接一对边前提示是否连接。

“接边最大距离”是设定能连接的两条边的最大距离,大于该值不可连接。“无结点最大角度”参与接边一对线的交角不超过所设置的角度时,相接后变成一在相接处无结点的复合线。若超过该值则生成一条折线,相接处有结点。

可根据实际情况,灵活选择手工、全自动、半自动三种图形接边方法进行接边处理。图 5-70是进行了逻辑接边和几何接边后的结果。

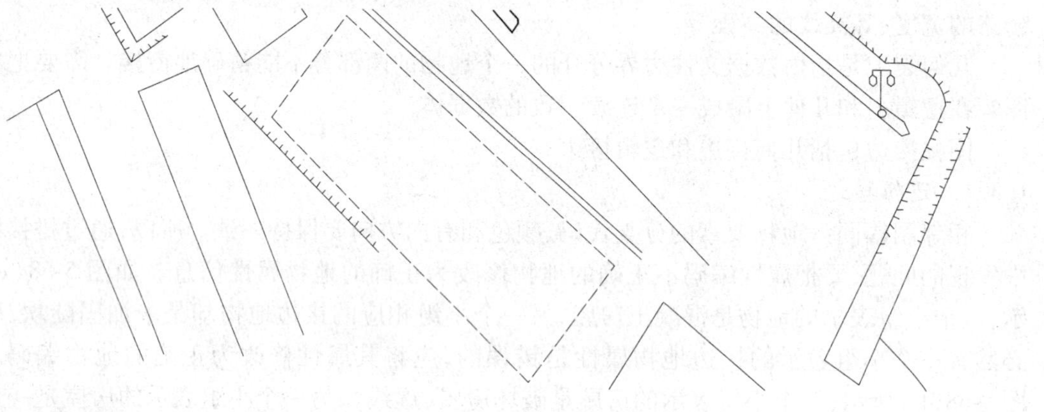

图 5-70　逻辑接边和几何接边后的结果样例

1.4　图幅拼接实训

利用“\Program Files\CASS2008\DEMO\DT”下的 0-9. DWG、0-10. DWG、P-9. DWG、P-10. DWG 或以教师提供的分组地形图四幅图为例,进行地形图的拼接。

图 5-71 为图幅拼接后的完整地形图。

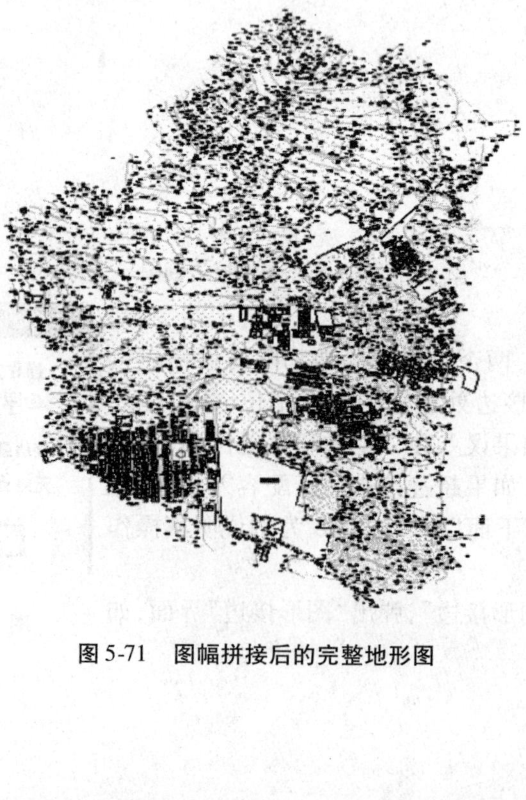

图 5-71　图幅拼接后的完整地形图

在拼接过程中,随时记录逻辑接边和几何接边的内容,填入表5-17,作为以后实际作业过程中的图幅拼接作业指导。

表5-17 图幅拼接

序号	拼接内容
1	
2	
3	
4	
5	
6	
7	
8	

任务5 大比例尺地形图分幅与编号

任务目标:

1. 掌握大比例尺地形图分幅与编号方法。
2. 掌握正方形或矩形分幅编号及图廓注记的内容。
3. 掌握图廓整饰的内容和操作方法。
4. 掌握图幅接合表的制作方法。

学习过程:

1. 课件展示。
2. 实践操作。

活动1 大比例尺地形图分幅与编号

资源与器材:《1∶500 1∶1 000 1∶2 000 地形图图式》(GB/T 20257.1—2007)、模拟数据。

本活动介绍图形分幅以及图廓注记的操作方法。然后利用CASS2008进行地形图的分幅实训。

1.1 大比例尺地形图图框设置

选择CASS2008软件下的"文件\CASS参数设置",弹出"CASS参数设置"对话框,选择"图框设置"选项卡,界面如图5-72所示。

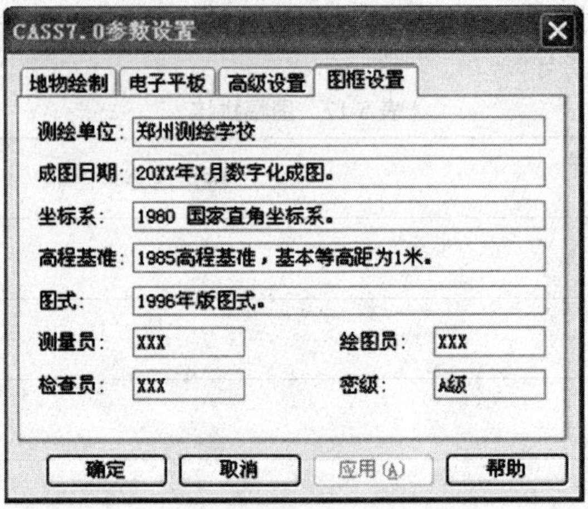

图 5-72　图框设置

在该界面中,填入测绘单位、成图日期、坐标系统、高程基准和等高距、图式、测量员、绘图员、检查员和密级,按“确定”后退出。

1.2　建立格网

在 CASS2008 软件下,选择“绘图处理\批量分幅\建立格网”,命令行提示如下:

请选择图幅尺寸:(1)50 * 50 ;(2)50 * 40;(3)自定义尺寸 <1>(根据实际情况选择输入数字 1 或 2,后回车确认)

输入测区一角:(用鼠标点击测区左下角)

输入测区另一角:(用鼠标点击测区右上角)

命令:(建立格网结束)

屏幕上显示出带有分幅格网及分幅编号的××市××镇测区地形图,如图 5-73 所示。

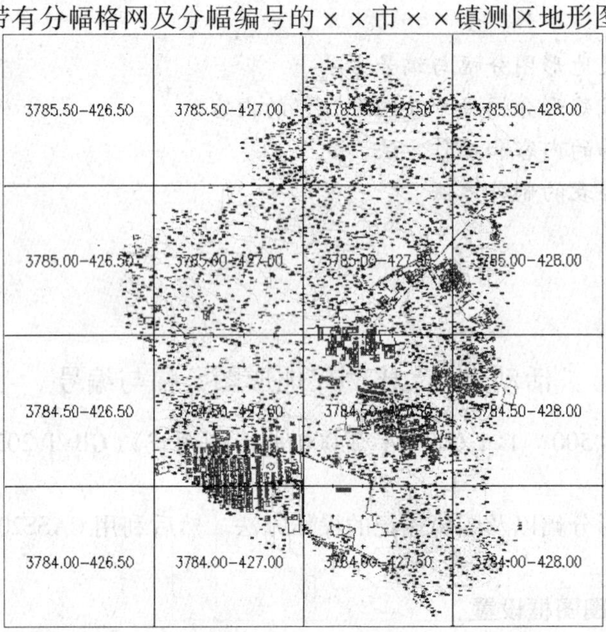

图 5-73　带有分幅格网及分幅编号的测区地形图

1.3　图形分幅

在CASS2008软件下，选择“绘图处理\批量分幅\批量输出”菜单项，弹出如图5-74所示“请输入分幅图目录名”界面。

图5-74　请输入分幅图目录名界面

选择相应的存储路径后，按“确定”退出。

这样在所设目录下就产生了各个分幅图，自动以各个分幅图的左下角的东坐标和北坐标结合起来命名，如“3785.50-426.00”“3785.00-426.50”等。

1.4　图幅接边处理

图形分幅后，在相邻图幅接合处的一些符号被截断，其符号表达不再完整，文字注记、独立符号、桥梁、涵洞等符号可能都需要重新修饰。所以，必须采用“插入图块”方法，重新对所有图幅（带图廓）进行拼接，逐个边界检查符号、注记是否完整，有无缺漏。把所有的问题都记录下来，然后再一幅图、一幅图打开，进一步接边处理。

【知识导航】

1. 大比例尺地形图分幅

为了适应各种工程设计和施工的需要，对于大比例尺地形图，大多按纵横坐标格网线进行等间距分幅，即采用正方形或矩形分幅与编号方法，以便于测绘、使用和保管。如图5-75所示，是以1:5 000地形图为基础进行的正方形分幅。

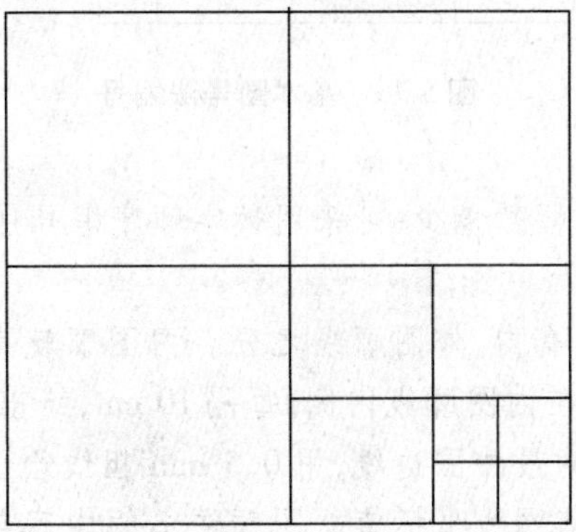

图5-75　1:5 000地形图为基础进行的正方形分幅

各种大比例尺地形图图幅大小如表 5-18 所示。

表 5-18　几种大比例尺地形图的分幅

比例尺	图幅大小(cm)	实地面积(km^2)	1:5 000 图幅内的分幅数	每平方千米图幅数
1:5 000	40×40	4	1	0.25
1:2 000	50×50	1	4	1
1:1 000	50×50	0.25	16	4
1:500	50×50	0.062 5	64	16

2. 编号的方法

1) 坐标编号法

图幅的编号一般采用坐标编号法。由图幅西南角纵坐标 x 和横坐标 y 组成编号，1:5 000坐标值取至 1 km，1:2 000、1:1 000 取至 0.1 km，1:500 取至 0.01 km。例如，某幅 1:1 000地形图的西南角坐标为 x = 3 230 km、y = 10 km，则其编号为 3 230.0-10.0。

2) 基本图号法编号

即以 1:5 000 地形图作为基础，较大比例尺图幅的编号是在它的编号后面加上罗马数字。例如，一幅 1:5 000 地形图的编号为 20-60，则其他图的编号见图 5-76。

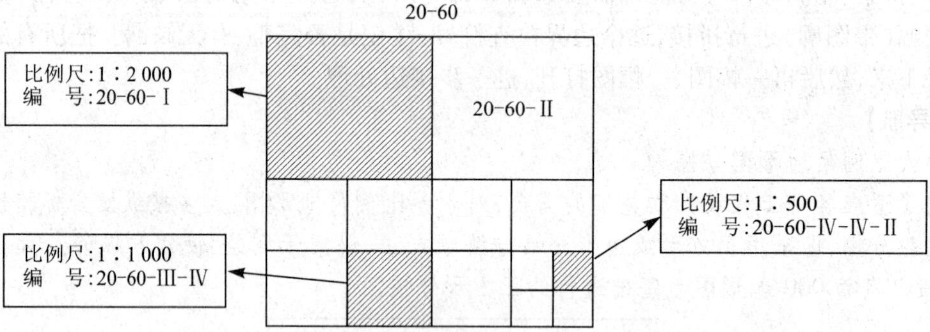

图 5-76　基本图号法编号

3) 数字顺序编号法

如果测区范围比较小，图幅数量少，可采用数字顺序编号法。

3. 图廓注记的内容

图廓是地形图的边界线，有内、外图廓线之分。内图廓就是坐标格网线，也是图幅的边界线，用 0.1 mm 细线绘出。在内图廓线内侧，每隔 10 cm，绘出 5 mm 的短线，表示坐标格网线的位置。外图廓线为图幅的最外围边线，用 0.5 mm 粗线绘出。内、外图廓线相距12 mm，在内外图廓线之间注记坐标格网线坐标值。图廓注记的内容包括图名、图号、比例尺、图廓坐标、测绘者及测绘年月日、接图表等，如图 5-77 所示。

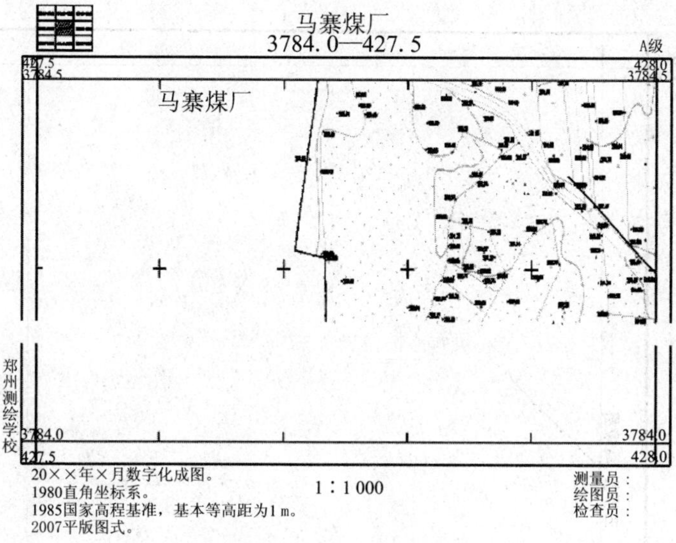

图5-77　图廓注记

活动2　图廓整饰

资源与器材：计算机、投影仪、CASS 测图软件、分幅地形图。

由于 CASS 自动生成的图框字型、字体、字高、字宽以及图框内容与标准图廓整饰样式不同，所以还要对前面生成的标准分幅图逐一进行图廓整饰。具体要求见图5-78。

请结合图5-78，逐一比较 CASS 自动生成的图廓与图5-77 所示的标准图廓有何不同，把二者之间的区别填入表5-19。

表5-19　CASS 自动生成的图廓与标准图廓比较表

比较项	CASS 图廓设置内容	标准图廓要求

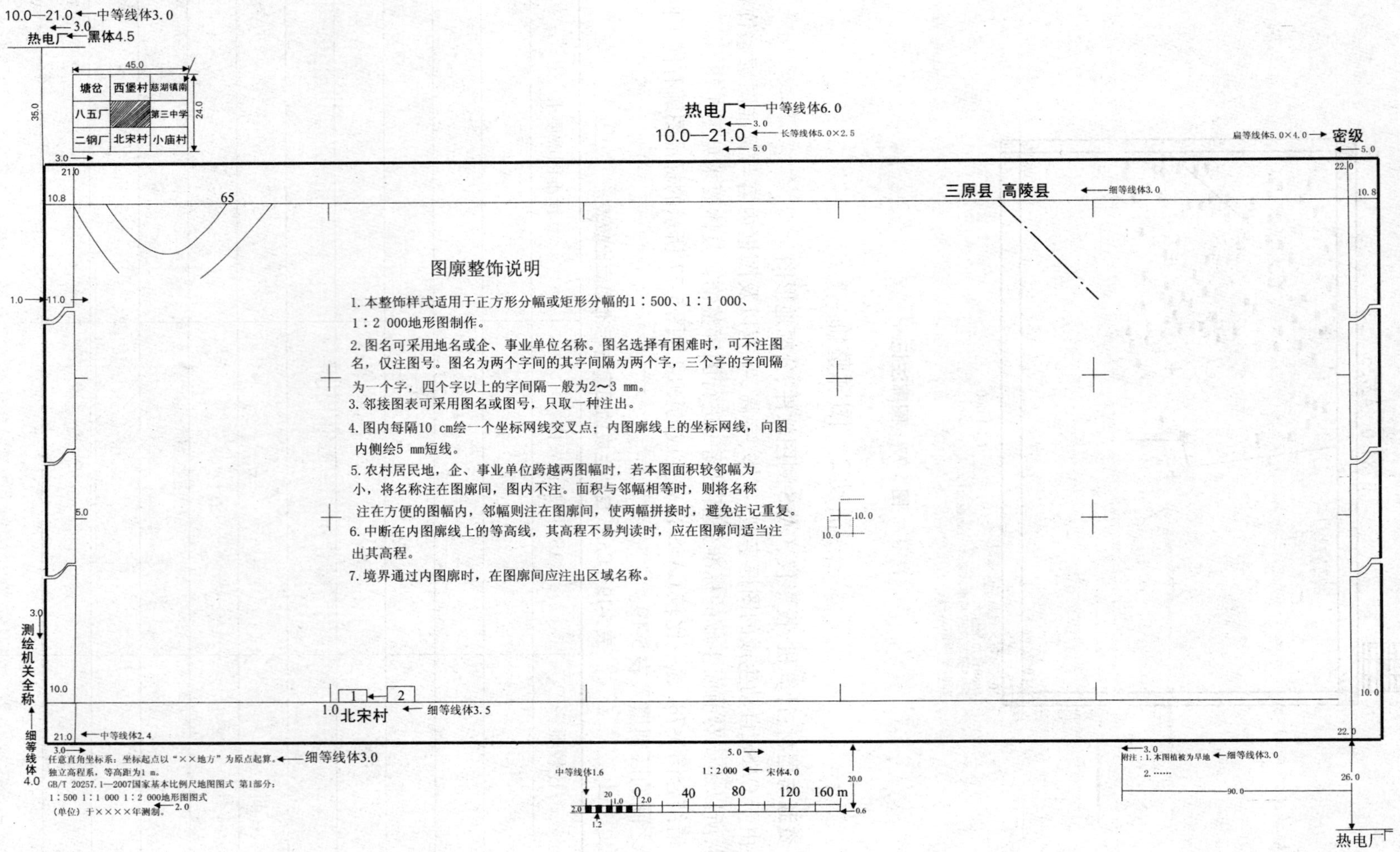

图5-78 标准图廓整饰样式

活动3　图幅接合表的制作

资源与器材:计算机、投影仪、CASS软件。

图幅接合表是表示相邻图幅间相互位置的图表。既可以用图号来表示,又可以用图名来表示,是标明某一地区的多幅地图或分幅地图的相邻图幅的相关位置的略图。

3.1　区域图幅结合图制作

区域图幅结合图制作可直接利用带有分幅格网及分幅编号的测区地形图。只需要把除"TK"层之外的所有图层关闭或冻结,即为区域图幅结合图,如图5-79所示。

3785.50-426.50	3785.50-427.00	3785.50-427.50	3785.50-428.00
3785.00-426.50	3785.00-427.00	3785.00-427.50	3785.00-428.00
3784.50-426.50	3784.50-427.00	3784.50-427.50	3784.50-428.00
3784.00-426.50	3784.00-427.00	3784.00-427.50	3784.00-428.00

图5-79　区域图幅结合图

3.2　图幅接合表

图幅接合表格式如图5-80所示。中间有晕线的是本幅图,四周八个格里写的是相邻图幅。看着图幅接合表,就可以拼接地形图。

CASS2008中,自动生成的分幅图已经全部带有图号表示的接图表,如图5-80所示。

3785.50 -426.00	3785.50 -426.50	3785.50 -427.00
3785.00 -426.00		3785.00 -427.00
3784.50 -426.00	3784.50 -426.50	3784.50 -427.00

图5-80　用图号表示的接图表

有时也要求用图名表示接图表。这时可以采用前面讲的文字编辑命令,逐个把图号修改为图名。修改后的图名接图表如图5-81所示。

塘岔	西堡村	慈湖镇南
八五厂		第三中学
二钢厂	北宋村	小庙村

图5-81　用图名表示的接图表

也可以在 CASS 中,把带有分幅格网及分幅编号的测区地形图中的所有图号整体复制一份,粘贴到相应的图号下面的适当位置,再分别修改为图名。然后选择“绘图处理\批量分幅\批量输出”菜单项,输出分幅图。这时所输出的分幅图的接图表中就自动生成为图名。

3.3　地形图拼接与分幅实训

安排到数字测图实验室,每人提供一份分组地形图。然后根据本项目讲述的操作方法,完成一套标准的地形图成果。最终每人上交一份拼接后完整的地形图、标准格式的分幅地形图和图幅结合图。

思考题

1. 地形图拼接的原因有哪些?
2. 地形图拼接检查应注意哪些事项?
3. 地形图接边会出现哪几种问题?
4. 大比例尺地形图如何分幅?
5. 如何制作图幅接合表?

项目6　大比例尺数字图输出和用户化

【项目说明】

本项目主要学习数字地形图的打印、常见数据格式与数据交换以及数字地形图的用户化。通过各项具体案例,引导学生掌握数字地形图打印、数据交换及用户化的方法,使学生能够达到独立完成数字图输出和用户化的全部过程。

【项目任务】

1. 数字地形图的打印。
2. 常见数据格式与数据交换。
3. 数字地形图的用户化。

【项目成果】

1. 各项案例分析记录表。
2. 打印的纸质地形图。
3. 输出的各种数据格式成果。

任务1　数字地形图打印

任务目标:

1. 掌握数字地形图打印的方法与设置。
2. 了解打印比例尺与大比例尺数字地形图符号大小之间的关系。
3. 打印纸质地形图。

学习过程:

1. 演示地形图打印。
2. 地形图打印实习。

学习成果:

输出符合打印要求的地形图。

活动1　AutoCAD 中打印出图

资源与器材:计算机、绘图仪或打印机、测图软件。

本活动主要学习如何添加配置绘图仪和在 AutoCAD 平台下进行地形图的打印。

1.1　绘图仪添加与配置

1.1.1　绘图仪添加

Windows 系统下打印机可以直接安装,本活动以在 CASS2008 下安装绘图仪为例进行说明。

用鼠标点取“文件”菜单下的“AutoCAD 系统配置”子菜单,屏幕上弹出“选项”对话框。用鼠标点取“打印和发布”选项卡后,得到如图 6-1 所示界面。

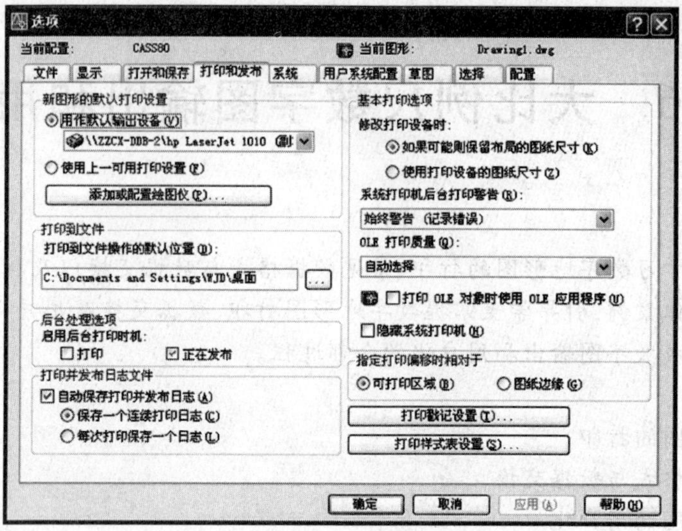

图 6-1　选项界面

提示:无论在 CASS2008 还是在 AutoCAD 下,在命令行输入“options”或“config”命令均可进入“选项”界面。

用鼠标点取“打印和发布”选项卡中的“添加或配置绘图仪”按钮,屏幕弹出“Plotters”界面,如图 6-2 所示。

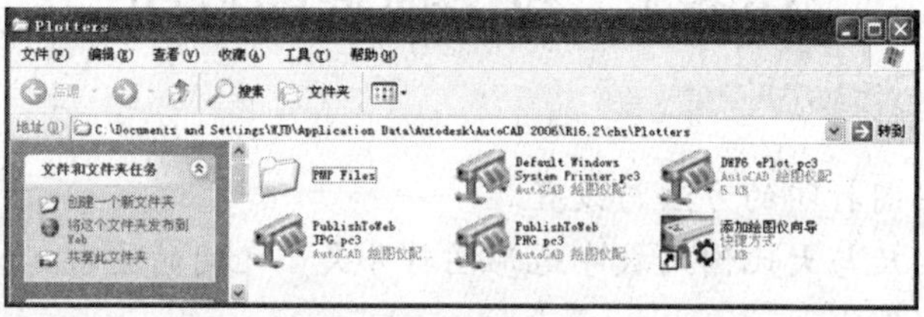

图 6-2　Plotters 界面

用鼠标双击“添加绘图仪向导”项目,在屏幕上弹出“添加绘图仪—简介”界面,如图 6-3 所示。单击“下一步”后,屏幕上弹出“添加绘图仪—开始”界面,如图 6-4 所示。在该界面下单击“我的电脑”配置连接到本地计算机上的绘图仪,然后单击下一步,弹出“添加绘图仪—绘图仪型号”界面,如图 6-5 所示。

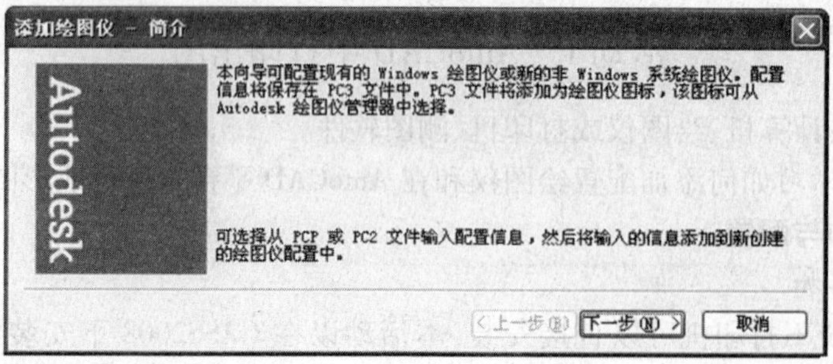

图 6-3　添加绘图仪—简介

在“生产商”下选择绘图仪的生产商,在“型号”下选择绘图仪的型号。如果该绘图仪未

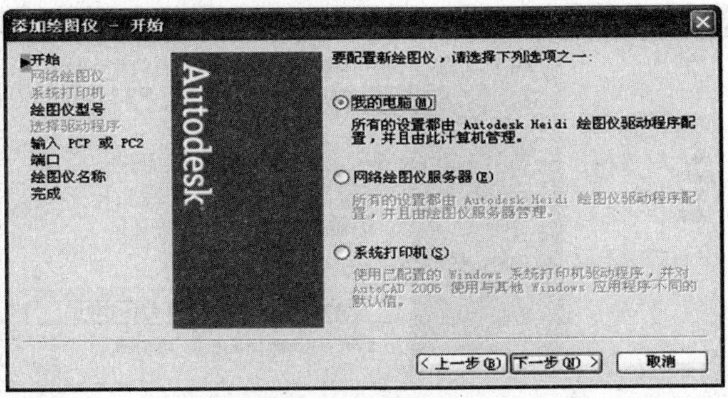

图 6-4　添加绘图仪—开始

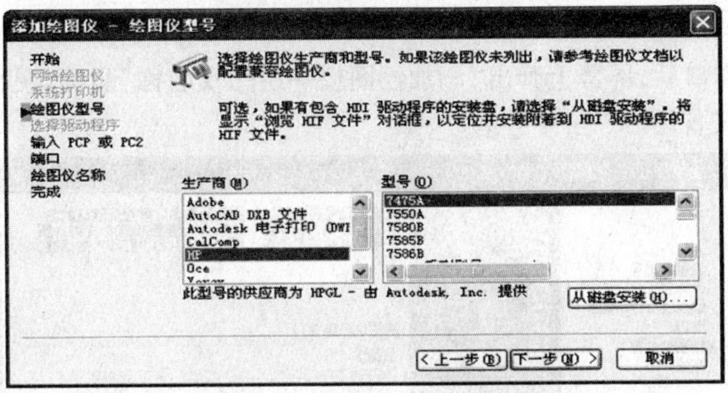

图 6-5　添加绘图仪—绘图仪型号

列出，可以参考绘图仪文档配置兼容的绘图仪。

提示：如果有绘图仪的安装程序，可以选择“从磁盘安装”直接安装驱动程序。

选择好生产商和型号后，单击“下一步”，弹出“添加绘图仪—输入 PCP 或 PC2”界面，如图 6-6 所示。

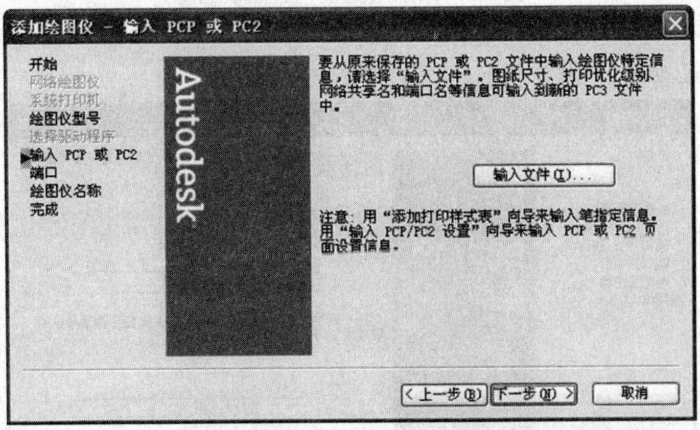

图 6-6　添加绘图仪—输入 PCP 或 PC2

再单击“下一步”，弹出“添加绘图仪—端口”界面，如图 6-7 所示。应根据实际情况选择相应端口，一般情况下选择“LPT1”端口。

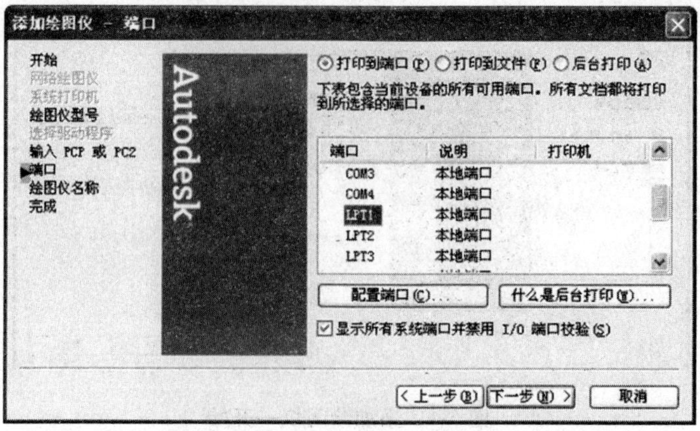

图 6-7　添加绘图仪—端口

选择好相应端口后,屏幕上弹出"添加绘图仪—绘图仪名称"界面(见图 6-8),输入自己能够识别的绘图仪名称。

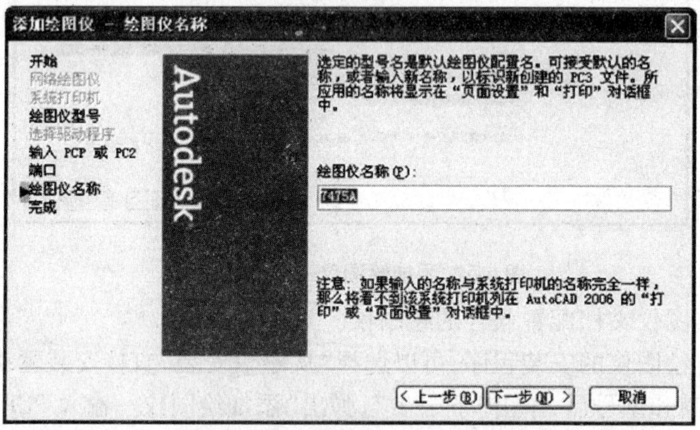

图 6-8　添加绘图仪—绘图仪名称

单击"下一步"后,弹出"添加绘图仪—完成"界面(如图 6-9 所示),单击"完成"皆可完成添加绘图仪的过程。

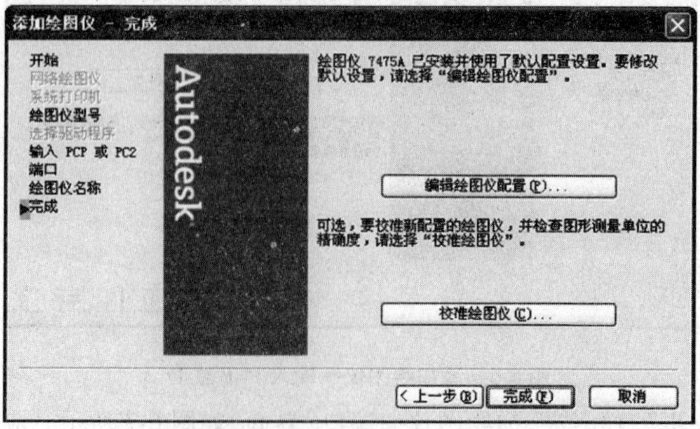

图 6-9　添加绘图仪—完成

提示:绘图仪在出现打印纵线错位、左右重影、打印模糊等精度误差问题的时候,需要尝试通过校准绘图仪来解决。

添加绘图仪完成后，双击“控制面板”下的“AutoCAD绘图仪管理器”，进入“Plotters”文件夹，会发现在该文件夹下创建了一个新的绘图仪配置文件。

1.1.2　绘图仪配置

用鼠标双击要进行配置的绘图仪配置文件，在屏幕上弹出“绘图仪配置编辑器”界面，如图6-10所示。

用鼠标单击“端口”选项卡，屏幕上弹出端口界面，如图6-11所示。

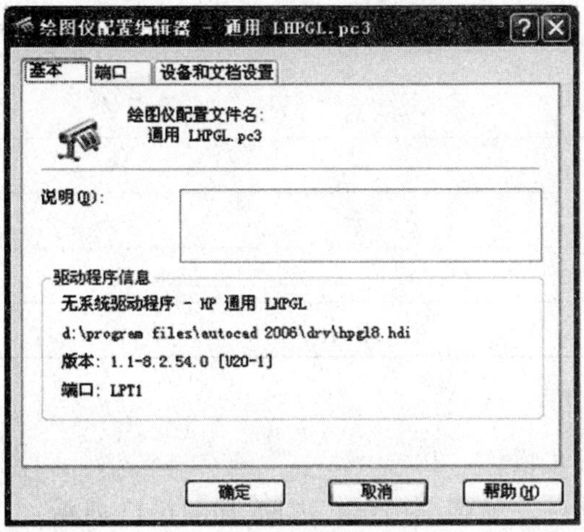

图6-10　绘图仪配置编辑器

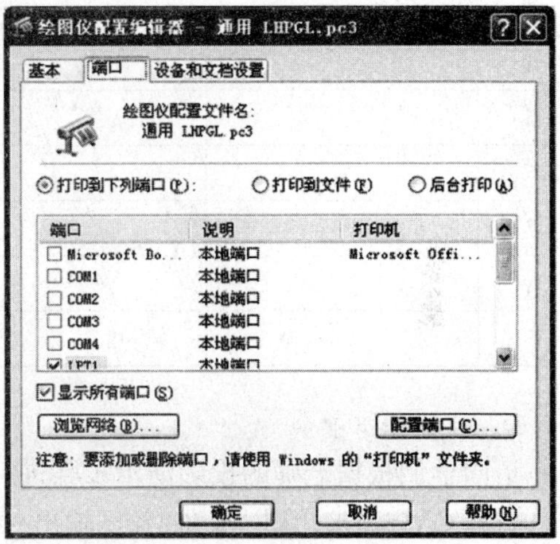

图6-11　“端口”选项卡

在“端口”选项卡中设好打印端口等设置后，接着用鼠标单击“绘图仪配置编辑器—设备和文档设置”选项卡，屏幕上弹出“设备和文档设置”界面(见图6-12)。

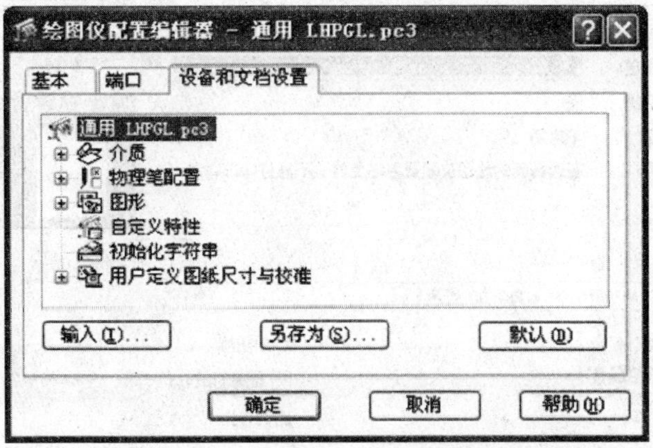

图6-12　“设备和文档设置”选项卡

在该选项卡中，可以对打印介质、图形、用户定义图纸尺寸与校准等项目进行设置。下面以介质设置为例进行说明。在上述选项卡中单击“介质”展开子选项后，在“源和大小”下，在“来源”中设置“卷筒纸”或“单张纸”，在“宽度”中设置“纸的宽度”，在“尺寸”中设置“纸的尺寸”等内容。

1.2　数字地形图打印

请同学们分组查询并思考数字地形图打印时要设置的常见打印参数与相应功能，填入表 6-1。

表 6-1　常见打印参数及相应功能

序号	打印参数	功能
1		
2		
3		
4		
5		
6		
7		
8		
⋮		

1.2.1　启动打印命令

请同学们根据老师的投影演示步骤进行逐步操作。

打开 CASS2008，单击"文件/绘图输出/打印…"，就弹出"打印"界面，如图 6-13 所示。

图 6-13　"打印"界面

点击图6-13“打印”界面右下角的⊙,即可展开更多选项,如图6-14所示。

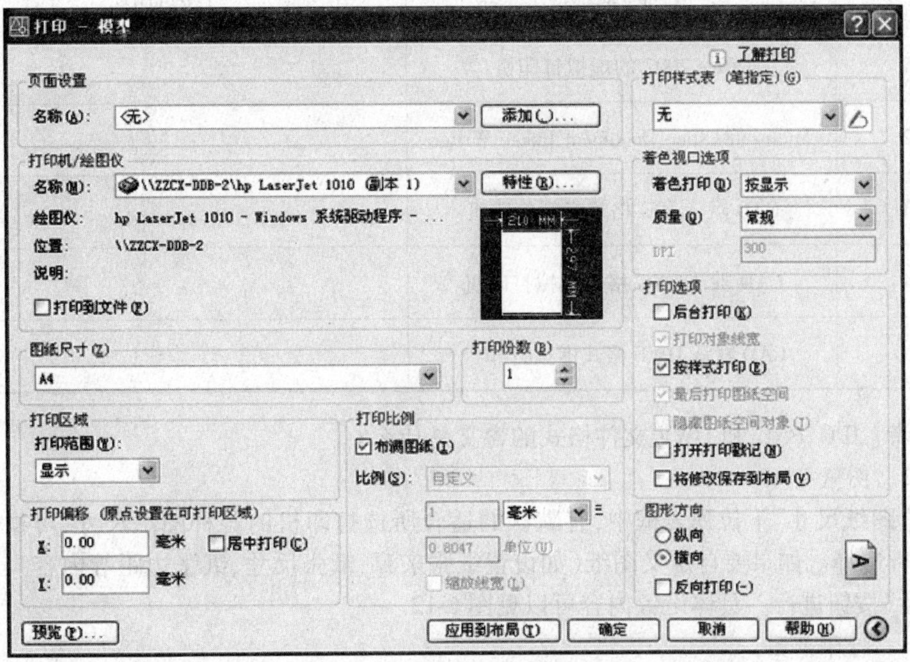

图6-14　“打印”界面详细展开图

提示:无论是CASS2008还是AutoCAD,在“命令行”中输入“plot”命令并回车确认后,均可弹出“打印”界面。

1.2.2　打印参数设置

1.2.2.1　打印机/绘图仪选择

在“打印机/绘图仪”分组框的“名称(M)”下拉列表框中选择所需打印机或绘图仪作为输出设备。当选定打印机或绘图仪后,“名称(M)”下拉列表框中即显示出所选设备名称、所选端口以及打印机或绘图仪的其他注释信息。

“打印机/绘图仪”分组框的“名称(M)”下拉列表框常见选项如图6-15所示。

图6-15　“名称(M)”下拉列表框常见选项

请分组上网查询表6-2中所列打印选项的相应用途,并根据查询结果和图6-15填写表6-2。

表 6-2　常见打印机选项及用途

序号	打印机选项	打印机用途
1	Office 2007 的虚拟打印机	
2	Microsoft Office Document Image Writer	
3	CAD 默认 JPG 格式虚拟打印机	
4	CAD 默认 PNG 格式虚拟打印机	
5	CAD 默认 DWF 格式虚拟打印机	

思考：JPG、PNG 和 DWF 文件格式的含义是什么？

1.2.2.2　图纸尺寸

在“图纸尺寸”下拉列表框中，有默认的适合所选打印机的各种图纸尺寸，可根据实际需要自行选择。如果要自定义图纸（如设置纸张来源、纸张尺寸、纸张边距等内容），可以点击“特性”按钮进行。具体设置内容可以见图 6-12。

1.2.2.3　打印范围

活动演示时，在“打印区域”分组框中，有“打印范围”下拉列表框如图 6-16 所示。

这里仅以“窗口”选项为例。“窗口”是指返回到绘图窗口进行选择，将矩形选择框内的图形打印。选择“窗口”后会显示“窗口”按钮，单击“窗口”按钮后可以根据打印要求适当选择窗口区域，如图 6-17 所示。

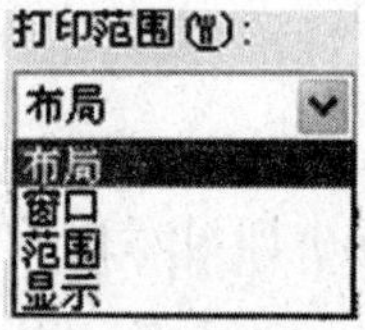

图 6-16　“打印范围”下拉列表框

图 6-17　选择“窗口”后显示的“窗口”按钮

请分组在 CAD 中试验表 6-3 中打印范围选项的效果，并填入表 6-3。

表 6-3　打印范围选项的效果试验

序号	打印范围选项	效果
1	布局	
2	范围	
3	显示	

提示:以上打印范围可根据情况灵活使用,但要注意它们的不同之处,还要理解模型空间和图纸空间的区别。

1.2.2.4　打印比例

“打印比例”分组框如图6-18所示。

“打印比例”中缩小的比例从1:1到1:100,放大的比例从2:1到100:1,可以根据需要选择(见图6-19)。

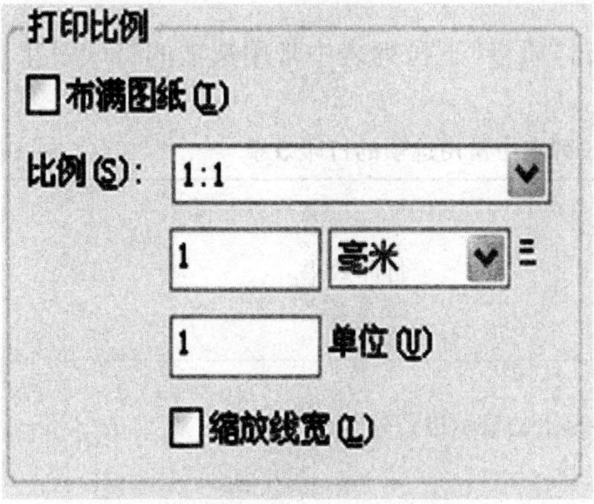

图6-18　“打印比例”分组框

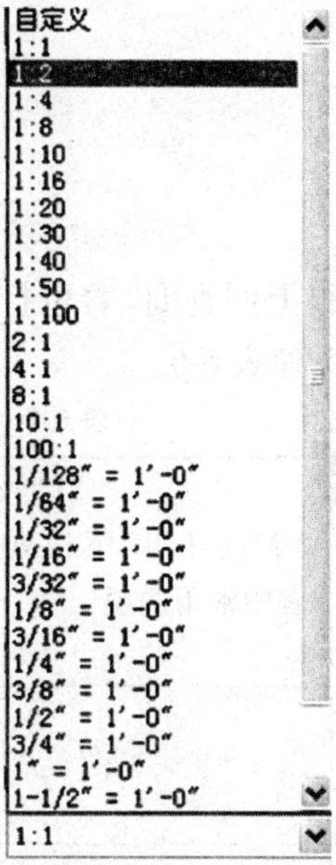

图6-19　“打印比例”下拉列表

如果在列表框中没有所用比例,可以自定义比例,指定单位对应:1 mm相当于模型空间中的N个绘图单位。

请同学们填写表6-4中各打印比例对应的地形图的绘图比例尺。

表6-4　打印比例对应的地形图的绘图比例尺填写

序号	打印比例	对应的地形图绘图比例尺
1	10:1	
2	8:1	
3	4:1	
4	2:1	
5	1:1	
6	1:2	
7	1:4	
8	1:8	
9	1:10	

1.2.2.5　设定着色打印

着色打印是用于指定着色图和渲染图的打印方式,并设定它们的分辨率。具体设置在"着色视口选项"分组框,如图 6-20 所示。

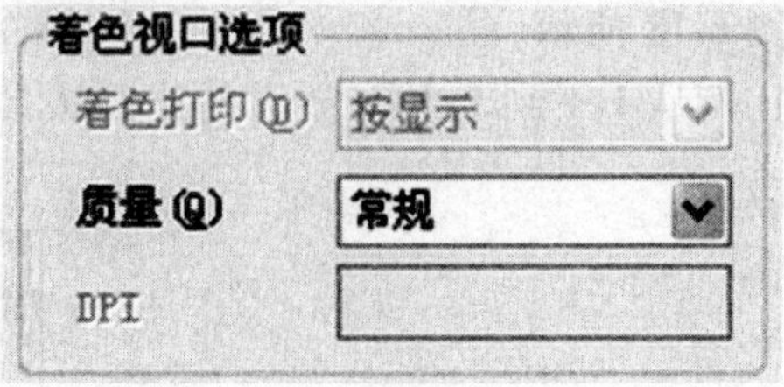

图 6-20　着色视口选项

请分组上网查询"着色打印"下拉列表和"质量"下拉列表中常用选项的打印效果,补充完整表 6-5 和表 6-6。

表 6-5　"着色打印"下拉列表中常用选项的打印效果

序号	"着色打印"下拉列表中常用选项	打印效果
1		按对象在屏幕上的显示进行打印
2		打印对象时消除隐藏线,不考虑其在屏幕上的显示情况
3		按"三维隐藏"视觉样式打印对象,不考虑其在屏幕上的显示方式
4		按"概念"视觉样式打印对象,不考虑其在屏幕上的显示方式
5		按线框方式打印对象,不考虑其在屏幕上的显示情况
6		按"真实"视觉样式打印对象,不考虑其在屏幕上的显示方式
7		按渲染方式打印对象,不考虑其在屏幕上的显示方式
8		按"三维线框"视觉样式打印对象,不考虑其在屏幕上的显示方式

表6-6　“质量”下拉列表中常用选项的打印效果

序号	“质量”下拉列表中常用选项	打印效果
1	草稿	
2	预览	
3	常规	
4	演示	
5	最大	
6	自定义	

【知识导航】

打印分辨率 DPI 是 Dots Per Inch 的缩写，即每英寸所打印的点数或线数，用来表示打印机打印分辨率。这是衡量打印机打印精细度的主要参数之一。一般来说，该值越大，表明打印机的打印精细度越高。

1.2.2.6　图形打印方向和位置的调整

图形在图纸上的打印方向通过“图形方向”分组对话框中的选项调整，如图6-21所示。

图6-21　“图形方向”分组对话框

该分组框中包含一个图标，图标表示图纸的放置方向，图标中的字母表明图形在图纸上的打印方向。“图形方向”分组框中有三个选项，其中：

(1)“纵向”：指图形在图纸上的放置方向是水平的。

(2)“横向”：指图形在图纸上的放置方向是竖直的。

(3)“反向打印”：指图形可以颠倒打印。本选项可以和“纵向”“横向”结合使用。

图形在图纸上的打印位置可以由“打印偏移”确定，如图6-22所示。

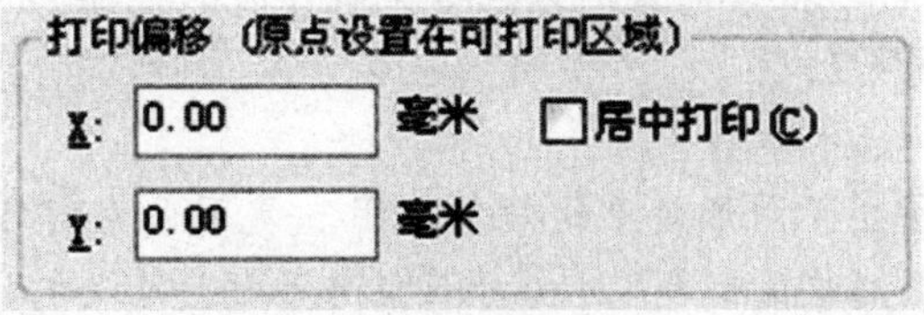

图6-22　“打印偏移”分组对话框

“打印偏移”设定图形在纸张上 X、Y 方向的偏移量，一般采用默认数值即可。选择“居中打印”可以让打印图形在打印图纸内居中打印。

1.2.2.7　打印样式使用

在“打印样式表(笔指定)分组框的下拉列表框中,有很多种打印样式,如图 6-23 所示。

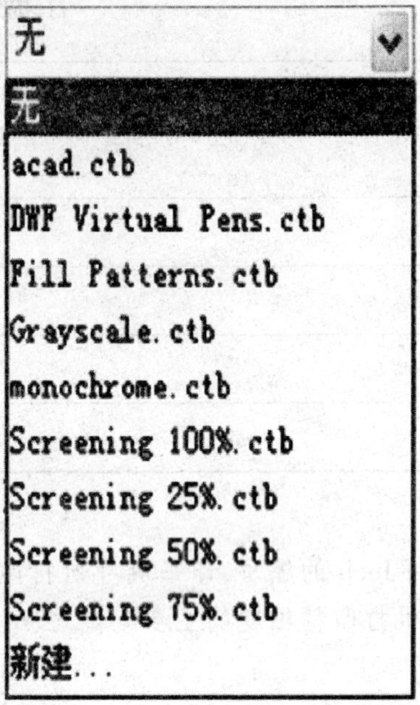

图 6-23　“打印样式”下拉列表框内容

下拉列表框中常用选项解释如下:

(1)无:不应用打印样式表。

(2)acad. ctb:默认打印样式表。

(3)monochrome. ctb:将所有颜色打印为黑色。

【知识导航】

打印样式是对象的一种特性,如同颜色和线型一样。它用于修改打印图形的外观,若为某个对象选择了一种打印样式,则打印的外观由样式决定。AutoCAD 提供了几百种打印样式,并将其组合成一系列打印样式表。打印样式表有如下两种类型。

1. 颜色相关打印样式表

颜色相关打印样式表以“. CTB”为文件扩展名保存。该表以对象颜色为基础,共包含 255 种打印样式,每种 ACI 颜色对应于一个打印样式。样式名分别为“颜色 1”“颜色 2”等。用户不能添加或删除颜色相关打印样式,也不能改变它们的名称。若当前图形与颜色相关打印样式表相连,则系统自动根据对象的颜色分配打印样式。用户不能选择其他打印样式,但可以对已分配的样式进行修改。

2. 命名打印样式

命名打印样式可以独立于图形对象的颜色使用。使用命名打印样式时,可以像使用其他对象特性那样使用图形对象的颜色特性,而不像使用颜色相关打印样式时,图形对象的颜色受打印样式的限制。因此,在 AutoCAD 2008 中一般使用命名打印样式来打印图形对象。命名打印样式是由命名打印样式表定义的,其文件扩展名为“. STB”。

1.2.2.8　打印效果预览

打印参数设置完成后,用户可通过点击“预览”观察图形的打印效果。如果不合适可以重新调整打印参数，以免浪费图纸。

预览时，光标变成🔍，用户可以进行实时缩放操作。单击鼠标右键可以选择“打印”完成打印操作或选择“退出”，返回“打印—模型”对话框。在预览状态下，也可以按 Esc 键或回车键返回“打印—模型”对话框后单击“确定”进行打印操作。

1.2.2.9　打印设置保存

上述打印参数设置正确后，如果想要以相同的打印设置打印多份图纸，就可以在“页面设置”分组框（见图 6-24）中选择“添加”按钮进行命名保存。下一次想用相同的打印设置打印图纸时，可在“名称（A）：”下拉列表框中点击“输入”，然后选择带有已命名页面设置的图形文件，即可把已命名页面设置调入，选择后即可使用。

图 6-24　“页面设置”分组框

如果本次打印后，没有关闭 AutoCAD 软件，也可以直接在下拉列表框中选择“ < 上一次打印 > ”，即可默认上一次的打印参数进行打印。

1. 利用默认打印机打印一张符合地形图线宽要求的 1∶500 黑白地形图。

2. 利用虚拟打印机输出一张 TIFF 格式、300 dpi 的 1∶2 000 电子图。

3. 利用虚拟打印机输出一张 1∶2 000 的矢量分辨率、渐变色分辨率、颜色和灰度分辨率、黑白分辨率均为 4 800 的压缩二进制 DWF 文件。

活动 2　比例尺打印设置

资源与器材：计算机、测图软件、地形图图式。

在活动 1 中讲到，对于大比例尺数字图测绘，在打印地形图时，1∶500 比例尺地形图对应的打印比例为 1∶0.5，1∶1 000 比例尺地形图对应的打印比例为 1∶1，1∶2 000 比例尺地形图对应的打印比例为 1∶2。那么改变打印比例后，打印的地形图改变了哪些图面元素？打印出的地形图是不是标准尺寸的地形图呢？为什么？利用活动 1 中打印的 1∶500 黑白地形图成果进行观察和思考，并把思考结果填入表 6-7。

表 6-7　仅改变打印比例对地形图图面元素的影响

编号	影响的图面元素	是否符合图式规定	原因
1			
2			
3			
4			
⋮			

国家基本比例尺地图图式第 1 部分《1∶500　1∶1 000　1∶2 000 地形图图式》（GB/T 20257.1—2007）规定，无论是 1∶500 比例尺地形图，还是 1∶1 000 或 1∶2 000 比例尺地形图，同一地物、地貌要素的符号和注记规格是相同的。

对于 1∶500、1∶1 000 或 1∶2 000 大比例尺数字地形图来说，当仅仅改变打印比例时，涉及的所有图面尺寸均要放大或缩小相应比例，这样会导致不同比例尺地形图中同一地物、地貌要素的符号和注记的规格不一，与《1∶500　1∶1 000　1∶2 000 地形图图式》(GB/T 20257.1—2007)规定相矛盾。

在 CASS2008 中，具体操作如下：

(1)设置图形比例尺，如图 6-25 所示。

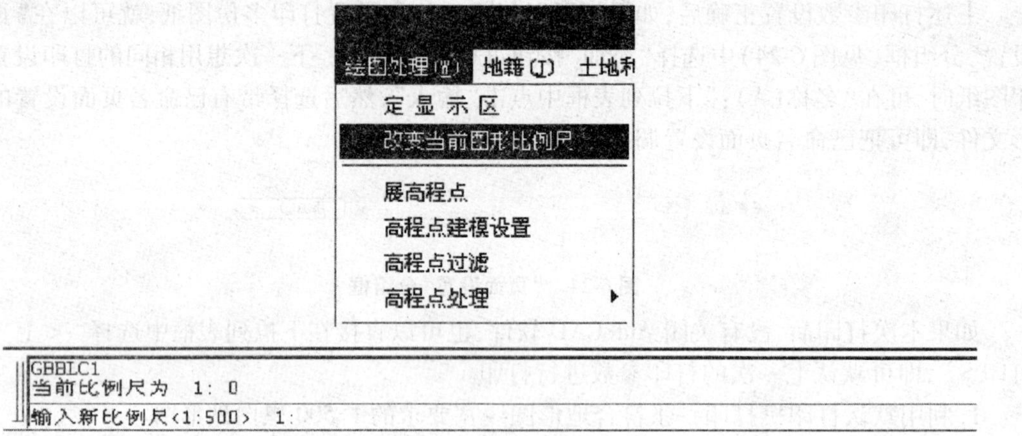

图 6-25　设置图形比例尺

(2)在命令行中直接输入所需要的绘图比例尺即可。

在实际操作中，把 1∶1 000 作为基本比例尺，若打印比例要放大 X 倍，则需预先把符号和注记缩小相应的 X 倍；若打印比例要缩小 X 倍，则需预先把符号和注记放大相应的 X 倍。这样就可解决上面提到的尺寸矛盾了。表 6-8 为常见的大比例尺地形图打印比例和符号、注记尺寸预缩放倍数的关系。

表 6-8　大比例尺地形图打印比例和独立符号、注记尺寸预缩放比例的关系

比例尺	独立符号、注记尺寸预缩放倍数
1∶1 000	1
1∶500	0.5
1∶2 000	2

在实际绘制大比例尺数字图时，预先设置好相应的绘图比例尺，符号、注记尺寸预缩放操作即可完成，在打印之前按活动 1 中提供的打印比例设置好打印比例即可得到符合《1∶500　1∶1 000　1∶2 000 地形图图式》(GB/T 20257.1—2007)要求的地形图。

活动成果：利用默认打印机打印一张符合地形图要求的 1∶500 黑白地形图。

任务 2　常见数据格式及数据交换

任务目标：

1. 掌握常见数字测图软件与其他软件进行数据交换时的数据格式。

2. 掌握 CASS 软件常见的数据交换操作技能。

学习过程：

1. 上网查询常见数字测图软件及开发平台、图形文件格式、数据交换文件格式。
2. 了解相同软件不同版本之间的数据交换文件的兼容性。
3. 了解常用软件的一些文件格式。
4. 了解 CASS 测图软件与其他软件的数据交换操作方法。
5. 实习体验 CASS 测图软件与其他软件的数据交换。

学习成果：

输出符合要求的各种 CASS 数据交换文件。

活动1　常见的成果输出文件格式

资源与器材：计算机、测图软件。

通过前面的学习，已经得到了完整的数字地形图成果。但这些数字图，是供用户使用的，在提供成果时，必须考虑到用户的成果格式需求。因为用户不同，使用的数字测图或制图软件类别也就可能不同；即使使用相同的软件，可能也会遇到软件版本有高有低不兼容的情况。

1.1　常见测图软件图形文件格式

目前测绘市场上数字测图软件种类繁多，如广东南方数码科技有限公司的 CASS 地形地籍成图软件、广州开思测绘软件有限公司的 SCS G 系列多用途数字测绘与管理系统、北京威远图易数字科技有限公司的 SV300 数字测图软件、北京清华山维新技术开发有限公司的 EPSW 全息测绘系统、武汉瑞得信息工程有限责任公司 RDMS 数字测图系统等。

这些软件主要分为两类：一类是基于 AutoCAD 平台开发，另一类是自主开发平台。表6-9为常见测图软件的数据交换文件格式。

表6-9　常见测图软件的数据交换文件格式

编号	软件公司	软件名称	开发平台	图形文件格式	平台之间常用数据交换文件格式	测图软件系列版本之间的数据交换文件格式
1	广东南方数码科技有限公司	CASS 地形地籍成图软件	AutoCAD 平台	DWG	DXF	CAS
2	广州开思测绘软件有限公司	SCS G 系列多用途数字测绘与管理系统	AutoCAD 平台	DWG	DXF	SCS
3	北京威远图易数字科技有限公司	SV300 数字测图软件	AutoCAD 平台	DWG	DXF	SVF
4	北京清华山维新技术开发有限公司	EPSW 全息测绘系统	自主 EPS 平台	EPS	DXF	COR NOT
5	武汉中地数码科技有限公司	MAPSUV 数字测图系统	自主 MAPGIS 平台	SUV	DXF	WAT WAL WAP
…	…	…	…	…	…	…

【知识导航】

DWG 是电脑辅助设计软件 AutoCAD 以及基于 AutoCAD 的软件保存设计数据所用的一种专有文件格式。

EPS 是北京清华山维新技术开发有限公司自主开发的 EPS 系列平台通用图形文件格式。

SUV 是在 MAPGIS 平台上开发的 MAPSUV 数字测图系统默认的工程文件格式,用于存储外业测量数据。

DXF,即 Autodesk Drawing Exchange Format 的简称,是 Autodesk 公司开发的用于 AutoCAD 与其他软件之间进行 CAD 数据交换的 CAD 数据文件格式,是一种基于矢量的 ASCII 文本格式。绝大多数 CAD 系统都能读入或输出 DXF 文件。

CAS、SCS、SVF、COR/NOT、WAT/WAL/WAP 分别是 CASS 地形地籍成图软件、SCS G 系列多用途数字测绘与管理系统、SV300 数字测图软件、EPSW 全息测绘系统、MAPSUV 数字测图系统为用户提供的文本格式的数据交换文件格式。这些文件包含了全部图形的空间数据和属性数据。而在 EPSW 全息测绘系统中,COR 文件为空间数据交换文件,NOT 为属性数据交换文件;MAPSUV 数字测图系统中,WAT 为点明码文件,WAL 为线明码文件,WAP 为区明码文件。

1.2　相同软件不同版本之间的数据交换文件的兼容性

即使是同一公司的数字测图软件产品,由于版本的逐步升级,会存在不同版本的数据交换文件格式,如果不注意软件的版本,就会出现图形文件或数据交换文件无法打开的兼容性错误。

表 6-10 为常见的 AutoCAD 版本号及对应的 DWG 图形文件格式和 DXF 交换文件格式。请同学们把表 6-10 填写完整。

表 6-10　常见的 AutoCAD 版本号及对应的 DWG 图形文件格式和 DXF 交换文件格式

<table>
<tr><th>编号</th><th>AutoCAD 版本号</th><th>DWG 图形文件格式</th><th>DXF 交换文件格式</th></tr>
<tr><td>1</td><td>AutoCAD R14</td><td></td><td>AutoCAD R14 DXF 格式</td></tr>
<tr><td>2</td><td>AutoCAD 2000</td><td rowspan="3"></td><td>AutoCAD 2000 DXF 格式</td></tr>
<tr><td>3</td><td>AutoCAD 2002</td><td>AutoCAD 2002 DXF 格式</td></tr>
<tr><td>4</td><td>AutoCAD 2004</td><td rowspan="3">AutoCAD 2004 DXF 格式</td></tr>
<tr><td>5</td><td>AutoCAD 2005</td><td rowspan="2"></td></tr>
<tr><td>6</td><td>AutoCAD 2006</td></tr>
<tr><td>7</td><td>AutoCAD 2007</td><td rowspan="3"></td><td rowspan="3">AutoCAD 2007 DXF 格式</td></tr>
<tr><td>8</td><td>AutoCAD 2008</td></tr>
<tr><td>9</td><td>AutoCAD 2009</td></tr>
<tr><td>10</td><td>AutoCAD 2010</td><td></td><td>AutoCAD 2010 DXF 格式</td></tr>
<tr><td>…</td><td>…</td><td>…</td><td>…</td></tr>
</table>

【知识导航】

AutoCAD 可以用当前版本打开以早期版本创建的图形。但 AutoCAD 不能用早期版本打开之后版本创建的图形,否则就会出现版本不兼容的错误提示。为了解决这种问题,可以采用与早期版本相兼容的格式保存由当前版本的程序创建的图形。因为以早期的版本格式保存图形可能会导致某些数据丢失,所以请务必指定一个不同的名称以避免覆盖当前图形。如果覆盖了当前图形,可以通过保存过程中创建的备份文件(filename. bak)来恢复被覆盖的版本。

1.3 数字测图软件与常用 GIS 系统的接口文件

地理信息系统(Geographic Information System, 简称 GIS)是以地球科学、信息科学与计算机技术为一体的高新技术,其作为有关空间数据管理、空间信息分析及传播的计算机系统,现已广泛应用于土地利用、资源管理、环境监测、城市与区域规划等众多领域,成为社会可持续发展的有效的辅助决策支持工具。

数字地图是 GIS 的主要信息源。因此,要想把数字地图数据导入到 GIS,必须提供 GIS 能够识别的文件格式。

目前测绘市场上常用的 GIS 软件及相应的接口文件见表 6-11。

表 6-11 常用的 GIS 软件及相应的接口文件

编号	GIS 软件名称	接口文件	类型
1	ARC/INFO	SHP/SHX/DBF	主文件/索引文件/dBASE 表
2	MAPINFO	MIF/MID	存储图形数据/存储文本数据
3	国内 GIS	VCT 通用格式	国家标准矢量交换格式

活动 2 CASS 测图软件与其他软件的数据交换

资源与器材:计算机、CASS 测图软件。

本活动以 CASS2008 软件为例,体验数据交换操作。从上一活动可以看出,CASS 测图软件是在 AutoCAD 平台上开发的,可以用 DXF 文件作为通用交换文件;CASS 软件本身还提供了输出、输入 CAS 数据交换文件的功能;另外,在“检查入库”下拉菜单也提供了三种与 GIS 软件数据交换的功能。活动演示如下。

2.1 输出 DXF 文件进行数据交换

启动 CASS 测图软件,并打开需要提交的图形文件。本活动中以“\PROGRAM FILES\CASS2008\DEMO\DT\0-9. DWG”为例说明。

打开文件后,直接单击下拉菜单“文件/图形改名存盘…”,弹出如图 6-26 所示对话框。

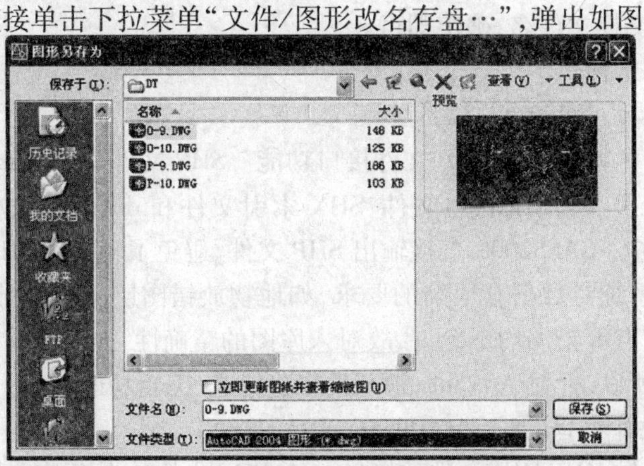

图 6-26 “图形另存为”对话框

然后单击“文件类型(T)”D 的“下拉列表框”右侧的▼，出现下拉列表内容如图 6-27 所示(对应于 AutoCAD2006 平台)。

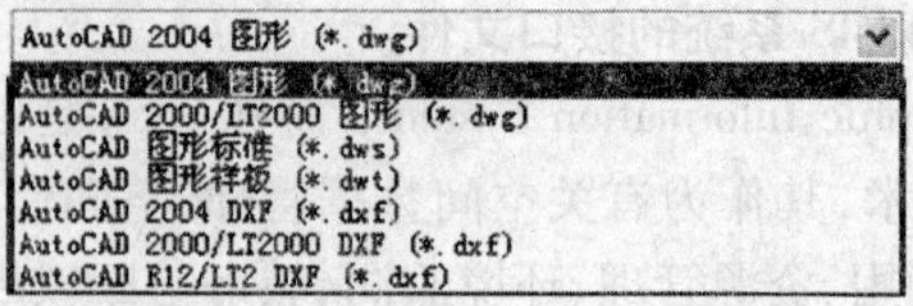

图 6-27　“文件类型”下拉列表框内容

在该框中选择相应的 DXF 版本，并选择好保存位置和保存文件名，再单击“保存”按钮，即可输出相应 DXF 版本的文本交换文件，供其他平台软件使用。

2.2　输出 CAS 文件进行数据交换

单击“数据/生成交换文件”，弹出“输入 CASS 交换文件名”对话框(见图 6-28)，在文件名(N)处输入文件名，按“保存”后，即可得到 CAS 交换文件。它的保存类型为“*.CAS”。

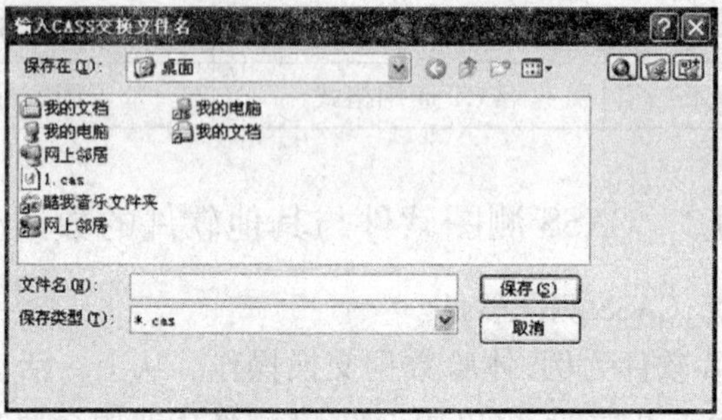

图 6-28　“输入 CASS 交换文件名”对话框

CASS2008 的数据交换文件与图形的转换是双向的。也就是说，不论用户的数字化测绘成果是以何种方法、何种软件、何种工具得到的，只要能转换(生成)为 CASS2008 的数据交换文件，就可以将它导入 CASS2008，供数字化测图工作利用。只需要单击“数据/读入交换文件”，并选择相应交换文件名，确定即可。

2.3　输出 GIS 接口文件

2.3.1　SHP 文件接口(用于 Arc/info 系统)

GIS 版 CASS2008 特别提供 SHP 文件接口功能。SHP 文件是 Arc/info 系统自定义的数据格式，主要生成三类文件：SHP 主文件、SHX 索引文件和 dBASE 表文件。与其 Coverage (图层文件)完全对应，CASS2008 直接输出 SHP 文件，避免了转换间的地物遗失。

由于 Arc/info 系统对数据有很高的要求，如地物放错图层、代码值错误、面状地物不封闭即有悬挂点、伪节点等错误均不允许，故对入库图的精确性、准确性有很高的要求，不同于一般的机助制图。所以，针对 Arc/info 须开发很多检查、编辑功能。

2.3.2　MIF/MID 文件接口(用于 MAPINFO 系统)

CASS2008 还提供 MIF/MID 文件的接口。MAPINFO 的数据存放在两个文件内，MIF 文件中存放图形数据，MID 中存放文本数据。CASS2008 的成果可以生成 MIF/MID 文件，直接读入到 MAPINFO。

点击“检查入库/输出 MAPINFO MIF/MID 格式”，系统会弹出一个对话框，输入要保存的文件名后，按“保存”键即可完成文件的生成。

2.3.3　国家空间矢量格式

CASS2008 支持最新的国家空间矢量格式 vct2.0。GIS 软件种类众多，范围广泛，为了使不同的 GIS 系统可以互相交换空间数据，在世界范围内都制定了很多标准。我国也对国内的 GIS 软件制定了一个标准，也就是国家空间矢量格式，并要求所有的 GIS 系统都能支持这一标准接口。

点击“检查入库/输出国家空间矢量格式”，系统会弹出一个对话框，输入要保存的文件名后，按“保存”键即可完成文件的生成。

活动成果：

(1)输出“\PROGRAM FILES\CASS2008\DEMO\DT\”下 0-9.DWG、0-10.DWG、P-9.DWG、P-10、DWG 四个文件的 DXF 文件。

(2)输出“\PROGRAM FILES\CASS2008\DEMO\DT\”下 0-9.DWG、0-10.DWG、P-9.DWG、P-10、DWG 四个文件的 CAS 文件，并把四个 CAS 文件用“读入交换文件”的方法拼成一个完整图形。

(3)输出“\PROGRAM FILES\CASS2008\DEMO\DT\ 0-9.DWG”的 SHP、MIF/MID、VCT 格式的接口文件。

任务3　图形属性转换及成果用户化

任务目标：

掌握数字图成果图形属性转换的方法与技巧。

学习过程：

1.分析数字图成果中各地物的图形属性内容。

2.了解数字图成果图形转换的方法。

3.上机操作完成半成品图的属性转换，获取符合要求的标准图。

学习成果：

输出符合用户标准的数字地形图。

活动1　成果的用户化与图形属性转换

资源与器材：计算机、CASS2008 测图软件、由其他编图软件转换得到的数字图。

本次活动中提供的是一幅在图层、编码、线型、图块名、颜色方面有很多缺陷的半成品数字图，现在要把它转换为 CASS 测图环境下所得到的标准数字地形图成果。本活动根据给定任务，分析成果用户化的内容，并在老师的讲解下掌握数字图成果的用户化方法。

本活动以 CASS2008 测图软件为例进行讲解、演示和实训。

1.1　任务分析

根据给定的数据成果，分析原数据中各地物的图层、属性、线型等信息与 CASS2008 软件中相关信息的对应关系，并填写在表 6-12 中。

表 6-12　数据分析表

地物名称	原数据成果					CASS2008				
	图层	编码	线型	图块名	颜色	图层	编码	线型	图块	颜色

1.2　图形属性转换功能分析

CASS2008 软件中提供了图形属性转换的功能，如图 6-29 所示。根据任务分析的结果和软件所提供的功能（CASS2008 中“地物编辑/图形属性转换”），分析完成任务需要用到哪些功能，并填写在表 6-13 中。

图 6-29　图形属性转换

表 6-13　图形属性转换功能

功能名称	具体可完成的转换内容

CASS2008 提供的转换功能如表 6-14 所示。

表 6-14　属性转换功能介绍

功能名称	功能介绍	示例	注意事项
图层->图层	将某一图层下的内容转换到指定的图层下	将“9610”图层下地物转换到“ZBTZ”	
图层->编码	将某一图层下的地物属性编码赋值为指定的编码	将“9610”图层下地物编码赋值为“216100”	图层下所有地物编码相同
编码->编码	将某一类地物的编码修改为指定的编码	将地类界“216100”转换为花圃“215400”	
编码->图层	将某一类编码的地物转换到指定的图层上	将编码为“215400”的花圃转换到“ZBTZ”	
编码->颜色	将某一类编码的地物颜色修改为指定的颜色	将编码为“215400”的花圃颜色修改为“2”(红色)	
编码->线型	将某一类编码的地物线型修改为指定的线型	将编码为“215400”的花圃线型修改为“continuous”	
编码->图块	将某一类编码的地物用指定的图块代替	将编码为“155210”的路灯用图块“gc019”(杆式照射灯)代替	只可转换点状地物
图块->图块	将某一类图块用指定的图块代替	将图块名为“gc097”的路灯用图块“gc019”代替	只可转换点状地物,图块名称可通过“对象特性”查询
图块->图层	将某一类图块转换到指定的图层下	将图块名为“gc097”的路灯转换到“DLDW”图层	
图块->编码	将某一类图块的属性编码修改为指定的编码	将图块名为“gc097”的地物编码赋值为“155210”	
线型->线型	将某一类地物的线型转换为指定的线型	将线型为“1161”的花圃线型修改为“continuous”	
线型->图层	将某一类线型的地物转换到指定的图层	将线型为“1161”的花圃转换到“ZBTZ”图层	
线型->编码	将某一类线型的地物属性编码转换为指定的编码	将线型为“1161”地物的编码赋值为“215400”	
字型->字型	将同一字型的注记转换为指定的字型	将字型为“HZ”的文字注记修改为“宋体”	
字型->图层	将某一字型的注记转换到指定的图层	将字型为“HZ”的文字注记转换到“ZJ”图层	

1.3 图形属性转换功能学习

CASS2008 共提供了 15 种图形属性转换的功能，下面介绍转换功能的使用，由于这些功能操作基本类似，所以只介绍其中的两种。所有转换功能提供两种模式，即“单个处理”和“批量处理”。

1.3.1 图层到图层的转换

该功能可以将原数据成果中图层所含地物转换到指定的图层中。

1.3.1.1 单个处理

单个处理可以将某一层的地物转换到指定的图层。例如：原数据成果中“地类界”所在的图层是“9610”，要将其转换到“ZBTZ”图层，其操作过程如下：

单击“地物编辑/图形属性转换/图层->图层/单个处理”，屏幕提示：

转换前图层：(输入转换前图层)9610 ↵

转换后图层：(输入转换后图层)ZBTZ ↵

系统会自动将待转换图层的所有实体转换到目标图层中。

1.3.1.2 批量处理

如果要转换的图层很多，可采用“地物编辑/图形属性转换/图层->图层/批量处理”，但是要提前编辑一个索引文本文件，格式是：

转换前图层 1，转换后图层 1

转换前图层 2，转换后图层 2

转换前图层 3，转换后图层 3

……

END

例如，实习数据中图层的转换可编辑如下索引文件：

9610，ZBTZ

4411，DLSS

2440，JMD

……

END

索引文件编好后，可单击“地物编辑/图形属性转换/图层->图层/批量处理”，屏幕提示“输入索引文件名”（见图 6-30），单击打开，即可完成批量图层的转换。

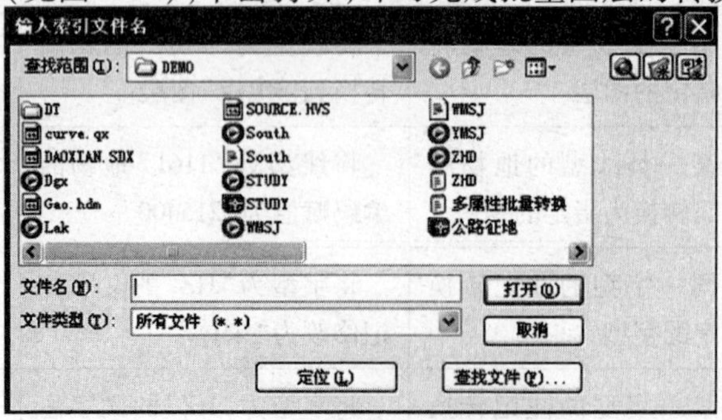

图 6-30　输入索引文件名

思考：是否有其他的方法完成单个图层的转换？

1.3.2　图层到编码的转换

本功能可实现对某图层进行统一赋编码，前提是该图层下所有地物的编码相同。例如，前述“9610”图层下所有地物均为“地类界”，可采用本功能进行编码的赋值。

1.3.2.1　单个处理

“单个处理”可以将某一层的地物统一赋编码。例如，原数据成果中“地类界”所在的图层是“9610”，该图层下所有地物均无属性编码，要统一将其属性编码赋值为“216100”，其操作过程如下：

单击“地物编辑”菜单下的“图形属性转换/图层->编码/单个处理”，按屏幕提示输入：

要加入编码的图层：9610　↵

该图层对应的编码：216100　↵

1.3.2.2　批量处理

如果要转换的图层很多，可采用“图形属性转换/图层->编码/批量处理”，但是要在记事本中编辑一个索引文件，格式是：

要加入编码的图层1，该图层对应的编码1

要加入编码的图层2，该图层对应的编码2

要加入编码的图层3，该图层对应的编码3

……

END

索引文件编好后，其操作过程同“图层->图层”的转换。

思考：是否有其他的方法完成地物编码的赋值？

图形属性转换还有很多方法，本活动仅对上述两种方法进行讲述，其余方法由同学们自行体验。

活动成果：上交每个单项转换后的数字图成果。以分项练习的内容为文件名，命名数据成果。

活动2　图形属性转换实训

资源与器材：计算机、CASS2008测图软件、由其他编图软件转换得到的数字图。

本活动在活动1的基础上，通过上机实习，掌握图形属性转换的方法。

2.1　图形属性转换的单项实习

按照CASS2008软件提供的图形属性转换功能，结合实习数据，逐项练习。将所有内容练习完成后，将数据成果上交主讲老师。

提示：在练习时，每个功能的“单个处理”和“批量处理”均要练习，并将“批量处理”的索引文件记录下来。

2.2　多属性批量转换实习

通过对转换数据的详细分析，我们可以一次性地完成所有转换，即“多属性批量转换”。要使用此功能，需要编写索引文件，索引文件格式同“批量处理”文件。

请结合活动1中的“数据分析”和实习中的“单项实习”，编写“多属性批量转换”的索引文件，并填写在表6-15中。

表 6-15　多属性批量转换索引文件

文件内容

提示:在进行多属性批量转换时,要注意转换的顺序。例如:实习数据中一个层下只有一种地物,但 CASS2008 下一个层中有若干种地物;操作时可先赋属性编码,然后进行图层的转换。

活动成果:上交图形属性转换后的 CASS2008 配置的标准图形。

思考题

1. 地形图拼接的原因?
2. 地形图拼接检查注意哪些事项?
3. 图形接边会出现哪几种问题?
4. 大比例尺地形图如何分幅?
5. 如何制作图幅结合表?

项目7　数字测图成果的质量检查

【项目说明】

随着计算机技术及地理信息系统的不断成熟和发展，手工制图已经被计算机数字化制图所取代，地形图测绘从外业采集到内业编辑各个过程的成果都以数据形式呈现，最终成果也以数据形式上交。数据质量的好坏直接影响到数字地形图产品在各个领域的应用，因此地形图测绘作业过程中的各个环节的质量检查已成为必要，但传统的检查手段已经不适应数字地形图生产的发展要求，因此有必要建立一套新的质量检查体系。

【项目任务】

1. 检查验收制度。
2. 检查验收实施。
3. 检查内容与方法。
4. 测绘产品质量评定。
5. 测绘成果质量控制。

任务1　检查验收的基本要求

任务目标：

1. 掌握检查验收依据。
2. 掌握检查验收制度。

学习过程：

1. 课件、视频。
2. 查找网络资源，将数字测图的最新规范、标准填入表7-1。

学习成果：

填写表7-1。

表7-1　数字测图技术规范列表

规范名称	版本编号时间	适用范围

1.1　检查验收的依据

(1)项目合同/任务书及项目技术设计文件。

(2)项目相关的国家、行业标准、规范。

1.2 检查验收的基本制度

一般采用二级检查一级验收制度,即对测绘产品实行过程检查、最终检查和验收制度。

过程检查也称一级检查,生产单位的作业班组在自查、互查的基础上组织相关检查人员承担。

最终检查也称二级检查,由生产单位质量管理机构负责实施。

验收工作由测绘任务委托单位组织实施,或由该单位委托具有检验资格的检验单位验收。

实行监理制度的测绘生产项目,生产单位完成最终检查后应提交监理单位抽查。监理单位按照监理要求按一定比例抽查,对产品质量认可后由生产单位提交验收。

有的生产单位,为了保证测绘产品质量,在最终检查结束后,按照验收要求再组织一次内部验收,对产品的符合性进行验证,满足要求后才提交正式验收。

1.3 提交检查验收的资料

(1)项目设计书、技术设计书、技术总结等。

(2)文档簿、质量跟踪卡等。

(3)数据文件,包括图廓内外整饰信息文件、元数据文件等。

(4)作为数据源使用的原图或复制的二底图。

(5)图形或影像数据输出的检查图或模拟图。

(6)技术规定或技术设计书规定的其他文件资料。

(7)提交验收时,还应包括检查报告。

凡资料不全或数据不完整者,承担检查或验收的单位有权拒绝检查验收。

1.4 检查验收的记录及存档

检查验收的记录包括质量问题的记录、问题处理的记录、质量评定的记录等。记录必须及时、认真、规范、清晰。检查、验收工作完成时,应编写检查、验收报告。

任务 2 检查验收的实施

任务目标:

掌握检查验收的实施过程。

学习过程:

课件、视频。

学习成果:

对教师给定的地形图进行实地检查并提交量算检查记录。

检查验收工作的实施按《数字测绘产品检查验收规定和质量评定》(GB/T 18316—2008)有关规定执行。

在实施过程中,应注意以下问题:

(1)过程检查必须在自查、互查的基础上实行。每个作业人员对自己负责的数据进行100%地自检,并将自检结果和修改处理结果如实、完整地记录下来,由作业组负责人签名认可。同时在自检的基础上,由项目负责人安排其他作业人员进行100%地互检,并将互检结果和修改处理结果如实、完整地记录下来,由作业组长签名认可。自查、互查完成后由作业组提交过程检查。

(2)过程检查和最终检查均需进行100%检查。对于地形图成果,内业进行100%检查,外业检查比例应不低于20%。地形图按照图幅计算,并且每幅图的检查量应不少于30个数据量;控制测量按照站(点)、路线长度或测段数计算。

(3)验收采用抽样检查,抽取的样本数为检验批中单位产品数量的10%(检验批中单位产品数量不大于10时抽取的样本数为2,大于10时的样本数为按10%计算取整后加1)。

(4)二级检查工作完成后,作业单位对测绘成果质量进行评定,编写检查报告,作为上交验收的一项资料。

(5)检查和验收的人员必须取得相应的资格。

(6)验收结束后,由验收单位对测绘成果质量进行最终核定,并编写验收报告。

任务3　数字地形图产品质量检查内容与方法

任务目标:

掌握检查验收内容与方法。

学习过程:

1.课件、视频。

2.展示校园局部地形图,分组讨论并记录图面问题。

学习成果:

提交检查记录。

3.1　数字地形图产品的质量元素

数字地形图产品的质量元素包括文件名及数据格式、数学基础、平面和高程精度、接边精度、属性精度、逻辑一致性、图幅整饰质量、附件质量等,细分为一级质量元素和二级质量元素。

3.2　检查验收内容与方法

3.2.1　文件名及数据格式的检查

(1)检查文件命名格式与名称的正确性。

(2)检查数据格式、数据组织是否符合规定。

3.2.2　数学基础的检查

(1)检查采纳的空间定位系统的正确性。

(2)将图廓点、首末公里网、经纬网交点、控制点等的坐标按检索条件在屏幕上显示,并与理论值和控制点的已知坐标值核对。

3.2.3　平面和高程精度的检查

3.2.3.1　选择检测点的一般规定

数字地形图平面检测点应是均匀分布、随机选取的明显地物点。平面和高程检测点的数量视地物复杂程度、比例尺等具体情况确定,每幅图一般各选取20~50个点。

3.2.3.2　检测方法

(1)野外测量采集数据的数字地形图,当比例尺大于1:5 000时,检测点的平面坐标和高程采用外业散点法按测站点精度施测。用钢尺或手持测距仪量测相邻地物点间距离，量测边数量每幅一般不少于20处。

(2)扫描数字化生成的数字地形图，其平面精度利用计算机在屏幕上套合检查，高程精度的检测是对照数字化原图检查高程点和等高线高程赋值的正确性。

3.2.3.3　检测数据的处理

(1)分析检测数据，检查各项误差是否符合正态分布。凡检测误差大于规范规定的中误差2倍的检测点应校核检测数据，避免由于检测造成的错误。

(2)检测点的平面和高程中误差计算。

①检测地物点的平面坐标(位置)中误差计算。

采用高精度测量仪器或方法去实地测定检测点 i 的坐标 (X_i, Y_i)，此时可认为 (X_i, Y_i) 为真值，不含有测量误差。此时，检测点的平面中误差按下式计算：

$$\left.\begin{aligned} m_x &= \pm\sqrt{\frac{\sum_{i=1}^{n}(X_i - x_i)^2}{n}} \\ m_y &= \pm\sqrt{\frac{\sum_{i=1}^{n}(Y_i - y_i)^2}{n}} \\ m_s &= \pm\sqrt{m_x^2 + m_y^2} \end{aligned}\right\} \tag{7-1}$$

式中：m_s——地物点位中误差；

m_x、m_y——地物点的坐标中误差；

(X_i, Y_i)——检测点实测坐标；

(x_i, y_i)——检测点图读坐标；

n——检测点个数。

采用与作业时同等精度进行检测时，检测点平面中误差按下式计算：

$$\left.\begin{aligned} m_x &= \pm\sqrt{\frac{\sum_{i=1}^{n}(X_i - x_i)^2}{2n}} \\ m_y &= \pm\sqrt{\frac{\sum_{i=1}^{n}(Y_i - y_i)^2}{2n}} \\ m_p &= \pm\sqrt{m_x^2 + m_y^2} \end{aligned}\right\} \tag{7-2}$$

式中符号含义与上式相同。

②检测相邻地物点之间间距中误差(或点状目标位移中误差、线状目标位移中误差)计算。

外业检测 n 条边的边长 S_i，然后再在数字地形图上量测相应的边长 s_i，可求得 $\Delta S_i = S_i - s_i$。由于边长 S_i 量测采用钢尺丈量，精度很高，可认为是真值，无误差，则可以利用下式计算边长中误差 m_s：

$$m_s = \pm\sqrt{\frac{\sum_{i=1}^{n}\Delta S_i^2}{n}} \tag{7-3}$$

式中：m_s——边长中误差；

S_i——检测边长；

s_i——图读边长；

n——检测边长个数。

③检测点高程中误差计算。

外业检测 n 个点的高程 H_i，然后再在数字地形图上量测相应点的高程 H'_i，可求得 $\Delta h_i = H_i - H'_i$。当采用高于作业精度检测时，按下式计算高程中误差：

$$m_H = \pm\sqrt{\frac{\sum_{i=1}^{n}\Delta h_i^2}{n}} \tag{7-4}$$

式中：m_H——高程中误差；

H_i——检测高程；

H'_i——图读高程；

n——检测个数。

当采用与作业时同等精度方法检测时，按下式计算高程精度：

$$m_H = \pm\sqrt{\frac{\sum_{i=1}^{n}\Delta h_i^2}{2n}} \tag{7-5}$$

式中各符号含义与上式相同。

3.2.4　接边精度的检测

通过量取两相邻图幅接边处要素端点的距离 Δd 是否等于 0 来检查接边精度，未连接的要记录其偏差值；检查接边要素几何上自然连接情况，避免生硬接边；检查面域属性、线划属性的一致情况，记录属性不一致的要素实体个数。

3.2.5　属性精度的检测

(1)检查各个图层的名称是否正确，是否有漏层。

(2)逐层检查各属性表中的属性项类型、长度、顺序等是否正确，有无遗漏。

(3)按照地理实体的分类、分级等语义属性检索，在屏幕上将检测要素逐一显示或绘出要素全要素图(或分要素图)与地图要素分类代码表，和数字化原图对照，目视检查各要素分层、代码、属性值是否正确或遗漏。

(4)检查公共边的属性值是否正确。

(5)采用调绘片、原图等方式检查注记的正确性。

3.2.6　逻辑一致性检测

(1)用相应软件检查各图层是否建立了拓扑关系及拓扑关系的正确性。

(2)检查各图层是否有重复的要素。

(3)检查有向符号、有向线状要素的方向是否正确。

(4)检查多边形的闭合情况，标识码是否正确。

(5)检查线状要素的结点匹配情况。

(6)检查各要素的关系表示是否合理，有无地理适应性矛盾，是否能正确反映各要素的分布特点和密度特征。

(7)检查双线表示的要素(如双线铁路、公路)是否沿中心线数字化。

(8)检查水系、道路等要素数字化是否连续。

3.2.7　完备性及现势性的检测

(1)检查数据源生产日期是否满足要求,检查数据采集时是否使用了最新的资料。

(2)采用调绘片、原图、回放图,必要时通过立体模型观察检查各要素及注记是否有遗漏。

3.2.8　整饰质量检查

对于地图制图产品,应检查以下内容:

(1)检查各要素符号是否正确,尺寸是否符合图式规定。

(2)检查图形线划是否连续光滑、清晰,粗细是否符合规定。

(3)检查各要素关系是否合理,是否有重叠、压盖现象。

(4)检查各名称注记是否正确,位置是否合理,指向是否明确,字体、字大、字向是否符合规定。

(5)检查注记是否压盖重要地物或点状符号。

(6)检查图面配置、图廓内外整饰是否符合规定。

3.2.9　附件质量的检查

(1)检查所上交的文档资料填写是否正确、完整。

(2)逐项检查元数据文件内容是否正确、完整。

任务4　数字地形图的质量评定

任务目标:

掌握数字测图质量评定等级。

学习过程:

课件、视频。

学习成果:

根据之前的结果进行评分。

4.1　质量评定的基本规定

(1)数字地形图产品质量实行优级、良级、合格、不合格品四级评定制,不合格品不得出生产单位。

(2)数字地形图产品经两级检查后,二级检查人员评定产品质量,验收人员核定产品质量。

(3)数字地形图产品均应评定产品质量。

(4)数字地形图质量评定一般以"幅"为单位。

(5)单位产品质量等级的划分如下:

a. 不合格品判定

当单位成果出现以下情况之一时,即判定为不合格:①依据国家标准(GB/T 24356—2009)成果质量错漏标准,单位产品中出现A类缺陷(严重缺陷);②单位成果高程精度检测、平面位置精度检测及相对位置精度检测,任一项粗差比例超过5%;③质量子元素质量得分小于60分。

b. 质量等级标准

得分范围：$S=90\sim100$ 分为优级品；$S=75\sim89$ 分为良级品；$S=60\sim74$ 分为合格品；$S=0\sim59$ 分为不合格品。

(6)质量评定方法：①采用百分制表征单位产品的质量水平；②采用按产品质量评定赋分表赋分方法计算单位产品得分；③根据成果质量元素及权表和产品质量评定赋分表，对产品质量赋分。所有质量子元素得分乘以权值的总和即为该成果质量得分，根据得分评定产品质量。

4.2　批质量评定

4.2.1　最终检查批成果质量评定

最终检查批成果合格后，按以下原则评定批成果质量等级：

(1)优级：优良品率达到90%以上，其中优级品率达到50%以上。

(2)良级：优良品率达到80%以上，其中优级品率达到30%以上。

(3)合格：未达到上述标准的，但产品100%为合格品。

4.2.2　批成果质量核定

验收单位根据评定的样本质量等级，核定批成果质量等级。当验收单位评定的样本质量与测绘单位评定的批成果质量等级不一致时，以验收单位评定的样本质量等级作为批成果质量等级。

4.2.3　批成果质量判定

生产过程中，使用未经计量检定或检定不合格的测量仪器，均判为批不合格。

发现伪造成果现象或技术路线存在重大偏差，均判为批不合格。

4.3　质量评分方法

(1)数学精度评分方法。数学精度按表7-2的规定采用分段直线内插的方法计算质量分数；多项数学精度评分时，单项数学精度得分均大于60分，取其算术平均值或加权平均值。

表7-2　数学精度评分标准

数学精度值	质量分数
$0\leqslant M\leqslant\frac{1}{3}M_0$	$S=100$ 分
$\frac{1}{3}M_0<M\leqslant\frac{1}{2}M_0$	90 分$\leqslant S<100$ 分
$\frac{1}{2}M_0<M\leqslant\frac{3}{4}M_0$	75 分$\leqslant S<90$ 分
$\frac{3}{4}M_0<M\leqslant M_0$	60 分$\leqslant S<75$ 分

$$M_0=\pm\sqrt{m_1^2+m_2^2}$$

式中：M_0——允许中误差的绝对值；

m_1——规范或相应技术文件要求的成果中误差；

m_2——检测中误差（高精度检测时取 $m_2=0$）。

注：M 为成果中误差的绝对值；S 为质量分数（分数值根据数学精度的绝对值所在区间进行内插）。

(2)成果质量错漏扣分标准。成果质量错漏扣分标准按表7-3执行。

表 7-3 成果质量错漏扣分标准

差错类型	扣分值
A 类	42 分
B 类	$12/t$ 分
C 类	$4/t$ 分
D 类	$1/t$ 分

注：一般情况下取 $t=1$，需要进行调整时，以困难类别为原则，按《测绘生产困难类别细则》进行调整（平均困难类别 $t=1$）。

（3）质量子元素评分方法。

①数学精度：根据成果数学精度值的大小，按表 7-2 的要求评定数学精度的质量分数，即得到 S_2。

②其他质量子元素：首先将质量子元素得分预置为 100 分，根据表 7-3 的要求对相应质量子元素中出现的错漏逐个扣分。S_2 的值按式（7-6）计算：

$$S_2 = 100 - [a_1 \times (12/t) + a_2 \times (4/t) + a_3 \times (1/t)] \tag{7-6}$$

式中：S_2——质量子元素得分；

a_1、a_2、a_3——质量子元素中相应的 B 类错漏、C 类错漏、D 类错漏个数；

t——扣分值调整系数。

（4）质量元素评分方法。采用加权平均法计算质量元素得分。S_1 的值按式（7-6）计算。

$$S_1 = \sum_{i=1}^{n} (S_{2i} \times p_i) \tag{7-7}$$

式中：S_1、S_{2i}——质量元素、相应质量子元素得分；

p_i——相应质量子元素的权；

n——质量元素中包含的质量子元素个数。

（5）单位成果质量评分。

（6）采用加权平均法计算单位成果质量得分。S 的值按式（7-8）计算：

$$S = \sum_{i=1}^{n} (S_{1i} \times p_i) \tag{7-8}$$

式中：S、S_{1i}——单位成果质量、质量元素得分；

p_i——相应质量元素的权；

n——单位成果中包含的质量元素个数。

任务 5　质量控制

任务目标：

掌握测绘成果质量控制要求。

学习过程：

课件、视频。

学习成果：

自主编写《测绘生产质量控制流程》。

测绘成果的质量检查和验收是保证测绘产品质量的重要环节，但是仅仅靠检查和验收是不够的，还需要在生产过程中进行全面质量管理，进行全过程的质量控制，在条件许可时应实行测绘工程监理制。

5.1　实行测绘生产全面质量管理

测绘生产质量管理是指测绘单位从承接测绘任务、组织准备、技术设计、生产作业直至产品交付使用全过程实施的质量管理。测绘生产质量管理贯彻“质量第一、注重实效”的方针，以保证质量为中心，满足需求为目标，防检结合为手段，全员参与为基础，促进测绘单位走质量效益型的发展道路。测绘单位必须健全质量管理的规章制度。应当按照国家的《质量管理和质量保证》标准，推行全面质量管理，建立和完善测绘质量体系，并通过质量管理体系认证。

(1)测绘生产单位制定质量方针和目标。

(2)在生产作业中严格执行国家法律法规和本行业、本部门的规章、规范和技术标准。

(3)测量任务统一由队长承接，指定项目负责人，并通过项目测绘系统软件进行分配。项目分配后，要根据任务的技术要求、质量标准、完成时间，科学安排技术人员、调配符合工作需要的测量仪器和投入必要的经费开支。

(4)测绘过程中的质量控制。

测绘任务实施前，应对使用的仪器、设备、工具进行检验和校正；在生产中应用的计算机软件及需用的各种物资，以能保证满足产品质量和任务完成为前提条件，仪器精度指标鉴定不合格的不准投入使用。

测绘项目实施过程中，生产作业人员必须严格执行操作规程，遇到技术问题，原则上由项目负责人自行处理，但重大技术问题，或较多的变动技术设计，要报经队长和技术负责人批准后方可实施。

(5)测绘生产作业中的工序产品，必须达到规定的质量要求，其成果经作业员自检、互检，如实填写质量记录，达到合格标准后，方可转入下一工序。下一工序有权退回不符合质量要求的上一工序产品，上一工序应及时进行修正、处理。退回及修正的过程，都必须如实填写质量记录。因质量问题造成下一工序损失，或因错误判断造成上一工序损失的，作业人员要承担相应的经济责任。

(6)测量任务结束前，项目负责人要提交全部测绘成果资料，以供质检人员进行质量检查验收和评定产品质量的等级。

(7)确定专职质量检验人员。质检人员在规定职权范围内，负责测绘产品质量的检查管理工作。对作业过程进行现场监督和检查，处理质量问题，组织实施内部质量审核工作。质量检查员对其所检查的产品质量负责，并有权予以质量否决，有权越级反映质量问题。

(8)严格实施质量奖惩制度。

对质量管理和提高产品质量中作出显著成绩的个人，给予奖励。

对违章作业、粗制滥造甚至伪造成果的有关责任人和不负责任、漏检、错检甚至弄虚作假、徇私舞弊的质量管理、质量检查人员，依照《测绘质量监督管理办法》的相应条款，视情节轻重，给予批评、罚款、辞退的处理。

测绘生产单位因质量事故造成损失对测绘委托人进行民事赔偿后，依法对事故责任人进行追偿。

5.2　推行测绘质量责任制

(1)测绘单位必须建立以质量为中心的技术经济责任制，明确各部门、各岗位的职责及相互关系，规定考核办法，以作业质量、工作质量确保测绘产品质量。

(2)测绘单位的法定代表人确定本单位的质量方针和质量目标，签发质量手册；建立本单位的质量体系并保证其有效运行；对提供的测绘产品承担产品质量责任。

(3)测绘单位的质量主管负责人按照职责分工负责质量方针、质量目标的贯彻实施，签发有关的质量文件及作业指导书；组织编制测绘项目的技术设计书，并对设计质量负责；处理生产过程中的重大技术问题和质量争议；审核技术总结；审定测绘产品的交付验收。

(4)测绘单位的质量管理、质量检查机构及质量检查人员，在规定的职权范围内，负责质量管理的日常工作。编制年度质量计划，贯彻技术标准及质量文件；对作业过程进行现场监督和检查，处理质量问题；组织实施内部质量审核工作。各级质量检查人员对其所检查的产品质量负责，并有权予以质量否决，有权越级反映质量问题。

5.3　引入监理机制

测绘行业管理部门在制定测绘管理制度时应鼓励测绘生产项目生产引入监理机制，使监理单位作为第三方进行质量控制，为产品质量的保证再加一把锁。测绘生产项目业主也应认识到监理制对测绘生产项目产品质量控制的重要性，主动在项目生产中实行监理制度。

5.3.1　监理质量控制目标

通过质量控制，保证项目实施质量，使项目成果质量符合设计要求和有关国家、行业标准、技术规范要求，达到项目的建设目标。

5.3.2　监理质量控制依据

国家法律法规、行业规范制度、测绘项目监理合同书、测绘项目生产合同书、测绘生产项目技术设计书。

5.3.3　监理质量控制内容

测绘项目监理合同书规定的内容。

5.3.4　质量监理工作方法

5.3.4.1　监督生产单位自检

要求生产单位首先对工程质量进行自检，未经生产单位自检或自检不合格、自检资料不完善的工序，监理部有权拒绝检验。生产单位应按照要求，实现对成果进行两级检查。

5.3.4.2　巡视检验

监理部对作业单位经自检合格后报验的工序质量，按项目技术设计所列有关标准和项目合同约定的要求进行检验，检验合格后方予签认。

5.3.4.3　旁站监理

监理部对各工序进行必要的旁站监理。

5.3.4.4　发布文件

监理部采用通知、指示、批复、签认等文件形式进行项目全过程的控制和管理。项目阶段成果未经监理部检验或检验不合格，施工单位不得开始下一阶段的工作。

5.3.4.5　协调

监理部对参加工程建设各方之间的关系以及工程施工过程中出现的问题和争议进行调解。对各阶段发现的问题积极与发包方和施工单位沟通，提出合理化建议。

5.3.4.6　质量事故调查处理

(1)质量事故发生后，施工单位应按规定及时提交事故报告。监理部在向发包人报告的同时，指示施工单位及时采取必要的应急措施，做好相应记录。

(2)监理部积极配合事故调查组进行工程质量事故调查、事故原因分析，参与处理意见等工作。

(3)监理部指示施工单位按照批准的工程质量事故处理方案和措施对事故进行处理。经监理部检验合格后，施工单位方可进入下一阶段施工。

思考题

1. 数字测绘产品质检的规范基础有哪些？
2. 项目过程中的自查和互查应如何实施？
3. 地形图检查的内容有哪些？
4. 成果质量评定分为几个等级？相关内容是什么？

参 考 文 献

[1]宁津生,等.测绘学概论[M].武汉:武汉大学出版社,2004.
[2]潘正风,等.数字测图原理与方法[M].武汉:武汉大学出版社,2009.
[3]杨正尧.测量学[M].北京:化学工业出版社,2005.
[4]徐绍铨,等.GPS测量原理与应用[M].武汉:武汉测绘科技大学出版社,1998.
[5]潘正风,等.大比例尺数字测图[M].北京:测绘出版社,1996.
[6]顾孝烈,鲍军,程效军.测量学[M].3版.上海:同济大学出版社,2006.
[7]高井祥,张书毕,于胜文,等.测量学[M].徐州:中国矿业大学出版社,2007.